KB157301

한국의 과학과 문명 006

한국 근대과학 형성사

"이 저서는 2010년도 대한민국 교육부와 한국학중앙연구원(한국학진흥사업단)을 통해 한국학 특정분야 기획연구(한국과학문명사) 사업의 지원을 받아 수행된 연구임."(AKS-2010-AMZ-2101)

한국 근대과학 형성사

초판 1쇄 발행일 2016년 9월 30일

지 은 이 김연희

출판책임 박성규
편 집 유예림 · 현미나 · 구소연
디 자 인 김지연 · 이수빈
마 케 팅 나다연 · 이광호
경영지원 김은주 · 박소희
제 작 송세언
관 리 구법모 · 엄철용

펴 낸 곳 도서출판 들녘
펴 낸 이 이정원
등록일자 1987년 12월 12일
등록번호 10-156
주 소 경기도 파주시 회동길 198
전 화 마케팅 031-955-7374 편집 031-955-7381
팩시밀리 031-955-7393
홈페이지 www.ddd21.co.kr

ISBN 979-11-5925-199-3 (94910)
979-11-5925-113-9(세트)

값은 뒤표지에 있습니다. 잘못된 책은 구입하신 곳에서 바꿔드립니다.

「이 도서의 국립중앙도서관 출판예정도서목록(CIP)은 서지정보유통지원시스템 홈페이지(http://seoji.nl.go.kr)와 국가자료공동목록시스템(http://www.nl.go.kr/kolisnet)에서 이용하실 수 있습니다.(CIP제어번호: CIP2016022769)」

한국의 과학과 문명 006

한국 근대과학 형성사

김연희 지음

들녘

지은이 김연희

이화여자대학교 학부를 졸업하고 서울대학교에서 한국과학사로 석사 및 박사학위를 취득했다. 현재 서울대학교 기초과학연구원 연구교수로 재직 중이다. 박사학위논문은 『고종시대 근대 통신망 구축 사업』이며, 「고종시대 서양 기술 도입: 철도와 전신분야를 중심으로」, 「대한제국기 전기사업, 1897-1905년을 중심으로」, 「영선사행 군계학조단의 재평가」, 「전기도입에 의한 전통의 균열과 새로운 문명의 학습: 1880~1905년을 중심으로」, 「『한성순보』 및 『한성주보』의 과학기술 기사로 본 고종시대 서구문물수용 노력」 등의 논문을 발표했다.

일러두기

- 서명과 인명은 각 장마다 처음에 등장할 때 한자 또는 영문을 병기하고, 이후에는 가독성을 위해 가급적 한자 및 영문 병기를 생략했다.
- 중국인명은 한자음대로 표기하고, 일본인명은 일본어 표기법에 따라 표기했다.
- 본문에 나오는 지명은 필요에 따라 한자를 병기하되, 한자가 병기되지 않은 지명에 대해서는 "찾아보기"에서 이를 표기해두었다.
- 한국 근대 과학기술 관련 주요 인물 외에도 시대 파악에 필요한 인물의 생몰연도를 표기했으며, 생몰연도가 미상인 인물에 대해서는 이를 따로 밝히지 않았다.
- 주석은 미주로 하고, 각 장별로 번호를 다시 매겨 정리했다.
- 인용 그림은 최대한 소장처와 출처를 밝히고 저작권자의 허락을 얻었으나 일부 저작권자를 찾지 못하여 게재 허가를 받지 못한 사진은 확인되는 대로 통상 기준에 따른 허가 절차를 받기로 한다.

〈한국의 과학과 문명〉 총서를 펴내며

우리나라는 현재 세계 최고 수준의 메모리 반도체, 스마트폰, 디스플레이, 철강, 선박, 자동차 생산국으로서 과학기술 분야의 경이적인 발전으로 세계의 주목을 받고 있다. 그것을 가능케 한 요인의 하나가 한국이 오랜 기간 견지해온 우수한 과학기술 문화와 역사 속에 있다고 우리는 생각한다.

문명이 시작된 이래 한국은 항상 높은 수준을 굳건히 지켜온 동아시아 문명권의 일원으로서 그 위치를 잃은 적이 없었다. 우리는 한국이 이룩한 과학기술 문화와 역사의 총체를 '한국의 과학문명'이라 부르려 한다. 금속활자·고려청자 등으로 대표되는 한국 과학문명의 창조성은 천문학·기상학·수학·지리학·의학·양생술·농학·박물학 등 과학 분야를 비롯하여 금속제련·방직·염색·도자·활자·인쇄·종이·기계·화약·선박·건축 등 기술 분야에서도 다양하게 분명히 드러난다.

우리는 이런 내용을 종합하는 〈한국의 과학과 문명〉 총서를 발간하고자 한다. 이 총서의 제목은 중국의 과학문명에 대한 새로운 인식의 지평을 연 조지프 니덤(Joseph Needham)의 『중국의 과학과 문명』을 염두에 두고 만들었다. 그러나 니덤이 전근대에 국한한 반면 우리는 전근대와 근현대를 망라하여 한국 과학문명의 총체적 가치와 의미를 온전히 담은 총서의 발간을 목표로 한다. 나아가 한국의 과학과 문명이 지닌 보편적 가치를 세계에 발신하고자 한다. 지금까지 한국은 세계 과학문명의 일원으로 정당한 가치를 인정받지 못한 채, 중국의 아류로 인식되어왔다. 이 총서에서는 한국 과학문명이 지닌 보편성과 독자성을 함께 추적하여 그것이 독자적인 과학문명이자 세계 과학문명의 당당한 일원임을 입증하고자 한다. 우리는 이 총서에서 근현대 한국 과학기술 발전의 역사와 구조를 밝힐 것이며, 이로써 인류의 과학기술 발전사를 새로이 해명하는 데에 기여할 것이다.

이 총서에서는 한국의 과학문명이 역사적으로 독자적인 가치와 의미를 상실하지 않았던 생명력에 주목한다. 이를 위해 전근대 시기에는 중국 중심의 세계질서 아래서도 한국의 과학문명이 독자성을 유지하면서 발전을 지속한 동력을 탐구한다. 근현대 시기에는 강대국 중심 세계체제의 강력한 흡인력 아래서도 한국의 과학기술이 놀라운 발전과 성장을 이룩한 요인을 탐구한다.

우리는 이 총서에서 국수적인 민족주의나 근대 지상주의를 동시에 경계하며, 과거와 현재가 대화하고 내부와 외부가 부단히 교류하는 가운데 형성되고 발전되어온 열린 과학문명사를 기술하고자 한다. 이 총서를 계기로 한국 과학문명에 대한 관심과 이해가 더욱 깊어지기를 기대한다.

마지막으로 〈한국의 과학과 문명〉 총서의 발간은 교육부와 한국학중앙연구원 한국학진흥사업단의 지원에 크게 힘입었음을 밝히며 이에 감사를 표한다.

〈한국의 과학과 문명〉 총서 기획편집위원회

서문

내가 주목하는 시기의 통치자인 고종만큼 평가가 극단적으로 엇갈리는 조선의 왕은 별로 없다. 20세기까지만 해도 고종은 주로 나라를 지키지 못한 못난 군주라는 평가를 받았다. 어렸을 때에는 대원군 이하응의 도포자락에서, 젊어서는 명성황후의 치마폭에서 놀아난, 유약하고 아둔한 군주라는 것이었다. 여기에 욕심은 많아서 이른바 돈 되는 사업마다 손대고, 독점하거나 움켜잡고 뒷돈 챙기기에 열심이었다는 지극히 저차원적인 평가도 덧붙여져 있다. 이런 극단적으로 부정적이던 평가가 21세기에 근접하면서 우호적이고 긍정적으로 바뀌기 시작하더니 어느 사이엔가 개화 정책을 이끈 개화 군주로, 심지어 서양 과학기술 관련 서적을 대거 입수하고 공부시킨 학자적 성군으로 거듭나기에 이르렀다. 정조만큼이나 훌륭한 군주라는 긍정적인 평가도 받았다. 여기에는 고종의 통치기가 제국의 침략을 벗어나기에 역부족이었다는 역사적 상황 논리가 덧붙어 있다.

하지만 고종이 성군인지 아닌지는 나의 관심이 아니었다. 한국 과학사를 공부하기 시작하면서 나는 일제 강점기 이래 우리 민족에게 덧씌어진 "근대 과학과 수학을 이해하기에는 우매한 민족인가"에 주목했다. 그리고 개항 이래 을사늑약까지 30년 동안 근대 과학과 기술을 받아들이지 않고 변화를 거부해 어쩔 수 없이 "일본의 식민 강점으로 조선이 근대 과학과 기술의 세계로 진입했는가"에 관심이 있었다. 더 나아가 "일제 강점기를 거치면서 비로소 조선이 근대의 시기로 진입했는가"도 큰 의문이었다. 이런 의문을 해결하기 위해 나는 한국 과학기술사에서 근대 과학기술의 도입 시점과 사회 변화를 추동하는 국가 정책에서 근대 과학기술이 전면적으로 수행되는 시기를 찾으려 했다. 이 시기가 바로 고종의 통치기임을 알게 되었고, 이후 나는 이 시기 근대 과학기술이 다루어지는 양상과 그로 인한 변화에 관심을 가지고 공부했다.

내가 근대 과학이 지니는 특성을, 즉 사색이나 추론이 아니라 수학이라는 독특한 언어로 표현되고 작은 공간에서 자연의 현상을 재현하며 이론체계를 구축하는 실험이라는 연구 행위를 특징으로 하는 분야라는 점을 부정하는 것은 아니다. 하지만 이런 행위가 수행되기 위해서는 조선과 같이 근대 서양 과학기술을 총체적으로 수입해야 하는 국가에서는 적어도 서양의 근대적 자연관, 세계관에 대한 이해가 필요하고, 수용 방식을 결정해야 하며, 이를 수행하기 위한 지원—이를 담당할 인력 양성과 훈련 프로그램의 구축, 연구 공간의 구성 및 연구에 대한 지원, 연구 실패에 대한 담보, 연구 결과의 활용 등등—이 국가적 차원에서 필요하다는 합의, 혹은 통념이 형성되어야 한다는 전제가 필요하다고 생각한다. 물론 이런 작업이 모두 고종 시대에 완벽하게 구축되었다고 보지는 않는다.

그럼에도 불구하고 합의 혹은 사회적 통념을 이루기 위한 서양 과학기술의 유용성의 경험, 그 수용 확장의 필요성에 대한 동의, 서양 과학기술의 전제가 되는 세계관 및 자연관의 이해와 전환, 근대 과학기술의 기초를 학습하고 훈련하기 위한 교육제도의 구축 등등 다양한 여건들이 고종의 통치기에 이루어지고 있었다고 본다.

이 책을 쓰는 동안 나의 연구에 깔린 민족주의적 성향에 대해 적지 않게 고민했다. 나는 이 책이 고종의 통치기에 근대 과학과 기술을 받아들여 이 시기 행위로서의 근대 과학이 실행되었다거나, 조선 정부의 수용 정책들이 성공했는데 단지 일제 강점으로 실패했다거나, 고종이 탁월한 지도력을 행사했다거나, 우리 민속이 다른 문화 수용에 매우 개방적이어서 근대로의 이행을 원활하게 수행했다거나 하는 식으로 이해되기를 원하지 않는다. 단지 근대 과학과 기술이라는, 서양 문명권에서 형성되고 구축되고 발전된 문화 양상이 고종 통치기의 조선에서 수용되는 과정과 조선의 지적 전통과의 조우를 통한 상호 변형, 사회적 수용과 이해 방식에 대한 나의 생각이 공감되었으면 하는 바람이다.

이 책은 내가 고종 시기의 한국 과학사를 공부한 결과물이라고 할 수 있다. 나는 이 책을 당시 사회의 다양한 분야에 관한 많은 연구 업적들의 도움 덕분에 쓸 수 있었다. 여러 연구자들께 감사드린다. 그리고 공부하는 동안 많은 은사님의 도움을 받았음을 밝히고 싶다. 박성래 선생님, 송상용 선생님, 전상운 선생님, 김영식 선생님은 오랫동안 내게 많은 가르침을 주신 고마운 은사들이시다. 그리고 임종태 교수, 박권수 교수, 전용훈 교수 등 함께 공부하며 많은 격려를 아끼지 않은 선배, 동료들에게도 고마운 마음을 전하고 싶다.

이 책은 여러 번 구조를 바꾸고 틀이 변경되어 완성되었다. 이 과정에서 끊임없이 함께 고민하고 도움을 주신 신동원 전북대 과학문명학연구소 소장과 김근배 전북대 교수, 문만용 교수에게 감사드린다. 이 책이 나오는 데 노력해주신 신향숙 전임연구원과 난삽한 원고를 아름다운 책으로 만들어주신 들녘 출판사에게 감사드린다. 마지막으로 어느새 훌쩍 커서 사학도의 길로 들어서 나의 민족주의적 성향을 끊임없이 성찰하게 해준 나의 사랑하는 딸 수민, 그리고 학문적 자세에 대해 비판해준 남편 김덕균에게 감사의 말을 전하고 싶다.

차례

제8장 새로운 교육 체계의 도입과 근대 과학 교육

제9장 결론

제1장

서론

1.

이 책은 개항 이후 일제 병탄 이전까지의 조선 사회에서 서양 근대 과학기술의 도입에 따른 변화의 양상을 다룬다. 개항 이래 본격적으로 도입된 서양 근대 과학기술이 조선에서 소화되는 과정과 이해되는 방식을 살펴보고 조선 사회와 상호 적응하는 방식을 점검했다.

조선에 서양 과학기술이 소개된 것은 17세기 전후의 일이었다. 특히 숙종 이래 정부 주도로 서양 과학 지식을 도입하기도 했다. 하지만 이는 시헌력(時憲曆) 역산(曆算) 방법과 같은 분야에 한정된 것이었다. 그럼에도 중앙정부가 중심이 되어 진행된 서양 과학기술 도입 움직임은 유학자들을 자극했다. 그들은 청나라에 소개된 서양 과학기술 관련 정보나 지식들에 관심을 가졌고, 특히 근기(近畿) 지방의 유학자들은 이런 정보나 지식들을 수용하고 이해하려 했다. 하지만 이런 움직임은 매우 개인적인 차원에서 이루어졌고, 도입된 분야 역시 그들의 관심에 따라 국한될 수밖에 없었다. 더 나아가 이때 도입된 과학 내용도 서양 근대의 것이 아니었다. 지구중심설과 4원소설같이 기독교적으로 고대 자연관을 재해석한 내용으로, 대부분 17~18세기 유럽 예수교 선교사들이 중국에 전한 중세의 것들이었다. 이 지식들은 조선 유학자들 사이에서 전통의 자연관을 재해석하거나 전통 자연철학을 재확립하는 데에 활용되었지만, 사회의 전반적 변화를 야기할 수 있는 정도는 아니었다.

개항 후의 상황은 전혀 달랐다. 도입된 서양 과학기술은 16, 17세기에 걸친 과학혁명을 통해 새로 형성되면서 18, 19세기 산업혁명과 영향을 주고받으며 구성된 근대 서양 제국의 산물이었다. 기술 역시 전통적 수공업을 탈피해 기계제 생산, 대량 생산을 가능케 한 산업혁명의 것이었다. 무엇보다 조선정부가 주도적으로 이 근대 과학기술을 도입해 다양하게 국정개혁에 활용하려 했다. 이런 중앙정부의 서양 근대 과학기술에 대한 개방적이고 적극적 태도는 조선 사회에 이전 시대와 비교할 수 없을 수준의 영향을 미쳤다. 즉 조선 사회가 서양 과학기술과 전면적으로 조우하게 되었고, 조선 전통의 과학기술과 지식 사회와 더불어 사회 역시 역사상 가장 큰 변화를 경험했다.

그렇다고 뿌리 깊은 조선의 유교적 전통 자연관이 서양 근대 과학기술이 도입되자마자 곧 폐기되거나 무용지물로 치부되며 전면적인 근대 자연관으로 대체되었다는 의미는 아니다. 음양오행의 상관(相關)으로 자연 이치를 설명하는 전통 자연관은 비단 자연현상만을 해석하는 체계가 아니었기 때문이다. 하늘, 땅, 인간 등 자연 세계의 구성 요소들은 인간 사회의 현상과 질서의 기본 토대로, 이 셋이 하나를 이룬다는 천지인합일(天地人合一)의 설명 구조는 자연현상으로부터 유교 국가의 도덕과 윤리, 사회질서까지 포괄했으며 천인 감응으로 대표되는 유교적 정치 이념을 구축했다. 이런 '자연'을 토대로 한 사회, 도덕과 윤리 관념은 조선 건국 이래 500년을 지속하면서 상황에 따라 변형되며 통치 이념으로 작동했다. 따라서 서양의 근대 과학기술이 토대로 하는 자연관이 조선에서 수용되는 방식은 변용과 굴절을 동반해야 했다.

통합적이고 유기적인 것을 특징으로 하는 조선의 전통 자연관과는 달리 서양 근대 과학기술은 매우 분석적이고, 기계적이었다. 이런 특징은 17세기 과학혁명을 거치면서 구성되었다. 이 근대 과학기술은 자연에서 현상들을 분리하고 이를 실험실이라는 제한적 공간에서 재현·재구성함으로써 자연현상을 설명하는 식으로 자연을 해석했다. 또 이를 이론(異論)의 여지가 없어 보이는 수학이라는 언어로 표현했으며, 그 토대에는 기계적 자연관과 물질관이 깔려 있었다. 인식론과 자연에 대한 지식 체계, 연구 방법 및 목적, 과학의 사회적 위상을 포함한 과학과 관련한 많은 것들이 약

200년에 걸쳐 현격히 변화되었고, 이는 '과학혁명'이라는 말로 지칭되었다. 과학혁명의 산물은 유럽에서 100~200년 동안 변화·성장하면서 근대 서양이 눈부신 기술적, 산업적 진보를 이루는 데 탁월하고 효율적이며 든든한 원군이자 초석으로서의 역할을 담당했다. 서양이 전 세계로 세력을 확장하는 요체가 되었던 것이다.

19세기 말, 서양의 세력이 조선에도 미치기 시작했다. 강력한 대포를 장착한 빠르고 거대한 군함과의 접전을 통해 가공할 화력을 경험한 조선 정부는 이 강력한 서양 무기들을 도입하기를 원했다. 서양의 무기들을 보유하기 위해서는 군사훈련을 포함한 군체제 전체의 전환과 더불어 이것의 원천인 근대 과학기술의 도입이 필요했고, 그러기 위해서는 무엇보다 막대한 재정 지원이 요구되었다. 즉, 이를 위한 기반 구축 작업이 병행되어야 했던 것이다. 조선 정부는 이 필요 재정을 확보하기 위해 재정 누수가 심한 국가 제도 분야를 개혁하기 시작했고, 이 개혁은 주로 서양 것으로의 대체를 내포하며 진행되었다. 서양 제도의 대부분은 근대 과학기술인 만큼 그것의 도입이 전제되었다. 교통 및 통신 제도, 주전(鑄錢) 제도, 광무(鑛務) 체계 등이 이 계획에 포함되었다.

조선 정부가 군사체제의 전환과 국가 통치 제도의 개혁을 핵심 사업으로 삼았음은 근대 과학기술 도입을 전제로 한 일이었고, 이는 조선 정부가 서양의 과학기술을 기(器)로 인식했음을 의미했다. 그런 만큼 천지인합일(天地人合一)이라는 전통적 자연관과 전통 과학의 해체가 일본처럼 급속하게 이루어지기는 어려웠던 것이다. 하지만 근대 과학기술 도입이 정부 주도로 전국을 대상으로 이루어진 만큼 그 영향력과 파급력이 적지 않았기에 조선 사회 역시 변하지 않을 수 없었다. 자연관의 해체 또는 근대 자연관으로의 대체가 점진적으로 일어났음은 물론이고 근대 과학기술을 만들어낸 서양 사회와 외양이나마 유사하게 변하지 않을 수 없었다.

비서구권에서 이런 변화는 조선에서만 일어난 것은 아니었다. 서양 근대 과학기술의 도입에 의한 전통 과학기술과의 단절은 서양 제국주의 팽창의 산물이자 결과라 할 수 있을 정도로 광범위하게 진행되었다. 이런 변화는 공격적으로 일어났는데, 이는 근대 과학기술을 구축하고 산업혁명을 이룩한 서양 제국들이 그들이 이룬 문명을 야만과 자연 상태의 세상으로 확산·계몽한다는 미명(美名)으로 전파시킨 데에 기인한다. 계몽이라는 수사(修辭)가 동원되었지만 실제 이는 서구권이 상품 시장과 원료 공급지를 확보하기 위해 비서구권을 침략한 결과였다. 산업화와 기계제로의 전환과 무기의 개발에 뒤처졌던 비서구권은 막강한 군사력을 앞세워 확장하는 서양 문명을 저지하기에 역부족이었다.[1] 18~19세기 최고 문화를 자랑하던 중국조차 두 차례에 걸친 아편전쟁 끝에 서양 제국에 굴복하면서 그들의 공세에 대응하는 방안의 일환으로 그들의 과학기술을 수용했다. 일본 역시 미국의 포함외교에 의해 개항했고 이것이 계기가 되어 메이지유신(明治維新)이 단행되었다. 이처럼 19세기 서양 문명은 공격적으로 확장되었다.

비서구권, 특히 동양 문화권이 공격적인 서양 문명에 대응하는 방식은 상이했다. 조선 정부는 일본처럼 정치적 개혁에 따른 전면적 수용이 아니라 청 정부처럼 필요한 분야만의 선별적 도입을 통한 개편을 선택했다.

조선 정부가 서양 문물 가운데에 가장 주목했던 것은 무기였다. 조선 정부는 서양 무기의 도입, 제작을 바탕으로 한 군대체제의 전환을 통해 서양 세력에 맞서고자 했다.[2] 서양식 무기를 만들기 위해 조선 정부는 '그들에게는 있고 우리에게 없는 것', 즉 서양 과학기술의 필요성을 절감했다. 1882년 고종의 개화윤음(開化綸音)에는 이런 필요성이 그대로 녹아 있었다. 여기에는 서양 제국처럼 부국강병을 이루어 더 이상 외국으로부터 수모를 겪지 않으리라는 절치부심(切齒腐心)뿐만 아니라 더 이상 국제적 교류 요구를 거부하는 일이 현실적으로 어려울 것이라는 정세 판단도 포함되어 있었고 이를 위해 서양 과학기술을 도입하겠다는 의지가 표명되어 있다.[3] 이를 계기로 추진된 정부 차원에서의 활발한 서양 과학기술 도입 움직임은 조선의 지식 계층만이 아니라 사회 전반에 적지 않은 영향을 미쳤다. 그 결과 1910년 경술국치(庚戌國恥), 심지어 1905년 을사늑약(乙巳勒約) 이전, 조선에는 전통 사회에서는 전혀 볼 수 없던 여러 풍광들이 연출되었을 뿐만 아니라 근대 과학기술과 관련한 교육 제도들이 출현하고 자리 잡았음을 볼 수 있다.

2.

이 책은 1876년의 개항으로부터 1910년 경술국치까지의 40여 년간 과학기술과 관련한 변화 양상의 고찰을 목적으로 한다. 이 기간을 셋으로 나누어 근대 과학기술 도입에 따른 변화 상황을 개항 이래 광무개혁(光武改革), 광무개혁 이래 을사늑약, 을사늑약 이후 경술국치까지로 나누어 점검했다. 이런 시대 구분은 1876년 개항이 근대 과학기술로의 전환에 기점 역할을 담당했고, 광무개혁에 의해 조성된 여러 정치·외교적 변화로 인해 근대 과학기술 도입과 관련된 국면이 만들어졌으나, 을사늑약과 경술국치로 자주적 근대 과학기술 도입을 위한 노력이 더 이상 전개될 수 없었다는 각 시대별 특징에 주목했기 때문이다.

1876년 개항 이래 조선 정부는 근대 과학기술을 도입하기 위해 국제 정세와 청·일의 상황을 검토하고, 필요한 정부 조직을 신설하고 담당 인력을 양성하는 등 과학기술 수용을 위한 준비를 진행했다. 이런 상황에서 청의 대조선 정책의 변화는 큰 영향을 미쳤다. 청은 1880년 전후로 이전과는 달리 조선의 내치와 외교에 적극 간섭하기 시작했고, 그 결과 조선의 국정은 매우 파행적으로 운영되었다. 이 양상은 청일전쟁까지 지속되었으며, 이로 인해 근대 과학기술 도입을 전제로 한 여러 개혁 정책 역시 집행이 순조롭지 못했다. 이런 상황은 광무개혁으로 전환되었다. 갑오개혁(甲午改革) 이래 바뀌기 시작한 상황이 뚜렷하고 명확하게 전개된 것이다. 광무개혁에서 시작된 이런 양상은 을사늑약까지 지속되었다. 물론 이 시기에도 외세의 개입이 없었던 것은 아니며 특히 일본이 청국을 대신해 조선 정부를 압박하기는 했다. 그러나 삼국간섭, 을미사변(乙未事變)으로 인해 형성된, 이전보다 느슨해진 국제 정세하에서 고종은 대한제국의 국제 반포와 광무개혁을 주창함으로써, 1880년대 구상했으나 지지부진하게 진행되었던 많은 개혁들을 이 시기에 실현할 수 있었다.[4] 고종 황제는 지난 1880년대 실패 원인 가운데 하나였던 개혁 자금을 확보하기 위해 황실 재정을 강화했고 이를 관장할 궁내부(宮內府)를 황제 직속 부서로 두었다. 궁내부는 면세 특권을 폐지하는 한편 홍삼 전매권, 기타 잡세(雜稅)를 장악했고 역둔토(驛屯土)도 귀속시켰다.[5] 이렇게 확보된 재정을 기반으로 근대 과학기술에 기반한 다양한 사업을 추진할 정부 부서들을 신설, 확장했다. 광무개혁을 통해 중앙정부는 서양 문물도입 정책을 수립하고 적극적으로 실행했으며 민간의 호응을 유도했다.[6] 광무개혁의 성과는 곧 드러났고 특히 괄목할 만한 변화가 서울에서 나타나기 시작했다. 이런 개혁 작업이 추진 중이던 1905년에 강제된 을사늑약은 근대 과학기술 도입과 관련하여 굴절점이 되었다. 을사늑약 이후 광무개혁의 사업 성과들이 일제에 의해 대부분 왜곡되거나 변형, 혹은 해체되었다. 일제는 통감부(統監府)를 두어 식민 지배를 준비하면서 이를 위해 필요하지 않은 부분들은 해소하고 필요한 분야들은 강점·재편했으며 관련한 기억조차 왜곡했다. 이런 과정을 통해 대한제국 정부에 의한 교육사업, 특히 전문 인력 양성을 위한 학교들은 폐쇄되거나 개교가 지연되었으며, 조선인에 대한 비난이 형성·재생산되었다. 이로써 대한제국 정부의 과학기술 전문인 양성 제도들은 해체·변형되었고, 40여 년에 걸친 근대 과학기술의 도입과 그와 관련된 정책에 대한 기억 역시 재구성되었다.

이렇게 시기를 구분함으로써 각 시기의 특징을 둘러싼 도입 배경 및 요인에 따른 차이를 살펴보려 했다. 또 이를 통해 서양이나 일본, 중국과 조선의 과학기술이 같은 방향으로 발전하지 않았음을 점검해보려 했다.

3.

이 책이 다루는 개항 이후 경술국치까지는 한국 근현대사에서 회한(悔恨)의 시기로 기억된다. 조선 초기 찬란했던 유교 문화는 그 이후 더 이상 발전하지 못하고 정체되었고, 특히 조선 말과 대한제국은 암울하기 그지없었으며, 탐관오리들의 부정에 의해 나라가 급격히 몰락하는데도 집권 세력들은 당파 싸움에 여념이 없었다고 기억된다. 부패한 집권 세력뿐만 아니라 당시 조선 백성 역시 비난을 면치 못했다. 그들은 게으르고, 새로운 것을 싫어하며, 고루하고 야만적이며 미개하고 심지어 인종적으로 열등하다고 폄하되었다. 또 그들은 서양 근대 과학(및 수학)을 이해할 수준의 지력(智力)이 없고, 조선시대의 수많은 지적 자산은 무용지물로 전락했으며, 탐욕스러운 민족성 때문에 고려청자같이 탁월한 기술의 핵심들이 전래되지 않게 되었다는 비난을 받아야 했다.[7] 조선의 학교제도는 물론이고 애국계몽운동으로 개설된 많은 사립학교는 근대 교육을 위해서는 수준 미달이라고 평가되었다.[8] 또 당시의 통치자였던 고종 역시 무능하고 무력하며, 무책임하고 심약할 뿐만 아니라 변화하는 국제 상황에 둔하고 순진하기 이를 데 없어 지도자로서 부족했다고 폄훼되었다.

정말로 당시 조선 민족은 일본에 의해 개조되어야 할 정도로 미개했는가? 그리고 당시 조선의 왕이었던 고종은 일본의 강점을 저지하기 위해 아무런 일도 하지 못했을 정도로 무능했는가? 고종이 통치했던 40여 년은 역사에서 지워내고 싶을 정도로 암울하기만 했는가? 근대 과학기술은 일본에 의해 도입되고 조선인에게 교육되었는가? 우리 근대 과학기술 교육은 모두 일본의 덕인가? 조선은 일본이 소개하기 전 서양의 근대 과학기술을 전혀 몰랐는가? 알았다면 도입을 시도하기는 했는가?

이 책은 이런 의문들에서 시작되었다. 고종대에 대한 평가에 대해 필자가 품었던 의문들은 많은 연구자들이 공유한 것이기도 했다. 그런 만큼 많은 연구들이 진행되었고, 결과물들이 축적되었다. 그 안에는 조선 정부의 정책 개혁과 관련한 연구들도 있다.[9] 다양한 분야에서 체제 및 정책 개혁이 일어난 것으로 보고되었다. 그 연구들 가운데 근대 과학기술과 관련된 것들은 대부분 현대사회의 이른바 사회간접자본과 관련되어 있다. 전통 사회에서는 이런 시설들이 필요했다. 특히 중앙집권이 강화된 국가일수록 지방을 통치하고 관리하기 위해서는 교통, 통신, 운송 수단은 필수적이었다. 조선 건국 이래 교통 통신 체제를 정비했음에도 500년의 세월 동안 이들 관련 제도에는 많은 문제들이 노정되었고, 폐단을 혁파하기 위한 개혁이 요구되었고 그 중심에는 근대 과학기술의 산물들이 있었다. 대표적으로 나애자의 『한국근대해운업사연구(韓國近代海運業史研究)』는 세미(歲米) 운반과 관련한 전통 조운(漕運)의 폐해를 해결하기 위해 조선 정부가 추진한 증기선 도입, 이를 둘러싼 해운업 분야의 도입과 전개 과정, 변천, 문제점을 다룬 연구였다.[10] 또 육상 교통의 개혁과 관련한 연구도 있다. 정재정의 『일제침략과 한국철도: 1892~1945』는 근대 육로 교통망의 구축을 위해 철도 체계를 도입하려 했던 조선 정부의 모색 과정과 조선 철도망 구축을 둘러싼 서구 열강의 움직임, 그리고 일제강점에 따라 굴절되는 양상과 총독부의 철도 정책이 남긴 문제점들을 다루었다.[11] 또 한성부(漢城府)에 국한되었지만, 당시 첨단 교통수단인 전차 도입을 필두로 한 국지 교통 체계의 근대화 과정에 관한 연구도 제기되었다. 노인화는 한성부에 설치된 전차와 광무개혁과의 관련성을 다루었고, 김연희는 여기에서 더 나아가 전기 사업의 실패 원인 및 배경, 사회에 미친 영향 등을 검토했으며, 오진석은 대한제국기 이래 진행된 전기 사업을 토대로 식민강점기로 기간을 연장해 조선에서 일제에 의한 전기 사업 진행 과정과 특징을 연구했다.[12] 봉수(烽燧) 및 역원(驛院)으로 대표되는 전통적 통신 체계가 전환되는 과정을 다룬 연구도 발표되었다. 새로운 통신 체계인 전신의 도입과 전신망 구축 과정을 살펴 조선 정부에 의한 전신 사업이 일제 통감부가 우려할 정도로 성공을 거둔 개혁 사업이었음을 김연희가 『고종시대 근대 통신망 구축사업』을 통해 밝혔다.[13]

이들 사회간접 관련 제도 이외에도 근대 과학기술로 추진된 조선 정부의 다양한 개혁에 관한 연구들도 발표되었다. 그 가운데에는 조선 경제의 근간인 화폐제도 개혁과 관련한 연구도 있다.[14] 원유한은 "『전환국고(典圜局攷)』"에서 당시 화폐 제조의 폐단을 개혁하기 위해 근대 화폐 제조 기술이 도입되었음을 보였다.[15] 그리고 이배용은 『한국근대광업침탈사연구(韓國近代鑛業侵奪史硏究)』를 통해 광업이 공식적으로 정부의 재정 사업으로 부상하면서 전통적으로 잠채(潛採)로 진행되던 채굴 과정을 근대 지질 탐사 및 개광술로 전환하기 위해 조선 정부가 취한 서양의 광산 기술 도입이 오히려 외세의 광산 침탈과 연결되었음을 밝혔다.[16] 이들의 연구 결과는 조선 정부가 추진한 근대 과학기술 정책 및 산업 정책이 오히려 서양 열강 및 일본의 개입 및 침탈이었음을 분석했던 것이다.

조선의 기본적 산업과 관련한 연구도 발표되었다. 김영진 등이 근대 농업기술 도입 과정을 소개했으며, 김도형은 권업모범장(勸業模範場)의 설치와 이양 과정을 다루며 근대 농업의 기원을 밝혔다.[17] 권태억은 『한국근대면업사연구(韓國近代綿業史硏究)』를 통해 전통적 직조 및 직물업 체제 전환

과정과 문제를 다루었다.[18] 그는 전통적으로 중요한 부업이었던 직물업이 개항 이후 조선의 전통 직조 방법에서 서양식 기계의 도입을 통한 산업으로 개편하는 과정과 더불어 조선 재래의 면화가 새로운 육지면의 재배로 강제 전환되는 방식, 그에 개입된 일제의 의도를 고찰했다. 그는 육지면으로 품종 전환 과정이 일제 직조 및 섬유 산업의 원료 공급지로의 편입 과정이었음을 밝히고, 그에 따른 조선 직조·직물업의 변화를 다루었다. 또 수입 대체로 국부의 유출을 막고 정부 재정을 풍부하게 할 것으로 주목된 신(新)잠업 기술 도입 및 수용 과정과 문제점을 김영희는 "대한제국 시기의 잠업진흥정책과 민영잠업"에서 분석했다.[19]

이 시기 조선 정부가 건국 이래 담당했던 의료 제도도 전환되기 시작했음이 보고되었다. 새로운 서양 근대 의학의 도입이 군제의 근대적 개혁의 일환인 군진 의료의 구축과 근대 위생의 도입을 기반으로 하는 전염병 예방이 근대적 인구 관리와 연관되어 있음을 신동원의 『한국근대보건의료사』와 박윤재의 『한국 근대의학의 기원』에서 다루었다.[20] 이 연구들은 조선 전통의 의료 및 보건 정책이 근대 서양 의학을 접하면서 변화되는 양상을 상세히 제시했고, 이를 통해 근대적 인구 개념이 조선에서 수용되었음을 밝혔다. 더 나아가 이 연구들은 서양 과학기술을 기반으로 하는 각각의 기술들의 도입 의도 및 배경과 전개 과정, 의학 교육의 전개 과정, 일제에 의한 굴절 과정을 상세하게 다루었다.

조선 근대 의학사 연구에서 볼 수 있던 의학 교육과 관련한 인력 양성 제도는 의학 분야에만 국한된 제도의 전환이 아니었다. 근대 과학기술 분야의 담당 인력 양성을 위한 교육과 관련한 연구도 발표되었다. 김근배는 『한국 근대 과학기술인력의 출현』에서 근대 과학기술을 학습한 과학기술자의 양성 과정을 개항 이후부터 일제강점기까지 다루며 경술국치 이전까지의 과학기술 인력 상황을 정리했으며, 일제강점에 의해 형성된 과학기술 전문 인력이 일제의 교육정책에 의해서가 아니라 철저히 개인적 노력에 의한 성과였음을 밝혔다.[21] 그리고 이면우는 "한국 근대교육기(1876~1910)의 지구과학교육"에서 전통적 학문 분야인 천문학과 지리에 관한 교육 내용이 개항 이후 도입된 한역 과학기술 서적들을 통해 변화하고 있었음을 밝혔다.[22] 이면우가 언급한 한역 서양 과학기술서의 수입 및 소장 상황을 김연희가 "1880년대 수집된 한역 과학기술서의 이해: 규장각 한국학연구원 소장본을 중심으로"에서 다루었는데 이 연구는 현재 규장각에 소장 중인 한역 근대 과학기술서의 전모와 내용의 분류, 도입 통로를 밝힌 것이다. 그리고 이들 서적들의 이용에 관한 연구도 발표되었다. 이상구는 "한국 근대수학교육의 아버지 이상설(李相卨)이 쓴 19세기 근대화학 강의록『화학계몽초(化學啓蒙抄)』"에서 이상설이 한역 과학기술서인『화학계몽』을 이해한 방식을 설명하는 등 당시 지식인들이 이용한 흔적을 정리해 발표했다.[23] 또 박종석은『개화기 한국의 과학교과서』를 통해 대한제국기 학교 제도 수립과 이용한 과학 교과서를 소개하고 분석했으며, 김연희는 "대한제국기 새로운 기술관원 집단의 형성과 해체—전신기술자를 중심으로"에서 을사늑약 이전에 근대 과학기술을 교육받은 전신기술자 집단이 구성되어 활동하고 있었음을 밝혔다.[24] 또 새로운 무기 기술의 도입과 관련해서는 김정기와 김연희가 대청외교의 일환으로 이루어진 무기 기술 도입 과정을 분석했다.[25] 이처럼 개항 이래 적지 않은 분야에 대한 연구들이 진행되었다.[26] 이들 연구를 통해 개항 이후 근대 과학기술의 도입 과정의 특성, 경향과 면모를 이해할 수 있다. 즉 개항 이래 조선 정부의 근대 서양 과학기술 도입 정책, 정책 실행의 구체적 내용, 서양 과학기술 학습 내용, 새롭게 등장하는 기술 인력 양성과 관련 제도 정비, 그들에게 제공된 학습 수준 등등을 가늠할 수 있게 된 것이다.

최근 들어 이런 분야별 혹은 제도별 연구와 더불어 정책 주도층 혹은 당시 지식 계층이 가졌던 근대 과학기술을 포함한 서양 문물에 대한 인식과 태도에 관한 연구들도 진행되었다. 이들 연구는 서양 과학기술을 포함한 서구 문물 전반이 조선 사회에서 인식되는 방식과 그와 관련한 담론들을 '개화'나 '문명'과 같이 포괄적 개념을 중심으로 점검한 것이다. 그 가운데 박충석은 개항 이후 기독교적 세계관의 '문명'과 유교적 관념의 연장선에서 '개화'를 여러 층위의 개념으로 제시했으며, 강상규는 서로 다른 문명이 교차되는 시기를 기독교 문명국가가 비서구권을 야만으로 포섭하는 과정으로 해석했다.[27] 권태억은 르네상스 이래 서양이 이루어낸 '진보'를 내포한 계몽주의적 세계관이 기독교 세계관을 대체하면서 '문명'이 내세워졌고 이 문명이 19세기 기독교 해외 선교 사업과 연결되면서 조직화되어 전 세계로 확산되었다고 분석했다.[28] 이들 문명과 개화에 관한 연구는 대개 서구의 침략을 서구 문명의 확산으로, 즉 서구 사회가 '문명'을 비서구권에 계몽시켜가는 과정으로 파악했다. 특히 권태억은 일본과 중국도 포함해 분석했는데, 서구 문명화를 지향한 일본은 서구 문명의 일원으로서 인정받기 위해 식민지 정책을 수행했다고 지적했다.[29] 또 중국의 대응 방법이었던 중체서용(中體西用)의 함의를 논의하며 중국의 서양 근대 문명을 대하는 태도와 결과, 영향과 의의 그리고 한계를 보여주었다.

문명이라는 큰 개념의 연구들은 서구 문명의 실체와 서구 문명의 전파에 내포된 역사성과 의도들을 포착·분석하고 이를 받아들이는 비서구권의 대응 방식을 제시함으로써 당시 19세기 상황을 '제국의 침탈과 대응'이라는 단순한 구도에서 확장해 다양한 시각으로 접근할 수 있게 했다. 이들 연구는 '문명 표준'의 기준으로서 서양의 근대 과학기술을 매우 중요하게 거론했음에도 이를 직접 다루지는 않았다. 더 나아가 근대 과학기술의 내용이나 전통 과학기술의 특성들에는 큰 관심을 보이지 않았다. 무엇보다 조선 정부가 인식한 서양 과학기술의 성격과 과학기술의 조선에서의 변화, 과학기술의 핵심 용어들의 함의 변화, 혹은 변용 등은 이 연구들의 주 관심사가 아니었다. 그리고 이 연구들에서 언급되는 서양 과학기술은 역사적 변화 과정의 구성체가 아니라 오류 없이 무결한 완결체일 뿐만 아니라 마음만 먹으면 언제든 획득 가능한 대상으로 인식된다는 특성을 가진 것으로 존재했다.

4.

이 책은 이 두 부류의 연구들을 아우르려는 시도이다. 분야사 혹은 제도사, 정책사로 축적된 연구 업적들과 더불어 '문명'이라는 포괄적 개념 속에서 인식 및 태도를 다룬 연구들을 종합해 전통에서 서양 문명으로의 전환 과정이 조선의 자연이해 체계의 변화에 미친 영향, 변화의 과정을 점검하려는 것이다. 더불어 '개화'와 '문명'에 내포된 서양 과학기술의 내용들을 구체적으로 분석하고, 조선 사회에서 전통과의 상호작용과 함께 파급된 영향을 종합적으로 검토해보고자 한다. 이 작업은 근대 과학기술이 전통 사회에 도입되면서 일어난 변용과 굴절, 혼종의 양태를 살피는 일이며, 이는 도입된 과학기술이 조선에서 서양과 똑같은 형태로 유지되고 존재하는 독립적 완전체가 아님을 밝히는 과정이기도 하다. 그래서 이 작업은 과학기술이 사회적·문화적 배경과 지적 전통에 의해 변화되는 체계이자 조선 사회의 특수한 상황을 반영한 특징을 갖추고 재구성되는 산물임을 보이는 과정이라 할 수 있다.

이런 서양 과학기술의 동아시아에서의 수용 과정을 보여준 연구들은 이미 중국과 일본의 과학기술사 분야에서 적지 않게 수행되었고 성과가 축적되었다. 이들 연구는 서양 문명의 실체 분석, 번역과 변용, 재구성 등이 중심이 되어 진행되었다. 중국의 경우, 유교를 중심으로 한 토착 지식 전통이 영향력을 강력하게 행사하고 있던 17~18세기, 예수교 선교사들로부터 서양 과학 지식을 수용했던 상황과 관련한 연구들이 적지 않았다. 유입된 외래의 이질적 지식이 중국 사회에서 영향력 있는 지위를 차지하는 과정, 중국 지식인들이 학습하고 이해하고 소화하는 과정, 여기에 수반하는 유교의 지적(知的) 지형의 변화 과정을 세밀하게 분석하고 재구성했다. 이 연구들은 서학의 중국기원설을 낳으며 고증학으로 전개되는 양상이나,[30] '과학(Science)'이란 용어가 전통 용어인 '격치(格致)'로 번역되어 다양한 의미를 내포하면서 변용, 굴절되는 상황을 포함했다.[31] 이런 연구들은 19세기 양무운동(洋務運動)기와 청일전쟁 패전 분석으로 이어져 결국 '과학'을 받아들이는 전환의 과정과 더불어 근대 과학기술이 인식·이해되는 과정의 분석으로 진전되었다. 전통적 지적 사회가 생소한 문화를 포섭하고 소화하고 수용하려는 움직임이 지니는 역사적 의의를 종합해낸 것이다. 이와 같은 연구들에는 전통적 '위생'으로부터 근대적 위생으로 전환되는 과정을 다룬 분야사적 고찰도 포함되었다. 이 연구들로 서양의 근대 과학기술을 받아들이는 중국의 태도와 도입의 영향, 의의가 전반적으로 이해될 수 있었다.

일본은 중국과 다른 경로를 밟았음이 밝혀졌고, 그에 관한 의의도 제시되었다. 권태억은 전통 사회에서 유교의 소양과 지적 체계를 완벽하게 구축하지 못한 일본이 정치적 변혁을 배경으로 서양 과학 지식을 서양의 시선으로 수용했고, 이는 곧 서양 지식과 문명의 전폭적 수용과 더불어 전통 지식 체계의 폐기로 나타났음을 지적했다.[32] 이와 같은 일본의 근대 과학기술 수용이 가능했던 배경으로 17~18세기 형성된 난학(蘭學)을 분석한 연구도 있으며,[33] 서양 과학기술 학습을 담당했던 일본 지식인의 사회적 지위도 분석되어 일본에서 서양 과학기술의 사회적 기능 및 역할이 검토되기도 했다. 이런 연구들을 바탕으로 일본에서는 1880~90년대 이미 더 이상 일본 전통의 흔적을 찾을 수 없으며 더 나아가 일본의 근대 과학 담당자들이 서양을 경쟁자로 두고 연구 작업을 수행했음이 제시되었다.[34] 경쟁자로서의 서양을 인식하는 태도는 근대 과학기술 용어의 번역 과정 관련 연구에서도 제기되었다.[35] 서양 과학기술을 학습한 일본 지식인들이 전통 과학과 근대 과학의 차이에 주목했고, 일본식 용어의 조성(造成) 혹은 발명에 심혈을 기울였으며, 그 과정에서 전통 과학과 기술적 자연관과 인식론과 거리두기를 시도했음을 보인 것이다. 이와 같은 일본의 근대 과학 형성과 관련한 연구들에는 적지 않은 분야사적 접근도 포함되었다.[36]

서양 과학기술 도입에 관한 중국과 일본 관련 연구들은 이처럼 외래 지식의 존재 양태의 점검과 더불어 과학기술이 가지는 사회에서의 전반적 의미를 해석하고 역사적 의의를 제시하는 수준으로 진입하고 있음을 볼 수 있다. 조선의 서양 과학기술 도입 과정이 조선이 유교문화권 또는 동아시아 3국으로 분류되는 만큼 일본과 중국의 연구에서 추론이 가능할 것이라고 예상할 수도 있다. 하지만 이들 두 나라의 근대 과학기술 도입 과정이 다르듯 조선의 입장과 상황이 매우 달랐고, 이 다른 상황과 관련한 분석이 필요하다고 본다.

5.

이 책은 개항 전후부터 일제강점기 이전까지 근대 과학기술의 도입 과정을 살피고, 그에 따른 변화 양상을 점검하는 것을 목적으로 했다. 더불어 이 시대 과학기술 도입과 관련한 몇 가지 질문들을 해결해보려 했다. 첫째 질문은 "근대 과학기술 도입 이전, 전통 사회에서 해당하는 분야들이 존재했는가"이다. "존재했다면 사회에서 어떤 기능을 담당하고 있었고 어떻게 존재했는가"이다. 조선 전통 사회에서 하늘과 땅 그리고 인간을 인식하는 틀과 근대 서양에서 자연을 바라보는 시각의 기본적 차이를 점검함으로써 이 문제의 해답을 찾고자 한다.

둘째 질문은 도입 과정과 관련된 것이다. 도입 과정은 분야마다 다른 경로를 밟았고, 결과도 같지 않았으며, 소요 기간에도 차이가 있었다. 이런 차이는 왜 발생한 것인지, 그리고 무엇이 이런 차이에 영향을 미쳤는지를 살핀다. 이런 차이가 발생한 기본적 이유는 서양 과학기술을 수입할 수밖에 없는 조선과 같은 국가에서 도입 우선순위와 관련이 있으며 무엇보다도 이를 추진하는 정부 능력과 크게 상관되어 있다는 생각이다. 이 질문은 또 조선 정부의 근대 과학기술에 대한 태도와 관련이 있다고 여겨진다. 이 질문을 해결하기 위해 조선 정부 정책의 수립 및 시행 과정을 점검하려 한다.

세 번째 의문은 조선에서의 변화 양상이 도입된 서양 과학기술 자체의 특징과 관련이 있는가이다. 서양 과학기술 자체가 서양 사회의 산물로서 다양한 요소들로 구성되었으며 또 각기 다른 배경을 가지고 있는데, 이들이 조선이라는 전통적 공간에 도입되었을 때 나타나는 양상에 대한 의문이다. 예를 들어 전차라는 교통 체계는 전차와 전차선로, 운영 체계라는 크게 세 부분으로 구성되고, 각각은 또 나름의 시스템을 구축하고 있다. 전차는 발전(發電)과 전송(電送) 방식, 전동기의 발명과 개량과 연결되어 있고, 기차선로는 제철과 철강 산업, 운영 체계는 기술 인력과 근대적 시각표 등등의 요소들로 구성되어 있다. 따라서 이 교통 체계의 도입은 이를 둘러싼 사회관계, 과학기술적 요소들의 유입이 수반됨을 의미한다. 이런 체계와 제도가 도입됨으로써 전통 사회는 어떤 양상으로 변화하게 되는지를 당시 사회상을 중심으로 살펴 의문을 풀어보려 한다.

네 번째, "도입된 서양 과학기술이 조선 사회만이 아니라 조선 전통의 지적 체계와도 상호작용하지 않았을까"라는 의문이다. 예를 들어 전신 운영이나 기선 운항과 같은 국제적 교류를 전제로 하는 과학기술 체계의 도입은 국제 표준 시각제의 일정 부분을 수용해야 함을 의미한다. 국제 표준 시각체제의 도입은 궁극적으로 전통 시간체계와 관련한 지적 전통과 조우할 수밖에 없다. 조선의 전통 우주관과 역법에도 영향을 미쳤을 것으로 보인다. 이런 지적 체계의 변화는 물론 국제 시각체계로만 야기되지 않았을 것이다. 당시 도입된 여러 과학기술들과 관련된 요소들이 전통 지적 체계에 미쳤을 영향을 점검해보고자 한다.

마지막으로 "사업 추진 세력의 전환이 도입 과학기술의 성격과 내용에 미친 영향은 어떠했을까"라는 의문이다. 청의 내정간섭하의 1880년대, 독자적 행보를 보였던 광무개혁기, 을사늑약에 따라 근대 과학기술 도입 추진 세력은 변화했다. 이런 변경에 의한 그 변화 양상, 혹은 변용을 검토해 보려 한다.

이 책은 이런 문제들을 해결하기 위해 먼저 서양 근대 과학기술 도입을 기반으로 하는 조선 정부의 개화 정책의 전반적 배경과 수립 과정, 근대 과학기술을 이해하는 태도를 살펴보았다. 그 가운데 무기 기술 도입을 위한 정책, 부국을 위한 여러 정책 가운데 새 농법 도입 과정과 결과, 통신 및 교통 체계의 전환 등 조선 정부가 수행한 중요한 정책들을 자세히 살펴보았다. 또 이런 정책들의 추진 및 수행에 따른 사회의 변화 양상도 검토했다. 근대 천문학의 도입과 영향, 새로운 교육의 수행 및 전통적 교육 체계의 해제, 근대 과학기술의 교육 과정을 살펴보았다. 이런 검토들은 조선 정부 및 대한제국 정부의 개화를 위한 정책의 수행과정의 결과와 더불어 을사늑약 이후의 변화 과정을 함께 담고 있다.

이 책은 두 번째 장까지에서 조선 정부가 서양 근대 과학기술을 수용하는 태도를 점검했다. 전통적 관념의 변형과 도입을 구체화시키기 위한 정보 수집, 도입 정책들의 형성 및 전개를 통해 조선 정부의 기본 인식 및 태도와 더불어 당시 국내외적 상황을 점검했다. 세 번째 장에서는 조선 정부의 현안이었던 서구 무기 제작기술 도입의 희망, 도입을 위한 정책의 구성 과정과 좌절, 그리고 그에 따른 결과를 살펴보았다. 네 번째 장은 강병에 필요한 재정 기반의 확보를 위해 전통적 산업이었던 농업을 새로운 근대 서양 농법으로 재구축하려 한 조선 정부의 여러 시도들을 살펴보았다. 벼 품종 개발과 시비 방식의 전환을 위한 모색과 노력 과정, 그와 더불어 대표적 서양 농업 산업인 낙농을 포함한 상업 작물들의 도입, 나아가 농업기술의 전수를 위한 교육 제도 구축 과정과 좌절, 통감부에 의한 굴절의 과정을 점검했다.

다섯 번째 장과 여섯 번째 장에서는 중앙집권 국가의 통치 수단인 교통과 통신의 서양식 전환을 도모하는 과정을 살펴보았다. 국가 통치에서 가장 중요한 분야였던 교통과 통신 사업권은 조선 정부뿐만 아니라 서양 열강과 청·일 두 나라의 초미의 관심사였다. 조선 정부의 도입 사업도 이들로부터 많은 간섭과 방해를 받게 되었다. 이 두 사업은 사업 주도권의 향배에 따라 설치 및 운영 방식, 심지어 국가 운명까지도 좌우될 것이었다. 이 두 장에서는 도입 과정과 운영 및 변용 과정을 살펴보았다.

일곱 번째 장은 전통적 자연관 관련 학문 분야의 균열과 해체의 과정을 다루었다. 이를 특히 천문학과 지리학을 통해 살펴보았는데, 천문학은 세종대 『칠정산내외편(七政算內外篇)』에 의한 역산 방법이 숙종대 시헌력으로의 전환을 거치면서 500년 동안 조선의 시간, 재이, 기상을 포괄하는 분야로 지속된 전통 지식 분야였다. 하늘의 움직임이 인간사를 반영한다는 재이론(災異論)은 특히 천문학을 제왕의 학문으로 인식하게 했고, 그런 만큼 정부 기관에서 관장하고 관원들에 의해 관리되었다. 이 분야가 특히 개항 이후 서양의 근대 과학기술이 도입되기 시작하면서 가장 크게 변화했다.

하늘은 천문과 대기로 분리되었고, 전통 천문학에 관통되어 있던 재이론은 해소되었다. 그리고 그 과정에서 일어난 여러 변화와 더불어 전통적으로 시간에 내재되어 있던 권력이 통감부 및 총독부(總督府)가 장악하면서 시간 관리를 통한 조선 지배의 과정도 살펴보았다. 또 전통적 학문 분야의 하나였던 지리학 역시 개항으로 큰 변화를 겪었다. 근대 지리학이 전통 지리학을 해체시키고 새로운 시각을 제공한 것이다. 이는 천원지방과 중국 중심의 전통적 세계관에 기반한 전통 지리 대신 5대양 6대주의 넓은 세계와 함께 국제 질서의 재정립에 대한 이해를 요구하는 것이었다. 이를 근대 지리학이 이해 및 수용하는 과정을 통해 점검했으며, 나아가 애국을 강조하는 국토관이 반영된 지문학으로의 전환 과정과 변용을 살펴보았다.

제8장은 근대 교육 체제의 도입과 학제의 개편과 더불어 과학 관련 교육의 수행 과정을 살펴보았다. 새로운 근대 과학은 독서와 암송 위주의 전통적 교육 방식과 제도로는 수용하기 어려웠다. 전통과 다른 지적 훈련 체계를 가진 근대 과학의 수용 과정을 서양식 학제 도입과 더불어 사용 교과서의 점검을 통해 살펴보았다.

이 책을 위와 같이 구성한 것은 근대 과학기술이 지니는 전통 과학과의 차이, 전통 사회에 미친 영향력과 사회의 움직임이 과학 지식 체계에 미친 파급력, 즉 두 분야 간의 상호작용에 관한 하나의 해답이 제시될 수 있으리라는 기대에 의해서였다. 적어도 과학기술 분야에 관한 한 조선에서 근대 과학기술 도입 주도 세력에 의한 변형 및 굴절을 그려낼 수 있을 것으로 보기 때문이었다. 나아가 개항 이래 조선 정부가 근대 과학기술을 통한 개혁을 위해 적지 않은 노력을 경주함으로써 전통 사회에 균열이 생겼고, 해체가 야기되어 새로운 사회로의 전환을 이루기 시작했음과, 조선이 식민지로 전락한 것은 근대 과학기술을 도입하지 않은 미개함이나 고루함, 그것을 익히지 못하는 지적 미숙에 의해서가 아님을 보이려는 의도 때문이었다.

제2장

근대 과학기술 발견과 조선 정부 도입 정책

조선 정부는 1876년 개항 이후부터 서양 문물을 본격적으로 도입하기 시작했다. 이때 도입된 서양 문물은 이전 시대인 17~18세기에 도입된 것과 매우 달랐다. 개항 후의 서양 과학기술은 과학혁명과 산업혁명을 겪으면서 훨씬 강력해지고 효율적으로 진화되었다. 또 이를 도입하기 위해서는 전통 시대와 전혀 다른 질서 속에서 외국과 교류해야 했다. 1876년 개항으로 조선 정부가 접하게 된 국제사회는 더 이상 중국을 중심으로 한 사대교린의 질서가 유지되는 곳이 아니었고 이른바 『만국공법(萬國公法)』이 서구 제국의 팽창을 가장한 사회였다. 서양 열강의 경제체제는 자급자족 자연경제가 해체되고 대량 생산, 최대 이윤 추구의 자본주의를 중심으로 재구성되어 제국의 시대로 나아갔고, 원료 공급지와 시장 확보를 위해 치열한 경쟁이 전개되고 있었다.[1] 개항으로 이 치열한 각축장으로 진입하면서 조선 정부는 서양 문물을 도입해 나라를 부강하게 함으로써 외침으로 인한 수모를 겪지 않을 것을 기대했다.

조선 정부는 강력한 힘을 행사하는 열강과 강력한 힘이 만들어내는 서양 문물에 주목하고 그 핵심을 파악하려 했다. 더불어 고종과 조선 정부는 서양 문물을 도입하기 위해 다방면의 정책을 수립하고 수행했다. 서양 문물을 받아들이는 과정에서 성과를 내기도 했지만 실패도 적지 않았다.

그럼에도 불구하고 조선 정부는 서양 문물의 요체를 무엇보다 근대 과학기술로 파악했고 이를 도입하기 위해 노력했으며, 그로써 변화와 개혁을 도모하겠다는 희망을 견지했다. 이 과정에서 조선 사회는 근대 과학기술로 전통 과학을 대체하기 시작했다. 이 절에서는 조선 정부가 서양 문물, 서양 근대 과학기술을 인식하는 방식을 살펴보면서 수용 및 도입 태도와 방법을 점검해보고자 한다.

1절

서양 근대 과학기술과의 조우

1. 강력한 화력으로 만난 서양 근대 과학기술

조선 사회가 서양 문물을 직접 접한 것은 강력한 화력을 동반한 병인양요(丙寅洋擾, 1866)와 신미양요(辛未洋擾, 1871)와 같은 서양 세력의 침략을 통해서였다. 두 번의 양요를 겪으면서 만들어진 서양의 이미지는 강력한 무기, 빠른 증기선으로 구성되었다. 물론 이런 이미지가 그 같은 외침(外侵)들로만 구성된 것은 아니었다. 17세기 중반 이래 청으로 파견된 사절단을 통해 소개된 서양 관련 정보도 이런 이미지 구성에 지속적으로 작용했다. 그때 그들은 서양 예수교 선교사가 만들었다는 정확한 역(曆)과 더불어 서양 기기, 그리고 무기와 관련한 정보도 함께 가져왔다. 조선 정부는 이렇게 수집한 정보들을 바탕으로 시헌력(時憲曆) 계산 방법을 습득하고 서양식 화포를 제작하려 노력했으며 결과물을 도출하기도 했다. 시헌력 계산 방법을 익히기 위한 조선 정부의 노력은 오랜 기간 지속되었다. 무기와 관련해서도 마찬가지여서 영조대에 이르러 훈련도감(訓鍊都監)은 홍이포(紅夷砲)

를 제작했다. 이 포는 사정거리가 10여 리에 달했다.[2] 더불어 개인 화기도 개량되었다.[3] 이와 같은 정부 차원에서의 역법 계산 방법의 습득과 신무기 제작 및 개량 작업은 서양의 강력한 과학기술에 대한 이미지를 구성하는 배경이 되었다.

하지만 1800년대 중반 이후 두 번의 양요에서 접한 서양의 화력은 강력했고, 심각하게 나라의 안위를 위협했다. 강력한 서양 화기를 본 조선 정부는 군비(軍備) 강화의 필요성을 절감했으며, 이를 위한 방안을 마련하려 했다. 사실 군비 강화는 국가 통치를 위해 필수적 사안이었으나 쉬운 일은 아니었다. 대원군(大院君) 이하응(李昰應, 1820~1898)의 해방(海防) 정책에 따른 전통 무기의 개량은 서양의 근대식 무기를 방어하기에는 역부족이었다.

고종 친정 이래 조선 정부의 군비 강화 정책은 대원군 시대와는 전혀 다른 방향에서 접근했다. 이는 군비의 서양식 근대 무기를 포함한 군제 자체의 전환을 내포했다. 군제의 서양식으로의 전환은 이를 다루는 제식훈련과 조련, 진을 구축하거나 성을 쌓거나 군수물자의 제작, 보급 방식을 포함한 전반적인 군사 제도를 개편시키는 대대적 작업을 의미했다.[4] 또 군진 의료, 장교 교육, 통신 방식 등 군제를 둘러싼 모든 제반 여건의 전환을 동반해야 했다. 무기 전환을 핵심으로 한 군제 개편을 위해 조선 정부는 서양 문물을 전반적으로 이해해야 했고 이를 도입하기 위한 기반도 마련해야 했다.

그러나 당시 조선 정부로서는 군제를 완벽하게 전환시킬 여력이 없었다. 따라서 가장 시급한 현안으로 인식되었던 무기를 바꾸는 작업부터 시작했다. 서양식 무기를 갖추어 화력을 증강하겠다는 작업은 정부 주도로 추진되었는데, 이는 중앙정부 관리하에 무기를 제조해왔던 전통에 의한 것이었다. 여말선초의 화약 제조, 신기전(神機箭)을 포함한 각종 무기와 더불어 조선중기 거북선 등 탁월한 무기 제작의 전통과 이를 정부가 주도하고 관리했던 전통을 가진 조선에서 무기 완제품을 사 온다는 것은 상상도 할 수 없는 일이었다. 하지만 서양 근대 무기 제작은 전통 무기 제작 방식의 일부 개량이나 전환만으로 획득되는 것이 아니었다.[5] 서양 무기 제작기술과 관련한 물리, 화학, 수학과 같은 근대 과학과 더불어 제련, 제철 및 제강, 제도(製圖), 선반 및 프레스와 같은 공업 기술의 총체였기에 무기 제작 기술 자체가 바로 서양 근대 과학기술이라고 해도 지나치지 않았다. 서양 무기를 제작하겠다는 것은 서양 과학기술을 도입하겠다는 것과 같은 의미였다.

서양 과학기술을 도입하기 위해서는 적지 않은 문제를 해결해야 했다. 가장 두드러진 문제 가운데 하나는 도입을 위한 분위기 조성이었다. 특히 서학을 경계하라는 주장이 강력하게 대두되었고 이는 서양 과학기술을 도입하는 데에 큰 걸림돌이었다.[6] 이른바 위정척사파(衛正斥邪派)로 불리는 유림들은 이 적대적 분위기를 이끌었는데 그들은 조선 정부나 개화론자들의 부국강병을 도모하는 방법을 "침략으로 모멸을 주고 서교(西教)로 유교 전통을 훼손하는 서양 문물로 이끌겠다"는 생각이며 "(이 생각은) 결국 유교의 도를 훼손할 것"이라고 주장하며 반발했다. 그들은 군비를 전통적인 방법으로 개량하자고 제안했다. 화력이 떨어지고 성능이 좋지 못하지만 많이 만들어 훈련을 열심히 하면 결국 전쟁에서 승기를 잡을 것이라는 주장이었다.[7] 더 나아가 그들은 서양의 화기로 군비를 마련하는 일 자체를 반대했다. 오랑캐의 무기와 기술로 무기고를 채우게 되면 그들로부터 이를 지속적으로 구입해야 하는 일이 발생한다는 우려였다.[8] 비록 그들의 지적이 틀리지는 않았지만, 그들의 말대로 전통적 화기를 훨씬 더 잘 만들고 곳곳에 촘촘히 배치를 하고 훈련을 한다고 해도 이미 전통 화기는 서양식 무기와 대적하기에는 사거리와 폭발력, 적중성과 같은 무기의 기본적 성능에서 크게 뒤떨어져 있었다.

그럼에도 척사론자들이 서양 세력의 지엽과 말(末)로써 근본을 상호 교역하는 것은 매우 불공정하며 수행되어서는 안 되는 문제임을 짚어냈음은 주목할 만하다.[9] 그리고 말과 지엽을 추구하는 서양 오랑캐들의 농간에 조선이 매우 위태로운 상황에 직면할 것임을 예측한 일이나, 황준헌(黃遵憲, 1848~1905)이 조언한 방식이 결국 조선의 독립을 위협하리라는 전망도 틀리지 않았다. 특히 이항로(李恒老, 1792~1868)의 제자이자 김평묵(金平默, 1819~1891)의 동학(同學)이라고 밝힌 유중교(柳重教, 1832~1893)는 시대적 요청으로 강병을 이루는 데에는 동의할 수 있지만 그것을 서양 문물로 수행하겠다는 데에는 반대한다고 의사를 분명히 밝히기도 했다.[10] 위정척사는 재야 유생만의 입장이 아니었다. 청국에 사신으로 파견되어 교섭을 담당했던 이유원(李裕元, 1814~1888)도 이런 태도를 견지했다. 그는 "강병(强兵)에 대한 계책은 우리가 얼마나 무마를 잘 하고 방비를 잘 하느냐에 달려 있는 것이지 적의 힘을 빌려 강하게 한다는 말은 듣지 못했다"고 하면서 방어라는 전통적 조선의 전략을 고수했다.[11]

그럼에도 위정척사파의 세계정세 인식이 개화파와 크게 다르지 않은 점에 주목할 필요가 있다. 그들이 서세동점(西勢東占)의 상황을 읽지 못하거나 서양 문명의 특징을 인지하지 못했던 것이 아니기 때문이다. 하지만 그들이 제안한 문제해결 방법은 서양을 야만보다 더한 야만으로 치부하고 이를 인륜으로 다스려야 한다는 것이었다.[12] 이는 당시 세계 실정에서는 매우 낭만적이고 순진한 사유였다. 그들은 서양 세력을 '이(利)'만을 좇는 '시랑(豺狼)'으로 특징을 평했지만 '제국'의 생리나 구조적 실체를 파악하는 데에는 실패했던 것이다. 유중교의 주장은 이런 사유 방식을 잘 보여준다.

"저들 오랑캐들이 아무리 사납다 하더라도 역시 인성(人性)이 있는데 어찌 감히 명분 없는 군사를 일으켜 이치에 따르는 자를 범하는 일을 하겠습니까. 설령 시랑(豺狼) 같은 어리석음으로 이를 헤아리지 못하고 오는 자가 있더라도 우리가 이에 응하는 것을 주인으로서 손님을 대하는 것과 같이 지키면서, 전쟁을 기다려 정의로써 사(邪)를 제압하고 올곧음으로써 좁은 것을 제압하는 것이어서 모든 신령들이 부지해주고 만백성들이 분발할 것이니, 어찌 갑자기 그들에게 꺾임을 당하겠습니까."[13]

그는 서양을 금수와 같은 오랑캐로 전제하고 그들을 조선의 전통적 인(仁)과 덕(德)으로 교화할 수 있을 것이라고 주장했던 것이다.

고종과 개화론자들은 이런 위정척사의 시각과 주장으로는 국제정세에 발맞추기는커녕 대처하기도 어렵다고 파악했다. 그들은 이른바 '동도서기(東道西器)'라 불리는 대안을 제시했다. 동양 고전 성현의 말씀으로 이루어진 유교 사회의 덕을 지키기 위해 서양의 문물을 도입하겠다는 동도서기에는 도(道), 즉 리(理)가 기와 분리되어 있어, 전통의 낡은 기를 서양 문물의 핵심인 과학기술로 대체함으로써 동도를 강화시킬 수 있다는 논리였다. 이런 인식과 실천의 분리로 음양오행의 자연관을 변화시키지 않고서도 유학자들을 설득할 수 있는 구조를 만들 수 있으리라는 판단이었다.

이런 사고의 선두에는 조선의 최고 권력자인 고종이 있었다. 그 역시 대원군 섭정 시기 쇄국을 지지했고, 위정척사를 중요 국책으로 삼아 척사윤음(斥邪綸音)을 반포하는 등 위정척사적 입장을 표명한 바 있었다.[14] 하지만 집권을 위해 대원군과 투쟁하고 일본과의 수교조약을 진행하면서 더 이상 서양과의 교섭과 서양 문물의 도입을 금하기 어렵다는 점을 인식했고,[15] 적극적으로 서양 문물 도입과 관련한 정보 수집 작업을 단행하며 서양 문물을 도입할 것을 천명했다. 고종은 동도서기를 내세우며 위정척사의 주장을 더 이상 수용하지 않을 것임을 천명하면서 도(道)와 기(器)를 명확하게 구분하고 서양의 종교와도 구분하면서 서양의 기술을 받아들이겠다는 교서를 반포했다.

> 기계를 제조하는 데 서양의 기술을 약간이라도 본받는 것을 보기만 하면 곧 사교에 물들었다고 지목하는데, 이는 대단히 이해를 잘못하고 있는 것이다. 그들의 종교는 사교이니만큼 음성(淫聲)이나 미색(美色)처럼 여겨 멀리하여야겠지만, 그들의 기계는 정교하니 그것으로 이용후생(利用厚生)이 가능하다면 농기구나 의약품, 무기, 운송 수단을 만드는 데 무엇을 꺼려서 하지 않겠는가. 그들의 종교는 배척하되 그들의 기계는 본받는 것은 실로 상치되지 않고 병행할 수 있는 것이다"[16]

고종은 이 교서에서 이미 화력, 심지어 국력에서 강약의 형세가 이미 현격하게 차이가 났기에 서양 기계를 도입하지 않고는 그들의 침략이나 모멸을 막지 못할 것이라고 단언했다. 그리고 그는 군비의 핵심이 서양 문물, 특히 기기에 있음을 지적했다.

고종의 교서는 개화 의견을 담은 상소가 25건이나 올라오게 할 정도로 파급력이 컸다.[17] 이 개화 상소에서 당시 상황의 절박함에 유학자들이 대부분 공감하고 있음을 볼 수 있다. 이 상소들은 대부분 백성이 헐벗고 재정이 어려워 군사력이 약화되고 있는 상황을 지적하면서 이를 탈피하자고 주장하며 이를 위한 부국강병의 전제가 서양 문물의 도입이라는 데에 동의하고 있음을 볼 수 있다. 윤선학(尹善學)은 서법(西法)이 기계의 정묘함과 부국의 방법에 주나라의 여상(呂尙)과 촉의 제갈량(諸葛亮)도 참여하지 못할 정도라고 하면서 "배, 수레, 무기, 농기계는 겉으로 드러나서 기(器)"이므로 자신은 도를 바꾸자는 것이 아니라 '기(器)로서의 서법'을 따르자는 것이라고 주장했다.[18] 또 지석영(池錫永, 1855~1935)도 서법의 도입을 강조했다. 그는 "원(院)을 두어 책들—『만국공법』, 『조선책략(朝鮮策略)』, 『박물신편(博物新編)』, 『격물입문(格物入門)』, 『격치휘편(格致彙編)』, 『지구도경(地球圖經)』, 『기화근사(箕和近事)』, 『농정신편(農政新編)』, 『공보초략(公報抄略)』—을 수집하고 또 근일 각국의 수차, 농기, 직조기, 화륜기, 병기 등을 구입하여 쌓아"두어 향촌에서도 와서 이를 배우고 모방하게 하라고 제안했다.[19]

2. 국가 지향의 전환

고종을 필두로 하는 개화론자들은 부국강병을 도모할 것을 주장했다. 부국강병과 관련한 서양 문물에 대한 논의는 무엇보다 군비와 연결되어 있었다. 서양 기기 도입은 군비 전환이 중요한 토대였고 이는 막대한 재정을 필요로 한 사업이었다. 이 대규모 재원을 확보하기 위해서는 군비의 중요성이 더욱 더 강조되어야 했던 만큼 강조점은 강병에 찍혀 있었다. 강병을 위한 부국이지 나라의 백성을 부유하게 하기 위한 강병은 아니었다. 따라서 매우 부정적인 의미를 가진 정책으로 인식되었다. 부국강병은 유교에서 가장 백안시되었던 패도(覇道)였다. 부국강병이 패도인 까닭은 그것의 목적이 강병을 통한 국토의 확장에 있었고 이는 군주의 욕망을 표상하는 일이며 백성들이 감당해야 하는 간난과 고통을 의미했기 때문이다. 부국강병은 궁극적으로 군비의 재용(財用)을 떠맡아야 하고 군인으로 동원되어야 하는 몫을 백성들이 담당했고, 이는 곧 생산과 결부되어 생산력이 급격하게 저하될 수밖에 없음을 내포했다. 이런 인식으로 조선 역대 왕들의 경연에서는 부국강병이 패도임이 누차 상소되고 제고되었다.[20] 따라서 유교의 군주인 '어버이로서의 왕'의 나라를 지향했던 조선의 왕이 부국강병을 국가정책으로 설정하는 것은 금기시되었다. 이런 생각을 근거로 군비를 갖추자는 이이(李珥, 1536~1584)의 10만 양병설이 패도로 비판받고 저지되었던 것이다.

임진왜란(壬辰倭亂)과 병자호란(丙子胡亂)을 겪고 나서도 이 생각은 없어지지 않았다. 선조는 강병보다 민생의 안정을 강조했으며 심지어 무기는 없어도 된다고 분명히 밝히기도 했다.

> "식량은 백성에게 있어서 소중한 것이고 농사는 정사의 근본이다. 지금은 7년 동안 잔파되고 난 뒤라 반드시 농상(農桑)을 권장하는 것으로 근본을 삼아야 할 것이다. 무기는 없어도 괜찮으나 식량이 없어서는 아니 된다."[21]

선조의 이런 언급에는 7년 동안 전쟁을 치르면서 논밭이 유실되고 황폐해지고 백성들의 삶이 피폐해짐에 따라 백성의 생활을 보듬어야 한다는 절체절명의 인식이 자리하고 있기는 하다. 하지만 임진왜란과 정유재란으로 국가의 군사 능력이 완전히 해체된 상황임에도 이렇게 언명한 일은 부국강병이 패도라는 전통적 관념이 여전히 매우 강력하게 작동하고 있음을 보이는 예라 할 수 있다.

하지만 예외가 아예 없었던 것은 아니었다. 부국강병을 국가 중요 정책으로 삼아야 한다는 주장이 있었다. 권력을 장악하고 유교적 국가를 건설하기 위해 여념이 없던 태종대에 제시된 주장이 그 예이다.

> "옛사람이 말하기를, '나라에 3년의 저축이 없으면 그 나라는 나라가 아니다.'라고 하였고, 또 말하기를 '군대를 내는 것이 오래면 국용(國用)이 부족하다.' 하였사오니, 이것은 옛 성현(聖賢)의 부국강병(富國强兵)하

는 데의 경계이오니 염려치 않을 수 있겠습니까. 우리나라에 지금 축적된 것으로 본다면 수만 명 군대의 1년 양식도 오히려 부족하온데, 하물며 오늘날 천하는 병란(兵亂)이 있습니다. 만약 군대를 일으키고 대중을 동원하게 된다면 앞으로 무엇을 가지고 여기에 응하겠습니까? 신 등은 군대의 양식 갖추기를 염려함이 당장의 급무(急務)라고 생각합니다."[22]

건국 직후 나라가 어수선한 상태에서 군대의 양성과 이를 지탱할 군비의 확충이 중요함을 강조하고 이를 통해 병란들을 진압해야 한다는 생각이 표명된 것이다. 나라를 지키기 위해 3년 군비를 마련하고 이를 위해 부국을 이루자는 것으로, 강병을 위한 부국을 도모하자는 인식을 전제로 한 주장이었다.

또 조선후기의 대표적 성군이었던 정조 역시 부국강병의 필요성을 피력하기도 했다. 그 역시 "사람들은 일반적으로 부국강병을 패도(霸道)라고 말한다."고 지적했지만 그는 백성들의 생활을 윤택하게 하고 이를 바탕으로 병사를 길러 외적의 침입을 막는 것이 왕의 기본 도리라고 단언했다.

"영토 안에서 재물을 여유 있게 하고 백성을 부유하게 만들며 병사를 훈련시켜 침략자를 막는 것에 있어서야 어찌 왕도니 패도니 하는 것을 따질 것이 있겠는가. 진실로 그렇지 않다고 말한다면 『대학(大學)』 '평천하(平天下)'에 어찌 '재물을 생산하는 데 대도(大道)가 있다.'라고 하고, 맹자(孟子)도 어찌 '해자(垓子)를 파고 성을 쌓아야 한다.'라고 하였겠는가."[23]

비록 정조가 영토를 넓혀 지배하려는 야욕은 왕의 도리가 아니라는 점은 인정했지만 그는 부국강병이 유교 국가의 왕으로서 통치에서 방어를 위한 군사적 행위와 이를 위한 군비 확충에 대한 유교 경전의 가르침을 제시하며 국가 통치를 위해 이를 완전히 제외될 수 없음을 지적했던 것이다.

그럼에도 불구하고 심지어 병인·신미양요와 일본 군함의 침입 등 침략에 따라 강병 주장이 제기되는 시점에서도 패도로서의 강병과 부국에 관한 전통적 생각은 지배적이었다. 물론 외침에 대한 위기의식 자체가 사라지거나 없었던 것은 아니었지만 그것은 도(道)를 밝힘으로써 저절로 이루어질 수 있는 것으로 여겨졌다. 유중교 같은 위정척사론자는 "군대를 강하게 하는 데에도 도(道)가 있었으니, 충효심을 배양하고 절의(節義)를 장려하여 그들로 하여금 윗사람을 친하게 여기고 어른을 위하여 죽을 줄 알게 하는 것"이라고 주장하며 백성들의 무조건적인 충성을 요구하기도 했다.[24]

부국강병에 대한 긍정적 인식 전환을 위한 단초는 고종의 친정기에 접어들면서 마련되기 시작했다. 강병 정책을 수행하라는 주장이 적지 않게 제기되었던 것이다. 전 참봉(參奉) 홍인섭(洪寅燮)은 "나라를 지킨다는 것은 곡식을 지킨다는 것이다."고 전제하고, "옛사람이 말하기를, '국가가 아무리 편안하다 해도 전쟁에 대한 대비를 잊고 있으면 반드시 위태롭게 된다.' 고 하였습니다."라고 하면서 군비를 확충하자고 주장했다.[25] 비록 부국강병을 주장하는 것은 "이제(二帝) 삼왕(三王)의 책에 실리지 않은 것"이라고 언급했지만 나라의 위급 상황을 겪으면 반드시 군비를 강화해야 한다는 의견도 제기되었다.[26] 무엇보다 국가를 유지하기 위한 군대의 양식(糧食)을 갖추기 위해 힘써야 한다는 주장이었고 이를 위해 나라의 저축, 재정을 튼튼히 하자는 주장도 잇달았다.[27]

양요들과 일본의 도발로 부국강병이 패도라는 관념에 균열이 생기기 시작했고, 1880년 이후로는 부국강병이 구국을 위해 필수적이라는 인식으로 전환되었다. 심지어 국제정세의 변화에 따라 영토를 확장하기 위한 강병의 재정을 확보하자는 주장까지 제기되기도 했다. 그럼에도 이런 주장들은 매우 전통적인 인식을 전제로 하고 있다. 즉 부국과 강병은 동등한 병렬의 의미가 아니었다. "국경을 개척하고 둔전(屯田)을 일구는 일은 힘쓰지 않을 수 없으며, 재물을 증식하는 일과 농상(農商)도 힘쓰지 않을 수 없으며, 군사를 훈련하여 상비(常備)하는 일도 힘쓰지 않을 수 없다."는 언명에서 드러나듯이 국경 개척, 둔전 확보 및 경작, 재물 증식과 농상의 강화 등 부국을 위한 사업들은 상비 군사훈련의 물적 기반이었다.[28] 더 나아가 군대를 다스리기 위한 재정을 확보하고 군대를 강화하라는 주장도 제기되었다.

> 나라가 있으려면 먼저 곡식이 있어야 하고, 군대를 다스리려면 먼저 농사를 다스려야 하는 법입니다. 병제를 새로 정비한다는 것은 무엇을 말하는 것입니까. 군대는 백 년 동안 쓰지 않을지라도 하루도 갖추지 않아서는 안 되는 것입니다.[29]

비록 전쟁이 없더라도 상비군이 유지되어야 한다고 주장한 이 상소는 부국강병이라는 수사적 표현이 결국 강병을 목표로 하고 있음을 강력하게 피력한 것이었다. 물론 통리기무아문(統理機務衙門)과 같이 군비를 강화하기 위해 만들어진 부서는 외적을 불러들이는 통로가 된다는 비판들이 제기되지 않은 것이 아니었고 척화와 위정척사가 중요하다고 강조하는 주장이 아예 없었던 것은 아니었다.[30] 하지만 이런 주장들은 고종의 척화비(斥和碑)와 관련한 전교 이래 더 이상 제기되지 않았다.[31] 재정의 강화를 통한 군비 확충을 의미하는 부국강병의 주장들이 주를 이루게 되자, 부국강병은 더 이상 패도가 아니게 되었고, 강병을 위한 부국이라는 전통적 의미는 더 강화되었다.

3. 강병부국을 위한 모색

실제 강병을 이루는 일에 가장 큰 문제는 바로 재원(財源) 마련이었다. 신기술 체계가 도입되는 만큼, 이에 지원되어야 할 경비의 규모는 막대했다. 중국이나 일본뿐만 아니라 서양 국가의 정부도 감당하기 어려운 수준이었다. 따라서 그들 나라는 재정 수입을 통한 자체 해결보다는 차관이나 국채 발행을 통해 조달하거나 식민지 확보 등의 제국 확장을 통해 조성했다. 하지만 조선 정부는 이런 통로를 마련하기 어려웠다.[32] 일본이나 청국, 영국, 미국은 조선에서의 사업 이권을 확보하기를 원했지만 차관 공여에는 매우 인색했기에 조선 정부는 자체적으로 경비를 충당하는 방안을 강구해야 했다.

군비 확충을 위한 재정 확보는 기본적으로 백성의 부유함을 전제로 했다. 이를 위해서는 무엇보다 유교 사회 지배 관념의 전환이 필요했다. 유교 사회의 가장 중요한 지향점은 청빈, 검약을 통한 청빈낙도하는 군자적 삶의 성취였지, 이(利)를 도모하는 것이 아니라는 데에 있었다. 이(利)를 도모하는 행위는 말(末)과 지엽(枝葉)을 취하는 것으로 도(道)를 추구하는 것이 아니라는 사고방식이 단지 개인 차원에 국한된 것이 아니라 전 사회에 팽배해 있었다. 따라서 개항 이후 정부 차원에서 이(利)를 취해 재정을 확보해 강해지겠다는 부국강병은 '말'과 '지엽'인 상업과 공업을 발전시키는 것으로, 국가 통치 이념인 유교적 지향과 정면으로 배치되는 일이었다. 위정척사파들은 이런 관념에 근거해 부국강병을 거부했고, 또 이를 달성하기 위한 서양 문물의 도입에 반대했다. 이만손(李晩孫, 1811~1891)은 "먹는 자를 적게 하고 생산하는 자를 많게 하면[食寡用餘] 재물이 항상 풍족할 것이니 굳이 서학을 들여올 필요가 없다."고 강조했다.[33] 또 유중교는 "선왕의 정사는 나라를 부유하게 하는 데에도 도가 있었으니, 근본에 힘쓰고 말엽적인 것을 억제하며 수입을 헤아려 지출하는" 검약에 있다고 역설했다.[34] 서양 문물에 종교가 물들어 있다는 생각에 그 도입을 가장 격렬하게 반대한 최익현(崔益鉉, 1833~1906)은 "적들이 욕심내는 바는 물화의 교역이고,…… 우리의 물화는 모두 사람의 목숨을 의탁하는 것으로 땅에서 산출되는 유한한 것"임에 반해 그들의 것은 "손으로 만들어져 무궁한 것들로 …… 인심을 좀먹고 풍속을 무너뜨리는 무궁한 음사기완"에 불과한 것이라고 주장하기도 했다.[35] 따라서 부국강병을 국가정책으로 삼고 이를 이루기 위해 서양 문물을 도입하기 위해서는 먼저 부국강병이 유교적 지향이나 덕목에 어긋나는 일이 아님을 보여야 했다.

이 작업은 당시 유교적 소양을 갖춘 개화 관료들이 담당했다. 그들은 자신의 논지를 전통적 방식으로 전개했다. 부국강병 옹호를 위해 유교의 성현들과 경전을 인용했다. "『주례(周禮)』는 태평을 이룩하는 책이지만 거기에 말한 것들은 모두 나라를 풍족히 하는 도(道)이며, 공자도 '백성이 부(富)해진 후에 가르친다.'고 했고 맹자도 군자의 가장 큰일로 '백성을 부하게'하는 것을 삼았다고 주장했다.[36] 이 논의에 따르면 공자, 맹자 같은 성현도 백성을 부하게 만드는 일로 국가 경영의 근본을 삼았으므로 부를 추구하는 일이 유교의 가르침에 어긋나지 않았다. 경전과 성현의 가르침에 덧붙여 "강하고서 부하지 않은 나라가 없고 부하고서 강하지 않은 나라가 없으니 나라를 강하게 하려면 반드시 먼저 부(富)로부터 시작해야" 한다고 시세(時世)를 덧붙이기도 했다. 부하기 위해서는 사람의 재력(才力)으로 만물을 취하여 유통해야 하며 사람의 재력으로 가능하지 않을 때에는 바람, 물, 불, 전력 등을 활용해야 한다고 지적했다. 특히 상업을 "농단(壟斷)하여 말리(末利)를 취하는 일"이라고 비판하는 생각을 반박하며 상품을 유통하는 일이 나라 경제에서 가장 기본이 되는 것이라고 옹호했다. 나라를 강하게 만들기 위해서는 반드시 부국을 형성하는 일로부터 시작해야 한다고 주장한 이들은 상업의 발전과 물산 제조의 장려를 위해서는 교통·통신 체계의 개혁이 우선되어야 하며 더 나아가 이를 가능케 하기 위해 과학을 발전시켜야 한다고 역설하기도 했다.[37] 이처럼 개화파들은 당시 조선의 전환과 관련하여 부국강병과 서양 문물 도입을 동시에 해결하는 논리 구조를 확보했다.[38] 더 나아가 서양 문물 도입이 재정적으로 도움이 되는 일임을 덧붙였다. 대표적인 예가 바로 봉수와 역원으로 대표되는 전통적 통신과 교통 정책이었다. 각종 비리와 비능률이 산적한 분야였던 만큼 개혁의 소리가 높았다.[39] 이를 근대 서양 과학기술에 의한 제도로 대체할 때 단순히 효율적 측면에서만 이득이 아니라 기존의 재정 낭비를 줄일 수 있다고 주장했다. 국가재정 확보를 위해 필요한 서양 근대 문물의 요체는 근대 과학기술이었다. 고종과 개화파들은 이 근대 과학기술을 통치 도구로 수용하기 위해서는 전통적 사고의 전환이 필요하다는 점을 인식하고 논리 구조를 확보하며 설득 작업을 수행했던 것이다.

4. 서양 과학기술 도입을 위한 정비

1) 외교사절을 통한 정보 수집

서양식으로 군무를 전환하거나 혹은 국가 통치 도구 전환을 위한 서양 문물 도입 관련 사업의 제반 여건을 변환시키기 위해 조선 정부는 정비 사업을 시작했다. 중요한 국정의 일환이었던 만큼 득실을 반드시 파악하고 계상(計相)하는 작업이 우선되었다. 조선 정부는 서양 문물과 관련한 정보 수집을 위해 일본과 청으로 파견한 다양한 사절단을 활용했다. 1876

년부터 1884년까지 일본으로 수신사(修信使)들이 세 차례에 걸쳐 파견되었다. 그들은 어김없이 일본의 서양 문물 도입 상황과 운영 상태를 고종에게 복명(復命)해야 했다.[40] 또 고종은 수신사와는 별개로 신사유람단(紳士遊覽團) 혹은 조사시찰단(朝士視察團)이라고 불리는 암행사절단을 일본에 파견해 정황을 살폈다. 이들 사절단은 1881년 12명의 조사(朝士)와 각각 2, 3명 정도의 수원(隨員)으로 형성되었고 규모는 60여 명에 이르렀다. 고종의 친위 정예 관료들로 구성된 이들은 귀국한 후 개화 정책의 중추적 역할을 담당할 관료들이었다.[41] 일본으로 비밀리에 파견된 조사시찰단은 일본의 서양 기술 및 문물 도입의 공과를 상세하게 탐문하면서 귀국 후 조직된 개화 관련 업무를 담당할 정부 조직의 운영 방안을 모색해야 했다. 또, 이들 관서에서 실무자로 활동할 유학생을 파견할 통로도 마련해야 했다. 고종은 조사시찰단이 원활하게 시찰 활동을 전개할 수 있도록 일본 정부의 각 부서를 조사(朝士) 한두 명에게 배당했다.[42] 더불어 1883년 민영익(閔泳翊, 1860~1914)을 단장으로 하는 사절단을 미국으로 파견했다. 1882년 조미수호통상조규(朝美修好通商條規)를 맺은 정부가 보빙사(報聘使)라고 이름 붙인 사절단을 파견해 서양 문물의 본산지를 직접 관찰하게 한 것이다[43] 외교사절단의 정보들이 국정에 반영될 것을 전제로 했기에 그들은 매우 구체적이고 실제적인 정보를 수집했다. 이 사절단의 부단장이 홍영식(洪英植, 1855~1884)임에 주목할 필요가 있다. 그는 조사시찰단의 일원으로 일본을 방문했을 때 육군성을 담당해 상세한 탐문 활동을 벌이기도 했다. 그는 미국의 통신 제도 탐문 경험을 바탕으로 서양식 군사전략 및 전술 수립의 토대로 여겨진 전기통신 사업을 포함한 근대 통신 제도 도입을 위해 우정총국(郵征總局)을 조직할 수 있었다.

조선 정부는 사신들을 통한 정보들을 취합해 도입의 우선순위를 정하고 사업을 주도할 정부 기구를 신설했다. 통리기무아문을 설치했던 것이다.[44] 이 아문의 명칭과 담당 역할은 국내 정치의 부침에 따라 바뀌었지만 갑오개혁(甲午改革) 이전까지의 사대교린이라는 전통적 외교 관계에서 만국공법의 국제 질서로 편입된 이래 그에 따른 여러 외교 사안을 다루며, 통상과 서양 문물 도입을 주무로 국정을 추진했다.[45] 이 중앙 부서 산하에는 전환국, 전신국, 기기국들이 조직되어 신식 화폐 주조, 전신 우편 체계의 구축, 신무기 제조 등의 사업을 전개할 계획이 수립되었다.

2) 서양 한역 과학기술 서적의 도입과 학습

서양 문물을 학습하려는 노력은 서양 관련 서적의 수집을 기반으로 했다. 이 서적들은 당시 조선 유식자들의 관심을 끌어 서양 문명 도입의 필요성을 불러일으키고 강화시켰다. 이 서적들은 청국으로 파견되었던 외교사신단을 중심으로 수집되었다. 그들이 수집한 서적들은 주로 고종의 서고에 장서되었으며 〈한성순보(漢城旬報)〉 및 〈한성주보(漢城週報)〉를 통해 전국으로 전파되었다.[46] 이 책들은 청에서 한역해 발간한 서양 사정이나 과학기술 관련 책들로, 중국 역시 이를 통해 서양의 지식을 학습하고 서양 사정을 파악하려 했음을 알 수 있다. 그 책들 가운데에는 존 프라이어(John Fryer, 중국명 傅蘭雅)가 번역한 서적들이 적지 않게 포함되었는데, 그는 양무운동(洋務運動)의 중심지였던 중국의 무기 공장 강남제조국(江南製造局)에서 활동했다. 조선 정부는 이곳에서 펴낸 번역서들뿐만 아니라 기타 서양인들의 선교 활동 중심지에서 번역, 편찬된 책들도 가리지 않고 수집했다. 조선 정부는 220종이 넘는 서양 한역 번역서들을 1870년대 말부터 모았던 것이다.[47]

중국뿐만 아니라 일본에서도 중국인이 저술한 책을 가져오기도 했다.

〈그림 1〉 경복궁 집옥재. 고종은 즉위 이후 지속적으로 중국에서 발행된 서양 과학기술 관련 서적을 수집했다. 집옥재에 수집된 서적들이 보관되었다. (출처: 『1901년 체코인 브라즈의 서울 방문: 체코 여행가들의 서울 이야기』, 서울역사박물관 조사과, 주한체코공화국대사관 공편, 2011)

일본 제2차 수신사로 파견된 김홍집(金弘集, 1842~1896)이 귀국할 때 가져온 이 책들은 조선 정부뿐만 아니라 유학자들에게 적지 않은 충격을 주었다.[48] 그는 주일 청국공사관 참찬관(參贊官) 황준헌으로부터 두 권의 책을 받아 왔다. 그 가운데 한 권은 '친중국, 결일본, 연미국'하여 러시아를 견제해야 한다는 요지(要旨)의 황준헌의 『조선책략』이며 또 한 권은 정관응(鄭觀應, 1842~1921)이 지은 『이언(易言)』이었다. 『조선책략』은 발행 목적이 근대 문물을 소개하는 것이 아니었으므로 이에 대한 언급도 간단했다.

> "강한 이웃이 사귀기를 협박하고 일본이 나와 통(通)하기를 요구한다. 동일하게 배를 타더라도 이전에는 범선으로 하다가 이제는 증기선으로 하고, 동일하게 차를 타더라도 이전에는 나귀나 말로 하더니 이제는 기차로 하고, 동일하게 우체를 하더라도 이전에는 역참(驛站)을 이용하더니 이제는 전선으로 하고…… 그는 있고 나는 없으며 그들은 정밀하나 나는 거칠어 편안하게 사귈 수 없다. 이기고 지고 날카롭고 둔한 형세가 이미 판가름이 나 있다"[49]

간략하게 철도와 증기선, 전보 등 근대 교통 통신 체계를 포함한 근대 기술이 지닌 위력만을 서술했지만 이 언급은 조선 정부로 하여금 일본의 근대 문물 도입 상황을 적극적으로 탐색할 필요성을 강화시켰다.

『이언』은 다른 성격의 책이었다. 이 책은 서구의 근대 문물을 동양인의 시각에서 바라보며 소개한 것으로, 나라를 부강하게 만드는 방안들이 제시되어 『조선책략』과는 다른 영향을 미쳤다. 그 영향은 개화 상소에서도 나타났다. 개화 상소에서는 『이언』을 직접 인용하기도 하고 이를 근거로 논의를 전개하기도 했다. 그리고 『이언』은 개화 의지를 다지고 있었던 고종 및 그를 위시한 신진 관료들에게도 큰 힘이 되었다. 그들은 이 책을 전

국의 사대부들에게 널리 읽힐 것을 주장하며 당시로서는 드물게 국역서로까지 발간했다.[50]

『이언』은 모두 36가지의 주제(부론[附論] 양학[洋學] 제외)로 나라를 부강하게 만드는 방안을 다루어 부국강병의 안내 지침서 역할을 담당하기도 했다. 무엇보다 『이언』의 가장 큰 특징은 전차나 전보, 광업, 기계, 화기(火器)와 같은, 서양에 근원을 둔 주제를 제시하면서 이들 문물을 대부분 군사 및 군비와 밀접한 연관을 가지고 서술했다는 데에 있다. 일례로 이 책에서 전신과 기차는 군사적 유효성이 중점적으로 설명되었다.[51] 보불전쟁에서 독일이 승리한 까닭은 "덕국(德國)과 법국(法國)이 서로 싸우다가 덕국이 법국을 이긴바 이는 덕국 군사가 법국 군사보다 나은 줄이 아니라 또한 전기선과 화륜거로 행군하기를 신속히" 했기 때문이라고 원인을 규명함으로써 전신과 철도가 군사적으로 매우 유용한 제도임을 피력했다.[52] 이처럼 서양 문물을 소재로 한 많은 글들이 경제적 이득뿐만 아니라 군사적 이점에 초점이 맞추어진 특징은 수신사들의 견문기와 같이 철도에 대한 관찰 기사나 탑승기(搭乘記)류와 차이가 났다. 『이언』은 연병(練兵), 수사(水師)를 주제로 서양의 군무(軍務) 상황을 직접 다루기도 하여 서양 문물이 궁극적으로 군무와 연결되어 있음을 보였다. 『이언』은 부국강병으로 지향을 전향한 조선 정부에 큰 자극과 영향을 주었다.

2절

과학기술 도입 정책의 수립과 변화

1. 개항 직후~광무개혁 이전 조선 정부의 서구 과학기술 수용 정책

개항 후 조선 정부는 부국강병을 국가적 지향으로 설정하며 군비의 근대식 전환을 위한 사업을 전개했다. 이를 위해 가장 필수적인 재정을 강화하고 재원을 확충하기 위해 조직과 인력을 정비했다. 이는 서양 문물의 도입을 전제로 한 사업들이 대부분이었다. 이와 관련한 다양한 정보를 수집했고 도입을 위한 본격적 정책을 수행했다. 이런 정부의 정책 수립과 추진 과정을 식민 강점 이전까지 살펴보기 위해 개항 직후부터 광무개혁, 광무개혁부터 을사늑약, 을사늑약 이후부터 경술국치까지 나누었다.

먼저 1876년 개항 이래 서양 기술 도입을 위해 조선 정부가 다양한 정책을 시행했음을 볼 수 있다. 조선 정부는 밀려오는 서양 세력에 어떤 식으로든 반응해야 했다. 특히 그들에 맞서 나라를 지키기 위해 군사력을 강화하는 일은 초미의 관심으로 부상했다. 이 군사력 강화는 근대 과학기술로 이룬 서양식으로의 전환을 의미했다. 하지만 서양식으로 군비를 전환하기 위해서는 재정적 문제나 전통적 관념의 해체 이외에도 적지 않은 문제들을 해결해야 했다. 가장 큰 문제 가운데 하나는 개항 이래 서양과의 관계를 설정하는 일이었다. 청은 개항한 조선에 서양의 나라들과 수교 맺을 것을 조언했다.[53] 2~3년간 이 조언을 둘러싼 의견 조율이 조선 정부 내에서 이루어졌고,[54] 1880년부터 본격적으로 서양과 수교가 시작되었다. 정부 행정 체계로는 '만국공법'이라는 미명으로 수행되는 국제 질서를 감당할 수 없으리라는 판단하에 이를 수행하기 위한 부서가 조직되었다. 그 부서 이름은 통리기무아문이었다. 이 아문의 최고 수장은 영의정(領議政)인 정1품 아문이었다.[55] 1880년 12월 21일 '신설아문절목(新設衙門節目)'에 근거해 조직된 통리기무아문의 사무는 사대사(事大司)·교린사(交隣司)·군무사(軍務司)·변정사(邊政司)·통상사(通商司)·군물사(軍物司)·기계사(機械司)·선함사(船艦司)·기연사(譏沿司)·어학사(語學司)·전선사(典選司)·이용사(理用司) 등 12사가 분담했다. 군무사와 군물사, 기계사와 선함사 등이 군비(軍備)와 관련된 업무를 담당했다. 그중 사대사나 교린사와 같이 전통적 외교 관계의 틀에서 벗어나지 못했던 부서들은 조사시찰단의 귀국 후 정리되어 창설 1년 후인 1881년 말 통리기무아문은 동문사(同文司)·군무사·통상사·이용사·전선사·율례사(律例司)·감공사(監工司)의 7사로 정비되었다. 정비에도 불구하고 여전히 군무와 전선, 감공 등 군비와 관련된 부서가 3개사에 이르러 이 정부 조직의 뚜렷한 목적을 드러냈다.

정부 조직을 정비하면서 통리기무아문은 청국으로는 군계학조단(軍械學造團)을 보냈다. 이 군계학조단은 일본이나 미국에 파견한 사절단과 달리 실무를 담당할 인력 양성을 목표로 하는 유학생단이었다. 이처럼 통리기무아문은 부국강병 관련 업무를 수행했다. 이 조직은 임오군란(壬午軍亂, 1882)으로 잠시 폐지되기는 했지만, 군란이 수습된 후 곧 통리교섭통상사무아문(統理交涉通商事務衙門)과 통리군국사무아문(統理軍國事務衙門, 내부아문으로 전환)으로 조직을 개편해 사업을 재개, 서양 문물 도입을 전제로 한 정보 수집 및 유학 사업을 속개했다. 이를 바탕으로 조선 정부는 적지 않은 서양 문물 도입 정책도 수립하고 수행했다. 박문국(博文局)은 〈한성순보〉를 발간했고, 농상국, 광무국, 전환국, 전보국, 기기국 등이 설립되거나 신설 작업이 추진되었다.

통리기무아문 설립은 전국적으로 영향을 미쳤다. 가장 큰 영향력은 〈한성순보〉(〈한성주보〉로 복간)』에 의해 발휘되었다. 이 신문은 10일(7일)마다 한 번씩 3천 부가 발행되어 전국 곳곳의 외직 관리들과 식자층에게 배포되었다. 정부의 동향을 소개하는 관보로서의 기사 이외에는 대부분 개화를 지향하는 세력과 조선 정부의 개화와 부국강병의 당위성을 주장하는 기사로 채워졌다. 둥근 지구와 지구에 펴져 있는 대륙과 국가들을 다룬 '지구설', 그리고 그 내용을 상세히 다룬 기사들로 당시 새롭게 알려진 국제사회를 알렸다. 이처럼 세계지리와 지략, 세계 각국의 근대화, 정부 체계뿐만 아니라 학교 제도 등을 포함한 문화 전반과 더불어 화학, 천문학과 같은 기초과학을 비롯해 전기, 전신, 철도, 제철과 같은 서양 기술을 소개하는 데에 많은 지면을 할애했다. 1884년 갑신정변(甲申政變)으로 휴간되었다가 1885년 말 〈한성주보〉로 복간되었으나, 재정 부족으로 1887년 폐간되었다. 비록 4년에 채 못 미치는 기간 동안 발행되었지만 조선 정부의 개화 관료들은 신문을 통해 정부가 추진하는 사업을 전국에 알리고 지지 세력을 형성하려 했음은 주목할 만하다. 〈한성순보〉와 〈한성주보〉에 기사가 실릴 즈음에는 관련된 정부 기구가 설립되어 사업을 전개하거나 구상하고 있었는데, 이를 신문에 보도함으로써 여론을 환기시키기도 했던 것이다. 예를 들면 신무기 도입 정책과 관련한 기사들이 그러했다.

기기국(機器局)의 활동도 적지 않았다. 서양 무기 제조 기술을 익히기 위해 군계학조단이 천진(天津)에서 귀국하자 조선 정부는 1883년 기기국을 설치했고, 1884년 재래 무기를 제조했던 군기시(軍器寺)를 기기국에 합치는 등 근대식 무기 제조를 위한 정부 조직 개편에 착수했다.[56] 기기국 주도로 1884년에는 번사창(燔沙廠, 제철소)이 상량식을 올렸고,[57] 제조창(製造廠), 숙철창(熟鐵廠) 등을 조성했으며, 1887년에는 본격적 무기 제조 및 수리 공장인 기기창(機器廠)도 열었다. 새로운 무기를 제조하기 위해 해결해야 할 과제는 한두 가지가 아니었다. 그중 가장 큰 문제는 새로운 제철 방식을 이해하고 관련 기기를 도입하는 일이었다. 소규모, 수동의 전통 제철로(製鐵爐)로는 새로운 서양 무기를 제조할 수 없었다. 무기를 만들기 위한 강철은 고온 탄소강의 제철 및 제련 공정을 거쳐야 했고 이에 필요한 섭씨 1,300도 이상을 버텨내야 하는 용광로를 설치해야 할 뿐만 아니라 이 온도를 오랜 시간 지속하여 열과 열원(熱源)을 확보해야 했다. 물론 이는 서양 근대의 제철·제련 공정과 재래 방식과의 차이점에 대한 이해를 전제로 하는 일이었다. 이는 기술 체계의 도입을 의미했기에 쉽게 해결될 수 없었다. 또 무기의 부품들은 전체적인 무기 설계에서 나와야 하는데, 이 같은 무기 설계는 단순한 그림이 아니고 구현 가능한 공정을 담는 총체적 작업이었다. 따라서 기기창에서 수행할 수 있는 몇 가지 작업으로는 무기를 완성·제조할 수 없었지만, 기기창은 무기 제조라는 원대한 목적을 실현할 교두보로 수용되었다.

당시 정부가 세운 전환국(典圜局) 공장은 외국 기기들과 외국인 기술자들로 구성되었다.[58] 전환국은 만연한 재정 부족을 해결하고 개화 정책에 필요한 자금을 확보하기 위해, 그리고 근대적 화폐를 주조하기 위해 설치된 부서였다. 조선 정부는 전환국을 재정비해 외국의 근대적 조폐 기술로 신식 화폐를 주조 유통함으로써 전근대적 화폐를 교체하려는 화폐정책을 세웠다. 조선 정부는 묄렌도르프(Moellendorf)를 전환국 총판(總辦)으로 임명하고, 독일계 상사(商社)인 세창양행(世昌洋行)을 통해 압인기(壓印機) 3대를 비롯해 압연기(壓延機), 압사기(壓寫機), 자동측량기, 선반(旋盤)과 재단기, 엔진 등 근대 화폐 주조를 위한 기기를 구입하고, 이를 관리할 독일인 기사 3명을 초빙했으며, 남대문 옆에 공장을 세웠다.[59] 청동이나 주석에 도금하는 방법으로 각각 5종의 금화와 은화 그리고 적동화를 주조할 계획을 수립하고, 독일에서 화폐 주조의 기본적 모형이라고 할 수 있는 극인과 종인을 주문 제조, 수입했지만 주조 상태가 좋지 않아 일본 조폐국 기수 두 명을 초빙해 수정 보완하는 과정을 거치기도 했다. 하지만 이보다 먼저 선행되어야 할 주전권(鑄錢權) 정비에 문제가 생겼다. 즉 지방정부의 주전권 해소 등 정부 차원에서 수행되어야 할 정책 정비가 이루어지지 않아 전환국에서 주조된 이 신식 화폐의 사용은 불발에 그치고 말았던 것이다.

물론 조선 정부도 정부 개편 및 개혁에 필요한 방대한 재원을 확보하기 위해 차관 교섭을 시도했다. 하지만 이 작업이 일본과 청의 방해로 실패하자 전통적 세원(稅源) 확보에 관심을 집중했다.[60] 농상(農桑)과 같은 전통적 산업의 육성에 대해 다르게 접근하는 방안도 모색되었다. 조선 정부의 개화 세력은 특히 일본의 경우 개혁에 필요한 재원을 생사(生絲) 수출로 확보하는 상황, 그리고 청 상인들의 경우 조선 사람들이 좋아하는 비단을 따로 제작해 비싼 값으로 매매하는 상황에 주목했다. 조선 정부는 비단이 재원 및 수입 대체재로서 가진 가능성을 인식했다. 조선 정부는 "(잠업은) 농업과 더불어 국가의 대본(大本)"으로서 일찍이 "생재(生財)의 근원으로 설정해 보호·육성하겠다."고 천명하며 국가 산업으로 잠업을 육성하겠다는 계획을 설정했다.[61] 잠상국(蠶桑局)을 설치하고 잠상규칙(蠶桑規則)을 제정하면서 "농상(農桑)에 관한 상황과 개간과 파종(播種)의 허실(虛實)을 사계절(四季節)의 초하룻날마다 본 아문에 자세히 보고하라. 수령(守令)의 전최(殿最)도 이에 중점을 둘 것"이라고 지방 관리들을 독려하기도 했다.[62] 농상의 진척 상황을 지방 관리들의 인사 고과 기준으로 삼겠다는 의미였다. 또 1884년 통리교섭통상사무아문의 주사(主事) 김사철(金思轍, 1847~1935)은 중국의 『증상재종법(曾桑栽種法)』, 『양잠소사법(養蠶繅絲法)』 등을 이우규(李祐珪)에게 주어 책을 저술하도록 했다. 이우규는 이 책들을 저본으로 『잠상촬요(蠶桑撮要)』를 편찬했으며, 이 책은 1886년 『잠상집요(蠶桑輯要)』라는 제목으로 국문으로 번역된 것으로 보인다.[63] 이우규의 『잠상촬요』 마지막에 소개된 '잠상규칙'은 〈한성순보〉에 부록으로 다시 첨부되어 정부 정책과의 연관성을 살필 수 있다.[64]

그리고 조선 정부는 기본 산업인 농업에도 주목했다. 황무지를 개발해 둔토로 전환하려는 계획뿐만 아니라 농업생산성 향상과 상업 작물 다양화를 도모하기 위해 서양 농법을 도입하려 했다. 또 서양의 낙농 기술 도입도 시도했다. 그 교두보로서 농무목축시험장을 개설해 서양의 새로운 작물과 농법 그리고 낙농이라는 분야를 도입하려 했다.[65] 또 세원의 누수를 막기 위해 세곡을 운송하기 위한 기선의 운항과 도입을 도모했다. 전운국(轉運局, 1883)은 이를 총괄하기 위한 정부 부서였다. 그뿐만 아니라 조선 정부는 통신 체제를 개혁하기 위한 우정총국, 천연두 예방과 검역 등 근대 보건 위생 정책 실시를 위한 우두국(牛痘局, 1883) 등을 신설했다.

개항 이래 조선 정부와 개화 관료들은 부국강병을 위해 다양한 제도 정비 및 개혁을 수행하고 또 준비하고 있었다. 특히 건국 이래 500년을 지나면서 제 기능을 발휘하지 못하는 중앙집권 국가의 통치 기구들이 개혁의 대상이었다. 그리고 국제사회의 변화를 수용하고 대응하기 위해 새로이 받아들여야 할 일도 적지 않았다. 하지만 이런 신문물을 도입해 개혁하려는 노력은 조선 내부의 문제들과 부딪힐 수밖에 없었다. 가장 큰 문제는 국내 정세가 불안했다는 점이었다. 대원군과의 치열한 권력투쟁 끝에 구축된 고종의 친정 기반은 이른바 수구파로 불리는 민씨 척족 세력과 개화파로 불리는 급진 개혁 세력이었다. 하지만 고종 체제를 지지하는 두 정치 세력은 지속적으로 갈등을 일으키며 위태롭게 균형을 유지했고, 급기야 갑신정변으로 와해되었다. 갑신정변으로 신진 개화 세력이 붕괴되었던 것이다. 또 갑신정변은 단순히 신진 개화 세력이 해체되었다는 정치적 사실 이상의 의미를 가졌다. 서양 문물 도입과 관련한 많은 정책들에 영향을 미쳐, 이 정책들이 대부분 정지·폐기되거나 유예되었다. 폐지 정책의 대표적 예는 1884년 4월 설립된 우정총국의 혁파에 의한 우체 사업이었다. 우정총국은 제대로 작동되지 않는 봉수와 역원 등 조선 정부의 전통적 통신 체계를 근대의 효율적 통신 체계로 개혁하려는 목적을 가진 정부 기구였다. 서울과 제물포 사이의 우편 사업을 우선 실시했던 우정총국은 우편 사업 외에도 전신선 가설 및 운영을 목표로 했지만 갑신정변으로 해체되고 말았다. 우체 사업은 1895년 이후에야 비로소 재개되었다. 제도 자체의 폐기도 큰 손실이었지만 갑신정변의 가장 큰 후유증은 개화 정책을 실현할 인재들이 해소되었다는 점이다. 갑신정변으로 우정총국에 배치된 유학파들뿐만 아니라 1880년대 초반 양성되었던 개화 추진 인력이 대부분 제거되어 관련 사업들이 지지부진해졌다.

더 나아가 갑신정변으로 야기된 외교적 수세로 조선은 청의 간섭을 더 강하게 받아야 했다. 청은 갑신정변을 저지할 군사를 한반도에 파견했고, 이 군사력을 바탕으로 조선 정부를 압박했다. 조선에 파견된 원세개(袁世凱, 1859~1916)는 시정 개선을 위한 '조선대국론(朝鮮大局論)'을 제시하면서 조선 정부가 이를 수용할 것을 강요했는데, 그 가운데 하나가 '절재용(節財用)'이었다.[66] 그에 의한 압박들은 많은 개혁 정책의 걸림돌이 되었다. 조선 정부는 재정 부족을 빌미로 압박과 간섭을 서슴지 않았던 청국에 대항하여 개화 정책을 지속하기에는 역부족이었다. 이에 저항할 개화 세력의 상실 역시 갑신정변의 영향 가운데 하나였다.

이 같은 열악한 상황에서도 '부국강병'이라는 지향을 포기할 수 없었기에 조선 정부는 허용되는 한도 내에서 개화 정책을 전개했다. 농무목축시험장의 재개나 광무국(鑛務局)의 개설이 그 예였다.[67] 1887년 설립된 광무국은 전환국 못지않게 재정 문제를 해결해줄 수 있을 것으로 기대를 모았다.[68] 조선은 예로부터 금은의 매장량이 많은 것으로 알려져 있었고, 이를 적극적으로 채굴하는 것이 정부 재원으로 유용할 것이라는 지적은 외국인뿐만 아니라 개화 지향 세력들로부터 지속적으로 제기되었다. 조선 정부는 광업을 활성화시켜 관련 세금을 징수하는 방식뿐만 아니라 정부 주도로 대량 채굴이 가능한 근대식 기술을 도입해 사업을 전개하고자 했다. 이 사업을 광무국이 주관하기로 설정되었다. 광무국은 민간인들의 잠채로 어지러웠던 광무를 정리하고 외국 기술을 도입하려 했다. 즉 광무는 조선인이 전담하되 기술력은 외국인 광산 기술자 초빙으로 확보하겠다는 생각이었다. 서구에서 개발된 광업 기술은 전통적인 방식과 많이 달랐다. 전통적으로는 땅의 표피층에서 발견되는 금속이나 광물을 채취해 무게의 차이를 이용해 혼합물을 분리하는 물리적 방법을 사용했지만, 근대 서양에서 도입한 광업은 지층의 구조, 지질층의 구성, 주변 광물의 종류와 특징, 광물의 결정 상태를 분석해 근대 지질학적 방법으로 광맥(礦脈)을 발견하고, 파낸 광석을 파쇄해 화학적 방법으로 원하는 금속을 분리해냈다. 그러므로 서양의 방법은 높은 광맥 발견 성공률과 훨씬 많은 생산량을 보장했던 것이다. 그럼에도 이 방식을 곧바로 도입하는 일은 쉽지 않았다. 외국 광산기기를 구입했지만 근대 지질학을 이해하는 일은 물론이고, 경영 조건 및 환경 조성과 같은 근본적인 여건을 마련하는 일조차 쉽지 않았다. 또 초빙한 외국인 광무 기사들은 조선의 지질 탐사와 매장량 조사를 통해 수집한 정보를 자국에만 보고하는 등의 행태를 보임으로써 조선 정부의 광무사업에는 도움이 되지 못했다.[69]

광산 개발과 같이 새로운 재원 개발 못지않게 세수(稅收)의 누수를 방지하는 일도 중요했다. 그 가운데 하나가 대동법(大同法) 시행 이래 지속적으로 폐해가 누적되어온 조운(漕運) 방식의 개혁이었다. 조선 정부는 이를 위해 기선을 도입하고 근대 해운 기술을 확보하려 했다. 이를 담당할 부서로 1885년 전운국을 전운서(轉運署)로 재조직했다.[70] 전운서의 주요 업무는 단지 기선을 도입하거나 기선의 운항을 관리하거나 세곡 운반을 총괄하는 것에 머무르지 않았다. 전운서의 중요한 과제 가운데 하나는 조선 근해의 해운권을 장악하고 있던 청국과 일본의 해운업을 견제하고, 대외무역과 국내 상업을 성장시키는 것이었다. 조선 정부는 이미 연안에 출몰하는 이양선(異樣船)에 주목해 대원군 시절 대동강에 빠진 미국 상선을 이용해 기선을 제작한 경험을 가지고 있었다. 하지만 이 기선에 만족하지 않고 고종은 1880년 전후에 이동인(李東仁, ?~1881)을 일본으로 파견해 근대식 선박에 관한 정보를 수집했고, 1881년 조사시찰단을 일본에 파견했을 때 김용원(金鏞元, 1842~1896 또는 1892)으로 하여금 기선 운항을 위한 제반 사항에 관한 정보를 수집하게 하고 근대 해운 기술을 익히게 했다.[71] 기선 도입과 항로 개방은 맥락이 전혀 다른 사업이었음에도 기선 운영 사업으로 독일 상사와 미국 상사가 조선에 진출함에 따라 항로 역시 개방되는 결과를 빚고 말았다. 이에 따라 세곡 운반에 관련한 기존 경강상인(京江商人)들의 비리와 농간에 의한 재정의 누수를 해결했을지는 몰라도 기선 운영 외국 상사들의 세곡 운송을 무기로 한 정부의 각종 이권 양도 압박과 운송료 과다 책정이라는 새로운 문제를 야기했다.[72]

세수의 누수 방지를 위한 시도와 더불어 재정 낭비를 막기 위한 사업도 지속되었다. 대표적인 예가 전신망을 가설하는 사업이었다. 역원과 봉수를 통한 재정 낭비와 부패를 막고, 방만하게 경영되는 역토를 환수함으로써 재정을 보전하겠다는 시도였다.[73] 이 역시 청의 전횡과 일본의 방해로 쉽지 않았지만 지속적으로 사업을 운영했다. 특히 이 전신 사업에서 조선 정부의 근대 사업 추진 의지를 찾아볼 수 있다.

이런 움직임들은 갑신정변 이후에도 조선 정부가 새로운 기술 도입을 통해 부국을 이루려 노력했음을 보여주는 예들이라 할 수 있다. 하지만 실제 이를 담당할 정부 관원들의 양성에는 성공했다고 볼 수 없다. 1881년 영선사(領選使) 군계학조단이나 조사시찰단의 파견은 개화 정책을 위한 인력 개발 시도의 일환이었지만, 이들 인력이 갑신정변으로 축출되거나 사장(死藏)된 1886년 즈음에는 또 다른 인력 양성 계획이 요구되었다. 그 일환으로 1887년에는 미국인 교사 3명을 채용한 육영공원(育英公院)을 열어 서양식 교육을 시도하기도 했다. 하지만 서양의 근대 학문이 전수될 여건을 확보하며 발전하기에는 조선 정부의 재정 상황이 여의치 않았다.[74] 교사들에게 지급해야 할 급료마저 계속 밀리는 수준이었다.

2. 광무개혁 이후 식산흥업 지원을 위한 과학기술 도입 정책

갑신정변 이래 청일전쟁까지 조선 정부의 서구 문물 도입 부서를 국왕 직속으로 조직해 운영하는 등의 시도를 지속했지만 지지부진했고 이렇다 할 만한 성과를 도출하기가 쉽지 않았다. 이런 양상의 전환점은 1895~96년에 마련되었다. 1880년대와는 다른 국제관계의 형성이 그 배경이었다. 삼국간섭으로 열강이 소강상태를 이룬 국제정세는 고종으로 하여금 대한제국 국제를 반포하고 광무개혁을 주창할 수 있는 정치적 여건을 조성해주었다. 마지막 부국강병의 기회가 다시 한 번 주어진 것이다. 고종은 1880년대에 구상했지만 지지부진하게 진행되었던 많은 개혁 정책들을 수립하고

구현했다. 이를 통해 제국의 침략으로부터 국가와 종묘사직을 지켜내고자 했다.[75]

고종 황제는 1880년대의 실패 원인 가운데 하나라고 판단한 개혁 자금을 확보하기 위해 황실 재정을 강화했다. 황실 재정을 정비하고 면세 특권을 폐지하는 한편 홍삼 전매권, 기타 잡세들을 궁내부로 이관시키고 역둔토 또한 황실 직속의 궁내부로 귀속시켰다.[76] 이렇게 확보된 재정을 기반으로 신문물 도입을 위한 궁내부 소속의 정부 부서를 신설·확장한 일은 고종 황제가 근대화 사업을 직접 주도하겠다는 의지의 표명이기도 했다. 이런 고종의 막강한 지원으로 대한제국기, 서양 문물 도입 사업은 다방면에 걸쳐 광범위하게 진행될 수 있었다.

광무개혁으로 이루어진 서양 문물 도입 정책과 지원 양상은 네 가지 방향으로 정리할 수 있다. 먼저 서양 문물 도입 정책을 수립하기 위한 정부 조직의 개혁이다. 광무개혁의 가장 중심적 정책이라 할 수 있는 식산흥업을 지원하기 위한 각종 정부 기구들이 구성되어 황제직속 기구로 편재되었다. 궁내부는 양지아문(量地衙門), 지계아문(地契衙門) 이외에 통신원, 전환국, 평식원(平式院), 서북철도국, 박문원(博文院), 광학국(礦學局), 철도원 등을 신설하거나 산하로 이속시켰다.[77] 이 작업을 통해 1880년대에 존재했던 서양 과학기술 도입을 전제로 설립되었던 부서들이 확장되거나 재편되었다. 대표적인 예가 통신 관련 부서이다. 1895년 역원과 봉수가 혁파되어 전국을 아우르는 통신망 확보가 시급해지자 일본과의 통신망 분쟁을 전담하고 고장 난 선로를 복구하는 일을 총괄할 부서를 재조직했다. 농상공부 혹은 농상부에 소속되었던 통신과 혹은 통신국을 1900년 통신원으로 승격하여 황제 직속 기구인 통신원으로 재편했다. 통신원이 설립된 이래 대한제국의 통신 사업은 괄목할 만한 성장을 이루었고, 이 사업을 위해 1901년 이래 학부 예산의 2~3배 규모의 재정이 지원되었다.[78]

두 번째로 들 수 있는 정책은 관영 공장 설치를 통한 필요 산업의 추진이었다. 궁내가 중심이 되어 새로운 근대 기술을 도입해 정미, 수륜, 광무 등과 관련한 여러 시설들을 설치·운영했다.[79] 관영 공장으로 기계창, 직조창, 황실유리창, 자기제조창, 총기제조소, 정미소, 평양석탄광이 설치되었다. 기술 인력이 필요하거나 기계가 필요하다면, 외국인 기술자를 고빙하고 기계들을 수입해 생산 체계를 갖추었다.[80] 황실유리창의 경우는 전신 사업에 필요한 애자 제작을 주목적으로 한 것으로 보이는데, 이 공장에서는 과천에서 공급하는 원료로 유리를 제조하기 위해 1902년 러시아 화학 기수 메이로(Meiro)와 그를 보좌할 이완 바우엘(Bauer)·와즈라 바우엘 형제가 초빙되었다. 이들과 언어 소통이 가능한 아어(俄語)학교 출신 백낙선(白樂善)을 보내 기술을 익히게 했다. 또 분원(分院)이 민영화된 이래 침체된 도자기 제작을 위해 서양으로부터 신기술 도입을 전제로 한 공장을 설립하기도 했다. 이 자기 공장에는 1902년 프랑스의 자기제작학교 출신 기술자 르미옹(Remion)을 초청했다. 이 자기 제조장에 제조 기술 전통이 있었던 만큼 서양 기술 습득은 빠르게 진척되었다. 기본적 원료와 인력을 확보하기 위해 전통적 관계도 활용했다. 또 자기 공장에 필요한 기계들을 위해 빠른 면세와 통관을 총세무사 브라운(McLeavy Brown)에게 요청하기도 했다. 또 근대 무기 기술 도입이 대한제국의 흥망과 밀접히 연결된다는 판단 아래 1890년대 초 위축되었던 기기창을 강화하는 작업도 진행된 것으로 보인다. 주무 부서를 군부 포공국(砲工局)으로 한 총기 제조소가 1903년에 설치된 것이다. 또 1904년 군기창 관제가 공포되었다는 기록도 남아 있다.[81]

무엇보다 중요한 대한제국의 중심 정책은 민간 기업 설립 지원을 통한 식산흥업이었다.[82] 궁내부 산하 내장사(內藏司) 직조소에서는 누에와 뽕나무의 새 품종 도입을 기초로 하는 근대식 견직 기술을 도입했고, 이를 계기로 대한제국인공양잠합자회사(大韓帝國人工養蠶合資會社)가 설립되었다. 또 직조과(織造課)의 신설은 대조선저마제사회사(大朝鮮苧麻製絲會社)를, 우체사의 확장은 대한협동우선회사(大韓協同郵船會社)를, 광무국의 정비는 조선개광회사(朝鮮開鑛會社) 설립을 위한 토대를 제공하는 작업의 일환이었다. 이런 대한제국 정부의 지원에 힘입어 다양한 민간 기업이 세워졌다. 외국인에 의해 유리 공장이나 성냥 공장이 세워지기도 했지만, 정미, 양조, 담배 제조, 제지, 철 가공 등의 공장들과 더불어 사진관인 촬영소도 설립되었다. 더 나아가 대한제국 정부는 민간 기업의 활성화를 위한 기반도 제공했다. 이런 회사들이 공장을 설치하고 상품을 생산하는 것을 돕기 위해 교통과 통신과 같은 관계망을 정부 차원에서 구축했던 것이다.[83]

네 번째로 들 수 있는 대한제국의 정책은 인재 양성 사업이다. 근대 학제의 학교가 세워진 것이다. 대한제국 정부는 근대 교육의 도입을 위해 사범학교와 더불어 소학교 학제를 마련해 서양 학문을 교육시킬 토대를 마련했다. 또 중앙정부의 개혁을 지원하고 실행할 인력을 양성하기 위한 각종 전문학교들도 세웠다. 이들 학교 가운데에는 정부 기관에서 일할 기술 관원을 양성하기 위한 전문학교도 있었고, 민간에서 정부 수행 정책에 맞추어 신설한 학교도 있었다. 특히 이런 학교 제도의 수립은 관원 양성을 목표로 했을 뿐만 아니라 민간 학교 설립의 근간이 되기도 했다. 전무학당(電務學堂)이나 우무학당(郵務學堂), 광무학교(鑛務學校), 철도학교, 의학교와 같이 정부의 사업 운영에 필요한 인력을 충원할 목적의 학교가 신설되었으며, 민간에서는 직조학교와 기업의 교습소, 측량학교와 철도학교 등이 세워져 필요 기술 인력을 양성했다.

광무개혁의 성과는 곧 드러났다. 괄목할 만한 변화를 보인 것은 한성의 정비였다. 제국에 걸맞은 황도를 구축하겠다는 목적으로 이루어진 황도 정비 사업은 교통과 위생 측면에서 큰 성과를 이루었다.[84] 물론 황도의 변화에만 머문 것은 아니었다. 전국에 걸친 전신망을 복구 또는 가설하고, 주요 행정 지역을 중심으로 전보사(電報司)를 개설함으로써 전통적 통신 체계인 봉수와 역원을 완벽히 대체했다. 우체 사업 역시 전국적으로 실시됐다. 양의와 한의가 절충된 병원이 세워졌으며, 대규모 양전 사업이 진행되었을 뿐만 아니라 도량형 개량 및 정비가 추진되었고, 광산이 더 많이 개발되기 시작했다. 미국인에게 양도되었던 경인철도 부설권이 일본에 의해 완성되었지만 대한제국 황실은 경의선 부설권을 수호하고자 서북철도국(西北鐵道局)을 세워 경의 철도 사업을 진행하기도 했다. 대한제국 정부의 근대 과학기술 도입을 위한 근대 기술 교육은 서양의 과학기술이 대중에게 본격적으로 전파되는 계기가 되었다. 심지어 1903년 농상공부가 주최한 최초의 기술경연대회를 서울에서 열 수 있었고 박람회도 개최되었다.

이런 정책과 변화들은 을사늑약(乙巳勒約, 1905)으로 변곡점을 맞게 되었다. 전신망과 전신 사업권은 일본이 장악해 일본 정부와 통감부 및 총독부를 연결하며 식민지화와 식민 지배를 위한 정보 기지가 되었다. 철도 노선 역시 변형을 겪었다. 전문 기술자 양성을 위한 전문학교들은 폐기되거나 식민 지배를 위한 일인 교육기관으로 재편되었고, 농업 시험장들은 일인을 위한 학교 제도 내로 흡수되었다. 을사늑약 이래 조선은 조선인에 대한 우민화 정책의 실현장이 되었다. 광무 정권에 의해 수립된 각종 정책들은 고루하고 편협하고 시대에 뒤떨어졌다는 다양한 이유로 폐기된 것이다. 이를 통해 광무개혁기의 많은 변화는 사라졌고, 그 위에 근대 문물을 싫어하는 아집과 편견, 미신의 이미지가 입혀졌다.

제3장

서양식 군비의 확충

서양 선교사들이 중국에 오기 시작한 16~17세기, 여전히 중국은 풍요로웠고, 문화는 서양보다 우월했다. 하지만 무기 수준은 서양이 중국을 능가했다.[1] 중국은 무기 제조를 중앙 관리하에 통제했지만, 서양은 곳곳에서 무기를 생산했다. 그 결과 중국에서 발명된 화약이 서양에서 제조되자 서양 무기는 더 강한 파괴력을 갖게 되었고, 곧 중국을 추월했다. 특히 정부의 제재를 받지 않았던 무기 상인들은 높은 이익을 추구하며 무기 개발을 위해 과학자 및 장인들과 손을 잡아 무기 성능을 향상시켰고 무기 시장을 넓혔다. 개량된 무기들로 더 많은 전쟁을 일으켰고, 더 우수한 무기를 요구했으며, 기술력을 확보하기 위해 치열한 경쟁을 전개했다.[2] 이를 배경으로 서양은 먼 사거리와 정확도, 살상력에서 앞선 치명적 무기를 확보할 수 있었고, 이를 앞세워 동양으로 진격하기 시작했다.

동양은 비록 화약을 발명하고 탁월한 주물 기술을 바탕으로 우수한 무기를 만들었을 뿐만 아니라 한때 달리는 말에서 잠자고 먹으며 유럽을 침략하기도 했지만, 유교를 지배 이념으로 정하고 중앙집권을 강화한 이래 무력(武力) 제작과 개발은 방위만을 목적으로 했다. 이런 사정은 조선도 마찬가지였다. 임진왜란(壬辰倭亂)과 병자호란(丙子胡亂) 이후 무기 개발의 필요성을 제기하고 한동안 이를 추진하기도 했지만 곧 '무(武)는 지킨다'는 전통적 개념으로 회귀했다. 이런 사회정치적 관념을 배경으로 동양의 무기는 파괴력이나 살상 능력은 크지 않고, 방어용에 국한되면서 약화되었다. 이런 상태에서 막강한 화력의 무기로 무장한 서양의 공격을 받아, 동양은 여지없이 무너졌다. 일본이나 중국이 이에 대응하는 무기 강화책으로 전략을 선회했고, 조선 역시 전환의 기로에 서게 되었다. 국가 방위가 중요해진 개항 이래 조선의 무기는 서양식으로의 전환을 이루는 계기를 맞게 된 것이다. 이 장에서는 조선이 무력 강화를 위해 택한 방식과 과정, 한계를 살펴볼 것이다.

1절

조선 전통 무기 개량의 역사

전통 사회, 특히 조선에서 무력은 주로 중앙정부가 장악·통제했다. 이를 배경으로 평화 시기가 계속되면서 화력은 약해졌다. 심지어 임진왜란과 병자호란은 조총을 화승총으로 개량시키는 기회가 되었다. 화승총은 대포의 원리를 보병용 총에 응용해 휴대가 가능하도록 만든 개인화기였다. 15세기 후반 독일에서 개발된 이 총은 수시로 발사할 수 있다는 특징이 있었다. 이는 총의 획기적 발명품인 방아쇠도 적용되었다. 방아쇠를 당기면, 화승의 불이 화약을 쌓아놓은 약실(藥室)로 떨어지면서 총신 내부의 화약에 불을 붙여 탄환이 발사되었다. 약실에 쌓인 화약의 변질이나 폭발, 혹은 빗물이 들어가는 것을 막기 위해 화문(火門) 뚜껑으로 막아두고 발사 직전에만 뚜껑이 열리게 했다. 이는 화승총의 화약심지가 습기에 약했고, 연기, 냄새, 불씨 때문에 쉽게 사수가 발각되는 점을 크게 개선시킨 것이었다.[3] 숙종은 임진왜란 때 전래된 조총을 새로이 개량하게 했다.

조선의 대포 역시 개량되었다. 조선의 대포는 중국에 전래된 홍이포(紅夷砲) 체계를 전통 총통에 접목한 것이었다.[4] 17세기 초 중국인들은 이 대포의 파괴력에 크게 압도되어 이를 수입해 복제품을 만들어냈고, 조선에서는 인조 때 이 화포가 정식으로 수입되었다. 조선은 이 수입을 전후해 홍이포를 제작하기 시작했다. 네덜란드인으로 제주도에 표류한 벨테브레(Jan Janse Weltevree, 朴淵, 1595~?), 히아베르츠(D. Gitsbertz), 피에테르츠(J. Pieterz) 등에게 훈련도감(訓鍊都監)에서 홍이포의 제작법, 조종법을 가르치도록 했다. 또 관련 정보 수집에도 적지 않게 노력했다. 인조 9년(1631), 정두원(鄭斗源, 1581~?)은 사신으로 중국에 다녀오면서 무기에 관해 보고했는데, 이는 홍이포를 포함한 개인화기의 발화 장치의 변화와 염초 제조 등을 중심으로 한 것이었다. 특히 화포의 발사 속도가 탁월함을 강조했다.[5]

> "화포는 불심지를 쓰지 않고 화석(火石)으로 쳐서 불이 저절로 일어나는 것인데 우리나라 조총(鳥銃) 두 발을 쏠 시간에 4~5발을 쏠 수 있고 빠르고 빠르기가 귀신같으며……."

불심지를 쓰지 않는 방식으로 발사율과 발사 속도를 개선시켜 놀라움을 자아냈다. 이 화포는 정부 관료들만의 관심사는 아니었다. 실학자 이익(李瀷, 1629~1690)도 화기와 관련한 글을 남겼다. 그는 『성호사설(星湖僿說)』에서 "『계정야승(啓禎野乘)』에 "박각(薄珏)이란 자가 처음 만들어낸 동포약(銅砲藥)은 쏘면 30리를 나가는데, 그 철환이 지나는 곳에는 삼군(三軍)이 전멸된다."고 전하면서 무기에 대한 관심을 드러냈다.[6] 이 무기는 중국인 박각이 만들었다는 청동 화포인데 이익은 이런 강력한 무기가 있어야만 지략과 용맹이 빛을 발할 수 있으리라고 평가했다. 이런 무기 없이는 용맹과 지략도 소용없다는 지적이었다. 중국에서 개량된 화포는 대부분 서양 대포를 기반으로 개량한 것으로 특히 박각은 망원경을 화포에 달아 명중률을 높이려 했던 것으로 유명하다. 또 정약용(丁若鏞, 1762~1836)은 화력을 직접

논하지는 않았지만, 홍이포의 기원을 바로잡으며 자신이 관심을 가지고 있음을 밝혔다. 그는 아정(雅亭=이덕무)이 홍이포에 관한 제본(題本) 1책을 올렸고 그 책에서 "서양에서 이 포를 제작하여 작해하는 홍이·모이(毛夷)를 섬멸하였기 때문에 그 포를 홍이포라 한다."고 했음을 전하면서 아정이 홍이국(紅夷國)에서 제작했다고 말한 것은 잘못이라고 바로잡기도 했다.[7]

홍이포는 사정거리는 길었지만 포구(砲口)에 포탄을 집어넣는 전장식(前裝式) 포로, 포 발사 후 포신의 열이 식을 때까지 적지 않은 시간을 기다려야 했다.[8] 이런 홍이포의 문제를 해결한 차세대 대포는 불랑기포(佛狼機砲)였다.[9] 불랑기포는 모포(母砲)와 자포(子砲)가 분리되어 포탄을 장전한 자포를 모포에 결합시키는 독특한 장전 방식을 사용해 장전 시간을 줄였다. 하지만 자포와 모포의 규격이 정확히 맞지 않으면 포탄 발사는커녕 포 자체가 터질 위험이 있었다. 그리고 불랑기포나 홍이포는 화약을 넣고 불을 붙여 발사해 포탄을 수 킬로미터 멀리 날려 보내는 방식이었고, 포탄 자체가 폭발하지는 않아 살상력이나 공격력에는 한계가 있었다. 이 대포들이 위력적이기는 했지만, 포탄이 폭발하지 않는다는 점에서 오늘날의 대포와 차이가 컸다. 조선 정부가 끊임없이 무기를 개량하기는 했지만 기본적으로 전통 양식의 무기 체계로는 19세기 첨단 무기로 무장한 서양의 침략을 막아내기는 쉽지 않았다.

19세기 이전 조선에도 새로운 서양 무기에 대한 소문이 간헐적으로 전해졌다. 그리고 19세기 중반에는 그 위력을 직접 경험하기도 했다. 19세기 중반의 병인양요(丙寅洋擾)와 신미양요(辛未洋擾)를 통해서였다. 신미양요 때 미군은 모두 강선(鋼線)의 후장식(後裝式) 소총으로 무장했고, 포병대와 장교는 단도와 레밍턴 연발 권총을 착용했다.[10] 총신 내부에 새겨진 강선으로 총신 길이가 줄어들더라도 탄환이 멀리 날아갈 수 있게 했고, 후장식 장전으로 몸이 적군에게 무방비로 노출되지 않게 했다. 이들 무기는 조선군의 화승총보다 먼 사거리와 빠른 발사 속도, 사수의 안전을 확보해 주어 전력을 강화시켰다.[11] 미군이 사용한 스펜서 7연발 소총은 새로운 개념의 연발총으로 파이프 형의 탄창이 개머리판 안에 들어 있고 이 탄창에 일곱 발의 실탄이 장전되어 있으며 숙련된 사수는 15초 안에 이 모든 탄알을 발사할 수 있었다. 발사 속도가 가공할 만큼 빨라진 것이다. 병인양요 때에는 프랑스군의 수발총(燧發銃)을 경험했다. 이 총은 공이와 약실 뚜껑이 하나로 결합되어 있어 용수철이 장착된 방아쇠를 당기면, 공이가 부싯돌(flint)을 때리면서 약실에 담겨 있는 화약에 불꽃을 일으키도록 만든 장치를 이용했다. 이런 원리를 이용함으로써 불씨를 보존하느라 신경 쓸 필요가 없어졌고, 폭우만 아니라면 우중 전투도 가능했다.[12]

무엇보다 서양 화력의 백미는 대포였다. 서양 대포는 포신 안에 강선이 있어 긴 사정거리를 확보했다. 따라서 해안 가까이에 배를 정박시키지 않고서도 해안 방어선 파괴가 가능했다. 이는 조선의 주력 화포인 불랑기포와 크게 다른 점이었다. 불랑기포는 적함 가까이에도 미치지 못했다. 화력 차이는 사정거리에서만 나오는 것도 아니었다. 서양 화포 포탄은 그 속에 화약을 넣어 목표물에 도달할 때 폭발시켜 공격력과 살상력을 높였다. 심지어 서양 대포는 이동이 가능했고 발사각을 자유롭게 조절할 수 있어 명중률을 높일 수 있었다.

서양의 대형 화기는 철로 주조되었다. 철은 값이 싸지만 주조하기 위해서는 매우 높은 온도의 열이 필요했다. 이 대포를 주조한 철이 비록 제련을 거친 강철은 아니었지만, 당시로서는 첨단의 기술이었던 열풍기가 달린 대형의 고로(高爐)에서 대량 생산되었다. 이 고로는 1,300여 도의 화력이 지속되어야 했는데, 이를 위한 열원은 물론 이 뜨거운 쇳물의 열기를 이겨내는 주조틀도 필요로 했다. 이런 과정을 거친 주철포는 인위적으로 포신의 열을 급격하게 식혀도 터지지 않았다. 이는 발사 속도가 이전 포와는 비교도 할 수 없이 빨라져 살상 능력이 극대화되었다는 것을 의미했다. 조선 정부는 병인양요와 신미양요를 통해 화력의 격차를 적나라하게 경험했다. 서양 무기의 화력에 충격을 받은 대원군은 서양 세력에 대항할 무기를 개발하기 위한 노력을 기울였다.

2절

조선의 서양 무기 제작 기술 도입 사업

1. 근대 무기 기술로의 전환 모색

대원군은 집권 초기부터 병력 증강과 군제 개편에 힘을 기울였다. 대원군의 군제 개혁은 순수하게 국력 증강이란 목적과 더불어 권력층을 견제하고 지지 세력을 결집하기 위한 정책의 일환이기도 했다. 이러한 목적을 위해 대원군은 기존 권력의 중심이었던 비변사(備邊司)를 혁파하고 의정부(議政府)의 권위를 회복시킨 뒤 삼군부(三軍府)를 조직했으며, 이로써 친대원군적 성향을 가진 무신들의 지위가 향상되었다. 물론 삼군부의 설치가 단순히 친대원군적 성향을 가진 무신 집합으로의 전환만을 의미하는 것은 아니었다. 그동안 분리되었던 오군영에 삼군부라는 최고 군령 기관을 두어 군사적 상황에 일률적이고 효율적으로 대처할 수 있게 되었다는 점은 분명 중요한 변화였다. 그리고 삼군부는 궁성 수호를 포함한 군사 업무만이 아니라 서울 치안 업무와 함께 서양 세력 진출과 관련한 내통자 색출과 처단, 해안 경계 강화 등과 같은 업무도 수행함으로써 공권력과 방어력을 강화시켰다.

그리고 대원군은 포군의 증강을 도모하는 한편 이들이 사용할 화포 개발도 병행했다. 병인양요 이후 그동안 도외시해왔던 포군 훈련을 강화하면서 그 일환으로 화포과(火砲科)를 두어 발사 훈련을 실시했다. 이는 서양과 비교해봤을 때 상당히 뒤떨어지기는 했지만 사격 연습조차 하지 않았을 때 벌어졌던 참담한 상황을 타개해보려는 시도였다. 강화도 부근에는 3천~4천 정도의 병력을 유지하기로 했으며, 이전의 삼수병(三手兵) 체제를 포군 중심 체제로 군제를 바꾸고 지방 포군을 증설했고, 무기 수리를 위해 5만 냥을 쓸 정도로 방어력 태세 확보에 힘썼다.[13] 그 결과 병인양요 이후 전국에는 약 3천6백 명 정도의 포군이 포진했고 2만 명이 넘는 병력이 확보되었다. 이들을 무장시킬 각종 무기 개발도 시도되었다. 신헌(申櫶, 1810~1888)이 무기 개량의 책임자였는데, 그는 이를 위해 중국에서 수입한 『해국도지(海國圖志)』, 『영환지략(瀛環志略)』과 같은 책을 참고했다.[14] 화포의 이동, 포신의 각도 조절을 통한 사정 가능 범위의 확대와 더불어 수중시한폭탄이라 할 수 있는 수뢰포의 개발 등 결과물이 없었던 것은 아니지만, 근대식 무기와 대적할 만한 무기 전환이나 수뢰포를 완전히 자체 생산할 수 있는 수준에까지 도달할 수는 없었다. 대원군 시기에 시도된 서양 무기 관련 서적을 통한 무기 개량으로는 근대식 서양 무기 제작이 불가능했고, 이에 대한 대안이 요구되었다.

고종 친정 체제와 개항은 수입 서적에만 의존해 무기를 개량하려 했던 대원군 시대의 움직임에 큰 변화를 가져왔다. 즉위 10년 후 친정 체제로 전환하면서 고종은 대원군이 시행했던 많은 정책들을 무위로 돌리고 군대 체제를 변경했으며, 재원 확보 방안을 폐지하기는 했지만 병력 강화와 강력한 무기 도입을 통해 무비자강(武備自强)을 구축한다는 과제 자체를 포기한 것은 아니었다.[15] 오히려 고종은 좀 더 전향적인 방법을 택했다. 그는 새로운 군사 제도를 수용하려 했으며 군사훈련 방식을 바꾸고 병영 체제를 전환하는 한편 이 체제에 맞게 무기들을 구비하려 했다. 일본이 군사 우위를 과시하기 위해 전략적으로 선물했거나 청에서 보내온 개인화기 및 속사소총기와 같은 무기를 접한 그는 이들이 화력 면에서 총통, 조총, 유엽전(鍮葉箭), 철전(鐵箭), 목전(木箭)과 같은 재래식 무기와 비교할 수도 없을 정도로 우수하다는 것을 인식하고 있었다.[16] 하지만 이런 서양 무기들은 모두 수입 완제품으로, 조선 안에서는 제조는커녕 수리조차 불가능했고 소모품인 탄환조차 전량 수입에 의존해야 했다. 국방력을 구성하는 중요한 요소인 무기들을 전적으로 수입해야 한다는 것은 대외 의존이 심화될 수 있음을 의미했다. 더 나아가 수입 거래국과 외교 문제가 발생할 경우 무기는 물론 소모품 공급이 어려울 수 있었다.

이런 문제들로 고종과 조선 정부는 신식 무기를 보유하기 위해 대원군과는 다른 방식으로 접근했다. 외국으로부터 선진 무기 제작 기기와 이를 운영할 수 있는 신기술을 습득하려 한 것이다. 이를 위해 고종은 일본과 청나라의 무기 제작 수준을 탐문했고[17] 또 새로운 군대를 통솔할 장교 양성을 위한 학교를 설립하려 했다.[18] 개항 후 조선 정부는 근대적인 연병술을 익힌 신식 교련부대 신설과 근대 무기 제작을 최종 목표로 설정했다. 하지만 최고 권력자가 새로운 무기를 도입하고 군체제를 혁신하겠다고 선언해도 이는 수월하게 진행될 수 있는 수준의 사안이 아니었다. 가장 먼저 앞 장에서 살핀 유교 사회에서 무비자강이 의미하는 인식의 전환이 요구되었다. 즉 군비 강화가 패도(覇道)를 의미한다는 전통적 관념에 근거한 반대 세력을 설득해야 했다. 또 서양식 기술 도입에 대한 저항도 극복해야 했다.

가장 중요한 과정은 군비 강화에 반대하는 여론을 무마하는 일이었다. 반대론자들은 건국 초 백성들의 동원을 반대하기 위해 내세웠던 “아무리 무기가 날카롭고 갑옷이 견고하다 하더라도 식량이 부족하면 무기가 있다 한들 무엇에 쓰겠습니까."라는 언명을 다시 언급하며 군비 강화가 백성의 궁핍을 의미한다고 주장했다.[19] 조선 개국 이래 줄곧 무비 강화를 위한 움직임은 패도였고 맹자(孟子)의 가르침에 어긋나는 것이라는 주장도 더불어 제기되었다. 이런 개혁의 대표적인 실패의 예로 송나라의 왕안석(王安石, 1021~1086)이 거론되었다.[20] 이런 주장들의 밑바탕은 강병을 직접적으로 내세우는 것이 패도라는 유교의 가르침이었다. 고종의 무비 강화 정책에도 역시 이런 반대들이 어김없이 제기되었던 것이다.

이런 반발에도 불구하고 조선 정부로서는 서양의 가공할 만한 군비를 방어하기 위한 강한 군사력 확보가 시급했다. 무비자강은 더 이상 연기할 수 없는 현안(懸案)이었다. 무기 수입에 의한 재정 소모를 반대하는 움직임을 무마하기 위해 제시된 방법은 무기 기술의 수입과 무기 공장의 설립이었다. 근대 무기 기술의 수입 국가로 채택된 것은 중국이었다. 초기에 보여준 일본의 고압적인 태도가 고종이 일본에 반감을 가졌던 탓도 있지만, 무기 구입과 정보 수집을 위해 파견한 이동인(李東仁)이 행방불명된 까닭도 없지 않았다.[21] 또 일본이 조선에 군사적으로 영향을 주려는 움직임을 보이자 청국 또한 조선에 군사적으로 협력할 뜻을 적극 개진했으므로 고종은 중국으로부터 무기를 도입하기로 결정했다. 조선 정부는 청국에 군사 무기 기술 전수를 포함한 무기 구매 의사를 타진하고, 청에 변원규(卞元圭)를 파견하여 청국의 여러 군사적 요소들을 확인하는 한편 구체적인 논의도 진행했다. 조선이 청국으로부터 무기 기술을 지원받는 형식과 무기를 구입하는 경로, 그리고 군사훈련 시행 여부 등과 관련해 사전에 의견을 조율했다.

청나라에서 무기 기술을 들여오기로 하면서 조선은 청나라 제도를 모방하여 통리기무아문(統理機務衙門)이라는 최초의 근대식 군부 기관을 장설했다. 대원군이 만든 삼군부는 정치 업무와 군사 업무를 분리시키기 위한 목적으로 만들어졌지만, 그 부서는 의도와는 달리 내부 업무가 조직별로 분화되지 못해 비효율적이었다. 이런 비효율성을 극복하기 위한 것이 바로 통리기무아문이다. 앞에서 살펴본 대로 처음 기획 당시 통리기무아문은 외국과의 교섭을 포함한 통상 등의 업무를 관장하기로 했고, 산하에 13사를 두어 업무를 분장키로 했다.[22]

군체제 역시 개편되었다.[23] 개편된 군제도 새로운 무기 도입을 전제로 한 것이었다.[24] 신식무기 사용에 적합한 편제를 가진 교련병대(별기군)라는 신식군대를 조직해 무기 사용 및 제식훈련을 시험했다. 군사훈련을 위한 유학생 파견은 조선 정부 재정 사정으로 불가능했으므로 국내 체류 외국 장교, 특히 일본 장교를 군사교관으로 활용해 군사훈련 기관을 창설하기로 결정했다. 1881년 5월 오군영(五軍營)에서 신체 강건한 80명을 선발해 무위영(武衛營) 소속의 별기군(別技軍)으로 임명한 것은 그 일환이었다. 이 부대의 군사훈련은 제식훈련과 군사 기초 이론 교육으로 구성되었다. 그들은 또 신무기를 중심으로 총기 사용법을 배웠다. 조선 정부는 이들에게 지급할 무기를 마련하고, 수리를 담당해야 했다. 이를 위해 조선 정부는 청나라에 무기 기술 유학단인 군계학조단(軍械學造團) 파견을 결정했다.

2. 청으로의 유학생 파견: 군계학조단

조선 정부는 별기군을 창설한 이래 한양의 전 병력, 더 나아가 조선 전 병력의 무기 전환과 무기의 대외 의존을 줄이기 위한 방안을 모색했다. 그 일환으로 진행된 것이 무기 기술 이전 및 무기 공장 설립과 관련한 교섭을 청과 진행했다. 이 교섭은 조선의 요구만으로 진행된 것은 아니었다. 당시 청은 조선에 대한 영향력 강화를 중요 과제로 삼고 있었다. 즉 서구 열강에 의한 북경 함락, 일본의 지속적인 도발, 그리고 러시아와의 국경 분쟁으로 위축되었던 청은 조선을 이용해, 국제 관계에서 이이제이(以夷制夷) 전략을 실현하고자 했다.[25] 조선을 일본과 러시아의 완충지대로 삼아 청에 대한 공격력을 약화시키려는 이 전략이 의미를 가지기 위해서는 조선이 강한 방어력을 확보해야 했다. 따라서 청은 조선의 국방력 강화를 지원하기로 하고 조선과 무기 관련 기술 전수와 조선 내 무기 제조 공장의 설립 등을 목적으로 하는 영선사행(領選使行)과 관련한 교섭을 추진했다.[26]

청의 필요와 조선의 요구가 합치점을 찾아 결정되기는 했지만 영선사행에 투영된 양국의 의미는 달랐다. 영선사행 파견이 조선 정부로서는 무기 수입 및 무기 공장 설치와 관련된 무기 제작 기기 구입이 청으로 한정되고 더 나아가 무기 제조 기술 이전 역시 청이 유일한 통로로 제한되어 무기 기술 자체가 청에 종속됨을 의미했다.[27] 청으로서는 이이제이의 전략 실현 이외에도 상해(上海) 강남제조국(江南製造局)을 포함한 중국 무기 공장에서 생산한 무기의 판로를 확보하는 일이 필요했다. 또 이는 조선 무기 공장, 즉 기기창(機器廠) 설립에 필요한 기기의 중개, 알선 및 납품권을 장악하는 일과도 밀접한 연관이 있었고, 청이 공장의 규모 및 구성 기기와 같은 공장의 설계, 기기의 공급 시기, 물량 등을 모두 임의로 조정할 수 있는 권리를 획득하는 일이기도 했다. 특히 이런 권리 장악이 조선 정부의 무비자강을 지원한다는 시혜의 미명으로 포장됨으로써 조선 정부에 대한 청의 영향력을 강화하는 데에도 크게 영향을 미쳤다.

특히 무기 기술을 익히는 것이 주목적이었던 군계학조단이 청의 대조선 정책 방안의 일환으로 수행된 만큼 조선 정부는 38명으로 구성된 기술 유학도들이 청 정부로부터 충분한 지원을 받을 수 있을 것으로 기대했다. 하지만 이들에 대한 청 정부의 지원은 거의 없었다. 이들이 출발할 즈음 청나라의 대조선 군사전략에 변화의 조짐이 보이기 시작했기 때문이었다. 즉 청 내부에서는 일본과 러시아의 세력 강화를 막기 위해 조선 국방력을 강화시키는 전략을 재고(再考)해야 한다는 의견들이 제기·논의되었던 것이다. 이 논의의 핵심은 조선에서의 청의 영향력이 감소하거나 조선이 러시아와 일본과 연계되는 일을 청이 막지 못했을 때 조선의 강화된 군사력은 오히려 청에 위협이 될 수 있으며, 이런 위험을 방지하기 위해 조선과의 관계를 재조정하는 것이 바람직하다는 것이었다. 최적의 방안은 조선을 청국의 속방(屬邦)으로 전환하는 일로, 이를 위해서는 조선의 국방력 강화 저지가 중요하다는 것이다.[28] 이 논의는 조선 국방을 북양함대(北洋艦隊)가 대신 담당한다는 전략으로 이어졌고 이는 임오군란(壬午軍亂)을 계기로 현실화되었다.

청의 정책 전환으로 조선에 설립될 예정이었던 기기창의 규모도 재설정되었다. 이전 조선과 청의 합의에 의하면 청이 기기를 대구(代購)하여 제공·설치해 무기 공장의 생산 규모를 한양 수비를 위한 3만 병력에게 공급할 수준으로 설정했다. 청의 입장 변화 이후 조선의 공장이 수리 중심, 혹은 탄환 제조소 정도로 축소된 것이다. 이런 규모 축소는 영선사 김윤식(金允植, 1835~1922)이 기기창의 동국(東局)과 남국(南局) 전부를 시찰하며 설명을 듣는 과정에서 자연스럽게 전해졌다.[29] 기기창을 시찰하며 기기창 총판(總辦)을 만나면서 그는 공장 설치 및 유지 관리를 위한 자금과 더불어 공장 가동을 위해 필요한 외국 기술 인력의 규모에 대한 이야기를 들었고, 또 이 기술들의 기초가 되는 서양 과학의 난해함과 인력 양성을 위한 장기간의 훈련 기간에 대한 설명도 들었다. 이런 설명들은 늘 조선 정부의 빈약한 재정에 대한 걱정으로 이어졌고, 김윤식으로 하여금 조선 정부가 처음 설정했던 규모의 공장을 설립하는 일이 무리라는 결론에 도달하도록 유도했다. 그는 마침내 무기 제조보다는 무기를 수리하는 정도의 소규모 공장 설치가 적합하다는 청의 의견에 동조하게 되었다.[30] 청의 대조선 전략의 변화는 단지 기기창의 규모 축소에만 영향을 미친 것은 아니었다. 군계학조단의 훈련 방식과 내용, 그리고 유학단에의 지원과 조선기기창의 설창(設廠) 과정에도 큰 영향을 미쳐 이후 군계학조단이 채 기술을 익히지 못하고 철환했으므로 이 유학생 파견은 실패라고 부정적인 평가를 내리는 데에 중요한 배경이 되었다.[31]

임오군란을 기점으로 현실화되기 시작한 북양함대의 조선 국방 대임(代任) 전략은 청에서 기술 훈련을 받고 귀국했던 기술학도들에게 적지 않은 영향을 미쳤다. 특히 공장(工匠)들에게 크게 불리했는데 그들이 일할 기기창이 1887년 10월에야 완공되었기 때문이다. 중인 신분 이상의 학도들은 기기국(機器局)에서 1883년 5월부터 관원으로 활동할 수 있었지만, 관원이 될 수 없었던 공장(工匠)이 유학으로 습득한 기술을 활용하기 위해서는 기기창 창설이 필수적이었다. 따라서 기기창 설립이 지연되면 될수록 이들이 기술을 활용할 수 있는 여지가 적어졌고, 그들의 행처가 묘연해졌으며, 따라서 군계학조단 파견 성과가 사장되어버릴 우려도 커졌다.

조선 정부가 이 점을 인식하지 못했던 것은 아니었다. 조선 정부는 기기창의 설립을 서둘렀고 기기국을 설치하면서 공장 부지를 마련해 공장을 건설하기 시작했다. 하지만 조선 정부가 요구한 기기가 늦게 도착함에 따라 공사가 지연되었고, 그 와중에 규모도 자주 변경되었으며, 궁극적으로 매우 축소되었다. 이런 변화의 가장 큰 요인으로 앞에서 지적한 임오군란 직후 가시화된 청의 대조선 군사정책의 전환을 들 수 있다. 이홍장(李鴻章, 1823~1901)은 기본적으로 조선의 무기 제조 공장 설치에 적극적이지도 않았지만 임오군란을 계기로 조선 기기창에 대해 명확히 부정적인 입장을 표명하기에 이르렀다. 그는 군기 구입을 희망하는 김윤식에게 기기창 설립과 운영을 위해 재정 및 연간 경비가 막대함을 지적하면서 "처음에는 반드시 클 필요가 없으니 1년에 1만 냥 정도가 소용되는 작은 공장을 설치, 점점 더 늘리는 것이 가하겠다."며 축소를 요구했다.[32] 또 그는 무기 제조를 희망하는 고종에게 천진 기기창에 있던 구식 방개화동포(磅開化銅砲) 10문, 개화자(開化子) 3백 뢰, 영국 엔필드 선조총(旋條銃) 1천 정, 탄약 1천 방(磅)[33]을 제공해 조선 정부의 기기 공급 재촉 요구를 무마하려 했다.[34] 이런 그의 태도는 곧 천진 기기창에서 조선 정부의 기기 구매를 돕기로 되어 있던 실무자들에게 영향을 미쳤다. 그들은 김윤식이 우선 구입하고자 했던 품목들 가운데 각종 선반 기기와 작은 기관 등을 제외시켰는데 이 기기들은 천진 무기 공장에서 "작은 기관과 그에 연결된 포상(刨床)·찬상(鑽床) 이 세 기기들이 없으면 모든 기기들이 수리되지 못할 것"으로 언급되었던 필수적 기기들로, 조선에 설치될 기기창의 규모와 목적에도 적합하다고 지칭되었던 것들이기도 했다.[35] 하지만 이 기기들도 도입되지 않았다. 이 중요 기기들을 제외하고 중국 기기창 책임자들은 주로 장송동모수기(裝送銅冒手器), 강수(强水) 제조 기구 및 화학 기구를 중심으로 조선 기기창을 구성했다.[36] 이는 청이 조선의 기기창을 조선에 파견된 청군들의 군기 정비를 위한 수리와 탄환 공급 공장 정도로 파악했음을 의미했고, 그 수준에 걸맞은 기기들을 구비하도록 하려는 의도였다.

기기창 설치가 지연되는 도중에 국내 정세에 치명적인 영향을 미친 사건이 발생했다. 1884년 10월에 발발한 갑신정변(甲申政變)이 그것이었음은 앞에서도 언급했다. 이 사건을 계기로 청 정부는 조선 내정과 외교에 노골적으로 간섭했고, 주차조선총리교섭통상사의(駐箚朝鮮總理交涉通商事宜) 원세개(袁世凱)는 조선 내정을 농단했으며 특히 조선 정부의 개화 정책을 전면적으로 방해했다. 그가 작성한 이른바 조선대국론(朝鮮大局論)은 개화 정책 방해의 정점을 이루는데, 그 가장 중심적인 근거로 제시된 것이 '절재용(節財用)'이었다.[37] 그는 조선 정부의 빈약한 재정을 들어 서양 문물을 도입해 개화를 이루려는 조선 정부의 개혁 정책 대부분을 중지시키거나 방해했다. 결국 기기창의 설창은 장기적으로 지연되어 군계학조단의 철환 사후 조치로 이홍장이 약속한 기술 지도 역시 기대하기 어려운 일이 되어버렸다. 이런 기기창 설립의 지연으로 귀국 후 기기창에서 무기 제조 및 수리를 하는 것을 전제로 청에서 기술을 습득했던 훈련학도의 활용은 요원해졌다. 특히 공장 출신으로 천진에 파견되었던 학도들 대부분이 활동하지 못했다. 그나마 지속적으로 활동한 흔적을 보였던 사람은 천진의 기기창 책임자로부터 극찬을 받았던 송경화(宋景和) 정도로, 그는 1883년 다시 유학을 떠난 것으로 알려졌다.[38] 그를 제외한 나머지 공장(工匠) 출신의 학도들은 더 이상 흔적을 찾을 수 없게 되었다.

조선 정부가 천진으로 기술 유학생을 파견하며 의욕적으로 전개했던 서양 무기 제조 기술 도입은 성공적이지 못했다. 기술자 가운데 활동했던 사람은 상운(尙澐), 조한근(趙漢根), 안준(安浚), 고영철(高永喆, 1853~?), 안욱상(安昱相) 5명 정도에 불과했다. 기기창은 1883년 무기 제조 관서로 설치된 기기국의 지휘로 소속 무기 공장들인 번사창(飜沙廠), 목양창(木樣廠), 숙철창(熟鐵廠) 등의 건물이 1884년에 준공되었지만[39] 기계들의 수입이 늦어져 1887년에야 비로소 공장을 가동할 수 있었다. 공장의 규모는 1889년에 12마력의 증기기관으로 가동되는 총기 제조기가 소총을 제작하는 수준이었다. 그리고 1891년에야 탄약 제조기를 도입해 실탄을 생산할 수 있었다.[40]

군사력 강화의 의지로 출범한 기기창이었지만, 고종의 기대와는 달리 별 신통한 성과를 내지는 못했다. 조선이 설치하고자 한 총신 제작을 위한 창포 제조기, 무기의 핵심인 화약 제조기와 같은 기기들이 제대로 구비되지 못했다. 따라서 기기창은 자체적 무기 생산보다는 탄약과 뇌관을 조립하고 총을 수리하는 수준으로 격하되었고, 조선은 청나라가 제조한 구식 전장식 총을 수입하는 시장으로 전락했다.

3. 대한제국기 서양식 군제 확보 노력

청일전쟁 이전까지 진행된 원세개의 집요한 개화 정책 방해로 조선 정부는 군제 개혁 추진 동력을 상실했다. 기기창은 겨우 무기 수리 공장으로 명맥만 유지하며 동모(銅冒) 정도를 제조했다. 그럼에도 불구하고 조선 정부가 1893년 조선해방수사학당(朝鮮海防水師學堂, 이하 수사학당으로 줄임)의 설립을 추진했음은 주목할 만하다. 비록 1894년 청일전쟁에서 승리한 일본이 폐교시켰지만, 강화도에 마련되었던 해군무관학교는 해군력 강화의 보루였다. 이 학교의 개설이 군함 보유를 전제로 한 만큼, 이 학교의 개교는 대원군이 대동강의 미국 선박에서 증기기관을 꺼내 증기선을 만든 이래 유지했던 증기기관 군함 보유의 꿈을 이루려는 노력의 일환이기도 했다.[41] 고종 친정 이래 군제를 개편하면서 수군 체제 개편의 기회를 놓쳐 해안 방어선이 공백 상태였고 이를 만회하기 위해 조선 정부는 근대식 해군 체제로 개편하려 했고 이 수사학당은 그 전략의 핵심이었다.[42]

수사학당은 18~26세의 사관생도반 50여 명이 영국 예비역 해군 대위 칼웰(William H. Callwell)과 조교 큐리츠(John W. Curtis) 해병 하사관의 지도하에 훈련을 받았다.[43] 수사학당의 관제나 학도들의 규칙에 대해 알려진 바는 거의 없지만, 이 학도들은 적어도 1894년 4월 영국인 교관이 입국하기 전 영어 교사에게서 영어 교육을 받아 실제 훈련 도중 교관과의 의사소통에 큰 문제가 없었던 것으로 보인다. 하지만 이 학교는 제대로 운영되지 못했을 뿐만 아니라 관련 문서조차 찾을 수 없게 되어 역사 속에서는 완벽하게 사라져버렸다. 이 학교가 운영되지 못한 것으로 관할 부서조차 설정하지 않은 조선 정부의 준비 부족과 청일전쟁이 지적될 수 있지만, 무엇보다 중요한 원인은 일본에 의한 방해였다.[44] 청일전쟁에서 승리한 일본은 조선 정부의 해안 방어를 위한 해군력 강화를 저지했고 이 학교의 폐교

〈그림 2〉 1893년 설립된 해군무관학교 건물. 이 학교에서 18~26세의 사관생도반 50여 명이 영국 예비역 해군 대위 칼웰과 조교 큐리츠 해병 하사관의 지도하에 훈련을 받았다. (출처: 『한국근대해군창설사』, 혜안, 84쪽)

는 그 일환이었다.

근대식 해군사관학교 폐교의 영향은 심각했다. 그것은 군함과 관련되었다. 조선 정부의 오랜 숙원이었던 증기기관으로 운항되는 군함이 1903년 도입되었는데, 이는 대한제국 정부의 실책 가운데 하나로 평가되기도 했을 만큼 재정적 손해를 입혔고 국가 위신을 추락시켰다. 대한제국이 수입한 군함은 일본 상사의 소유였다. 해군력은 억제하면서 군함을 매도했다는 모순된 상황이 연출되었는데, 이는 일본이 대한제국 정부에 판 군함의 실체에 의해 해명된다. 이 군함은 3,275톤급으로 당시 상황에서는 규모가 큰 축에 속했지만 성능은 지극히 좋지 못한 상선이었다. 영국에서 1888년에 건조된 이 배는 석탄을 과도하게 사용할 뿐만 아니라 자주 고장을 일으켰다. 영국은 이 배를 일본 미쓰이(三井)상사에 매도했으며 미쓰이상사는 이 배를 구입한 직후부터 이를 되팔기 위해 구매자를 물색했다.[15] 미쓰이상사는 대한제국 정부가 군함을 구입하려 한다는 정보를 입수하고 협상을 추진해 심지어 구매 가격의 두 배 이상인 55만 원에 팔아 매우 큰 이득을 챙기기까지 했다.[46] 양무호(揚武號)라는 이름이 붙여진 이 선박에는 군함의 필수인 대포가 장착되기는 했지만, 전력(戰力)과는 전혀 무관하게 고작 길이 12척(尺) 지름 8cm 크기에 지나지 않았고, 그조차 폐처리된 군함에서 뜯어낸 고물 포였다. 이 군함 성능은 최악이었다. 연료를 과하게 소비함으로써 운행이 어려워 연안에 방치해둘 수밖에 없었다.[47] 양무호를 이용해 해방(海防)을 위한 수군 개혁의 계기로 삼아야 한다는 주장도 있었지만, 그보다는 재정 낭비의 대표적 예로 비판이 앞섰다.[48]

양무호와 같은 전함 구매를 위해서는 근대식 군함에 관한 전문 식견이 필수적이었다. 하지만 대한제국에는 이런 능력을 갖춘 인재가 전무했다. 물론 계약이 진행되는 동안 대한제국 정부가 이 배의 실체를 전혀 눈치 채지 못한 것은 아니었다. 대한제국 정부는 이 배의 성능이 매우 나쁘고 가격은 매우 비싸다는 것을 알고 계약을 파기하려 했지만 일본이 거세게 반발하며 강제로 매매를 진행했다. 이 배를 인수한 후 대한제국 정부는 함장으로 일본 동경상선학교 항해과에 유학 경험이 있던 신순성(愼順晟)을 임

〈그림 3〉 양무호. 영국에서 만들어진 배로 일본 미츠이 상사가 대한제국에 되팔았다. (출처: 인천개항박물관)

명했지만, 일본이 약속한 운항을 위한 대원 72명의 훈련은 추진되지 않았다.[49] 양무호는 방치되었고, 1904년 러일전쟁 때 일본 정부에 의해 징발되어 화물선으로 다시 개조되었으며 반환되지 않았다.[50] 군함 구매의 문제점은 대한제국 군사력의 상황을 보여주는 대표적 예라고 할 수 있다.

비록 대한국제 반포 전후 무기 체제와 근대적 군대 육성을 포함한 국방 분야에서 변화의 움직임이 없지 않았지만, 그 효과는 전무했다. 이런 실패들에도 불구하고 광무개혁기 진행된 군 관련 개혁 조치에는 최고 군통수권자 고종의 적지 않은 고민들이 담겨 있었고, 몇몇 사업은 의욕적이고 적극적으로 추진되기도 했다. 우선 임오군란부터 아관파천(俄館播遷)까지 이어졌던 외세 개입을 배제하고 자주 국가를 건설하기 위해서는 국방력이 가장 중요하다는 점을 절감했을 뿐만 아니라, 황제의 권력과 권위를 세우고 유지하기 위해 무엇보다 강력한 군대가 필요하다는 생각도 작용했다. 그리고 이를 뒷받침하기 위해 필요한 무기 제조가 제대로 이루어지지 못했다는 반성도 작용했다. 이런 필요성에 의해 군제 개편이 전면적으로 수행되었다. 중앙군으로 친위대(親衛隊)와 시위대(侍衛隊)가 신설되었다. 시위대는 친위대에서 선발한 정예부대로 황제의 친군이며 중앙군의 주력부대였다. 이 부대는 러시아식으로 편제되었으며, 훈련받았다. 이러한 시위대 편제는 1904년 러일전쟁으로 일제의 침략이 심화될 때까지 대한제국 군제의 기본을 이루었다. 중앙군의 전력을 강화한 후 1897년 6월 각 도의 지방병을 다시 늘려 배치하는 칙령을 반포해 8개 지역에 지방대도 설치했다. 그 결과 중앙에 친위대와 시위대, 지방에 진위대(鎭衛隊)와 지방대(地方隊)가 편성됨으로써 국방력은 복구되었고 국왕인 고종의 권위를 신장시키는 무력 기반으로 작동했다. 군제의 개편은 이를 관리할 군부의 확립을 전제로 했기에 이를 위해 1899년 6월 원수부(元帥府)가 설치되었고, 원수부는 황제를 최고 수뇌로 하는 최고위의 군령 기관으로 대한제국의 중앙군과 지방군 전체를 통솔했다.

무관학교 관제 반포도 중요한 변화 가운데 하나였다. 조선 정부는 원수부 설치 이전인 1896년 1월 무관학교 관제를 반포해 무관 양성을 구체화했다.[51] 새로운 무관학교는 1898년에 개교되었다. 종래의 연무공원(鍊武公院) 관제를 정비해 5월 다시 새로운 관제를 반포하면서 7월 1일에 개교한 것이다.[52] 이후 몇 차례의 관제 개정에 따라 학도의 기준이 달라졌지만,[53] 이들이 받은 교육은 큰 변화가 없었다. 이들은 무술학, 군제학, 병기학과 축성학, 지형학과 외국어 그리고 군인위생학 및 마학(馬學)을 이수했다. 병법과 공병술도 함께 배워야 했다.[54] 그 가운데 병기학의 경우, 탄환의 운동과 사격, 탄환의 산포, 사격 훈련과 더불어 화약 폭발 화공품과 같이 화약과 관련된 부문도 학습해야 했다. 이 분야들의 기초는 물리와 화학이었다. 또 축성학에서는 도로, 교량, 철도, 전신처럼 전쟁 수행에 필수적인 공병기술과 관련한 수업을 받았다.[55] 물론 휴대 병기 제조와 같이 총기 조립과 관련한 훈련도 받았다. 그리고 위생과 관련해서는 양생과 더불어 병원균,

〈그림 4〉 왕실수비대의 훈련. (출처: 『개항 이후 서울의 근대화와 그 시련(1876~1910)』, 서울특별시사편찬위원회 편저, 2002)

전염병 예방법을 익혔다. 무관학교의 학도들은 새로운 군대의 지휘관으로서 갖추어야 할 소양과 병법뿐만 아니라 근대 과학이 토대가 된 무기와 위생 관련 과목도 학습했다.

무관학교의 설립은 새로운 지휘관 양성을 통한 군 개편 및 재편을 목적으로 했으며 그 전제는 무기의 안정적 공급이었다. 갑오개혁(甲午改革) 및 을미개혁(乙未改革) 때 반포된 군부 관제에 의하면 병기 탄약과 병기 재료의 제조 및 저장에 관한 사항을 포공국(砲工局) 포병과에서 관장하기로 했지만[56] 아관파천 이후 러시아 군사교관을 초빙해 훈련을 시작함에 따라 무기를 제조하는 대신 소총 및 탄약과 같은 완제품 장비를 직수입하는 편의적 방법을 택하게 되었다. 그렇다고 무기 제조의 꿈을 완전히 포기한 것은 아니었다. 조선 정부는 갑오개혁에 의해 폐지된 기기창을 재정비하고 확장할 계획을 세우고 1896년 러시아 기술자를 기계사관으로, 프랑스 포병 출신의 장교를 군물 조사원 수기사(首技師)로 고빙했다. 이들은 군기 수리만을 위한 소규모 공장과, 군기를 제조할 능력을 갖춘 대규모 공장에 대

〈그림 5〉 러시아 교관에게 훈련 받는 대한제국군. (출처: 『개항 이후 서울의 근대화와 그 시련(1876~1910)』, 서울특별시사편찬위원회 편저, 2002)

한 제안서를 제출했다. 이에 대한제국 정부는 대규모 공장안을 염두에 두고 번사창을 삼청동에서 용산으로 이전할 계획을 세우기도 했다. 하지만 이런 원대한 계획은 실행되지 못하고 여전히 수리 공장 수준의 공장으로 확정되었다. 소규모 총기 수리 공장에 비해 총기 제작 공장은 무려 4배 이상의 자금, 즉 총기 수리 공장이 15만 원이었던 데에 반해 제조 공장은 60만 원 정도의 투자 금액이 필요했기 때문이었다.[57] 재정을 염두에 둔 판단에 따라 1898년 일본으로부터 소총을 제작·수리할 수 있는 기계를 도입하기로 정했으며 이를 포공국에서 관할했다.[58]

하지만 이 공장마저도 제대로 운영되지 못했다. 1900년 육군참장(陸軍參將)이던 백성기(白性基, 1860~1929)는 군사 장비는 물론이고 심지어 군의 위계를 상징하는 군장마저도 수입에 의존하는 현실을 지적했다.[59] 그는 군부에 포공국을 두어 포공 기계를 만들려 계획했지만 기계를 만들지 않아 경비만 소모할 뿐만 아니라 폐기되어 일이 없는 부서로 전락했다고 평가하면서 새로운 기계를 들여놓고 만드는 법을 아무도 익히지 않으려 한다고 비판했다. 더 나아가 충분히 만들 수 있는 탄환조차 수입하는 상황을 개탄했다.

> 포공국(砲工局)을 군부에 설치한 까닭은 본래 포공 기계를 제조하기 위해서입니다. 그런데 근래 몇 년 사이에 만든 기계는 하나도 없이 한갓 경비만 허비했고, 지금은 거의 폐기되어 일이 없는 부서와 차이가 없으니…… 옛날 기계가 이미 불편해져서 반드시 외국의 기계를 의뢰한다면, 처음에는 외국에서 사서 쓰는 것은 형편상 참으로 당연한 일입니다. 그렇지만 몇 년 뒤에 이르러서는 그 제조법을 학습하여 우리가 직접 본떠 제작해야 할 것이니, 이것이 기국을 설치하는 까닭입니다. 그런데 지금 만드는 것은…… 탄환(彈丸)의 경우라면 지난날 친군영(親軍營)의 회

룡총(回龍銃) 탄환과 오늘날 각대의 모슬총(毛瑟銃) 탄환은 우리나라 공장(工匠)이 모두 제조할 수 있는 것인데, 지금 어째서 제조를 정지하고 또한 외국에서 사들이는 것입니까.

이 상소를 미루어볼 때 사실상 무기 기술 도입과 공장 시설 확충 및 활용을 위한 정책이 제대로 추진되지 않았음을 알 수 있다. 그의 주장이 조정에 받아들여졌지만, 그 후 수입에 의존하지 않게 된 것은 장관, 영관, 위관급의 군복 가운데 상장(上章) 정도에 지나지 않았다.

군수산업은 1903년에 다시 한 번 재편 및 확장이 모색되기도 했다. 삼청동 기계창 내에 총기 제조소 설립 계획이 추진되었던 것이다. 공장은 용산으로 재지정되었다.[60] 이때 조총 기계는 포공국에서 일본 미쓰이물산회사와 35만 원에 계약하고 수입했다. 이런 움직임은 1904년 군기창(軍器廠) 관제의 반포로 귀결되었다.[61] 러일전쟁 직후 군부 소속의 군기창을 대폭 확대해 군사기술을 자체 개발하고자 개편안을 마련했던 것이다. 개편 내용에는 총포, 탄환, 화약, 가죽 장비, 피복 제조소를 설치하고 각 부문별로 기술자들을 대거 임명하는 등의 조치가 포함되었다. 당시 군기창에 근무하던 사람들은 기술자만 해도 소장 2명, 기사 8명, 기수 31명으로 상당한 수에 도달했는데, 그들 가운데 가장 많은 인원이 피복 제조소와 화약 제조소에 배치되어 이들 분야의 기술을 집중적으로 개발하려 했음을 알 수 있다.[62] 하지만 이 움직임은 러일전쟁으로 일본의 영향력이 막강해진 상태에서 수행된 일이었기에 이미 기회를 상실한 상태에서의 무의미한 조치였다고 볼 수 있다.

〈그림 6〉 기관총 조종법을 배우는 대한제국 군인들. (출처: 『개항 이후 서울의 근대화와 그 시련(1876~1910)』, 서울특별시사편찬위원회 편저, 2002)

3절

무기제작 기술 도입의 좌절과 대한제국 군비 사업의 향배

무기 공장이 수리 공장 수준으로 축소되자 대한제국 정부는 새로 개편한 군대의 무장을 위해 외국 최신식 무기를 대거 도입해야 했다. 실제로 1901년 이래 국방비는 대한제국 국가재정의 40% 가까이를 차지했고, 그 가운데 상당 부분은 신식무기 구입에 사용할 수밖에 없었다.[63] 1899년 2월 세창양행(世昌洋行)을 통해 군부와 독일 서리영사가 두 차례에 걸쳐 소총 100자루, 육혈포(권총) 300자루, 군도 100자루, 소총탄 1만 발, 권총탄 4만 발을 수입했다.[64] 또 1900년 7월에는 프랑스 정부와 소총 1만 자루, 탄환 300만 발을 구매하기로 했고, 전(前) 선혜청(宣惠廳) 청사에 영국에서 수입한 각종 대포를 보관하기도 했다.[65]

이로 인해 군대 해산 당시 대한제국군은 상당한 수준의 무장을 갖출 수 있었다.[66] 대한제국군의 주력 개인화기는 일본군의 제식 소총이었던 무라다(村田) 소총보다 성능이 더 뛰어난 러시아의 모신나강(Mosin-Nagant), 영국의 리엔필드(Lee-Enfield) 소총, 독일의 마우저(Mauser) 소총, 미국의 스프링필드(Springfield) 소총 등이 대한제국군의 주력 개인화기였다. 중화기도

맥심(Maxim) 중기관총과 암스트롱(Armstrong) 포, 크루프(Krupp) 포, 슈네데르(Schneider) 속사포 등등으로 대한제국군은 규모에 비해서 상당히 강력한 무기들을 보유했다. 하지만 무기명들에서 알 수 있듯이 이들 무기는 일본, 러시아, 독일, 프랑스, 영국 등 다양한 국가에서 수입한 것들이었다. 그런 만큼 대한제국 군대의 무기들은 근본적인 문제를 내포하고 있었고, 이를 육군참장 백성기 역시 절감하고 있었다.

> 막중한 군대 기물을 걸핏하면 반드시 외국에서 사들이고 있으므로, 한편으로는 군사기밀이 누설되고 또 한편으로는 세계에 수모를 당해, 혹 평화가 깨지고 조약이 끊어지는 때를 만나기라도 한다면 또 장차 속수무책일 것입니다.[67]

그는 대한제국의 군대는 군사기밀 누설과 조약 파기 등에 따르는 무기 및 소모품 공급 등의 문제를 안고 있다고 지적했다.

그리고 또 다른 문제도 내포하고 있었다. 그것은 무기를 다양한 국가에서 수입한 만큼 그 관리와 조종법, 관련 훈련도 다양했다는 점이었다. 무기 관련 체계성을 전혀 확보할 수 없었다. 이 문제는 바로 일본에 의한 군대 해산에서 극명하게 드러났다. 당시 대한제국 무관학교에서 새로운 무기 사용법을 익힌 장교들이 배출되었고 이들로 인해 일본은 군대 해산 당시 강력한 화력을 갖춘 대한제국군의 봉기 가능성을 상당히 우려했다. 하지만 일본에 의한 강제 군대 해산 당시 대한제국 군사력은 큰 위협이 되지 못했다. 그 원인은 바로 대한제국군의 다양한 무기 때문이었다. 대한제국의 무기 수입은 군사적, 화력 측면에서가 아니라 정치적, 외교적 논리에 따라 도입되었고 마치 국제무기박람회장과 같았다. 겉으로는 매우 막강해 보였지만 실제 대한제국군은 그 무기들을 완벽하게 조종하고 관리하지 못했다. 군사교범이나 훈련 방식은 각 국가의 무기별로 다른 경우가 많은데 워낙 온갖 국가의 무기가 뒤섞여 있었기에 무기에 대한 교육이나 훈련이 이루어지기 어려웠다. 이 문제점을 해결하기 위해 각 부대별 무장 통일 정책을 수립하기도 했지만 이마저도 원활하지 못했다. 대한제국의 무기는 일관된 체계를 확보하지 못했던 것이다. 이는 무기의 보급·관리에 큰 혼란을 야기했다. 대한제국의 군대는 바로 이 점이 단점으로 부각되었다. 더 나아가 총알과 같은 군수 물품이 제대로 공급되기가 어려워진 상태에서 벌어진 실전에서 이 무기들은 효과적이지 않았다. 그뿐만 아니라 대한제국 군대는 많은 무기를 수입했음에도 불구하고 중심 병기는 여전히 재래식 무기였다. 『무기재고표(武器在庫表)』에 따르면 대한제국 군대의 중심 개인화기는 조총(鳥銃)으로 모두 10만 4천38정에 이르렀다.[68] 반면 서양식 무기로 러시아제 베르당 소총을 5천~7천 정도 보유했지만 이 소총 역시 당시로서는 구식이었다.

결국 청·일의 간섭과 더불어 근대적 무기 체계의 핵심에 대한 철저하지 못한 인식, 서구 열강의 무기 시장화에 따른 통일성 결여, 무기 생산 기술 도입의 기회 상실 등의 문제가 노정되어 대한제국의 근대적 무기 체계 도입은 한계에 봉착할 수밖에 없었다. 그 이후 1907년의 군대 해산으로 인해 이러한 문제점들을 해결하지 못한 채 고종 시기의 근대적 군대 양성 및 근대식 무기 기술 도입 노력은 결국 미완으로 끝날 수밖에 없었으며 가장 많은 재정을 투자했음에도 국방력 강화에는 전혀 기여하지 못했을 뿐만 아니라 망국의 순간에도 아무런 힘을 발휘하지 못했다. 이렇게 개항 이후 지속적으로 관심을 기울이며 힘써왔던 무비자강 정책은 무위로 돌아가고 말았다.

제4장

서양 농법의 도입과 전개

개항 이후 부국강병을 이루기 위해 조선 정부는 서양 문물에 주목했다. 그 가운데에서 부국을 위해 도움이 될 만한 분야들을 조사했고, 거기에는 서양 농법도 포함되어 있었다. 조선 정부는 이 서양 농법 도입을 통해 서양처럼 농업 생산량이 증대되길 원했다. 조선의 기본 산업인 농업의 생산성 증대로 국가의 부를 이루고 개화 정책을 추진할 동력을 확보하며 무비를 강화할 수 있기를 기대했던 것이다.

물론 조선 정부가 국가의 주산업인 농업의 생산방식에 개항 이후에만 개입한 것은 아니었다. 개국 이래 조선왕조는 농법 개량의 중심 역할을 담당해 농업 생산량을 증가시키고 농지 이용을 확대시키려는 정책을 실행했다. 또 왕실이 농사에 많은 관심을 가지고 있음을 백성들에게 알리기 위해 친경제(親耕際)를 통해 논농사를 직접 짓기도 하고, 궁궐 안에 작은 논을 두기도 했다. 조선 정부의 농업에 관한 관심은 농서의 출판 전통을 만들기도 했고, 또 권농 조직을 구성하기도 했다. 세종의 『농사직설(農事直說)』 이래 한반도의 토질과 기후에 맞춘 농서들이 정부에서 출간되었으며,[1] 중앙 정부의 권력을 위임받아 파견되는 지방관은 향리마다 농법을 지도하고 관리할 수 있도록 권농 조직을 구성해야 했다.

조선 정부와 왕실의 많은 노력에도 불구하고 주곡이던 쌀의 생산량이 획기적으로 증대되지는 않았다. 미곡에서 생산량을 증가시키는 방법 가운데 하나는 이앙법(移秧法)이었다. 이앙, 즉 모내기를 하면 생산량이 늘어날 뿐만 아니라 다른 작물과의 그루갈이도 가능했다. 또 노동력도 절감할 수 있었는데 그 시간에 다른 작물을 키울 수 있었고, 마나 목화, 누에 같은 의류 작물을 포함해 환전이 가능한 상업 작물을 키울 수 있었다. 하지만 이앙법은 관개와 시비가 중요했고, 특히 관개는 필수 요건이었다. 하지만 삼남 지방을 제외하고는 봄철 이앙 시행에 필요한 만큼의 물을 공급받을 수 있는 지역이 별로 없었다. 특히 이앙 시기 즈음에 가뭄이 드는 경우가 많은 조선의 기상 조건을 고려해 조선 정부는 모내기를 금지하기도 했다. 그럼에도 조선후기로 갈수록 모내기가 증가하는 추세에 있었다. 생산량 증가, 노동력 절감, 그리고 그루갈이를 통한 상업 작물 재배에의 유혹은 피하기 어려웠다. 조선 정부로서는 다른 대안을 마련해야 했다.

이런 상황에서 개항은 농업 분야에 새로운 전기를 제공했다. 조선의 주산업이었던 농업의 발전을 위해 정부는 서양의 농법을 조사하고 수용하기 위한 노력과 시도를 지속했다. 하지만 개항 이후 농업 방식이 확연하게 전환되거나 생산량이 괄목할 만큼 성장하지는 못했다. 이런 결과를 두고 일제하 개량 농법의 이식과 보급이야말로 조선의 농업 생산에 의미 있는 전환을 이루는 계기가 되었다고 평가하며 개항 이래의 조선 정부의 노력을 폄하하는 시각이 있다.[2] 일본의 개량 농법이 1910년을 전후해 일본 이민자들과 총독부에 의해 도입되어 조선 전래의 재래 농법을 대체했고 농업 생산량의 극적 신장을 이루었다는 것이다. 하지만 조선 정부도 농법의 개량을 위해 다양하게 시도했음을 간과할 수 없다. 이 장에서는 조선 정부의 근대 농법 탐색과 도입 과정을 살펴볼 것이다.

1절

조선 전통 중점 산업, 농업

유교의 나라 조선의 중심 산업은 농업이었다. 건국 이래 "훌륭한 임금은 백성의 생업을 제정하여주되 반드시 위로는 부모를 섬길 수 있게 하고 아래로는 처자를 먹여 살릴 수 있게 하며" 라는 맹자(孟子)의 말은 국가를 다스리는 데에 중요한 지침이었다.[3] 심지어 세종시대 가뭄과 역병으로 백성이 궁핍해지자 반정(反正) 움직임을 걱정했을 정도로 농업은 국왕의 국정 운영 지표이기도 했다. 따라서 조선의 임금은 농사의 생산성을 향상시키는 일뿐만 아니라 농업의 문제를 해결하는 일을 중요하게 여겼다. 왕의 임무는 수령(守令)과 감사(監司)에게 위임되어 관 주도의 권농이 농사 현장에서 전개되는 체계가 구축되었다. 『경국대전(經國大典)』 호전(戶典)에는 "농상이나 종식(種植), 축목(畜牧)에 힘써 특이한 자를 매년 지정, 호조에서 보고, 기록하고 이를 장려한다."고 명문화되어 있다. 이에 따라 지방 농정의 수뇌(首腦)를 각 도의 관찰사가 담당하게 했고, 그 하부 행정 단위인 부, 군, 현의 수령, 또한 면마다 수령이 임면하는 1~2명의 권농관이 수령을 도와 농업 장려 업무를 수행하도록 했다.[4] 수령은 실제 향리의 권농 지도자로 권농을 최우선의 과제로 삼아야 했다. 수령은 백성들이 씨 뿌리고 풀 베고, 시비하고 수확하는 일들의 시기를 놓치지 않도록 농사의 때를 알리고 지도하며 관리해야 했다. 중앙정부는 권농의 과업이 바로 수령의 인사고과의 핵심 기준임을 상기시키며 수령들을 독려했다.[5]

지방관이 구체적인 권농 작업을 수행했다면 왕과 중앙정부는 지방관 업무의 지침을 마련했다. 농업을 지도하도록 만든 권농 조직이 활성화될 수 있도록 해마다 농업의 중요성을 강조했고, 농정에서 중요한 일이 있을 때마다 수시로 관련 윤음을 내렸다.[6] 또 왕이 직접 농사를 짓기도 했다. 고려시대의 왕도 친경(親耕)을 하지 않은 것은 아니었지만 조선시대 친경의식에는 성리학적 이념이 담겼고, 이 의식을 더 자주, 의도적으로 수행해 왕의 농업에 대한 의지를 과시했다. 세종은 몸소 "왕궁 후원에 시험 삼아 밭을 갈고 인력을 다하였"음을 보였고,[7] 그의 부왕인 태종은 "친경의식은 신명(神明)을 공경하고 농업을 중히 여기"는 일임을 고하는 상소에 따라 관상감(觀象監)에서 때를 살펴 하늘에 제사 지낼 것을 명하기도 했다.[8] 왕궁에 마련된 논밭은 단순히 친경의식만을 위한 장소가 아니었다. 종자 증식이나 농업기술의 문제를 시험하는 장소이기도 했다. 이곳에서 세종 임금은 "사람의 힘을 더 할 수 없이 다 하였더니 과연 가뭄을 만나도 한재(旱災)를 일으키지 않고 벼가 매우 잘되었다."며 날씨만이 풍흉의 기준이 아니라고 결론내리기도 했다.[9]

또 농사와 관련한 기원 행사도 왕실과 관을 중심으로 치러졌다. 모든 백성이 기원하는 풍작과 백성들의 안녕을 비는 행사들이 왕과 신료, 왕세자의 주도로 봄과 가을, 동지 후 셋째 술일 또는 납일에 진행되었다. 신농씨에게 제사 지내는 선농제(先農祭)도 거행되었고 그밖에 기우제, 기청제 심지어 기설제(臘日까지 세 번 눈이 내리지 않으면 흉작이 든다는 전통에 따라 눈을 비는 제사)와 같이 농사와 관련한 제사들이 거행되었다. 그만큼 조선 정부는 농사에 깊숙이 개입했던 것이다.

권농 지침서로 농서(農書)를 편찬해 반포함으로써 의지를 피력하기도 했다. 『농서집요(農書輯要)』(1415), 『농사직설』(1429)과 더불어 말과 같은 가축의 축산과 관련된 『신편집성마의방(新編集成馬醫方)』(1398), 『양잠경험촬요(養蠶經驗撮要)』(1415), 『우마양저염역치료방(牛馬羊猪染疫治療方)』(1541), 『마경초집언해(馬經抄集諺解)』 등의 편찬 및 반포 등을 예로 들 수 있다. 선진 기법을 가진 농가를 시범으로 삼아 활용하기도 했다. 정부의 권농 의지는 유학자들에게도 영향을 미쳐 농서 관련 서적을 집필하게 했다. 강희안(姜希顔, 1417~1464)의 『양화소록(養花小錄)』, 강희맹(姜希孟, 1424~1483)의 『금양잡록(衿陽雜錄)』, 그리고 중국의 『사시찬요(四時纂要)』를 모본으로 하는 『사시찬요초(四時纂要抄)』 등이 편찬되었으며 이런 농서 편찬의 움직임은 후기에도 지속되었다.

조선 정부는 특히 논농사에 주목했다. 논농사가 밭농사보다 생산성이 높았고 든든한 먹을거리를 제공해주었기 때문이었다. 농업 개발 및 개선을 위해 조선 정부는 몇 가지 원칙을 정했다. 논을 개발하여 수도(水稻)작을 발전·보급시킨다는 것이 그 하나이며, 휴한농법을 연작농법으로 전환, 확대시킨다는 것과 더불어 선진 지역의 농작물이나 농업기술을 후진 지역으로 보급시킨다는 것 등이었다. 가장 중요한 것은 수도작으로 전환시키기 위한 방법, 척박한 농토를 물 대기 좋은 논으로 개선시키는 방법과 새로운 논을 개척하는 방안 등으로, 조선 정부는 이를 모색하기 위한 정책을 추진했다.[10] 중앙정부의 수도작 보급 정책이 시범 추진된 곳은 함경도나 평안도 지역이었다.[11] 이들 지역은 기후와 토질이 논농사에 적합하지 않아 논농사가 익숙하지 않은 곳이었지만 벼농사를 위해 조선 정부는 둔전을 중심으로 시범 경작했고 성공을 거두었다. 이를 계기로 이북 지역으로 논농사가 확대되었다.[12] 또 중국 강남(江南) 지역이나 일본에서 수차(水車) 제작법과 사용 방식을 배워 전국에 보급하려 했고, 보와 제언 축조를 독려하기도 했으며,[13] 제언사(堤堰司)를 설치하고 제언 축조 및 유지·보수와 관련된 '제언사목(堤堰事目)', '제언절목(堤堰節目)'과 같은 법을 제정하기도 했다.[14] 더불어 휴한농법을 극복하기 위한 여러 개선안도 마련되었다. 휴한농법 개선을 위해서는 지력 증강을 위한 다양한 농사 기술이 필요했다. 예를 들면 추심경(秋深耕), 소토(燒土), 객토(客土), 시비(施肥), 지력 증진 작물과 지력 수탈 작물의 교호(交互) 연작(連作) 등이 그것이었다. 특히 시비(施肥)는 휴한농법을 극복하기 위한 필수 요건이었다. 이처럼 여러 방법들이 개발되면서 연작농법으로의 전환이 모색되었다.

조선 초 여러 농사 기술이 개발되면서 생산력 증가에 주력했지만, 이런 분위기가 조선 내내 지속된 것은 아니었다. 물론 국가 농정 기구가 여전히 존속했고 지방 농정 기구의 계통 조직도 변함이 없었으며 지방 관리들의 정기 인사는 여전히 권농 업무가 기준이 되었지만,[15] 국가 단위의 개량 및 증진을 위한 노력이 꾸준하지는 않았다. 조선중기에 이르면 농정과 관련해서는 단지 호조의 말단인 산사(算使)만이 2배 정도로 증원되고, 지방 농정 기구의 수장인 관찰사(觀察使)의 임기가 농정 관련 업무를 이유로 1년에서 2년으로 연장된 정도에 불과했다.

이런 분위기는 조선후기에 들어서 전환되었다. 모내기 경작지의 증가에 따라 관련 정책이 수립되었다. 조선후기라고 해서 제언이나 보가 전국적으로 확대되어 모내기가 가능했던 것은 아니었다. 여전히 천수답이 대부분을 차지했다. 하지만 모내기는 많은 생산량과 노동력 절감을 약속하고 심지어 2모작까지 가능하게 했기에 이앙법의 유혹은 컸다. 이런 상황은 정부의 농업정책을 변화시키는 계기가 되었다. 가장 두드러진 변화는 바로 농지 제도의 개정으로 나타났다. 조선전기에 비옥도를 농지의 등급의 기준으로 하던 것을 후기에는 농지 면적의 크기로 기준을 바꾸어 1결을 면적

넓이로 통일해 조세의 근거로 삼았다.[16] 또 한때 폐지되었던 제언사를 부활시켜 보와 저수지를 복원하고 수리 행정을 정비했다. 또 변화된 경작 환경에 맞추어 농서 편찬도 시도했다. 정조가 '권농정구농서윤음(勸農政求農書綸音)'을 반포하면서[17] 획기적인 농법 개량을 요구하자 농서 등 모두 69건이 접수되었다.[18] 비록 정조의 붕어로 이들 농서들이 정리·편찬되지는 못했지만 이를 계기로 전·현직 관리를 포함한 적지 않은 사대부들이 농서를 편찬할 정도로 유행을 이루었다.[19]

조선시대에는 관민 모두가 주요 산업인 농업을 발전시키기 위해 적지 않게 노력했다. 이런 노력은 공맹의 도를 실천한다는 유교 국가의 기본 입장이기도 했지만, 무엇보다 이런 노력을 통해 생산량 증대를 도모함으로써 백성 생활을 안정시키고 왕실의 안녕을 보장하며 정부 재정의 토대를 강화한다는 실질적 목적도 깊숙이 개입되어 있었다.[20] 이런 생각은 백성들로부터의 세수(稅收)가 조선 정부의 중요한 수입원으로 자리 잡아가는 조선 후기에 특히 두드러졌다.

하지만 60여 년간의 세도정치 기간을 거치면서 조선 정부의 재정은 매우 궁핍해졌다. 비록 대원군이 재정 확보를 위한 개혁 정책을 실시했음에도 불구하고 경복궁 재건이라는 국책 사업으로 다시 재정이 고갈되었다. 이런 상태에서 친정(親政)을 선언한 고종은 국가의 주산업인 농업을 토대로 세수를 확보해야 한다고 판단했다. 그는 농업 생산량을 증진하기 위한 대책을 모색했고, 서양의 농업 상황과 관련한 정보를 입수했으며, 그들의 농법을 농업 생산량 증진을 위한 방안으로 받아들였다.

2절

개항과 서양 농법의 소개

1. 정부 조직의 개편

농업에 관한 고종의 기본적 인식은 이른바 권농윤음에 잘 드러나 있다.[21] 고종은 "임금 된 자는 백성을 근본으로 삼고 백성은 식량을 하늘로 여기니 나라를 견고하게 하고 백성을 풍족하게 하는 도(道)는 오직 농사에 힘쓰고 농사를 중시하는 데에 있을 뿐"이라고 천명했다. 그리고 이를 실행하기 위해 힘썼음에도 땅이 모두 병들어 있어 백성들이 먹고살기 어려워졌음을 지적했다. 땅이 병든 이유로 고종은 나라의 상하가 모두 근면하지 못했음을 들었다. 이를 극복하기 위해 그는 지방에서 직접 농사를 지원하는 지방행정의 책임자들에게 농사에 도움이 될 만한 모든 일을 강구할 것을 요구했다.

> "너희 방백(方伯)과 유수(留守) 및 목(牧), 부(府), 군(郡), 현(縣)을 다스리는 신하들은 너희들의 마음을 다하고 각자의 직분을 다해서, 농사에 이

로움이 될 만한 일이라면 무슨 일이든 강구하여 씨앗이나 식량을 도와 주고 필요한 비용을 빌려주는 일들을 게을리하지 말라. 그리하여 백성이 생업에 안주하여 즐거운 생활을 누리고 온 나라가 풍성해지도록 하여, 내가 백성을 중하게 여기고 농사를 중하게 생각하는 지극한 뜻에 부응하라."[22]

고종은 백성들에게 씨앗과 식량을 나누고 필요 비용을 빌려줌으로써 백성들이 힘써 일할 수 있게 도우라고 지방관들을 독려했다.

하지만 재정 지원과 근면만으로 모든 것을 해결할 수는 없다는 것을 고종과 개화 관료들도 알고 있었다. 그들은 부국강병을 이룬 서양 여러 나라의 농업 관련 정보를 수집했다. 그들은 과거 농업이 뒤처진 나라였더라도 이제는 농업 발전을 위한 노력으로 성과를 거둔 사례도 발견했다. 예를 들면 기후가 척박한 러시아의 경우, 국토는 넓지만 인구가 희소해서 황무지를 개간할 수 없어 농업이 뒤처졌지만 농무성을 특별히 두어 농업을 적극 권장해 큰 진보를 이루었다고 판단했다. 러시아 농업 발달의 증거로 특히 농기 제조국의 증가, 파종 교체 방법 시험에 따른 생산량의 증가, 낙농의 다양화 등을 들었다.[23] 척박한 토양의 러시아는 물론이고 오스트리아와 프랑스, 독일의 농학교, 농학연구소, 농업시험장의 수가 늘었음을 확인하고 이를 토대로 이들 선진 국가들은 농업을 부강의 토대로 삼고 있다고 이해했다.[24] 그리고 서양 여러 나라의 기구 및 제도를 선례로 삼아 조선 정부도 농업을 활성화시켜 부국을 도모하려 했다. 개화 정책 및 추진을 위해 구성된 정부 산하에 농업을 담당하는 부서를 조직한 것도 그 일환이었다. 1882년 11월에 발족된 통리군국사무아문(統理軍國事務衙門) 산하에 농상사(農桑司)를 둔 것이다. 전통적으로 힘써오던 농업 분야를 위해 굳이 개화 정책 기구를 설립했다는 것은 농업을 전통과는 다른 방법으로 접근하겠다는 의도라 할 수 있다.

농상사는 설립 직후 '농과규칙'을 반포함으로써 농업 진흥을 위한 준비에 착수했다. 이 규칙은 농촌 사회 기강을 바로잡기 위한 전문 4조의 '통호규칙', 경지 확장과 수리 개선을 중심내용으로 하는 전문 5조의 '농무규칙', 뽕나무 심기와 권장을 다룬 전문 5조의 '양상규칙(養桑規則)'으로 구성되었다.[25] '통호규칙'은 종래의 지방 권농 조직을 개혁한 것이다. 마을마다 도집강(都執綱)과 2~3인의 부집강(副執綱)을 두어 마을의 기강과 권농을 담당시키고, 각 마을의 도집강 가운데 우수한 사람을 골라 면마다 상집강(上執綱)을 두며, 고을마다 성실하고 중망(衆望) 있는 자로 하여금 수향(首鄕) 겸 농과장으로 삼을 것을 중심 내용으로 했다. 1~2명의 권농관을 두어 수령의 농정을 보좌하던 권농관이 3~4명으로 늘어났고, 수향 겸 농과장 직을 신설한 것이 특징이다. 이 조직 개편은 권농이 실제 농민들과의 접촉에 의해 이루어진다는 점을 염두에 둔 결과라고 할 수 있다.[26] 이 통호규칙은 지방의 말단 농정을 대폭 강화했다는 측면과 더불어 향청(鄕廳)과 같은 지방자치 조직을 농정에 연계시켰다는 측면에서 현실적 조직 개혁이라 할 수 있다. 또 하나의 규칙은 농업의 방향을 설정하는 '농무규칙'이었다. 이는 주로 경지 확장에 주안점이 두어져 있었다. 개간 가능한 국·공유지의 개방, 개간 가능한 사유지의 개간 촉진, 개간 후 지주의 침탈 금지 및 처벌, 개간 후 3년간의 면세가 중심 내용이었다. 더불어 수리시설의 개보수, 수리 혜택의 균등화 등을 규정했고, 농기구, 농우 등을 빌려주는 자에게 포상을 실시한다는 등의 증산 유인책도 명시했다.

1884년 농상사의 부설을 계기로 만들어진 이런 규칙들이 제대로 시행되기 위해서는 관계 법령이나 시행령이 수반되어야 했다. 무엇보다 정부가 의도한 부국강병의 기틀로서 농업 생산성 증대를 도모하기 위해서는 농정책이 구체적으로 실현될 방안이 필요했다. 이를 목적으로 고종은 농정에 관한 교지(敎旨)를 내렸고, 이를 중심으로 당시 산발적으로 취하고 있던 각종 농정책을 통합하고 조정하기 시작했다. 교지는 농상(農桑)과 직조(織造), 목축(牧畜), 지다(紙茶)와 관련된 정부 부서를 조직하고 이를 백성에게 가르침으로써 흥업의 계기로 삼을 수 있도록 하라는 내용이었다.[27] 이 교지는 두 가지 사업을 내포했다. 하나는 정부 기구의 마련이었고 또 하나는 민간 회사, 즉 농상회사의 설치였다. 특히 이 농상회사는 농지개발회사로서의 의미가 컸다. 농상회사의 설립에는 민간 자본의 유치를 통한 수리관개 시설 확보, 수차의 보급과 같이 기술의 확산을 도모해 농업 발전의 계기를 마련하겠다는 의도도 포함되었던 것이다.[28]

농업 증진과 농정 개선을 위한 부서 개편은 1894년 갑오개혁(甲午改革) 이후에도 지속되었다. 농상사는 농상아문(農商衙門) 소속으로 조직되어 1895년 공무아문(工務衙門)으로 잠시 통합되었다가 곧 농상공부(農商工部)로 재편되는 변동을 겪었지만 고유 업무는 농정이었다. 정부 조직만 변했던 것은 아니었다. 1884년 교지의 반포를 계기로 설계되었던 '농상회사'가 세워질 수 있도록 제도적 조건도 구비되었다. 관련 법령은 1894년 반포된 전문 10관의 장정, '관허농상회사장정'이었다. 이 장정은 "서구 제국이 문호를 개방해 부강을 다투고 있는데…… 자강을 강구해야 하는바 우선 농정 혁신이 급선무"가 되었다며 신속하게 농정 혁신을 이룰 것을 선언했다. 이를 위해 서구 문명의 이기(利器)를 도입해 농사 연구, 농기구 제조, 수리, 개간할 것을 천명했다.[29] 농업을 기계화하고 농지를 기름지게 함으로써 수확을 배가시킬 사업을 추진할 회사를 설립하겠다는 생각이었다. 회사는 전통적 계와 같은 농촌 조직을 대체하고 자본을 모아 각종 기기들을 구입해 농사에 활용할 것을 목적으로 했다.

광무개혁은 농업 진흥 관련 정책의 추진 세력을 명확하게 했다. 광무개혁기 개화 정책의 대부분을 수행하던 황제 직속의 내장원(內藏院)에 담당 부서를 귀속시켰고 농업 부문 역시 내장원 소속으로 편제시킨 것이다. 그 산하에 종목과(種牧課), 수륜과(水輪課), 장원과(莊園課), 삼정과(蔘政課) 등을 두어 대한제국의 주요한 농업정책을 주도하도록 했다. 특히 수륜과는 황폐한 땅을 개간하여 경지로 이용 가능하게 하는 역할을 담당하며 '수륜과장정'을 마련했다. 국내의 황폐한 땅에 수륜을 설치해 관개를 위한 토목사업을 전개해 농지를 확장하겠다는 내용을 포함했다. 궁이나 관청의 공토 역시 수륜과에 두어 개척하게 함으로써 수륜과가 확장되었고, 수륜원(水輪院)으로 개편되었다. 이런 정부 조직의 개편과 관련 법령의 구성은 부국을 위한 조선 정부와 당시 개화파들이 가장 힘을 쏟았던 분야의 하나가 바로 농업이었음을 보여주는 것이다.

2. 서양 농법의 소개

1) 농업학교 설립 모색

정부 조직의 신설 및 개편뿐만 아니라 조선 정부는 농사 지원을 좀 더 획기적으로 추진하기 위해 새로운 농법의 수용과 개발에 주목했다. 그 중심에는 서양 농학도 자리 잡고 있었다. 서양 농학은 전통 농법과 매우 달랐다. 동양의 농법과 서양 농학의 가장 큰 차이는 서양 농학이 더 이상 경험에 의존하지 않는다는 점이었다. 조선 농업이 하늘과 땅 그리고 사람, 즉 적기영농(適期營農), 적지적작(適地適作), 인사(人事)의 조화에 의한 유기적 총체로 구성됨에 반해 서양 농학은 이 관계를 해체하고 세분해 분석적으로 접근했다.[30] 서양 농학은 오랜 경험을 가진 농부의 비법을 중요한 암시나 가설의 토대로 수용하기는 했지만 연구 결과를 좌우할 정도로 중요하게 여기지는 않았다. 그리고 서양 농학은 실험 농학을 표방했으며 광범했다. 비록 모든 작물을 다루지는 않았지만, 많은 작물의 생장과 수확에 관한 실험적 연구들을 진행했다. 대부분 농학연구소나 시범농장을 중심으로 동식물 개체를 분석하거나 해부하는 방식을 채택해 서양 농학은 적어도 생산성이라는 측면에서 탁월한 성취를 거두었다.

서양 농학의 연구 결과들을 실제 현장에 적용하기 위해서는 전통적 조직 체계와는 다른 구조가 필요했고, 이 점에 조선 정부는 주목했다. 조선 정부가 수집한 정보에 의하면 농법 연구와 확산 체계의 하부이자 농사 현장과의 접점에는 농업학교가 존재했다. 세계 각국이 농업학교의 설립을 추진해 나날이 학교 수가 증가 추세에 있음을 확인했다. 그리고 서양 농업학교에서 다루는 농산물들은 주곡만이 아니라 원예와 포도와 같은 상업 작물이나 과채도 대상으로 하고 있었다.

> 각국을 조사해본다면 아마 반수(半數) 이상의 나라가 농학교를 건립하였을 것이다. 즉 오대리국(墺大利國, 오스트리아)에는 70군데의 농학교에 생도(生徒) 2천2백 명이고, 1백70군데의 야간 농학교에 생도 5천5백 명이며, 불국(佛國, 프랑스)에는 43군데의 농학교에 매교(每校) 생도가 30~40명으로 정부에서 그 식비를 일체 제공하고, 또 1년에 은화(銀貨)를 지급하는데, 우리나라 돈으로 환산하면 2백18량 7전 5푼씩으로 의복비를 충당하게 하며, 이 나라 수도 파리에는 3천 군데의 농학교와 농학연구소가 있고, 독일에는 농학원예학교(農學園藝學校)와 포도재배교(葡萄栽培校)등 1백50여 군데와 농잠시식장(農蠶試植場) 60여 군데가 있다.[31]

이를 미루어보면 조선 정부는 농업학교의 설립이 향리 단위의 정부 조직 구축과 더불어 새로운 농업의 확산에 효과적일 것이라고 판단했음을 알 수 있다. 농업학교 관련 정보는 단지 〈한성순보〉에서만 수집되고 확산된 것은 아니었다. 1881년 조사시찰단은 일본을 방문하고 농업기술 전문가 양성의 필요성을 보고했다. 조사들 가운데에는 제사공장(製絲工場), 양잠소와 같이 일본 메이지유신(明治維新)에 중요한 재정을 담당한다고 알려진 분야의 연구 기관들뿐만 아니라 육종장, 농업박람회 등을 시찰한 사람들도 있었다. 또 서양 학교 제도와 관련해 수집한 정보에는 농업학교 같은 실업학교의 내용이 포함되곤 했다. 농업학교와 관련 시설들에 관한 정보의 수집은 농업학교의 필요성을 대두시켰다. 그리고 이런 필요성으로 군사학 및 양잠학, 영어를 공부하기 위해 일본으로 유학을 갔던 서재창(徐載昌, 1865~1884)에게 농업학교 설립을 추진하게 하기도 했다.[32] 하지만 갑신정변(甲申政變)의 실패로 농업학교 설립 움직임이 지속되지 못했다. 서재창 역시 갑신정변 주도 세력의 일원으로 죽었기 때문이었다. 그렇다고 농업학교 설립 시도가 완전하게 중단된 것은 아니었다. 1887년 종목국(種牧局)에서 영국인 농학 교사 제프리(R. Jaffray, 한국명 爵佛雷)를 고빙하면서 그에게 농업학교 설립을 요구했는데, 이는 조선 정부가 농업 관련 학교 설립의 의지를 포기하지 않았음을 보여준 예이다.[33] 이 농업학교에서는 수학과 실험을 전 학년이 공히 학습하고, 1등생은 가축학과 농업화학을, 2등생은 농기학과 삼림학을, 3등생은 과실학과 보통농학을, 4등생은 농학초보와 경원(耕園)학을 공부하도록 학업 계획을 구성했고, 이 학교를 통해 학도들은 농지 개량, 가축 농지 개간의 기술을 습득할 것으로 기대되었다. 하지만 농학 교사의 병사(病死)로 무산되었다. 이런 사정으로 1880년대 조선에는 1883년 원산학사(元山學舍)와 1886년 육영공원(育英公院)에서 농업을 과목으로 교수한 일을 제외하고는 공식적 농업교육 기관은 설립되지 못했으며 본격적인 농업교육은 수행되지 못한 결과를 낳았다.[34]

광무개혁(光武改革)은 농업학교 설립과 관련하여 지지부진한 분위기를 쇄신하는 계기가 되었다. 실업교육의 중요성이 제기되었고, 그 일환으로 농업학교가 다시 거론되었던 것이다. 특히 고종의 자금 지원에 의해 설립된 1896년 〈독립신문(獨立新聞)〉은 농업학교 설립을 적극 제안했다. 〈독립신문〉은 정부가 매년 10만 원씩 3년간 재정 자금을 지출해 공업학교와 농업학교를 세우고, "실과나무 기르는 법과 곡식 심는 법과 우무 기르는 법"과 같은 농사 기술 교육을 시행할 것을 촉구했다. 또 각종 학교마다 부속으로 실험농장을 설립하라고 주장하기도 했다.[35]

이런 주장을 배경으로 1898년 농상학교와 같은 실업학교와 관련한 움직임이 재기되었다.[36] 하지만 이들 학교 역시 설립으로는 이어지지 못했다. 특히 농업학교가 다른 공업학교나 상업학교와 함께 묶여 설립이 추진됨에 따라 학교의 규모와 크기가 커졌고, 따라서 필요 재원을 마련하는 일이 쉽지 않아 지연되면서 이 농업학교의 설립 역시 연기되었다. 1904년에 들어서서야 비로소 농상공학교 관제가 재정비되어 학교를 훈동(勳洞)에 마련하고 일본인 농학사를 초빙해 교육을 시작할 수 있었다. 농업학교의 개교는 영국인 농업 교사의 죽음으로 정지된 지 16년 만의 일이었다. 대한제국은 농상공학교를 농업, 상업, 공업 3개과로 구성했고, 학업 연한을 4년으로 정했다. 농업과의 경우 강의가 일인 교사에 의해 일본어로 수행되어 수업 진행이 쉽지 않았다. 일어를 잘하는 학생이 수업 내용을 통역하기도 했다. 이해가 부족한 부분을 보충하기 위해 수업이 끝나면 교사의 강의 노트를 빌려 다시 공부하기도 했다. 중요한 실습은 동대문 밖 뚝섬에 마련된 약 80ha의 부속 농장(농사시험장)에서 이루어졌다. 매주 화요일, 금요일 이틀간 실시했고, 채소 원예를 중심으로 이루어졌으며, 육체노동이 중심이었기에 하루 20전씩의 실습비가 학생들에게 주어졌다.

농업학교 개교 직후 학생 모집은 쉽지 않았다. 농업을 학교에서 배워야 하고, 일본인에 의해 수업이 진행되며, 육체노동이 중심이 된다는 점이 학생들의 지원을 가로막았던 것이다. 시간이 지남에 따라 학교 운영이 안정되고 사정이 좋아져, 불과 개교 2년 만에 지원자들이 늘어났다. 이 현상은 새로운 농법을 배우고 이를 확산시키려는 의지가 계몽운동과 더불어 확장된 데에 기인했다. 하지만 1906년, 통감부(統監府)는 이 농업학교를 농상공학교로부터 실업교육 강화라는 명분 아래 농림학교로 독립시키면서 이듬해 수원으로 이전시켰다. 이는 일본 농업 연장선으로 조선을 재편하기 위한 농림학교로의 전환을 의미했다.[37]

2) 서적을 통한 서양 농학의 소개와 도입

제프리 사후 농업학교 설립의 부진에도 불구하고 조선에서 서양 농학을 소개하는 작업은 여전히 지속되었다. 서양 농학의 이점과 특징을 소개하고 농업에 접목시키려는 움직임이 끊이지 않았고 이는 주로 서적을 통해 진행되었다. 주목할 만한 작업은 조사시찰단 조병직(趙秉稷, 1833~1901)의 수원(隨員)으로 일본에 다녀온 안종수(安宗洙, 1859~1896)에 의해 이루어졌다. 그는 일본의 신진 농학자로 알려진 쓰다 센(津田仙)을 만나 그의 실험 농학서인 『농업삼사(農業三事)』를 포함한 농서를 구해 왔다.[38] 『농업삼사』에서 꼽은 '삼사'란 식물의 인공 수분(受粉)과, 밭 흙속에 설치하는 기통(氣筒), 언곡(偃谷, 가지 밑으로 구부리기)을 말하며, 이런 작업들의 필요성을 설명한 책이었다. 이 책의 설명에 의하면 식물도 수정을 해야 열매를 맺으며, 식물도 동물과 같이 호흡 작용을 하고 식물체 내의 탄소 함량이 높아야 생식 생장이 가능했다. 안종수가 수집한 책 가운데에는 일본의 농학 가문으로 유명한 사토(佐藤)가에서 펴낸 『토성변(土性辯)』, 『배양비록(培養秘錄)』,

『십자호분배례(十字號糞培例)』, 『육부경종법(六部耕種法)』과 같은 4종과 더불어 중국의 호병추(胡秉樞)가 저술한 『다무첨재(茶務僉載)』(일어판) 등도 포함되어 있었다. 하지만 『농업삼사』를 제외한 농서들은 전통적 방식의 농학, 즉 경험에 기반한 농서였다.

안종수는 귀국 후 수집한 농학서들을 참고로 『농정신편(農政新編)』을 출간했다. 그는 책 첫머리에 많은 그림을 실었다. 현미경으로 본 벼꽃과 보리꽃의 모양이나, 또 타곡기계(打穀器械), 파종기(播種器), 교토기(攪土器), 재종천혈판(栽種穿穴板), 천경리(淺耕犂), 윤분고륜거(輪糞孤輪車), 윤분거(輪糞車)와 같은 다양한 농기구와 시비 관련 도구들, 그리고 잠업 관련 기구의 그림을 실었다. 이 그림들에는 수차뿐만 아니라 굵기가 다른 세 개의 배수통, 주수대(注水臺)처럼 관개 및 수리시설 그림도 포함되었다. 이는 그가 수리에도 관심이 적지 않았음을 보여준다.

또 토양의 종류를 크게 양토(壤土), 식토(埴土), 분토(墳土), 도토(塗土), 노토(壚土), 사석(沙石)과 같이 6종류로 분류하고 그 가운데 양토와 식토, 분토는 다시 각각 9등급으로 나누고 각각의 특징을 설명했다. 그는 흙의 맛으로 좋고 나쁜 흙을 구분했다. 그에 의하면 단맛의 흙이 좋고 쓴 것이 보통이며, 시큼한 것이 좋지 않고 맵고 짠 것이 가장 나빴다.[39] 그가 각 등급의 흙을 흙 안에 포함된 성분의 서양식 화학명으로 제시하며 설명했다는 점은 매우 흥미롭다. 모래흙인 사석(沙石)은 "석회석 입자의 점토 이외에 포타시움, 소다, 마그네시아, 산화철, 산화망간, 유산, 인산, 초산을 함유하고 있어 식물을 두렵게 하고 그 물질을 먹을 수 없다."는 식이었다.[40] 이런 성분들이 포함되어 있는지를 알아내기 위한 방법으로 근대 화학의 분석법을 제시했다. 광석의 성상을 살피기 위해 현미경을 이용한다거나 염산액을 부었을 때 부글거리며 올라오는 기포로 석회석임을 알 수 있다고 했다.[41] 또 유기물, 규산, 산화알루미늄, 석회, 마그네슘, 산화철, 소다 등등이

'비료를 사용해 비옥한 땅', '비료 주지 않은 땅', '메마른 땅'에 얼마나 있는지를 비교하는 자료를 제공하기도 했다.[42] 그리고 각각의 성질을 소개해 작물에 미치는 영향을 가늠하게 했다. 그가 이런 설명에서 사용한 용어는 소다(曹達), 마굴열시아(麻屈涅矢亞), 격로아(格魯兒) 등등으로 일본식이었다.[43] 이는 그의 책이 쓰다 센 책의 영향을 많이 받았음을 보여주는 일이기도 하다. 그밖에 흙이 공기를 확보할 수 있도록 밭 흙속에 기통을 박거나 밀식 재배를 지양할 필요성을 제기하고, 가지 밑으로 구부리기 같은 기술을 제공함으로써 실제 농사에서 적지 않은 효과를 거둘 수 있는 방법을 제시했다.

『농정신편』이나 당시 수집된 근대 농업과 관련한 정보들이 정확하거나 모두 옳은 방법을 제안한 것은 아니었다. 보리나 벼꽃의 수분을 인공적으로 도와야 한다는 것은 대표적인 오류였다. 자연 상태에서 미맥류는 자화수분을 하기 때문에 인공수분이 필요하지 않기 때문이다. 물론 품종 개량을 위해 자화수분을 방지하는 작업이 필수적이지만, 이를 언급한 것은 아니었다. 이런 오류에도 불구하고 그는 천하지대본인 농사를 위해 서양 농법이 적절하다고 강조하면서 구체적인 농법들을 제시했다. 그런 까닭에 조선 정부 및 개화 관료들이 서양 농학에 주목했던 것이다. 『농정신편』의 서문에서 신기선(申箕善, 1851~1909)이 "(서양 농법이) 절묘하고 능히 한발을 예방할 뿐 아니라 토지의 비옥함과 척박함의 구분 없이 같은 수확을 올릴 정도로 인간 능력을 최대한 발휘"한다고 평가했던 것은 서양 농법에 대한 정부 관료의 인식을 보여주는 예이다.[44] 이처럼 가뭄에도 대풍을 가능하게 하는 만능의 방법으로 서양 농학을 소개한 만큼, 지석영(池錫永)과 같은 개화론자들에 의해 하루빨리 인쇄 및 배포가 이루어져야 하는 책으로 주장되기도 했다. 이런 생각을 바탕으로 안종수가 갑신정변에 연루되었음에도 이 책은 1885년 초판 400부가 인쇄되어 전국에 배포되는 특별한 취급을 받기도 했다. 또 1905년에는 4권 1책으로 발행되었으며, 심지어 1931년 일제에 의해 산미증산책의 일환으로 국문으로 번역되어 보급되기도 했다.

안종수의 『농정신편』의 성과는 컸다. 그 하나로 농학서들이 연이어 발간되었음을 꼽을 수 있다. 한 예로 들 수 있는 것이 정병하(鄭秉夏, 1849~1896)의 『농정촬요(農政撮要)』이다. 『농정촬요』는 서양 근대 농법을 소개한 책은 아니지만 공기의 원활한 소통이 농작물에 미치는 영향에 주목했다. 또 지석영의 『중맥설(重麥說)』에서도 『농정신편』의 영향을 찾을 수 있다. 이 글은 일본의 농학서를 참고로 해 공기가 탄기, 양기, 담기 등의 여러 종류로 이루어졌다고 설명하는 한편 식물의 광합성, 동물의 호흡과 공기와의 관계를 설명했다.

농서는 아니지만 〈독립신문〉에도 적지 않은 서양 농학 관련 기사가 게재되었다. 〈독립신문〉은 서양 농학과 조선 농법의 차이를 거론하며 나라가 부유해지는 것은 농사와 크게 연관이 있으며, 조선의 토지가 좋음에도 생산을 제대로 하지 못하는 것은 농사짓는 법을 모르고 무엇보다 종자가 나쁘기 때문이라고 못 박았다.

> "나라히 부요 하게 되는 거슨 첫째는 농사를 잘 하여야 하는데 조선은 토지가 별노히 좋고 기후가 마땅하여 대개 중한 곡식과 실과들이 동양에 제일 잘 되는지라. 그러하나 조선농민이 세상에서 제일 가난한 것은 다름이 아니라 농사하는 법을 모르는 까닭이요, 둘째는 종자가 그른 까닭이라."[45]

〈독립신문〉은 농사를 개량할 수 있는 방법을 제시하기도 했다. 그것은 다른 나라의 종자와의 교배를 통한 종자 개량이었다. 또 무엇보다 농사짓는 법과 관련한 조선 농업이 잘못된 것을 고치지 않으려는 완고함을 비판하면서 서양 농법은 매년 잘못된 것을 바로잡고 새로 발명하고 편리하고 유익한 법을 궁구해 이전과는 전혀 다른 방식으로 농업을 영위한다고 지적했다. 농사의 개량을 위해서는 새것을 받아들이려는 진취적 사고가 필요하다고 강조했다.

> "(개화한 각국에서) 농사하는 사람들이라도 십년 전에 농사하던 법과는 오늘날 대단히 다르고 각색 쟝식들도 해마다 새 방법을 생각하야 신발명 하는 사람들이 많이 있는 고로 이왕에 없던 기계가 새로 생기고…… 그런 고로 이왕에 서양 농사하던 사람들은 한 오백년 전에는 조선 농사하는 사람과 같이 일을 하더니 새 의사가 점점 생겨 지금은 사람 하나가 오백년 전에 백 명이 하던 일을 혼자 하고 소출은 이백 갑절이 더 한지라"[46]

〈독립신문〉 기사에 의하면 서양 농학은 끊임없이 새로운 농법을 생각하고 농기구를 발명해 농업을 발전시켰고, 농사에 필요한 노동력은 줄어들고 반면에 생산량은 늘었다. 이런 농학 관련 기사는 〈황성신문(皇城新聞)〉에 이르면 농업학교와 관련된 기사를 포함해 220건에 달했는데 이는 농학의 중요성이 해가 지날수록 강조되었던 사회적 현상을 반영했다.

이런 분위기는 식민 강점 이전까지 계속 농서 출판이 이어지게 했다. 순한문으로 쓰인 이종원(李淙遠)의 『농담(農談)』은 방조제와 제언(堤堰) 축조와 도수법(導水法)과 같은 수리 관련 책이었다. 이 책에서 그는 제언이나 방조제를 축조할 때 돌들을 무지개 모양으로 쌓아 견고하게 할 것을 권했다. 저자 미상의 닭 키우기와 관련한 『양계법촬요(養鷄法撮要)』(1898), 나완(羅琬)의 『농학입문(農學入門)』(1908)이 간행되었다. 나가시로(中城)의 『농방신편(農方新編)』이 이각종(李覺鍾)의 번역으로 출판(1908)되기도 했다.

또 선우예는 이노우에(井上正賀)의 『양계신론(養鷄新論)』(1908)을 번역 출간했고, 신규식(申圭植, 1879~1922)이 『가정양계신편(家庭養鷄新編)』(1908)을, 권보상(權輔相)이 『농업신론(農業新論)』(1908)을 편찬했다. 장지연(張志淵, 1864~1921)이 『접목신법(椄木新法)』(1909)과 『소채재배전서(蔬菜栽培全書)』(1909)를, 김진초(金鎭初, 1883~?)가 『과수재배법(果樹栽培法)』(1909) 등을 펴냈다.[47] 이들 서적들은 서양 농학을 중심으로 대부분 작물과 원예, 양계 및 목축을 다루었다. 이들 서적은 당시 설립된 농업학교로 인한 영향이라고 할 수 있으며 또 한편으로는 서양 농법을 보급함으로써 부국을 이루어 스러져가는 국가를 지켜내겠다는 의지의 발로이며, 이를 실행하려는 노력이기도 했다.

물론 농서 출판은 권농을 중요한 정부 시책으로 삼던 조선 사회에서 전·현직 관료들의 농서 편찬의 전통을 계승한 것이라 할 수 있다. 전통 사회와의 차이라면 대부분의 농서가 관 주도로 출간되던 전통에서 벗어나 개화파 인사들에 의해 개별적으로 출판되었다는 것이며, 또 한 가지는 국한문 혼용을 채택하고 있다는 점이다. 그리고 개항 이후 형성된 농학서 출판 전통은 근대 농법으로, 특히 실험을 기반으로 하는 농법으로 내용이 전환되어 이를 통해 서양 농법을 수용할 수 있는 토대를 구축했음은 주목할 만하다. 토양과 공기를 인식하는 방식도 근대 농학의 체계로 이행하는 특징을 보이고 있다. 또 원소와 같은 근대 화학의 새로운 개념을 받아들이는 하나의 중요한 창구 역할을 했음도 지적할 수 있다.

3) 시범농장의 운영—농무목축시험장의 개설과 운영 그리고 성과

서양의 농법을 적용한다는 것은 농서를 편찬하는 것과는 다른 차원의 일이다. 세종이 평안도와 함경도의 벼농사를 둔전에서 시범 경작했듯이 새로운 작물이나 농법을 국가가 시범으로 운영하는 일은 전통일 뿐만 아니라 실패에 따른 부담을 국가가 담당하고 생산력 증진과 민생을 도모하겠다는 의지의 표현이기도 했다. 이는 고종 시대에도 그대로 계승되었고 그 예가 농무목축시험장(이하 시험장으로 줄임)이었다.

시험장은 개화파의 주장과 고종의 지원으로 설립되었다. 설립의 중요한 배경에는 시험장을 총괄했던 최경석(崔景錫, ?~1886)의 미국 시찰이 자리 잡고 있다. 최경석은 1883년 미국에 파견된 보빙사(報聘使)의 일원으로 보스턴박람회와 월코트(Walcott, J. W.)모범농장을 시찰했다. 그는 미국의 농법과 농업기계 기술 등이 조선보다 발달했음을 보았고, 이를 배우려 했다.[48] 그는 대부분 농장의 방대함과 기계에 의해 경작되는 작물들을 보았고, 가축을 농사에 동력으로 이용하는 것이 아니라 식량으로 인식하고 대규모로 사육하는 상황도 목도했다. 목축과 낙농은 조선에서는 상상도 하지 못하는 차원에서 이루어지고 있음을 본 것이다. 또 그는 서양 낫을 포함한 서양 농기구에도 주목, 그 조작 과정을 자세히 관찰했다.[49] 채소를 포함한 각종 작물을 재배하는 온실, 다양한 가축을 기르는 목장, 가축 사료용 목초 저장을 위한 원탑형 사일로에도 관심을 보였다. 이런 경험으로 그는 미국 정부에 농기구를 보내달라는 요청도 했다.[50] 그리고 그는 원면과 목화씨에 관심을 보이며 목화 종자 구입을 소망하기도 했다.[51] 미국 농업에 대한 놀라움은 당시 함께 동행한 보빙사들 모두가 공유한 것으로 전권대신 민영익(閔泳翊)은 미 국무장관 프릴링하이젠(F. T. Frelinghuysen)에게 기술자의 파견을 요청하는 등 적극적 입장을 보이기도 했다.

최경석은 미국 농장 시찰 경험을 조선에서 살리기를 원했다. 그를 포함한 보빙사 일행이 귀국해 미국 시찰 결과를 고종에게 보고하면서 새로운 농업기술을 도입하기 위한 모범농장의 설치를 건의했다. 이에 고종은 서울

인근의 광대한 토지를 모범농장 부지로 하사했고,[52] 1884년 초 그는 관리관으로서 시험장을 운영했다.[53] 시험장 설치와 더불어 조선 정부는 미국의 농기계도 수입했다. 벼 베는 기계, 탈곡기, 벼 심는 기계, 인분 뿌리는 기계, 서양 저울, 보습과 쇠스랑 등 미국에서 사용되는 새로운 종류의 농기구들 18종이 도입되었다.[54] 이 도구들은 벼농사에 투여되는 노동력을 적지 않게 감소시키는 역할을 했다.

또 축산업 도입을 모색했다. 미국 캘리포니아에서 젖소(암수 2두)와 말(종마 1두와 암컷 2필), 조랑말(수컷 2필, 암컷 1필), 돼지(8마리) 등을 수입했다. 시험장은 이들 품종의 보전, 적응성을 검정하고, 종자 및 종축의 민간 배부(配付)를 주 업무로 삼았다. 무엇보다 젖소를 도입한 것은 가축의 사육방법의 개선을 도모하고 버터와 치즈까지 만들 수 있는 낙농업 개척을 염두에 둔 조치였다. 새로운 품종의 가축과 더불어 소의 사료 식물도 함께 들여왔다. 그리고 목화와 파리, 담배를 포함해 양배추, 샐러리, 케일, 순무 같은 상업용 채소 종자, 13여 종의 볍씨, 맥류 2종, 흑콩을 포함한 콩 종류 39종 등 농작물과 포도, 복숭아, 밤 등의 과류를 포함해 모두 300여 종의 종자가 수입되었다.[55] 최경석은 시험장에서 이 종자들을 심고 재배했으며, 수확에 성공했다. 이때 생산된 채소들은 서울 주재 외국 공관에 분양했으며 이듬해에는 344종의 종자와 재배법을 함께 305개 군현에 배부하기도 했다.[56] 모든 군현에서 이를 재배하지는 않았을지라도 상업 작물 재배 및 새로운 품종의 확산에 적지 않게 기여했을 것으로 보인다.[57]

하지만 이 시험장은 1886년 봄부터 운영이 중단되었다. 열성적으로 시험장을 경영해오던 최경석이 급사했기 때문이었다. 그가 다른 정치적 문제들보다 농업에 더 많은 관심을 보였던 만큼 농업 진흥과 관련해 그의 죽음은 뼈아픈 손실이 아닐 수 없었다. 그의 사후, 시험장은 농무사(農務司)로 이관되면서 명칭도 농목국(農牧局)으로 바뀌어 내무부 농무사가 관리하는 것으로 재편되었다. 이런 조직 개편에도 불구하고 이 시험장 운영의 재개는 쉽지 않았다.

조선 정부는 시험장을 운영하면서 서양의 농업기술을 이전해줄 농업 기술자를 초빙하려 했다. 하지만 미국은 매우 미온적이어서 조선 정부는 다른 대안을 마련할 수밖에 없었고, 그 대안이 마침 내한 중이던 영국인 기사 제프리(R. Jaffray)를 채용하는 일이었다. 1887년 9월 1일자로 그와 고빙 계약을 체결했던 것이다. 앞에서도 언급했듯이 정부는 제프리를 통해 2년제 농무학당(農務學堂) 즉 농업학교를 세워 농업기술자를 양성할 계획이었다. 제프리는 조선 정부의 요청에 더해 부족한 농기구의 수입을 추진하는 등 의욕적으로 사업을 전개했다. 하지만 일을 시작한 지 불과 10개월 뒤인 1888년 7월 제프리 역시 병사하고 말았다. 그의 사후, 정부 역시 시험장 경영과 관련한 의욕이 적지 않게 꺾여 농업학교 설립은 흐지부지되었다. 이후 시험장은 약간의 외국종 야채와 곡식을 생산하면서 명맥을 유지했던 것으로 보인다.

지지부진하던 농장과 달리 목장을 운영하던 종목과는 1898년 프랑스인 기사 쇼트(M. Schott, 한국명 소특[蘇特])를 초빙해 다시 한 번 회생의 전기를 마련해 성과를 도출했다. 신촌에 시범목장을 마련하면서 종목과는 전생과(典牲科, 1902년)도 신설하며 젖소와 돼지 등을 집중 관리하기 시작했다. 비록 쇼트에게 주기로 한 월급 등을 지불하지 못해 외교 문제가 발생하기도 했지만,[58] 이 종목장은 산유량이 많은 젖소 20여 두를 사육했고, 돼지와 면양도 적지 않게 키웠던 것으로 보인다.[59] 하지만 1902년 발생한 우역(牛疫)과 돈역(豚疫)으로 키우던 가축들이 모두 폐사되는 사건이 발생했다.[60] 이 사건으로 1902년 8월 쇼트가 해촉되었지만 정부 기구들을 존속시켜 종목 사업 여지를 남겨두었다. 이 부서는 1907년 농상공부 권업모범장 개장식으로 해체되었다. 이 종목과는 비록 부침이 없지는 않았지만 농무목축시험장 이래 24년이 유지되었고, 목축업과 낙농업에 대한 조선 정부의 희망을 대변했다.

3. 농업 생산성 증대 모색

1) 새로운 시비법 소개

농업 생산성을 증대시키기 위해 제기된 방법 가운데 하나는 바로 시비법의 변화였다. 이미 17~18세기를 지나면서 농법에는 많은 변화가 일어났다. 특히 논농사의 경우, 못자리는 번토, 객토와 시비, 평탄 작업을 거쳐 마련되었다. 논농사에서 시비는 매우 중요했다. 예를 들면 5월 상순경 만드는 못자리 논에 분뇨와 재를 혼합하거나 마른 풀과 콩깍지를 섞어서 뿌리고, 논에 처음 물을 댈 때 1차 비료거름을 주며, 벼가 2자 남짓 자랐을 때 또 한 차례 시비를 했다. 시비에 의한 생산량 증대는 물론이고 새로운 시비 덕분에 휴경, 윤작을 하지 않아도 지력을 회복시킬 수 있었다. 또 겨울에도 토지를 놀리지 않을 수 있어 생산이 증대될 수 있었다. 시비는 주로 인분뇨, 퇴비, 재, 청초나 마른풀과 같이 대부분 자급 생산하는 거름이었다.

전통 방식의 거름은 분뇨와 재와 더불어 농촌 주변에서 흔히 얻을 수 있는 풀이나 수확 후 남겨진 부산물을 주로 이용해 만들어졌다. 이런 거름들의 작용은 대개 축적된 경험으로 설명되었다. 하지만 개항을 전후해 농업 관련 서양 정보가 유입·확산되면서 근대 과학을 이용해 비료를 분류하고 시비의 효용을 정리하는 방법이 제시되었다. 특히 『농정신편』은 시비와 관련해 적지 않은 양을 할애해 각종 비료의 제조법과 성능을 설명했다.

이 책에서 안종수는 시비에 대해 활물류 12종, 초목류 12종, 광석 12종으로 거름을 분류했고, 재료 중심으로 분류하여 만드는 방법을 설명했다. 활물류에는 인분을 비롯해 오줌, 말똥과 말오줌, 닭똥과 누에벌레똥 등이 포함되었다. 또 짐승의 살, 물고기와 조갯살, 말린 고기뿐만 아니라 사람이나 짐승의 털, 조개껍질이나 동물의 뼈 등이 활물성 비료로 분류되었다. 또 각종 곡물의 껍질과 풀과 나무를 태운 재, 술지게미와 같은 것들은 초목 비료 부분에서 소개되었다. 심지어 동광이나 은광에서 나오는 광물들을 활용한 비료도 12종이 소개되었다.

거름으로 땅을 비옥하게 만드는 방법도 설명되었다. 특히 거름을 땅에 묻는 매비(埋肥)는 "일종의 연팽술(軟膨術)로 차지고 단단한 식통 해자처럼 구덩이를 파는데 깊이는 4자, 길이와 너비는 적당하게 한다. 여기에 생풀, 마른풀, 쓰레기, 연기, 썩은 자리, 줄풀, 볏짚, 여러 무성한 잔가지와 잎이 떨어진 나무 종류를 1자 남짓하게 메우고 파낸 흙을 그 위에 5~6치쯤 되도록 편다. 또한 그 위에 초비 5~6치와 부순 흙 5~6치쯤 구덩이에 가득 채우고, 깊이는 5자를 넘지 않도록 한다."고 방법을 설명하면서 이렇게 거름을 주면 "식물의 뿌리를 비대하게 한다."고 효과를 소개했다.[61] 거름 처방에서 살충제 만드는 법을 언급하고 있다는 점은 매우 특이하다. 그는 "지나치게 약한 땅"인 신자호에 대한 처방으로 9가지의 살충방을 권했다. 그는 다양한 살충제를 제안했는데 대부분 생석회, 하지 전에 따서 말린 소태나무 잎과 꽃, 흰겨자씨 깻묵이나 기름, 고삼가루 등을 주원료로 한 것들이었다. 송충이를 잡는 법으로 대각, 큰 피리를 불 것을 권한 것도 이채롭다.[62]

『농정신편』에 의하면 만든 거름을 밭에 뿌리고 난 후 공기와 접하게 하면 효과가 배가된다고 덧붙였다. 그런데 땅 밑에서는 공기와 접하기 어렵다고 하면서 논밭에 공기통을 파묻을 것을 권했다. 기와나 대나무로 통을 만들고 측면에 구멍을 뚫어 이것을 지하 3, 4촌 깊이로 일정한 간격을 두고 일렬로 묻으면 흙속에 공기가 통할 것이고 그러면 토양이 부드러워질 것이라고 설명했다. 이 공기통을 설치하면 생산량을 3배 정도 증산할 수 있을 것이라고 장담했다.

이렇게 농지의 상황을 근대 화학적으로 분류하고, 작물의 종류에 따라 사용법을 세분해 제시했음에도 불구하고 『농정신편』에서 제시된 거름 처방은 오행이라고 하는 전통적 자연관을 기반으로 설명되었음은 매우 주목할 만하다.

> "오행의 상생상극의 이치를 가지고 거름을 조합하여 이름을 십자호로 만들었다. 메마른 땅에는 갑과 을 두 이름을 쓰고, 습하고 찬 땅에는 병과 정 두 이름을 쓰고…… 양이 하늘을 찌를 듯한 땅은 임과 계 두 이름을 쓴다. 음양의 허실을 관찰하고 수토의 강유(剛柔)를 살펴 남는 것을 덜어내고 모자란 것은 보충해야 하니 이것도 중화(中和)를 이루는 방법이다"[63]

비록 음양오행의 조화라는 전통 관념을 토대로 시비의 작용을 설명하기는 했지만 『농정신편』은 전통적으로 거름이 인분이나 우마의 분뇨를 중심으로 만들어지던 데에서 벗어나 다양하게 거름을 만들어 땅의 성질에 알맞게 쓸 수 있도록 했음은 매우 중요한 시도였다고 평가할 수 있다. 또 살충제를 소개해 생산량을 높이는 계기를 마련했음 역시 마찬가지다. 이 책의 설명대로 거름을 만들고, 지력을 향상시키기 위해 제시한 방법을 곧 적용하기는 쉽지 않았다. 뛰어난 살충 작용을 한다는 설명을 들었더라도 소태나무나 흰겨자씨를 모든 농가가 가지고 있지도 않았다. 더 나아가 비료로 쓰지 않았던 동물의 기름이나 살, 생선의 기름 등을 비료로 만들기에도 심리적 저항감이 없지 않았다. 이런 저항감은 조선 농부의 완고함 때문만은 아니었다. 일본의 경우에도 마찬가지였다. 구황작물이기도 한 누에콩이 지력 향상에 큰 도움을 준다는 주장이 1881년 '전국농담회(全國農談會)'에서 제기되었지만 누에콩이 중요한 그루갈이의 중심을 차지하기에는 적지 않은 시간이 필요했다.[64] 새로운 방식의 농법을 적용하기 위해서는 경험을 축적하는 과정뿐만 아니라 이의 성공 사례가 요구되었던 것이다.

『농정신편』에서 소개한 농법들이 실제로 농사에 곧 적용되지는 않았다. 그럼에도 불구하고 조선에서 농업의 가장 큰 부분을 차지했던 벼농사의 작황을 증진시키기 위한 서양 농학적 방법들이 제안되었고 이는 조선 정부의 의도와 부합한 것이었다.

2) 벼 증산과 발전 모색

수집된 서양 농법 가운데 가장 중요한 것은 벼농사와 관련된 것이었고 적지 않게 종자 개량이 제기되었다. 안종수 역시 이를 중요하게 다루었다. 그는 새로운 방법으로 종자를 분류하고 토양 성질을 검토했다. 그리고 토양 성질에 따라 품종을 나누고 이에 따라 종자의 선택, 종자 검사, 종자 담그기, 파종, 모내기, 김매기, 물 빼기, 서리 물리치기, 벌레 죽이기, 벼 베기와 탈곡하기, 인공 수분 등의 과정을 세분했다. 그는 벼 품종을 선택할 때 기후와 주변 상황을 더 고려해야 한다고 주장했다. 예를 들면 진흙땅이며 그늘지고 계곡물이 찬 땅에 어울리는 품종, 차고 냉하고 서리와 눈이 일찍 내리는 땅에 맞는 종, 비옥하고 2모작이 가능한 땅에 알맞은 종, 새롭게 개간한 땅이나 산에 새로 일군 땅에 알맞은 종 등으로 나누었다.[65] 이들 벼들을 또 생김새를 기준으로 일본 벼 분류에 배속시켰다. 일본의 출운도(出雲稻)에 해당하는 벼들은 강한 줄기, 큰 낟알, 두꺼운 겨, 긴 수염을 가졌고, 일향도로 분류 가능한 품종은 가는 줄기, 작은 낟알, 얇은 겨, 짧은 까락 등을 특징으로 했다.[66] 이처럼 일본의 종자가 가지는 성질을 조선 전통 종자에서 찾아내 현장에서 이용하기 쉽게 했다.

그리고 파종 방식도 일본을 예로 들어 설명했다. 안종수는 지역에 따라 빠르고 늦음이 있지만 대개 모내기는 4월 중순에서 6월 상순 사이에 이루어지는데 이때 모의 길이는 6, 7촌을 기준으로 바람이 많은 논에는 이보다 짧고, 물이 깊은 곳은 더 긴 모를 이앙하는 것이 좋다고 제안했다. 이식하는 모의 수는 물이 많으면 적게, 고지대이면 많이 하는 것이 좋다고 설명했다. 진흙 수렁논의 경우는 이앙이 불가능한 경우가 있으므로 이 경우에는 조선에서는 낯설지만 묘를 떨어트리는 타묘법(墮苗法)으로 할 것을 권했다.[67] 또 그는 논 위치에 따라 높은 지대와 낮은 지대를 나누고, 1, 2모작의 가능성을 제시했다. 낮은 지대일수록 물이 많아 벼 수확 후부터 이앙 이전까지 땅을 이용할 수 없다고 보았다. 이 저지대의 논에는 습기가 많아 밭농사의 작물이 생장하기 어려워 2모작이 불가능하다고 판단했던 것이다.

물론 서양 농법의 벼 재배 기술도 시비나 살충제 제조 및 사용법처럼 안종수가 제안하자마자 곧 적용되지는 못했다. 땅과 기후와 자연 여건에 맞는 벼를 선택한다고 곧 증산으로 이어지지도 않기 때문이다. 또 일본식 낯선 용어로 점철된 그의 신농법은 농민들이 쉽게 이해할 수 있고 수행할 수 있도록 해석되어 지도해줄 중간 단계도 필요했다. 그리고 농법 개량을 통해 얻을 수 있는 이익이 명확하게 제시되어야 했고, 생산해낸 작물의 판로도 확보되어야 했다. 이런 제반 여건을 확보하는 일은 시간과 경비와 행정 지원이 병행되어야 하는 정부의 사업이었다. 이를 인지하고 있던 조선 정부는 시범농장 운영과 농업학교 설립을 시도했지만 진행이 여의치 않았음은 앞에서 살펴보았다.

3) 상업 작물의 확산과 농업의 재편

조선 정부의 독려가 있었음에도 농지 확장과 수리관개시설이 비약적으로 늘어나지는 않았다. 수리안전답은 30% 정도에 불과했다. 이런 상황 속에서도 모내기 농가들이 조선후기 이래 적지 않게 증가했는데, 이는 모내기 방식이 제초 작업에 투여되는 노동력을 획기적으로 줄여주었기 때문이었다.[68] 또 한 가지 들 수 있는 이로운 점은 겨울과 봄, 빈 논을 밭으로 바꾸어 다른 상업 작물을 키울 수 있다는 이점 때문이었다.[69]

이 빈 논이나 밭에서 가꾸어진 작물들은 환금성이 뛰어난 상업 작물들이었다. 물론 가장 핵심적 작물은 주식인 벼였다. 잡곡도 가뭄이 들었을 때 주목받는 작물이었다. 그리고 19세기 즈음에 이르면 면화와 담배, 모시처럼 시장에서 거래되는 작물들이 급속하게 확산되었다. 특히 채소 작물들이 도시 인근 지역을 중심으로 활발하게 재배되었다. 개항 직전 오페르트(Ernst Opert)의 기행문(1880)에 따르면 조선에는 야채나 과일이 대부분 생산되고 탁월한 품질의 농산물이 생산되었다.[70] 또 일본의 가토(加藤)는 『한국농업론』에서 채소류의 재배 상황을 언급했는데 그에 의하면 채소류가 서울 근교에서 가장 많이 재배되며 서울 이북에서는 좋은 배추가 많이 생산되고, 마늘이나 부추 따위도 적은 양이지만 널리 재배되었다.[71] 앞서 살펴본 농무목축시험장에서 시험 재배된 300여 종의 작물들은 새로운 상업 작물로서 수용 가능성과 연관되어 있다.

또한 복숭아, 사과, 배와 같은 과수가 전문적으로 재배되기 시작했다. 특히 사과는 전통 종자를 외래 종자가 대체함과 동시에 과수원이라고 하는 전문 재배 농장도 등장했다. 사과 재배는 『농정신편』에 '임금작법'으로 소개되기도 했는데, 1900년 조성된 뚝섬의 농상공학교(農商工學校) 부속의 원예모범장에 개량된 과수 품종을 도입, 시험 재배함으로써 이 모범장은 사과 재배의 근거가 되었다.[72] 또 원산에서는 신품종의 사과가 재배되었고, 함경도관찰사도 1905년 6천 주의 사과 묘목을 일본에서 수입해 심었다. 특히 이 지역에서 사과 재배가 두드러진 것은 이곳에서 활동했던 캐나다 선교사가 능금원에서 사과를 수확해 1902년 러시아와 일본에 수출했던 경험이 크게 작용했다.[73] 그렇다고 조선에서 사과를 재배하지 않았던 것은 아니었다. 또 서유구(徐有榘, 1764~1845)의 『임원십육지(林園十六志)』 '예규지(倪圭志)'에는 이미 사과의 유명한 특산지로 명시되어 있을 뿐만 아니라 함흥, 원산 지역도 새로운 품종을 받아들여 전문적으로 과수 재배를 함으로써 조선 농업의 새로운 전환을 예고한 바 있다.

상업 작물의 증가는 이를 소비할 시장과 유통 체계가 만들어졌음을 의미했다. 가장 큰 소비처인 도시들이 형성되고 있었던 것이다. 특히 한성은 이미 인구 20만의 큰 도시로 성장했으며 인천, 원산, 부산 등 개항장들 역시 주변 지역에서 인구를 흡수해 중요한 소비처로 부상했다. 소비처의 확산은 많은 서양 농업 정보의 수용과 변화의 계기가 되었다. 농부들은 판매처가 확보되는 작물을 키우고 노동력을 절약하고 생산성을 증가시키기 위해 소개된 농법들을 소화하기 시작했다. 이는 민간에서 정부보다 발 빠르게 농업의 새로운 방향을 모색했음을 보여주는 일이었다.

이런 상태에서 맞이한 일제의 강점은 자생적 변화와는 다른 방향으로 조선의 농업을 변질시켰다. 특히 미곡과 목화의 생산에 큰 증가를 보였는데, 이는 주로 관개수로 확보와 금비(金肥)가 전제된 일본 개량종의 도입에 따른 결과였고, 여기에는 일본 원면 원료 시장으로의 편입과 일본의 저곡가 정책의 지속을 위한 정책이 포진해 있었다.[74] 이에 따라 밭의 논으로의 전환과 목화 재배지는 증가했지만 자발적 작물의 선택 기회는 급감했다.[75] 일본의 것이 보급·확산되면서 생산량 증가에 성공했다고 알려진 개량 농법의 핵심은 개량종자의 보급이었다. 이 개량종자는 상업적 비료의 대량

투하와 물의 적절한 공급을 전제로 하는 만큼, 생존과 안정적 소득 확보, 단기적 손실을 피하려는 조선 농부들에게는 반갑지 않은 농법이었다. 농민이 자유롭게 종자를 선택했던 시대에는 그만큼 받아들이기 어려운 농법이기도 했다.[76] 더 나아가 일본의 개량 농법으로 대표되는 근대 농법은 전통 농법과는 전혀 다른 생산 체계를 기반으로 했다. 비료와 관개시설과 더불어 신품종, 농기계가 자급자족을 기반으로 하는 전통 농업과 전혀 달랐던 것이다. 농부가 자체 생산할 수 있는 요소들이 거의 없었다. 그런 만큼 이를 생산·공급하는 기반 시설이 만들어지지 않는 한, 심지어 종자의 시험 재배조차 이루어지지 않은 상태에서 근대 농법으로 전환하는 것은 많은 부담을 담보해야 하는 작업이었다.

개항 이후에도 농업이 재정의 대부분과 백성들의 생활을 담당하는 농업이었던 만큼 조선 정부는 근대 농법을 도입해 생산력을 높이기 위해 노력을 경주했고, 이는 당시 농업에 반영되었다. 그럼에도 불구하고 생산 기반이 확보되지 않은 상태에서 종자 개량이나 농법의 전환을 강요하는 것은 새로운 방식에 대한 신뢰와 자신감 없이는 쉽지 않았다. 특히 농업의 경우는 생산에 장시간이 투자될 뿐 아니라 생산자에게 최종 책임을 전가하는 일이기도 했기에 조선 정부로서는 정책 추진이 조심스러울 수밖에 없었다. 부국강병의 근간으로 인식된 농업의 생산력 증가를 위한 개항 이래 조선 정부의 조심스러운 행보와 민간의 노력은 일제의 강점으로 근대 농법 수용을 위한 토대만을 구축한 채 무위로 끝났다.

제5장

교통 체계의 개혁: 철도와 전차를 중심으로

교통은 전통 사회에서도 국가 경영에 매우 중요했다. 특히 중앙집권 국가일수록 국가 주도로 수도로 향하는 교통로가 확보·유지·운영되었다. 조선도 예외는 아니어서 건국 초부터 고려대(高麗代)의 교통로를 보수·확보해 유지했고, 정비했다. 그 일을 담당한 것은 역원(驛院)이었다. 역원은 공무(公務)로 지방을 여행하는 관원들에게 숙소와 말과 같은 운송 수단을 제공하고, 수도 한양으로 향하는 도로를 정비했으며, 임진왜란(壬辰倭亂) 이후 파발(擺撥)과 같은 통신 체계의 거점 역할을 담당했다. 하지만 조선후기에 접어들면서 역원은 재정 문제를 비롯해 각종 비리의 온상이 되었고, 도로 정비와 관련한 중요한 기능을 상실하는 등 많은 문제가 축적되어 개혁의 대상으로 대두되었다.

고종과 관료들은 부국강병에 미치는 도로의 역할에 주목했다. 도로의 정비를 위해 역원을 개혁하려 했다. 이때의 개혁은 단지 역원의 비리와 관련한 담당자 몇 명을 척결하는 것이 아니라 제도 자체를 철폐하고 다른 방식의 체계로 대체하는 것이었다. 이는 철도, 기선과 전차로 대표되는 근대 서양 제도를 모범으로 했다. 이에 대한 면밀한 정보 수집이 진행되었고 도입 방안이 모색되었다. 철도가 전국 규모 체계였던 만큼 조선 정부는 철도 부설의 득실을 분석하는 것은 물론이고, 재정도 마련해야 했다. 물론 열강의 철도 부설권 요구에 대처도 해야 했다.

철도가 광범위한 지역을 연결하는 교통수단이었다면, 전차는 국지적 사업이라는 특징을 가지고 있다. 그런 의미에서 대한제국 시기 한성에서 전개된 전차 사업은 좀 다른 의의와 가치를 부여할 수 있었다. 전차 도입은 한성의 정비 사업의 일환으로, 그리고 대한제국이 급박한 과제로 설정했던 식산흥업을 지원하기 위한 사업으로 도입되었다. 가설비 역시 철도에 비해 적었고 규모도 크지 않았기에 대한제국 정부는 이를 도입했고 구체적인 성과를 얻을 수 있었다.

하지만 철도는 달랐다. 철도는 경인선을 제외하고는 러일전쟁 즈음에 완성되며, 조선 침탈 통로로서의 성격을 명확하게 했다. 침탈과 자원의 유출을 목적으로 일본에 의해 설계되어졌다. 대한제국은 이를 막기 위해 노력했지만 방지하지 못했고, 전국을 종횡으로 가로지른 철도는 조선의 종합적 국토 개발과는 무관하게 가설되었고 작동했다.

이 장에서는 고종 통치기 근대적 교통 체계의 도입 과정을 통해 철도와 전차에 대한 조선 정부의 태도를 비교하면서 각각에 대한 평가와 기대, 인식을 살펴볼 것이다. 이를 통해 근대적 교통 체계를 인식하는 방식이 달랐고, 구현되는 과정 역시 달랐으며, 사회에 미친 영향 역시 같지 않았음을 확인하려 한다.

1절

전통 교통 체제 개혁과 철도의 발견[1]

1. 전통 교통 체제의 개혁 모색

조선 건국 이래 역원제를 중심으로 육로 교통 제도가 운영되었다. 한성을 중심으로 서로, 북로, 남로 대로에 설치된 역원은 중앙관서의 지시 사항을 지방관아에 보내고 지방관아의 보고 사항을 중앙정부에 전달하는 교통과 통신 체계의 핵심이었다. 역원제도는 이미 신라시대부터 흔적이 있고, 고려시대부터는 국가 제도로 기록되었다. 조선시대에 이르러서는 건국 초부터 재건에 착수해 『경국대전(經國大典)』 병전(兵典)에 관련 법규를 제정하여 역원을 국가가 관리한다는 사실을 명시했다.[2] 임진왜란 직후부터는 역원의 업무에 파발이 부가되었다. 역원은 중앙정부와 주요 지방도시를 잇는 운송 체계의 거점이었다. 각 지방의 역원은 역원 사이를 잇는 도로와 운송수단을 관리했으며, 관원의 지방 부임, 출장에 필요한 말과 숙식을 공급했고, 관물(官物)과 세공(稅貢) 수송도 담당했다. 또 중국으로 통하는 서북 지방의 역원들은 중국 사신을 접대하거나 사신들에게 필요한 물품을 제공하는 역할도 담당했다. 시간이 지날수록 역원제도에는 문제가 쌓였다. 특히 큰 문제는 역원 운영의 재정 토대인 역토(驛土)와 관련되었다. 다른 농지의 소작료보다 역토의 소작료가 훨씬 쌌기 때문에 이 역토 소작권이 이권이 되었고, 이를 둘러싸고 수많은 비리가 발생했다. 또 대부분의 역원에서는 역토를 사유화하려는 움직임이 자행되었다. 그 결과 역원 재원은 고갈되었고 정상적인 운영을 기대하기 어려웠다. 심지어 국가 소유인 역원의 말에도 비리가 얽혀들었다. 관찰사나 군수는 수시로 역마를 유용했다. 역마를 구입할 때나 심지어 말 먹이 구입에도 각종 부정과 다양한 비리가 저질러졌다. 역원의 이런 문제와 폐해는 암행어사의 보고서와 상소들에서 지적되었다. 고종대에 이르면 그 폐단이 더욱 심해져 역원 체제에 대해서 거의 해마다 시정을 요구하는 상소가 올라왔고 개혁 논의에서 빠지지 않고 언급되었다.[3]

개항 후 조선 정부는 역원 폐해의 근절은 역원제도 개선으로는 불가능하고, 제도 자체의 대체와 같은 특단의 조처가 필요하다고 판단했다. 새로운 교통 제도를 서양의 문물에서 찾았다. 조선 정부는 관련 정보 수집을 위해 근대 문물을 도입하여 급속한 발전을 이룩한 일본과 근대 문물의 본산지로 알려진 미국에 사절단을 파견했다. 파견된 사신들은 근대 교통 체계 수립에 소요되는 투자비용과 비용 확보 방안, 공사 기간, 사용자, 운영 주체와 같은 실제적이고 구체적인 상황을 자세하게 탐문했고, 조선 정부는 그들이 수집한 정보를 토대로 도입을 위한 논의를 진행했다. 초기 정보 수집에 큰 역할을 담당한 외교사절단은 수신사(修信使)였다. 개항 이후 조선 정부는 일본으로 수신사를 세 차례 파견했는데 제1차 수신사는 1876년 4월에 파견된 김기수(金綺秀, 1832~?)였다.[4] 그는 일본에서 경험한 기차와 관련한 정보를 많이 기록했다. 그는 먼저 기차의 속도에 감탄했다.[5] 그리고 기차의 모양새나 차량을 잇는 방법, 승강구와 기차 칸의 배치, 좌석 배치와 꾸밈을 비롯한 실내장식뿐만 아니라 복선 철로에 이르기까지 그가 관찰한 모든 것들을 정리해 서술했다. 그는 기차 바퀴에 동력이 전달되는 방법을 기록했으며, 철도 레일의 생김새와 기차 바퀴와의 관계에서 기차가 궤도를 벗어나지 않는 원인을 찾았고, 철로가 가설된 모양에도 관심을 보였다. 그는 일본의 철도를 고종에게 보고하기도 했다.[6] 김기수의 복명 후 고종은 일본의 철도와 같은 근대 기술 운영 상황을 더 자세히 알고자 했다. 이때 많은 정보를 제공한 것이 김홍집(金弘集)이 일본에서 가져온 정관응(鄭觀應)의 『이언(易言)』이었다. 정관응은 철도의 유용함이 신속한 대량 수송 능력에 있다고 보았다.[7] 철도를 이용하면 자연재해를 입은 지역에 구호품을 빠르게 전달할 수 있어 민생 구제에 도움을 줄 뿐만 아니라 운송비용을 절감할 수 있어서 상업 진흥에 기여할 수 있고, 정부 역시 이를 운영함으로써 수입이 증가한다고 주장했다. 그는 또 병력 이동과 관련해 철도의 중요성을 강조했다. 철도를 이용함으로써 전란에 즉시 대처할 수 있으므로 국가 방위를 굳건히 할 수 있다고 본 것이다. 그는 "적국에서 침범할 마음을 두어 삽시간에 (철로를 이용해) 들어오면 졸지에 미처 방비하지 못하리라."는 철도 부설 반대론자들의 주장도 잘 알고 있었다. 이에 대해서 그는 철도 운영의 주도권을 정부가 장악하고, 국경 인근에 철도를 부설하지 않으면 크게 문제가 되지 않을 것이라고 설득했다. 철도 도입에 가장 큰 장애는 가설비용이었다. 이에 대해 그는 각각의 시설에 각기 다른 주체를 참여하게 해 도입 비용을 해결할 수 있다고 주장했다. 그는 철도를 민간이 부설하게 하고 관(官)이 경영하는 대신 철도를 부설한 민간에게는 수송비를 받지 않는 방식을 제안하기도 했다.

고종은 『이언』을 정부 관료들은 물론 전국의 사대부들이 읽을 수 있도록 배포할 것을 명했고, 개화를 지향하는 유학사들은 이 책을 토대로 선신·철도와 같은 서양의 이기들을 신속히 도입해 부국강병의 기초를 이루자는 내용의 상소를 올리기도 했다. 또한 이 책은 외국으로 서양 문물 관련 시설을 탐문하기 위해 파견된 사절들에게 기본 정보를 제공했다.

일본에 파견된 조사시찰단도 철도 도입을 위해 매우 구체적인 탐문 활동을 전개했다. 근대 교통 제도를 포괄하여 관리·운영하는 공부성을 탐문하는 임무는 강문형(姜文馨, 1831~?)에게 맡겨졌는데, 그는 철도국을 철저히 조사했고 이를 바탕으로 세밀한 보고서를 작성했다.[8] 강문형 이외에도 많은 조사(朝使)들이 전신과 철도에 대해 관심을 표명하며 도입에 대한 견해를 제시했다. 이헌영(李𨯶永, 1837~1907)은 "……윤차(輪車)가 단숨에 백 리를 간다. 이를 어찌 사람의 힘으로 이룰 수 있겠는가."라며 기차의 빠른 속도에 감탄을 표명했고 민종묵(閔種默, 1835~1916), 박정양(朴定陽, 1841~1904), 조준영(趙準永, 1833~1886) 역시 철도가 빠르게 넓은 지역을 연결하여 편리하고, 공사(公私)가 모두 사용해 국가 발전에 기여함이 크다는 이헌영의 생각에 동의했다.[9] 특히 조준영은 철도 사업을 운영하면서 생기는 수입 증가에 주목해서 "대체로 철로를 만들고 설치한 것은 반드시 수송을 편하고 빨리 하기 위해서만은 아니다. 세입이 해가 지날수록 늘어나니 이익이 적지 않다."고 도입에 긍정적인 태도를 보였다.[10]

조사들 모두가 철도 부설에 긍정적이었던 것은 아니었다. 특히 민종묵은 철도 부설 공사비용과 운영 수익을 들어 오히려 득보다 실이 많다고 비판, 도입에 부정적이었다. 그는 철도의 부설 비용과 1년 수입에 대해 "겨우 300리 길을 닦는 데 비용이 천백만여 원"이나 들었음을 지적했다.[11] 박정양 역시 철도 도입에 필요한 투자 규모에 난색을 표명했다. 그는 철도 운영 수입이 "매년 팔십여 만원에 이르나 매년 철로를 보수하는 등의 비용이 또한 오십만 원 정도"라고 지적하면서 수익금 30만 원으로 철도 가설비용을 충당하려면 30년이 지난 다음에야 끝날 수 있다고 예측했다. 그리고 매년 철도 운영에서 나오는 순수입도 철도 부설 사업을 시작할 때 모집한 약

1천1백만 원의 국채 이자 정도에 불과하다고 주장했다. 그는 "……(이처럼) 철로를 널리 가설하는 것이 부국을 위한 좋은 계책인지 의심스럽다."고 한 일본 사람의 말을 인용하여 철도 부설에 대해 부정적인 태도를 명확히 했다.[12] 강문형 역시 기본적으로 민종묵이나 박정양과 철도 도입에 대한 입장이 같았다.[13]

근대 문물 도입을 통한 국정 개혁의 정책 시찰 대상이 일본에만 국한된 것은 아니었다. 1883년 미국에도 견미사절단(遣美使節團)을 파견했다. 그들은 샌프란시스코에서 워싱턴에 이르는 대장정을 대륙횡단열차를 이용 빠르게 마칠 수 있었다.[14] 이 대장정 동안 중간중간 박람회나 농장을 볼 기회를 가지기도 했다.

2. 철도 도입 모색과 전개

조선 정부는 사신들의 견해를 토대로 철도와 관련한 논의를 전개했다. 그 결과 철도 부설은 연기되었다. 이는 당시 열악한 조선 정부 재정 상황으로 필요한 경비를 조달하는 일이 쉽지 않았음에 기인한다. 조선 정부는 철도 부설을 위해 청나라와 일본에 차관 도입 가능성을 타진한 바 있다. 묄렌도르프(P. G. von Moellendorff)와 김옥균(金玉均, 1851~1894)을 각각 청과 일본에 파견해 차관 교섭을 진행했지만 청이나 일본 양국 모두 조선 정부의 근대 기술 도입과 관련한 정책에 우호적이지 않았다. 심지어 청은 대일 차관 협상을 방해하기까지 했다.[15]

물론 철도 부설 연기가 단순히 자금 확보가 어려웠기 때문만은 아니었다. 기본적으로 철도는 대규모 상품유통과 이를 통한 국내시장의 형성과 성장을 목적으로 하는 기반 시설이었다.[16] 당시 조선이 막대한 자금을 투자해서 철도를 놓을 만큼 대량의 상품이 생산되는지, 이를 소화할 만큼 대규모의 시장이 형성되어 있는지를 점검해보았을 때 매우 부정적이었다. 또 대량 수송이 필요할 만큼 물동량이 많은지를 점검해보았을 때에도 긍정적이지는 않았다. 당시 조선은 세금을 곡식으로 받았기에 운반해야 할 세곡양이 적은 편은 아니었다. 세곡 운반을 위한 제도도 운영되고 있었다. 세곡 대부분은 강 하구로 집결되었고, 이를 경강상인(京江商人)을 포함한 세곡 운반 상단이 운반했다. 이 운반 체제에 많은 결함과 폐단이 노정되어 개혁이 필요했다. 이 운반 과정에서 거짓 침몰과 같은 방식으로 적지 않은 농간이 벌어져, 이로 인한 손실이 적지 않았다. 이 손실을 방지하기 위해서 육로 교통수단인 철도를 고려했을 법하지만, 세곡 운반이 매우 한시적으로 이루어짐을 감안하면 이를 위해 대규모 투자가 필요한지는 반드시 점검해야 봐야 할 문제였다. 철도를 쉼 없이 운영할 만큼 항시적 물동량을 확보하는 일은 당시 조선의 산업 상황에서는 쉽지 않은 문제였다. 따라서 조선 정부는 초기 투자비용이 막대한 철도 운영보다는 증기선의 정기적 운항을 고려하는 편이 더 낫다고 판단했고, 그 결과 증기선 도입이나 외국 상선의 연안항로 허가와 같은 방식으로 세곡 운반에서의 손실을 해결했다.[17] 아무리 철도의 장점이 탁월하고 도입을 희망했다고 하더라도 1880년대의 조선의 여건에 대량 수송 체계는 어울리지 않다고 판단한 것이다.

그러던 가운데 영국과 일본 회사가 한반도의 철도 부설 특허권을 요구해 오기 시작했다. 이런 상황에서 조선 정부는 철도 부설에 대한 입장을 정리할 필요가 있었다. 묄렌도르프는 "철도 문제는 이미 내가 1882년에 조선에 체류한 직후에 일어났다. 철도 부설권을 놓고 여러 곳으로부터 시달림은 받은 정부는 여하튼간에 결정을 하지 않으면 안 되었다. 신청해 온 회사 중의 일부는 영국에 소속되어 있고, 일부는 일본에 소속된 회사들이었다. 한국 정부에서는 이를 위한 자금이 없었기 때문에…… 잠시 보류하게 되었다."고 정리·기록했다.[18] 조선 정부는 재정적 여유가 확보될 때까지 이를 연기하기로 하고 일본과 영국 등의 특허권 요청을 거부했던 것이다.[19]

철도 부설은 거액의 부설 경비 마련과 화물량 확보 등의 어려움과 더불어 사절단의 부정적 평가로 인해 근대 문물 도입 사업의 주된 흐름에서 비껴나게 되었다. 그러나 당시 형성된 철도 부설의 필요성에 대한 고종의 생각 자체가 완전히 없어진 것은 아니었다. 1889년은 철도에 대한 논의가 다시 시작한 해이기도 하다. 미국 대리공사 이하영(李夏榮, 1858~1929)이 귀국하면서 궁중에서 철도 모형을 선보였고, 1893년 주미 서리공사였던 이채연(李采淵)이 미국 국무장관과의 면담에서 철도 부설을 위해 미국의 지원을 요청하면서 고종이 철도를 자주적으로 부설해야 한다고 생각하고 있음을 밝히기도 했기 때문이다.[20] 무엇보다 1900년을 전후해서 급증한 열강들의 철도 부설 특허권 요청을 거부하기 위해 황실 직속 서북철도국(西北鐵道局)을 설립하거나 부설 특허권을 조선인에게 부여하는 등의 방안들을 마련한 것도 바로 1880년대 초반에 형성된 철도에 대한 생각의 영향이라고 할 수 있다.

조선 정부는 비록 철도 도입을 연기하긴 했지만 전래 교통 제도 개혁을 위해 민간에 근대 철도를 포함한 문물을 알리는 작업을 수행했다. 전국에 배포된 〈한성순보〉는 이 기차 정보 확산의 역할을 담당했다.[21] 〈한성순보〉에 실린 철도 관련 기사들은 철도 자체를 주제로 다루거나 "부국설(富國說)"과 같이 개화를 주장하는 기사 속에서 부국강병을 이루기 위한 중요한 수단으로 소개했다. 〈한성순보〉는 인간의 문명은 생산물을 교환하기 위해 길을 만들면서 시작했지만 부강(富强)의 기원은 바로 철로라고 주장했다.[22] 또 철도가 단순히 부국강병의 이기(利器)를 넘어 문화 교류에도 중요한 역할을 담당한다고 주장했다. "인정이 서로 통하여 피차가 없으니 친목의 의리가 이것[철도]으로 인하여 독실"해지며 "인간의 지각을 증가시키고 인간의 어리석음을 열어"주는 등 철도는 문명개화를 가능하게 하는 중요한 수단이라는 것이다.[23] 무엇보다 철도 관련 기본 생각은 부국강병의 토대였다. 심지어 서양의 어떤 나라라도 철도와 더불어 전신이 없다면 다른 나라와 강함을 다툴 수 없다고 주장하기도 했다.[24]

철도는 근대 육상 운송 수단 가운데 하나로 선진 제국의 근대화 과정에서 산업 발달을 뒷받침한 중요한 사회간접자본이다. 이 철도 부설 작업은 대규모의 자본이 투자되어야 하는 사업으로 산업화가 진행되지 않은 농경국가였던 당시 조선의 정부는 철도 부설에 소극적일 수밖에 없었다. 화물량을 염두에 두었을 때에는 매우 절실하게 요구되는 수송 수단은 아니었던 것이다. 세곡 운반을 위해 도입했던 증기선조차 언제나 운항하기 어려울 정도로 수송량이 많지 않았음은 이런 사정을 잘 보여준다.[25] 하지만 한반도의 철도 부설 사업은 청나라와 일본 및 러시아를 포함한 서구 열강들의 주 관심사가 되었다. 이 사업권 확보를 둘러싼 공방이 매우 치열하게 전개되었기에 조선 정부는 이를 수호하기 위해 많은 노력을 기울여야 했다.

3. 한반도 철도를 둘러싼 열강의 각축

한반도의 철도는 한반도를 둘러싼 나라들의 정치, 경제, 군사 측면에서 매우 중요한 시설이었다. 일본은 한반도를 대륙 침략의 교두보로 여겨 만주까지로 이어지는 철도를 부설하려 했고, 청국은 일본 침략을 막기 위해 한반도의 철도 부설권을 원했다. 러시아는 한반도 남단까지 시베리아철도를 연결, 부동항을 확보하기를 원했다. 영국 역시 러시아 남진을 저지하기 위해 한반도에서의 철도 부설권을 획득하려 했다. 이같이 한반도의 철도 부설권은 한반도의 지정학적 특수성으로 인해 아시아를 포함한 서양 열강들의 관심사로 떠올랐다.

조선에서 철도 부설권을 확보하기 위해 가장 발 빠르게 움직인 나라는 일본이었다. 앞에서 언급한 1882년의 철도 부설 특허권 청원이 조선 정부에 의해 거부당했음에도 불구하고, 일본은 1892년(고종 29) 서울-부산 간 철도 노선 답사 및 측량을 비밀리에, 소위 수렵 여행을 가장해 실시했다.[26] 일본이 한반도 철도에 대해 가지는 의미는 실제 조선 내의 산업이나 유통망 구성과는 거리가 멀었다. 그들은 군사적 측면에 한반도 철도의 의의를 두었다. 중국과의 연결뿐만 아니라 인도로의 연결까지도 고려했다.[27] 무엇보다 일본으로서는 중국과의 연결이 초미의 관심이었다. 한반도와 중국에서의 군사 행위를 염두에 두고 있던 일본으로서는 "군대와 군수물자의 선편 운반이 해상권과 관련해 곤란하므로 부산에서 서울까지 육상 교통로를 확보하는 것이 무엇보다도 중요"한 것으로 논의가 진행되었다.[28]

하지만 일본의 조선 측량 작업이 철도 부설로 곧 이어지지는 못했다. 1894년, 청일전쟁 직전 일본 군사의 경복궁 점거하에 맺어진 '조일동맹'과 그 이후 강요된 '조일잠정합동조관(朝日暫定合同條款)'이 실제 효력을 가지는 '세목협정' 체결로 이어지지 않기 위해 조선 정부가 치열하게 노력한 덕분이었다. 이 '세목협정'의 철도와 관련한 가장 큰 문제는 향후 50년간 일본의 철도 부설권을 보장한다는 내용으로, 이 조항에 의해 조선은 반영구적으로 철도 사업을 전개하기 어려웠다. '세목협정' 체결을 저지하기 위해 조선 정부는 철도 부지를 위한 농지 침탈로 의병이 일어날 수 있다는 점을 강조하는 한편 정부 각료들은 태업을 시도했다. 이런 태도에 당시 일본공사였던 이누우에(井上馨)는 본국 정부에 조선 관료들을 "시리에 어둡고 의심이 많으며 뻔뻔스러운 세 가지 성격을 지니고 있다."고 비난하면서 협상 진전의 어려움을 토로하며 조선 각료들과 협약 체결이 어렵다고 호소했다.[29] 더 나아가 담당 조선 관료는 일본과의 협상에서 불리해지면 퇴직해 버렸다. 이런 방법으로 조선 정부는 '잠정조관'의 확정을 필사적으로 막으려 했던 것이다. 더불어 조선 정부는 1894년 공무아문(工務衙門)에 설치했던 철도국을 개편하고 철도규칙을 공포하는 등 철도 부설과 관련한 작업을 진행하면서 자주적 부설의 기틀을 마련했다.

고종은 아관파천(俄館播遷)과 환궁, 대한제국의 설립 등으로 다시 한 번 철도 부설을 둘러싼 상황을 전환시킬 수 있는 기회를 가지게 되었다. 한반도에서의 일본과 서구 열강들의 세력이 균형을 이룬 상태에서 고종은 대한제국을 설립하고 자주권 수호를 위해 각종 이권 양여를 중단하겠다고 천명했다. 물론 이 의지가 줄곧 관철되지는 못했다. 러시아 공사관에 피신해 있을 때 서울-인천 간 경인(京仁)철도 부설권이 미국인 모스(James R. Mores)에게, 서울과 의주 간 철도인 경의(京義)철도 부설권이 프랑스의 피브리유(Fives Lille)사에 양여되었기 때문이다. 모스는 경인철도 부설권을 획득하기 위해 이미 1891년부터 조선 정부를 상대로 작업을 진행한 바 있다.[30] 모스가 맺은 경인철도 부설과 관련된 조약에 의하면 그는 특허 1년 이내 착공해야 하며, 전쟁 등 비상사태가 없는 한 착공일로부터 3년 내에 완공해야 했다. 완공 후 15년이 경과하면 대한제국 정부는 전체를 매수할 수 있으나 매수치 못할 경우에는 특허권을 10년간 더 연장한다는 내용이 모스가 조선 정부와 맺은 조약의 핵심이었다. 경인철도 사업권을 확보한 모스는 공사를 진행하기 위해 투자금 마련을 위한 사업을 전개했다. 하지만 이는 일본의 방해로 별로 성공적이지 못했다.[31] 이로 인해 1897년 3월 경인철도를 기공하기 시작한 모스는 심한 재정 압박을 받았으며 일본은 다각도의 매수공작을 전개했다.[32] 결국 모스는 1898년 경인철도 부설권을 180만 원에 일본경인철도인수조합에 매도했다.[33] 최초 시공자가 모스였기

〈그림 7〉〈그림 8〉 서대문역(왼쪽)과 서대문역 개통식(오른쪽). 미국인 모스가 시작하고 일본에 의해 완성된 경인선의 기종점을 이룬 역이 서대문역이다. 1905년 경부선이 개통됨에 따라 기종점 역으로도 이용되었다. 1919년에 패쇄되었다. (이상 출처: 『개항 이후 서울의 근대화와 그 시련(1876~1910)』, 서울특별시사편찬위원회 편저, 2002)

에 일단 경인선은 모스의 설계 그대로 진행되었다.

경인철도의 공사권을 확보한 일본은 경부철도 사업권도 장악하려 했다. 1898년 이토 히로부미(伊藤博文, 1841~1909)가 한성을 방문, 철도 부설에서의 일본 우선권을 강력히 주장했으며 그 결과 대한제국 정부가 그토록 수호하려던 경부선 사업권은 '경부철도합동조약'으로 일본으로 넘겨졌다. 이 조약은 대한제국과 일본이 합동으로 철도를 부설하고 공유함을 표방했다. 철도 부지는 대한제국 정부가, 부설 공사는 일본이 담당해 양국의 공유를 기본으로 한다는 것이었다. 또 대한제국 정부가 철도 낙성 15년 만에 철도를 전유하기를 원하면 공정한 가격을 평가해 매수할 수 있다고 언명함으로써 환수 의지를 표명하기도 했다. 일본은 일본철도조합을 설립하여 자본을 모으는 한편 1901년 영등포(永登浦)와 부산 초량(草梁)에서 각각 공사를 시작했다. 하지만 일본은 1903년 러일전쟁의 전운이 짙어지자 '경부철도합동'에서 대한제국 개입을 허용한 조항들은 무시한 채 공사를 진행했다.[34]

경의선 부설은 조금 다르게 전개되었다. 피브리유사 측은 경의선 부설권을 확보하기는 했지만 부설 사업을 추진하지 않았다. 부설권 획득 당시 피브리유사가 조선 정부와 맺은 조약에 의하면 3년 이내에 철도 기공을 하지 못하면 부설권을 정부에 반환하도록 되어 있었다. 철도의 빠른 부설을 촉진하고, 만약 공사가 진행되지 않으면 권리를 다시 정부에 귀속시킴으로써 최대한 대한제국의 자주권을 확보하겠다는 의도였다. 사실 피브리유사는 공사 착공에는 관심이 없었고 모스처럼 부설권 매각에만 매달렸다. 하지만 가장 유력한 매수자로 알려진 러시아조차 시베리아철도 부설에 총력을 기울이고 있어 매수 여지가 없었을 뿐만 아니라 부동항을 요동(遼東)반도에 건설하기로 청나라와 조약을 체결했고, 한반도와의 철도 연접은 경의선의 종착 지점인 의주가 아닌 원산으로 할 것을 원했다.[35] 물론 일본도 경의선에 큰 관심을 가졌다. 하지만 피브리유사가 제시한 매매 금액이 너무 컸기에 일본은 포기할 수밖에 없었다. 매매에 난항을 겪자 피브리유사는 경의철도 기공 기간을 연장해달라고 요청했지만, 대한제국 정부는 경의철도 부설권의 매각 움직임을 강력하게 항의하며 이를 거절하고 부설권을 환수했다.

경의철도 부설권을 돌려받은 후 대한제국 정부는 민간 사업자를 찾아 경의철도 부설을 시도했다. 민간의 박기종(朴琪淙, 1839~1907)과 정부 관료 이하영이 설립한 대한철도용달회사가 사업자로 선정되었다. 선정의 기본 조건은 외국인에게 이 경의선 부설 사업권을 매도하지 않는다는 것이었다. 하지만 이 회사도 공사비 모집이 어려워 사업권을 반환하고 말았고, 정부는 경의선을 직접 가설하기로 결정했다. 이를 위해 정부는 1900년 내장원(內藏院) 소속으로 서북철도국을 조직했고 철도 부설 기술진을 프랑스 인력으로 채웠다. 서북철도국은 선로 답사를 수행하는 한편 선로 사양을 비용 절감과 자주적 철로 부설을 내세워 협궤로 설정했다. 협궤로 정한 것은 일본인이 장악한 경인철도나 경부철도와 연접하지 않을 뿐만 아니라 러시아의 광궤와도 연접하지 않겠다는 의지를 표명한 것이었다. 또 노선 확정을 위한 측량 사업을 전개했고, 노선을 설계했다.[36] 1902년 서울~개성 구간 공사를 시작하는 한편 기공식도 개최했다. 이 기공식은 대외적으로 경의선은 대한제국 정부의 힘으로 자주적으로 가설할 것을 천명하는 기념장이 되었다. 공사는 여름철을 맞아 휴지기를 갖고 가을에 재개되었다. 이때 서북철도국은 일본과 철도 수용 괘선 구입 계약을 체결했다.[37]

서북철도국의 경의선 부설 공사가 원활히 수행되기는 어려웠다. 가장 큰 문제는 재원 부족이었다. 계상된 총공사비는 250만 원으로, 이 비용은커녕 1902년 필요한 자금인 30만 원을 마련하는 일조차 쉽지 않았다. 1902년 총 2.7km 공사를 끝으로 공사가 중단되고 말았다. 이 공사의 중단으로 러시아와 일본은 부설권을 둘러싸고 격렬하게 경쟁을 벌이기도 했다. 러시아는 시베리아선 운용 정책의 변화로 부동항을 경의선 상에 마련하기를 원했고, 일본도 중국으로의 진출을 도모했기 때문에 교두보로 경의선에 주목했던 탓이다. 러시아는 대한제국 정부에 공식 요청하는 방법으로, 서북철도 부설권을 가지고 있던 대한철도회사를 앞세워 차관 공여의 방법으로 접근했다.[38] 이에 대한 대한제국의 반응은 여전히 냉담했다. 경의선은 자력으로 부설할 것임을 다시 한 번 밝히며 의지를 확고히 했다.

그럼에도 불구하고 1904년 러일전쟁 전인 2월에 체결된 한일의정서(韓日議定書)에 의거, 일본군은 3월 경의선 부설을 강행함과 동시에 경의선 부설권마저 강탈했다. 군용으로 경의선을 부설하기 시작한 일본은 단지 13개월 만에 무려 528km의 철도를 부설하는 속성 공사를 시행했으며 1906년 4월에 완공, 용산에서 신의주 사이에 기차를 운행하기 시작했다.[39] 이미 일본철도조합에 의해 부설이 진행 중이던 경부선 역시 1904년, 속성으로 진행되었다. 러일전쟁 후 일본은 정부에 경의철도를 반납해야 함에도 불구하고 이를 무시하고 철로 복선화 작업을 개시하며 점유했다.[40]

4. 철도 공사 기술의 도입 노력과 굴절

'경부철도합동'은 대한제국 정부와 일본 정부가 합동으로 부설하고 공유함을 표방했다. 대한제국 정부는 경부선 부지 제공을 핵심으로 부설 과정에 참여함으로써 군수물자의 수송, 병사의 이동, 우편물 수송과 같은 국가통치에 필요한 교통수단을 무상으로 제공받으려 했다. 또 철도 건설 노동자로 한국인을 9할 이상 고용하게 하여 건설의 주체를 자국민으로 구성해야 한다는 조항을 못 박아 토목 기술 이전을 시도했다. 또한 외국인이 정거장에 거류(居留)하지 못한다고 규정함으로써 철도가 침략의 도구로 이용될 소지를 차단하려 했다. 하지만 대한제국 정부와 계약을 체결한 경부철도주식회사는 처음에는 이런 조항을 준수하는 듯했지만 종국에는 무시했으며, 더 나아가 이 회사의 모든 권리를 일본 정부가 관할함에 따라 그나마 이러한 조항들이 해체되었다.

이렇게 상황이 종료되었지만, 정부의 움직임은 민간에 큰 영향을 미쳤다. 우선 경부철도 부설 공사가 시작되자 민간에서는 정부 관료와 민간인이 합자해 철도회사들을 설립했다. 흥업회사(興業會社), 대한경부철도역부회사(大韓京釜鐵道役夫會社), 경성토목회사(京城土木會社), 경성북제특허제회사(京城北濟特許會社), 부산토목합자회사(釜山土木合資會社), 경부철도경상회사(京釜鐵道慶尙會社)와 한일 합자의 한일공업조(韓日工業組)와 같은 회사들이 10개 정도 세워졌다. 이들 회사는 주로 철도 공사에 필요한 나무와 돌을 포함한 철도 자재 공급과 노무자 동원을 목적으로 설립되었다.[41] 이들 회사 가운데는 일정 구간의 공사를 청부 맡은 회사도 있었다. 예를 들면 1901년부터 1903년 말까지 일본 민간 조합에 의해 경부선 공사가 진행될 때 영등포부터 진위(振威)까지, 초량(草梁)부터 밀양까지의 노선 공사에 경성북제특허제회사와 부산토목합자회사 등이 참여했다. 또 한일공업조는 직접 공사를 진행해 실적을 올리기도 했다.[42] 이때 동원된 역부들의 공사 실력은 양호했던 것으로 보인다. 일본 영사는 이때 고용된 한국인 역부들이 숙련된 실력으로 내빈들을 놀라게 했다고 보고했다. 마치 아동의 유희를 하는 것과 같이 권태롭지 않고 즐겁게 일을 한다고 지적하면서, "실로 다른 나라에서는 찾아보기 어려울 정도로 좋은 인부들"이라고 평가했던 것이다.[43]

또 철로 부설에 필요한 기술 인력 양성을 위한 철도학교들도 세워졌다. 이 학교들에서는 서양식 토목 기술을 습득한 기술 인력을 배출했는데, 사립 철도학교는 대한국내철도용달회사(大韓國內鐵道用達會社)의 사장을 교장으로 영입해 오는 등 졸업생의 사회 진출을 위한 교두보 마련에 힘썼고, 1901년에는 일본인 공학사 오오에 산지로(大江三次郎)를 초빙하여 철도 공업 교육을 실시하기도 했다.[44] 학생들의 사기를 진작시키기 위해 성적 우수자에게는 상을 주기도 했다.[45] 또 낙영학교(樂英學校)에서는 철도학과를 신설해 기사를 양성했고, 흥화학교(興化學校) 양지과(量地科)에서도 학생을 배출했다. 그리고 국내철도운수회사가 양성학교를 세워 학도를 모집하는 광고를 내기도 했으며 입학시험을 치르기도 했다.[46] 무엇보다 일본 철도학교를 졸업한 이철영(李喆榮)의 귀국 소식이 알려져 철도 기술 도입에 새로운 기원을 이룰 것으로 기대되었다.[47]

특히 철도 노선 신설에 중요한 역할을 하는 측량 기술과 관련해서는 이미 1898년 인력을 양성한 바 있다. 대한제국이 양전(量田) 사업을 추진하기 위해 정부 내에 양지아문(量地衙門)을 설치하고 미국인 크러멘(Raymond E. Krumen)을 초빙해 측량기술자를 양성했던 것이다. 양지아문의 규정에 따르면 산술과 외국어를 잘하는 사람을 뽑아 1년간 실습 위주의 교육을 시키며 성적이 우수한 자는 실습 중이더라도 현장에서 활동할 수 있게 기수보(技手補)로 임용했다.[48] 비록 양지아문의 측량기술자 양성 사업이 양지

사업의 부진으로 중단되었지만 측량이라는 분야가 새로운 근대 문물을 도입해 통치 기반을 개혁하는 사업의 기본이었기에 사립으로 설립된 흥화학교와 양지아문이 계약을 맺는 형식으로 기술자 양성을 위촉했다. 이 흥화학교는 7개월의 속성 과정을 1900년에 80명을 시험으로 선발해 운영했고, 곧 측량 관련 과목을 중학 과정으로 흡수해 가르쳤다. 이 학교의 수학 및 측량 교사는 일본 관비 유학생이었던 남순희(南舜熙)가 담당했다.[49] 이처럼 1900년을 전후해서 철도와 측량과 관련한 교육기관 및 회사 설립이 매우 활발하게 이루어졌다.

하지만 이런 분위기는 러일전쟁에 즈음해 바뀌기 시작했다. 공사에서 조선이 배제되었다. 이는 일본의 토건업 상황과 밀접하게 결부되어 있었다. 일본 토건업으로서는 조선의 철도 부설 공사가 돌파구였던 셈이었다. 1890년대 말 이래 일본의 토건업은 침체기로 접어들었고, 그 재활의 기회를 대한제국에서의 철도 공사에서 찾으려 했다.[50] 하지만 이런 기대가 공사 처음부터 충족될 수는 없었다. 대한제국의 강력한 요구에 의해 토목공사에 고용되는 노동자의 9할 이상을 한국인으로 해야 한다는 조항 6조가 일본의 적극적인 개입을 저지했기 때문이었다. 일본은 이 비율을 낮추려 함과 동시에 한국 토건회사와 합작을 적극 추진하는 방법으로 이를 타개하려 했다. 예를 들어 대한제국 토목회사들이 아직 근대 토목공학 기술이 미숙하고 자본이 부족하다는 한국의 약점을 활용하는 방식이었다. 이렇게 만들어진 회사들이 한일공업조, 부산토목합자회사 등이었다. 또 일본 토건회사가 대한제국 토건회사의 명의를 빌려 하청을 받는 형식으로도 경부철도 공사에 개입했다. 이런 회사들은 터널 공사 등을 주로 담당했지만, 이런 공사 진행 과정에서 적지 않은 물의를 일으키기도 했다. 한국인 역부(役夫)를 살해한다거나 무리하게 난공사(難工事)를 진행한다거나 하는 일들이 자행되었다. 이런 일로 문제가 발생될 때에는 일본 회사들은 한국인을 전면에 내세워 사건을 무마했다. 점차 시간이 지남에 따라 일본 측은 점점 더 '경부철도합동'을 무시했고, 심지어 일본인이 철도 수익금을 먼저 가져간다든가 한국인을 고용하지 않는다든가 하는 일들이 빈번해지면서 점차 공사 현장이 일본인의 독무대로 변하게 되었다.[51]

심지어 러일전쟁 직전 한반도의 철도 부설권이 일본에게로 집중되자 철도 부설 공사도 일본의 토건회사들이 독점해 더 이상 한국의 기술 인력과 토목회사들은 이 공사에 참여할 수 없게 되었다.[52] 러일전쟁 이후부터는 한국인을 노골적으로 배제했다. 경의선 복선 토목공사에서 국내의 토건회사 및 용역회사들은 더 이상 공사에 참여하지 못했고, 대신 건설 불황으로 곤란을 겪던 일본의 토목회사들이 진출해 독점했다. 이 복선 공사는 새로운 토목공사 공법의 시험장이 되었다. 예를 들면 가지마쿠미(鹿島組)가 담당한 증약(增若)터널은 착암기를 이용한 신공법으로 공사되었고, 세이요우샤(盛陽社)와 마쿠미(間組)가 각각 담당했던 청천강 교량 공사와 압록강 철교 공사에는 일본 토건업 사상 처음으로 잠함(潛函) 공법이 도입되었다. 특히 성현(省峴)터널은 터널 규모 자체가 거대했을 뿐만 아니라 공사를 보조하기 위해 스위치백을 설치하는 등, 새로운 공법을 도입해 일본 토건업계의 철도 건설사상 신기원을 이루었다. 성현터널의 조감도는 메이지(明治) 천황에게 헌상되기까지 했다.[53] 이런 토목공사에서 신공법 도입에 뒤따르는 엄청난 인명 피해는 고스란히 조선 인부들이나 러시아 및 중국 포로들에게로 돌아갔다. 적지 않은 인명 희생을 기반으로 얻어낸 새로운 공법을 토대로 일본 토목업계는 비약적 기술 발전을 이루었고 그 가운데 가지마쿠미 같은 회사는 세계 굴지의 토건회사로 성장하기에 이르렀다.[54]

그러나 공사 현장의 장악과 신공법 시험은 일본의 한반도 철도 강점의 부수적 이익에 불과했다. 일본이 한반도 철도를 장점한 것은 기본적으로 만주와의 연계를 위해서였다. 이는 철로 사양에 그대로 반영되어 있다. 철로 사양은 크게 광궤, 표준, 협궤로 나눌 수 있는데 광궤는 5피트(약 1.524m) 너비로 러시아의 시베리아철도가 채택한 사양이었다. 표준궤는 4.85피트(약 1.48m)로 영국이 가설한 중국의 경봉철도(京奉鐵道)가 택한 사양이었다. 협궤는 일본 내의 철로 사양으로 3.6피트(약 1.1m)로 좁았다. 처음 한반도에 놓인 경인철도는 1896년 7월에 반포된 「국내철도규칙」에 따라 표준궤로 정해졌다. 철로 사양을 동일하게 설계하는 것은 국경으로 이어진 나라와의 연접을 내포했다. 인접국과 연결을 원한다면 이 사양을 맞추어야 했다. 사양이 맞추어지지 않으면 철로를 연결할 수 없고, 철로가 연결되지 않으면 승객은 내려서 기차를 바꿔 타야 하며, 수송 화물 등은 모두 하역한 후 다시 실어야 했다. 절차가 복잡할 뿐만 아니라 넓은 공간과 환승 체계를 갖추어야 가능했다. 물론 국가 간 협의는 필수였다. 1880년대 초 철도가 가진 의미와 가치를 정관응이 소개할 때 언급한, 철도 부설 반대론자들이 지적한 군사적 염려와 불안이 바로 이 사양과 연결되어 있다.

경인선이 표준궤를 택해 공사를 했기 때문에 당연히 표준궤로 진행될 것이라고 여길 수 있다. 하지만 이를 결정하는 것은 단순한 문제가 아니었다. 대한제국이 주도적으로 경의선을 설계했을 때조차 러시아와 만주를 고려해 협궤로 정했던 것을 보면 여러 사안들이 동시에 고려되어야 할 문제였다. 일본 역시 마찬가지였다. 한반도의 철도에 대한 의미 설정과 관련해 일본 자체 내에서 군부와 자본가의 입장이 달랐기 때문이었다. 군부는 단지 병력 이동과 군수물자 운송을 담당하는 것으로서만 가치를 두었지만, 자본가 그룹들은 한반도의 경부선이 가지는 의미를 대륙과의 연결로 설정했다. 이런 입장 차는 협궤로 싸고 빠르게 부설할 것인지, 표준궤로 더 많은 비용과 긴 공사 기간을 투자할 것인지의 문제로 귀결되었다. 재정의 부족으로 일본 국내에서는 협궤로 철도를 부설했지만 한반도 철도의 가장 중요한 용도는 만주와의 연결이었기에 표준궤로 결정되었다. 한때 러시아는 시베리아철도의 지선으로서 한반도 철도를 염두에 두었기에 광궤로 정하라고 대한제국 정부에 압력을 가하기도 해 「국내철도규칙」을 개정한 일도 있었다. 하지만 일본은 이런 움직임을 놓치지 않았고, 미국과 연대해 강력하게 반발함으로써 다시 표준궤로 변형시켰으며 이를 「경부철도합동」에 명시했다.[55]

경부선 가설 공사에서 사용된 궤조는 75파운드(약 37kg)짜리였다. 처음에는 일본제 철강을 사용하려 했으나 제품이 좋지 않아 미국 카네기철강회사의 것을 사용했다.[56] 구배(勾配, 비탈길 100m에 대한 1m 높이)는 1/100을 표준으로 했으나 경제 사정상 1/80도 인정했다. 연결기는 중앙연결기를 채용했으며 제동기는 에어브레이크(Air Break)를 채택했다.[57] 철로 전체가 모두 표준식으로 부설되었기 때문에 차량도 여기에 맞추어 객차, 화차가 모두 크고 긴 보기(bogie)식이 이용되었다. 화물차는 1차량에 26톤의 짐을 실을 수 있었다. 우리나라에 처음으로 도입된 기차는 경인선에 투입되었던 미국 브룩스사 제품인 모걸(Mogul)형 탱크기관차, 즉 증기기관차였다. 이

〈그림 9〉 대한제국에서 운행된 최초의 기관차. 미국의 브룩스사에서 제작된 증기기관차이다. (출처: 『개항 이후 서울의 근대화와 그 시련(1876~1910)』, 서울특별시사편찬위원회 편저, 2002)

기관차는 3등급으로 구분된 객차 및 화물차를 끌었다.

철도의 사양 설계에만 일본의 의도가 내재되어 있는 것은 아니었다. 노선 설정에도 그대로 투영되었다. 경의선 일부 노선인 개경-서울 노선은 시간 부족으로 대한제국의 설계를 그대로 썼지만, 한반도에 놓인 철도 노선은 한반도의 국토 개발이나 지역 균형 발전과는 전혀 관련이 없었다. 노선 설정의 가장 큰 목적은 단 시간 안에 중국과 연계되고 최소한의 비용만이 투자되는 기간선을 확보하는 것이었다. 경부선과 경의선이 한반도를 종단하는 축이었다. 또 조선을 강점한 이후 일제는 서울-원산, 대전-목포 간 경원선, 호남선을 구축함으로써 목포부터 원산까지는 종관선을 확보했다.[58] 이런 노선 설계로 호남의 풍부한 곡식과 면화가 그대로 목포를 지나 일본을 잇는 유통로를 구축할 수 있었다.

더 나아가 철도 노선의 설정은 직접적으로 일본의 식민정책과도 연결되었다. 철도 부지를 대한제국 정부가 공여하기로 한 것을 철저하게 이용했다.[59] 그들은 철도 부지를 필요 이상으로 설정, 요구했고, 기존의 상업적·행정적 요충지와 관련 없는 지역을 지나도록 설계해 새롭게 부상되는 상업 지역의 땅을 일본에서 이주해 온 일인에게 싼 값으로 불하했다. 이런 정책에 따라 기존 상권과 행정에 의해 형성된 전통 중심지는 해체되고 일인 중심의 상권이 새롭게 조성되고 편성되었다.[60]

이와 같은 일본의 침략 논리가 투영된 경부선은 1905년 1월 1일을 기해 영업을 시작했다. 열차는 서대문과 초량 사이를 다니는 남행과 북행으로 나누어, 북행은 오전과 오후에 초량을 출발해 대전 또는 대구까지 운행하고 이튿날 서대문에 도착했다. 남행은 서울에서 출발하여 대전, 대구까지 운행하고 이튿날 초량에 도착했는데 남행과 북행 모두 약 30시간 정도 걸렸다. 급행은 하루에 한 번씩 운행했는데 10시간 정도가 걸렸다. 1908년 4월 1일부터는 부산-신의주 간의 매일 1회 왕복 급행열차를 운행했으며 26

시간 정도 걸렸다.

대한제국기 한반도에 가설된 철도는 경인선은 1899년 9월 18일 노량진-제물포 사이 33km가 완성, 영업을 시작해 1900년 6월 한강대교가 준공됨에 따라 11월 남대문까지 개통되었고, 경부선은 1905년 1월 1일 영업을 개시했으며, 경의선은 같은 해 4월 28일에 서울 용산-신의주 사이가 군용철도로 운행을 개시했고, 경의선은 1906년 청천강과 재령강 교량을 준공하여 전체 선로가 개통된 것으로 정리할 수 있다. 이렇게 놓인 철로는 대한제국의 산업과 행정상의 요구와는 별개로 일본의 논리에 의해 운영되고, 대륙 침략의 교두보로 작동했다.

2절

국지적 교통체계 전차의 도입과 한성의 변화

1. 한성 전차 부설과 운영

한성 시내의 전차 사업은 다른 경로를 밟았다. 광역 교통 체계인 철도가 일본의 대륙 침략 의도와 조선의 국부 유출을 중심으로 노선이 설계되었고 대한제국 정부가 철도 사업권을 지키려 노력해도 국제 관계상 쉽지 않던 사정과는 달리 한성에 놓인 전차는 비교적 대한제국 정부의 의도대로 운영되었던 것이다. 물론 전차 사업권 역시 러일전쟁 직전, 가설 공사부터 관여했던 미국인이 장악했지만, 노선 설계에 대한제국의 의도가 고스란히 투영되어 현저한 대조를 보였다.

한성에 전차가 가설된 것은 1899년의 일이었다. 국제적으로도 최첨단 교통수단이라 할 수 있는 전차가 대한제국에 가설된 일은 당시로서는 매우 획기적인 일이었다. 한성의 전차는 서대문에서 종로를 지나 동대문을 거쳐 청량리로 이어지는 선이 1차로 가설된 다음, 남대문에서 종로로 이어지는 노선이, 경인선이나 경의선의 기점을 잇는 노선이 부설되었다. 서양인들로서는 서양에서조차 흔치 않았던 전차를 조선이 자발적으로 전차 도입을 진행했다고는 생각할 수도, 믿을 수도 없었고, 믿고 싶어 하지도 않았다. 그래서인지 조선에서 활동했던 많은 서양인들은 대부분 콜브란(Henry Collbran)이 전차 도입을 고종 황제에게 건의해서 가설했다고 여겼다. 알렌의 집에 기거하고 있던 미국인 콜브란이 고종이 명성황후 왕릉으로 거둥할 때마다 10만 원 넘게 돈을 쓴다는 말을 듣고 비용 절약을 들어 고종에게 전차 가설을 제안함으로써 시행되었다고 믿은 것이다.[61] 심지어 콜브란이 "한성전기회사(혹은 한미전기회사)를 설립해 전차를 부설함으로써 동방에 문명의 탈것을 전파했다."고까지 생각했다.[62] 이런 생각들은 조선인이 자발적으로 첨단 문물을 도입했다고 생각할 수 없는 서구인이나 일본인의 구미에 맞는 일일지 모르지만, 사실과는 다르다. 당시 주한 미국 총영사인 알렌(Horace Newton Allen, 1858~1932)은 "……황제는 그의 수도에 전차 궤도 설비가 공급된 것을 보기를 오랫동안 기대해왔고, 특히 홍릉에 행차할 때 편리한 교통수단을 가지기를 원했다. 전차에 대한 구상은 전적으로 그에 의해 시작된 것으로 보인다……"고 미 국무장관에게 보고했다.[63] 또 콜브란이 전차 부설을 권했던 시점에도 주목할 필요가 있다. 능행에 필요한 금액 대부분은 도로 폭을 확보하기 위해 종로의 가건물들을 철거하고, 환궁 후 이 건물들을 재건하는 데에 소용되었다.[64] 하지만 당시 도로 사정은 이미 철거 및 재건 비용이 필요 없을 정도로 도로 폭이 넓게 개선되어 있었다. 이는 1896년 시행된 도시 개조 사업 결과였고, 이런 변화는 1897년 초 전차 가설 이전 모습을 묘사한 비숍(Isabella Bird Bishop, 1832~1904)의 글에 잘 나타나 있다.[65] 실제 한성에 전차를 가설하려는 계획은 이미 8년 전인 1891년에 제기된 바 있다. 고종은 1891년, 전철 부설과 운영에 대해 알렌 미국 임시대리공사에게 문의했고, 알렌 공사는 톰슨휴스톤전기회사(Thomson Huston Electric Co.)와 브러쉬전기회사(Brush Electric Co.)에 부설 의향을 타진하기도 했다.[66] 하지만 이 계획은 당시 조선 정부를 장악했던 원세개(袁世凱, 위안스카이)의 반대로 좌절되었다. 이 계획이 구현된 것이 1899년의 일이었다. 고종은 광무개혁(光武改革)으로 황제의 권한을 강화한 지 한 해 만인 1898년 대한제국의 황도인 한성에서 전기 사업을 주도하고 경영할 전기회사를 세워 전차 부설을 추진하게 했다. 고종 황제의 재정적, 행정적 지원에 힘입어 회사는 이듬해 전차 부설을 완공했다.

한성전기회사는 콜브란보스트위크상사(商社)에 전차 선로 설계부터 시운전에 이르는 전 과정의 공사를 책임지는 턴키(turnkey) 방식으로 전차 부설 및 발전소 건립을 청부했다. 완성된 후 운영과 경영은 공사 과정에서 발생한 부채의 저당권 설정에 따라 이 상사가 장악했다. 하지만 대한제국 정부는 청부 회사 및 경영권 위임 회사에 대한 적절한 회계감사를 통한 경영상의 전횡을 막지 못했고, 그 결과 자주적으로 전기 사업을 지속적으로 관리할 수 없었다. 심지어 콜브란 등은 부채와 경영상 누적된 적자를 들어 전기회사를 장악해 미국 법인의 한미전기회사로 전환하려 했다. 대한제국 정부가 완강하게 거부하고 저지했음에도 불구하고 러일전쟁의 전운이 감돌면서 미국에 조선의 보호를 촉구하기 위해 미국인 콜브란 등의 요구를 정부가 수용하지 않을 수 없었다. 이로써 전기회사는 한미전기회사로 전환되었고, 대한제국 정부는 한성에서의 전기 사업 주도권을 완전히 상실하게 되었다. 이런 전기회사를 둘러싼 경영상의 부침에도 불구하고 1899년부터 한성에서는 민간이 전기를 사용했고, 그 영향은 적지 않았다.

〈그림 10〉 활기찬 도시 거리의 전경. 전차선과 전신선이 복잡하게 얽혀 있다. 비록 인천 소재 상점의 간판이지만, 전봇대에는 간판도 걸려 있다. (출처: 『1901년 체코인 브라즈의 서울 방문: 체코 여행가들의 서울 이야기』, 서울역사박물관 조사과, 주한체코공화국대사관 공편, 2011)

2. 노선 설계와 식산흥업

대한제국 한성에 부설된 전차는 매우 실제적인 목적을 가지고 있었다. 그것은 '식산흥업'을 핵심으로 하는 광무개혁을 지원하는 일이었다. 또 일본 상권에 잠식당하고 있던 한성의 조선 상권을 보호하고 지원하는 일이었다. 조선후기 서울의 시전은 주로 용산, 마포와 봉래동, 종로와 동대문에 펼쳐 있었다. 백목(무명)상은 현재 종로 4, 5가, 청과상은 동대문, 해산물과 피혁상은 남대문, 지물포는 봉래동, 곡물과 직물상은 용산, 곡물 및 소금상은 마포에 있었던 것이다. 전국의 상품들이 뚝섬에서 마포에 이르는 지역을 일컫는 경강의 여객주인(旅客主人)들에게 넘겨지면, 여객주인이 이를 시전상인(市廛商人)에게 인도했다. 종로에 자리 잡았던 시전상인들은 이를 직접 서울의 소비자에게 판매하거나 소매업자 및 행상에게 판매하고 행상들이 최종적으로 소비자에게 판매하는 유통 구조를 형성했다.[67]

개항 이후 외국 상인들은 서울 시내에까지 침투해 들어와 이 구조를 교란시켰다. 예를 들면 일본 상인들이 전라도에서 대량으로 무명을 구입해 와 서울 시중에서 싼 값에 판매한 일을 들 수 있다. 이는 육의전(六矣廛)의 전통적 독점 매매권인 백목 상인의 권리를 침해하는 일로, 이때 서울의 무명상들은 큰 피해를 입었다. 하지만 정부가 외국인 상인을 상대로 이를 금지할 근거가 없었다. 조일통상장정(朝日通商章程)에 의해 일본 상인들의 상행위를 금지할 수 없었기 때문이었다. 이런 상황은 무명상에 한한 것이 아니었다. 다른 독과점 품목들 역시 큰 피해를 입었다. 독점권에의 도전은 특별히 일본 상인만 자행한 것은 아니었기 때문이다. 청나라 상인들은 더 심하게 전통적 유통 구조를 교란시켰다. 청과 일본의 상권 침탈이 점점 더 심해져 1890년에 이르면 서울 도성 안에 80여 호 청나라 상인들, 80~90여 호의 일본 상인들이 자리를 잡았고, 이들의 상권 침해로 육의전 상인들의 특권은 해체되기 시작했다. 급기야 1895년 을미개혁(乙未改革)으로 이 전통적 독점권이 공식적으로 폐지되었다.[68] 전통적 상업 특권의 폐해가 심각하지 않은 것은 아니지만, 외국 상권의 침탈로 폐지에 이르게 된 것은 곧 조선의 상권 위축을 의미했다.

따라서 대한제국 정부는 조선 상권을 보호하기 위한 정책을 펴지 않을 수 없었다. 전차 부설은 그 일환이었다. 이를 담당한 한성전기회사는 조선 상권을 중심으로 노선을 설계했다. 전차 노선은 용산-남대문을 지나 전통적인 상업 거리인 종로를 관통했으며 이 노선을 중심으로 서울의 상권이 다시 활기를 띨 수 있었다.

한성전기회사가 가장 먼저 부설한 종로선은 서대문으로부터 종로, 동대문을 지나 청량리로 이어지며 한성의 핵심 상권을 지났다. 용산선은 조선 초기부터 수상 교통의 중심지였던 용산을 기점으로 했다. 특히 용산나루는 열강의 요구에 의해 1884년 개항된 이래 서울의 관문인 동시에 새로운 교역의 중심지로 부상했는데, 이에 착안해 한성전기회사가 화물 운송을 주목적으로 용산선을 계획했다.[69] 한성전기회사는 이 선로 연장과 함께 화차 전용의 하역 시설도 갖추었다. 그리고 1900년 7월 남대문에서 봉래동과 의주로를 거쳐 서대문 밖에 이르는 선로가 개통되었다. 이 노선은 개성선의 종착지이며 경인선의 종착지인 서대문역과 연계해 승객과 화물을 운송하여 상품 수송을 원활하게 하려 했다.[70] 새로 만들어진 선혜창(宣惠倉) 역시 노선 설계에서 중요한 고려 대상이었다. 종로선의 연장인 남대문역은 옛 선혜청 창고 자리와 가까이에 있었고 이곳은 1896년 치도(治道) 사업에 의해 종로에서 철거당한 상인들을 위해 마련한 시장이었다. 이곳은 곧 서울의 중앙시장으로 자리매김할 정도로 발전했고 소매와 도매가 함께 이루어졌다. 또 중앙시장으로 발전할 수 있도록 남대문으로 향하는 전차 노선을 연계해 접근을 수월하게 해 상권을 강화시키려

한 정책도 유효했다. 전차 노선이 전통적 상권인 종로와 한강 하구를 연결함으로써 남대문시장은 서울의 중요한 상권으로 발전할 수 있었다. 남대문시장은 최초의 도시 상설시장이자 중앙시장으로, 대한제국의 황도 정비 사업과 상공업 진흥 정책의 추진 의지와 결과가 드러난 예라고 할 수 있다. 1907년 한미전기회사에 의해 완성된 것으로 보이는 마포선은 서대문/봉래동을 거쳐 종로로 이어지는 유통로였다.[71] 이 노선은 용산에서 남대문을 거쳐 종로로 이어지는 노선보다 많은 상품 수송을 담당했는데, 이 노선과 연결되는 경인철도 경성정거장, 동대문과 마포의 전차 종점은 마포-서대문-종로-동대문으로 이어지는 축선을 강화했다.[72] 이 전차 노선으로 일본 상인들이 남대문-진고개로 이어지는 상권을 확장하기가 어려워져, 전통적 상권이 중심이 된 서울 내의 유통 구조가 보호되었고 대한제국의 대표적 상권이 재부상할 수 있었다. 전차가 중심이 된 교통망이 이런 효과를 냄으로써 상공업 진흥을 도모하는 정부의 정책에 기여했던 것이다.

3. 전차에 의한 근대 사회의 학습[73]

철도와 전차가 운행됨에 따라 대한제국 백성들은 근대 교통 체계를 학습하고 이에 적응하기 시작했다. 대량 수송을 전제로 한 근대 교통수단에 적응하는 과정은 쉽지 않았고 그 과정에서 발생하는 마찰과 오해도 적지 않았다. 특히 인구밀도가 높았던 한성에서 운행되는 전차는 적지 않은 문제를 파생시켰다. 가장 큰 문제는 대부분 전차에 의한 교통사고와 관련되었다. 한성 전차는 1904년까지 심심치 않게 교통사고를 냈다. 1903년만 하더라도 모두 9건의 전차 사고가 발생했고 5명이 사망했다.[74] 탈것에 의한 피해라야 고작 말에서 떨어지거나 말에 차이거나 당나귀의 고집에 짐이 쏟아지는 정도에 불과했던 당시 사람들에게 탈것이 사람을 쳐서 일어나는 살상(殺傷) 사고는 참혹하고 당혹스러운 일이 아닐 수 없었다. 가장 먼저 일어난 사건은 개통된 지 얼마 되지 않아 어린아이가 전차에 치어 죽은 일이었다.[75] 일인 운전수는 사고를 수습하지 않고 도망쳤고, 이를 보고 놀란 아이의 아버지가 도끼를 들고 달려들어 전차를 부수었다. 주위의 군중들 역시 거세게 항의하며 전차를 부수고 불태워 2대의 전차를 파괴해버렸다. 이 사고를 보고 서양인들은 "부상자가 생기면 지각없는 군중들은 난동과 소란을 피워 전차를 파괴하고 교통을 방해"한다고 평했다.[76] 미국의 서리공사 샌즈(W. F. Sands)는 "전차 사고는 미국의 대도시에서는 매일 일어나며 이집트 같은 곳에서는 철도를 운행한 지 첫 일주일 동안 50여 명의 사상자를 냈다."고 하면서 이에 비하면 "서울에서는 단 한 건의 사고밖에 없었으므로 이는 콜브란 등이 전차 운영을 오히려 잘 한 증거"라고 주장했다. 더 나아가 그는 전차를 파손한 범인들을 색출해 엄벌하라고 정부에 요구하기도 했다.[77] 하지만 이런 교통사고는 서양에서조차 무서운 사건으로 받아들여졌다. 기술 진보의 전시장이었던 1881년 파리만국박람회에서조차 전차에 노인이 치어 죽은 사건이 발생하자 다음 날로 전차 선로를 폐쇄하고 전차를 치워버렸으며, 10년이 지나서야 비로소 전차 가설을 다시 제안할 만큼 이 사건은 심각하게 받아들여졌다.[78]

조선에서도 전차 사고는 공포였다. 사람이 죽는 교통사고는 처음이었고, 심지어 아무런 사후 조처도 취해지지 않는 무책임한 일도 드물었기 때문이었다. 여기에 사회 불만까지 더해졌다. 1899년은 정부 차원에서 기우제를 지낼 정도로 가뭄이 심했는데, 이 가뭄이 "용허리에 해당하는 부분을 끊고 동대문발전소를 세웠기 때문"이라거나 또는 "전신이 비를 오지 않게 한다."거나, "전차의 굉음에 비가 달아났다."거나, "전깃줄이 귀신을 성나게 만들며 만물의 자연적인 질서를 방해한다."는 식으로 전차와 발전기, 전기선에 의한 것이라는 소문이 나돌았다.[79] 이런 유언비어는 전차 사건으로 촉발된 분노의 분위기를 더 격화시켰고, 모든 말썽의 근원인 동대문발전소를 부숴버리자는 움직임을 부추겼다. 전기회사 측에서는 발전소 둘레에 철조망을 치고 600볼트의 전류를 흐르게 해 만약의 사태에 대비하기도 했다.[80]

이런 소동으로 당대 미국 저널들은 조선인이 전차를 '악마의 차'로 받아들였다고 보도했다.[81] 하지만 전차를 '악마의 차'로 받아들였다는 기사들은 조선 사회에서 전차를 둘러싼 다양한 층위의 감정이 이 사건을 계기로 동시에 표출되었음을 인지하지 못한 것이었다. 그 가운데 먼저 들 수 있는 것은 전차 운행으로 가장 큰 경제적 타격을 입은 인력거꾼의 반감이었다. 그들은 조직적으로 전차 운행을 방해했다. 여기에 무당들의 신문물에 대한 적대감도 가세했다. 그들은 1900년 이래 순조롭게 진행되는 우두 접종으로 천연두 환자가 많이 줄어들어 천연두 환자라는 중요한 고객들을 잃었다. 그들의 상실감이 신문물 공격으로 나타났다. 또 반일 분위기도 작용했다. 1895년 을미사변(乙未事變) 이후 대일 감정이 악화되었는데 일본인 운전사의 무책임한 도주는 반일 감정을 폭발시켰다. 민족적 감정이 전차에 표출되었던 것이다. 또 당시 경제 및 정치 상황에 대한 불만 역시 전차 사건에 덧붙여졌다. 당시 〈제국신문〉에 의하면 첫째, 가물고 물가가 뛰어서 백성들이 살기 어려워지고 있다는 점, 둘째, 정부가 이런 정황을 살피지 않고 무관심하다는 점, 셋째, 밤낮 사업만 벌인다는 점, 그리고 넷째, 공평하게 일 처리하는 관리들이 없다는 점과 같은 누적된 불만이 이 사건으로 분출되었다는 것이다.[82] 백성들의 분노는 대부분 민생을 돌보지 않는 정부의 무관심에 대한 것이었고, 이 분노는 자신들을 돌보지 않는 정부가 벌이는 사업으로 향했던 것이다. 이런 여러 가지 요인으로 근대 사업으로 대표되는 전차가 표적이 된 것이지 전차가 '악마의 차'이기 때문에 파괴된 것은 아니었다. 이런 사건들이 있었음에도 전차의 운행이 오래 정지된 것은 아니었다. 오히려 한성부의 전통 상권에 활기를 불어넣었고 일본인들의 상업 지역 확장을 지연시켰으며 한성부의 모습 자체를 쇄신시키는 데 주도적 역할을 담당한다는 긍정적 관념이 만들어져 전차는 인기 있는 운송 수단으로 수용되었다.[83]

중요한 운송 수단으로 자리 잡으면서 전차는 근대 사회의 일상을 한성에 가져왔다. 전차가 태생적 사회 신분 해체를 주도한 것은 아니었지만 이를 가속시켰다. 탈것의 이용은 비용의 문제였지 더 이상 신분의 문제가 아니라는 생각이 널리 받아들여진 것이다. 차비가 감당이 되면 신분이 낮아

〈그림 11〉 전차에 오르는 승객들. 전차로 인해 양반들은 신분의 해체를 경험해야 했다. 요금 지불 능력으로 탑승객을 구분했다. (출처: 『개항 이후 서울의 근대화와 그 시련(1876~1910)』, 서울특별시사편찬위원회 편저, 2002)

〈그림 12〉 전차의 승객들. 전차에 남녀가 함께 승차함으로써 조선을 지배했던 중요한 관념인 남녀 내외가 해소되기 시작했다. 전차에 탄 여성은 쓰개치마를 쓴 상류층 여성이다. (출처: 『개항 이후 서울의 근대화와 그 시련(1876~1910)』, 서울특별시사편찬위원회 편저, 2002)

도 상등 칸에 탈 수 있고, 차비가 없으면 아무리 고귀한 신분이어도 전차나 기차를 탈 수 없었다. 또 남녀에게 부여된 전통적 경계를 와해시키는 데에도 기여했다. 집 안 깊숙한 곳에 머무르며 긴 장옷으로 얼굴을 가린 채 조심스럽게 다니거나, 담 위로 거리의 풍경을 훔쳐보던 부녀자들이 대로에 나서기 시작했고, 전차에 힘입어 이동 범위를 넓혔다. 상·하등 칸으로만 구분되는 전차를 이용하다 보니 남녀가 같은 칸에 타거나 심지어 옆자리에 앉는 일도 생겨났다.[84] 이런 일들이 전차에서 일상적으로 벌어짐에 따라 전통적 '남녀칠세부동석'이라는 사회적 금기가 허물어지기 시작했던 것이다.

또 한성 사람들은 전차 운영으로 오락거리를 가지게 되었다. 전차 그 자체가 오락거리였다. 개통 당시의 일화들은 이를 단적으로 보여준다. 전차 개통일은 전통적으로 휴일이었던 4월초파일(음력)로 놀러 나온 사람들이 많아 거리는 매우 붐볐으며, 그들 가운데 많은 사람들이 전차를 구경하기 위해 몰려들었다. 전차는 이 인파로 여러 번 멈춰야 했고, 그 때문에 종로에서 동대문 가는 데 1시간이나 걸렸다.[85] 그밖에도 전차의 인기를 알려주는 일화는 적지 않다. 강원도에서 서울박람회를 구경 온 광부들은 전차를 타고 전 노선을 다섯 번씩 왕복했다고도 하고, 전차가 처음 개통되었을 때 27번 탄 사람도 있었다는 이야기가 평양에서 떠돌기도 했으며,[86] 전차를 타기 위해 생업까지 쉬거나, 전차를 내리지 않고 서대문, 청량리를 몇 번이나 오고간 사람들에 대한 이야기, 그리고 멀리 지방에서 전차를 타러 오는 사람, 심지어 전차를 타느라고 파산한 자가 있다는 소문도 있었다.[87] 이 반응은 조선인들이 전차를 편리한 대중교통수단으로서보다는 흥미롭고 신기한 오락 기구로 바라보았음을 보여주는데, 이는 전차를 가설하기로 했을 때 어느 정도 예견된 일이기도 했다. 또 시간이 지나면서 한성 부민들이 전차를 타고 한성 외곽으로 놀러나가기 시작했다. 여름 저녁에 홍릉으로 향하는 전차를 타고 노래 부르며 소풍을 즐기러 다녀오는 일도 잦아졌던 것이다.[88] 이제 전기로 인해 상류층의 전유물이었던 오락과 여흥이 일반 백성들에게도 보편화되기 시작했고 한성은 명실공히 대한제국 문화의 거점이 되었다.

전차는 또한 한성부 생활에 규칙성을 제공했다. 근대 일상의 가장 뚜렷한 면모 가운데 하나는 시각표에 의한 규칙성이다. 물론 규칙적 시각 운영이 전통 사회에서 아예 없었던 것은 아니었다. 하지만 관공서를 제외하고는 적용되는 공간이 많지 않았다. 시각표에 의해 운행되는 전차와 기차는 이 규칙성의 학습을 확장했다. 이를 이용하기 위해서는 일상적으로 규칙적으로 운영되는 시각표를 학습해야 했던 것이다. 이 '규칙적'인 시간표 체계는 전통의 부정시법(不定時法)에 의거하지 않았다. 밤과 낮을 가르는 기준으로 일몰이나 일출을 삼아 계절에 따라 밤 시각의 길이가 달라지는 부정시법을 따르지 않고 일률적으로 하루를 24시각으로 나눈 서양의 시각 체계를 따랐다.[89] 전국의 화제가 된 전차는 인력거나 자전거에 비하면 그리 비싸지 않은 값을 내고 탈 수 있는 공중의 것이었다. 전차로 인해 한성 부민들은 이동의 자유를 확보하게 되었고 이동의 범위도 넓어졌다. 넓어진 것은 공간만이 아니었다. 기차도 마찬가지였지만 1899년도부터 운행되었던 전차는 특히 빈번하게 시간에 신분의 귀천이 없음을 보여주었다. 양반이라고 기다리지도 않았다. 전차를 타기 위해서는 시간에 맞추어 전차가 있는 곳까지 와서 전차가 올 때까지 기다려야 했다. 이는 양반이거나, 관원이거나, 경제적 여유가 있거나 없거나에 상관없이 모두에게 적용되는 규칙이었다. 물론 전차 운행 초기에는 타고자 하는 사람이 전차 선로 근처에서 손을 흔들면 태워주기도 했지만, 이 방식이 지속되지는 않았다. 1899년 8월 중순 미국인 운전수와 기술자들이 내한하여 전차 운행을 재개하면서 전기회사는 종로와 같이 중요한 위치에 매표소와 정거장을 신설하고 일정한 운행 규칙을 만들었던 것이다. 따라서 전차를 타려는 사람은 반드시 시간에 맞추어 전차 정거장에서 기다려야 했다. 이런 전차 운행은 모든 사람들에게 적용되는 규율이 있다는 사실을 학습시켰다.[90] 이런 전차의 규율로 한성 부민들은 1894년 갑오개혁(甲午改革)으로 혁파된 신분제를 생활에서 직접 느낄 수 있었다.

근대 교통 체계를 학습하면서 정해진 시각의 약속을 믿게 되었고, 이는 일상에도 적용되었다. 하지만 이 일상에 적용된 규칙 시각표와 관련한 실수에 따른 폐해는 적지 않았다. 한성 부민에 의한 실수가 아니라 운영자에 의한 시각 약속 불이행이 주로 사고를 일으켰음에 주목할 필요가 있다. 그 사고는 주로 늦은 밤 혹은 이른 아침, 전차가 다니지 않기로 한 시각에 일어났다. 특히 외국인 선교사들은 이 사건을 빌미로 조선인의 야만적 수면 습관을 조롱했지만, 그것의 본질은 근대적 시각표의 규칙성을 조선의 일

〈그림 13〉 전차 정거장에서 전차를 기다리는 사람들. 전차를 타기 위해서는 매표소에서 표를 구입하고 시간에 맞추어 오는 전차를 기다려야 했다. (출처: 『1901년 체코인 브라즈의 서울 방문: 체코 여행가들의 서울 이야기』, 서울역사박물관 조사과, 주한체코공화국대사관 공편, 2011)

상에 받아들인 결과였다. 대부분 밤에 일어나는 사고는 표면적으로는 전차 궤도를 마치 목침 삼아 베고 자는 조선인의 새로운 풍조에 의해 일어났다. 평양에서 서울로 올라왔던 닥터 홀은 이 사건을 기록했는데, 이 기록에는 1899년 첫 전차 운행의 날 벌어졌다고 되어 있으며 사건의 전말이 묘사되어 있다

> 그날 바로 첫 전차가 운행하는 날이었다. 이른 아침 유난히 짙은 안개가 전차 주위를 덮고 있어 승무원은 앞을 보기가 힘들었다. 전차는 그만 철로를 베게 삼아 잠자고 있던 여러 사람들의 머리 위로 지나가고 말았다. 이 순간 그들의 목은 잘려 나가버렸다. 잠시 후 해가 떠오르고 안개가 걷히자 참혹한 광경이 드러났다. 커다란 소요가 일어났다. 광폭해진 군중들은 운이 나빴던 승무원을 공격하고 전차까지 전복시킨 후 불을 질렀다.[91]

하지만 이 기록은 닥터 홀이 사건을 재구성한 것으로 보인다. 먼저 이 사건은 적어도 전차가 처음 운행한 날 일어나지 않았기 때문이다. 첫 전차 운행은 초파일을 기해서 시작되었고, 그해 조선의 초파일은 5월 중순(5월 13일)에 들었으며, 이즈음은 밖에서 잠을 자야 할 만큼 덥지도 않고 오히려 새벽녘에는 서늘한 날씨이다. 이를 미루어본다면, 전차로 인해 머리가 잘린 사건은 다른 사건과 혼동했을 가능성이 크다.

하지만 이런 사건이 아예 없던 것은 아니었다. 비슷한 사건이 일어난 것은 1901년 8월이었다. 딱딱한 데다 서늘하기까지 한 전차 궤도는 상투 튼 남정네들에게 그리 나쁜 베개는 아니었다. 전차 선로 주변에 사는 사람들은 전차가 다니는 시간을 알고 있었고, 막차가 지나간 후에 비로소 돗자리를 들고 철도 주변으로 모여들어 잠을 청했다. 하지만 그날따라 전차 점

검이 늦어져 막차가 뒤늦게 출발했고, 심지어 늦어진 시간을 만회하기 위해 어둠 속을 빨리 달렸다. 밤이 늦었기에 운전사는 주변 주민들이 깰까 봐 경보종을 울리지 않았고, 따라서 궤도를 베고 잠이 든 두 사람이 미처 피할 시간이 없었다. 이 일을 두고 알렌은 "해를 입은 측이 비난받아야 한다."고 단언했지만, 이 사건은 시간을 제대로 지키지 못했고, 규정 속도를 초과했을 뿐만 아니라 날이 더우면 철로를 베개 삼아 베고 자는 일이 알려졌음에도 경보종마저 울리지 않은 외국인 운전기사에게 전적으로 책임이 있었다.[92]

한성 부민들은 다시 무책임한 전차에 분노를 표출했다. 이 사건은 1899년 운행 초기에 있었던 전차 폭동을 무마하기 위해 미국에서 데려온 미국인 기관사들의 출동으로 진압되었다.[93] 다음 날 전기회사는 "선로는 사유재산이며 누구도 선로에서 잠을 자는 것을 허용하지 않는다."는 경고문을 전봇대에 붙였다. 하지만 한성 부민들은 이를 받아들이지 않았고, 전기회사가 야간 전차를 반드시 일정에 따라 운행하고 운행이 지연될 경우는 다음 날 아침까지 운행 정지를 약속함으로써 일단락되었다. 이 사건이 서구인에게 회자되는 교통사고의 전모이다. 궤도 베개 사건이 일상적으로 일어나는 일이 아니었으므로 이상하고 야만적인 수면 습관을 가졌다고 조선인이 조롱받을 일이 아니라 근대적 시간 체계에 익숙해져 일어난 사건이라고 평가할 수 있다. 시간에 맞춰 다니는 전차와, 그 막차의 운행이 언제나 같은 시간에 이루어지는 규칙성을 터득한 사람들이 궤도를 베고 편안하게 잠을 잘 수 있었기 때문이다.

성 안과 밖의 경계인 성벽은 전통적 시각의 해체를 주도했다. 서울의 성벽을 통과할 수 있는 8개의 문이 있었고, 이 가운데 언제나 닫혀 있는 숙정문을 제외하고는 종각의 파루(33번)와 인경(28번)의 종소리에 맞추어 문을 여닫았다. 철마다 타종 시간은 달랐지만, 대개 인시(새벽 3시에서 5시)에는 문을 열고 유시(저녁 7시에서 9시)에는 문을 닫았다.[94] 성문이 닫히고 나면, 누구든, 심지어 제중원(濟衆院) 의사인 알렌조차도 성을 드나들 수 없었다.[95] 하지만 전차가 부설되면서 전차 궤도가 성문을 지나가버렸기 때문에 성문은 의미가 없어졌고 통행금지도 유명무실해졌다. 전기회사는 1900년 4월 9일부터 비와 눈이 오지 않는 한 밤 10시까지 연장하여 운행함으로써[96] 남성 모두 성 안팎을 드나드는 밤 나들이를 할 수 있게 되었다.[97] 이는 또한 남자들이 밤에도 거리를 활보할 수 있게 되었음을 의미했고, 이는 활동 시간이 연장되었을 뿐만 아니라 시간 운용 방식에 획기적인 변화가 생겼음을 내포했다. 전차의 정기적인 운행은 시간 운용의 또 다른 변화를 야기했다. 전차는 정거장을 두어 규칙적으로 정차 및 발차 시간에 맞추어 운행했다. 이런 규칙성의 확보는 한성 부민들이 근대적 시간 체제, 즉 시간표에 의한 생활로 진입했음을 보여주는 일이었다.

이처럼 역원을 대체하며 도입된 새로운 근대 교통 체계는 조선 사회를 변화시켰다. 또 국지와 광역에 따라 사회적 기능이 달랐다. 이런 차이는 그것이 가지고 있는 속성에서 기인한 것이 아니라 새로운 기술을 적용한 사업 주도권을 누가 확보하는가에 따라 발생했다. 많은 투자비용이 투입되는 기간산업일수록 사업 주도권은 기술의 변용과 굴절에 더 큰 비중을 차지함을 근대 교통 기술의 도입 과정이 그대로 보여주었다.

제6장

통신 제도의 개혁 –전신을 중심으로

전신 기술은 1876년 조선이 개항한 지 불과 7~8년 만에 도입되어 새로운 국가 통신 제도의 한 축을 담당했다.[1] 조선에 전신이 소개된 것은 인류가 전기를 소통 수단에 활용하기 시작한 지 70~80년이 지난 이후의 일이었고, 그것도 실물이 아니라 청나라에서 번역한 한역 과학기술 관련 서적을 통해서였다. 이런 간접적인 방식으로 전신을 알게 되었지만, 조선의 위정자들은 전기를 이용한 통신 방식이 전래의 통신 방법과는 전혀 다른 차원의 기술이라는 점을 인지했다. 이 새로운 기술이 전래의 모든 통신 방법들과는 비교도 할 수 없을 정도로 빠르게 정보를 소통할 수 있게 한다는 점을 알게 된 것이다. 하지만 서양에서조차 이 획기적 통신 방식도 처음 개발되었을 때에는 사용 기기와 방식들이 번잡하고 불안정해 광범하게 사용되지 못했다. 이 문제를 해결하기 위한 노력이 지속되면서 전신 방식이 개량되었고 기기가 변형되었으며 새로운 관련 전기 이론들이 만들어졌다. 그 과정에서 모든 문자를 점과 선의 전기신호로 바꾸어 정보를 보내는 통신 방식이 등장하기에 이르렀다.[2] 모스(Samuel F. B. Morse, 1791~1872)가 개발한 이 방식은 전자석을 채용한 간단한 전신 기기와 전류를 끊어 점과 선으로 만든 부호를 이용하는 것으로 전신의 광범위한 확장과 발전을 이루는 단초가 되었다. 이 신호 방식의 개발 및 성공으로 극동의 조선에까지 전신 관련 소식이 전해지게 되었다.

조선 정부는 이 전신 기술을 도입해 고질적인 통신 제도를 개혁하고자 했다. 고종대 조선 정부는 전신 기술을 전통적으로 군사 및 행정 정보망 역할을 담당했던 역원과 봉수의 대체 근대 기술로 판단, 도입을 위한 작업에 착수했다.[3] 이 작업에는 정보 수집도 포함되었다. 개항 이후 외국에 파견된 사신들은 자신들에게 부과된 임무 이외에 전신 관련 정보를 확보해야 했다.[4] 이들이 수집한 정보들을 바탕으로 조선 정부는 전신 기술 도입 가능성을 모색했다. 전신이 신속하게 정보를 전달하고, 관리 운영도 번잡하지 않다는 장점을 확인한 조선 정부는 이를 도입하기로 결정하고 청국과 일본에 유학생을 파견해 전신 기술을 익히게 했다.

다른 대부분의 서구 문물 도입 사업처럼 조선 정부가 추진한 전신 사업도 원활하게 전개되지 못했다. 조선에서 영향력을 극대화하려는 청나라와 일본의 간섭과 압박이 통신 제도 개혁에도 개입했기 때문이었다. 이 두 나라는 경쟁적으로 조선의 전신 사업 주도권을 장악하려 했다. 이 두 나라에게 있어서 조선의 전신 선로란 조선의 정황을 전달받아 대책을 신속하게 마련케 하는 군사정보 통신망이었기 때문이었다. 실제 이 두 나라는 조선의 전신 사업 주도권을 장악한 바 있다. 빌미가 된 것은 1884년 갑신정변(甲申政變)과 1894년 청일전쟁이었다. 이 글은 이 두 나라의 조선 전신 사업에 대한 태도와 대한제국 정부의 전신 사업 전개 과정을 중심으로 살펴볼 것이다. 이를 통해 서양 문물 수용과 관련한 정부의 태도를 점검하고자 한다.

1절

조선에서의 전신 사업 전개와 확장

1. 전국 전기통신망의 구축과 이용

조선은 중앙집권 국가로 지방을 관리·통제하기 위해서는 교통과 통신망이 매우 중요했기에 역원과 봉수를 건국 초부터 정비해 운영했다. 이를 대체하는 근대 기술로 전신을 주목했고, 도입을 위해 노력했으며, 그 결과 다른 근대 문물 도입 사업들보다 빨리 진행되었다. 조선에 처음 가설된 전신은 1883년 부산과 나가사키 사이의 해저전선이었고, 육로전선으로는 1885년 가설된 서로전선(인천-한성-평양-의주)이었다. 이후 1887년 남로전선(서울-전주-대구-부산), 1888년 북로전선(한성-원주)이 가설되었다. 해저전선은 덴마크 대북부전신주식회사(大北部電信株式會社)가 일본의 중재로, 서로전선은 청나라가 가설·운영했지만, 나머지 두 전선은 조선 정부가 자력으로 구축하고 운영했다. 사업이 빨리 진행되기는 했지만, 조선의 전신 사업권 자체를 청나라가 장악했으므로 전신 사업과 관련해 조선 정부의 운신 폭은 매우 좁았다.[5] 따라서 이 시기에는 정부의 행정 및 군사정보 전달 체계로서 전신선을 운영할 수 없었다. 전국의 전신 선로에는 고작 10개 안팎의 전보사(電報司)만이 설치되었을 뿐이었다. 조선 전신 사업의 전권을 장악한 청국은 청나라로 정보를 전하는 서로전신선 이외에는 관심이 없었고 조선의 전신망이 확산되는 것도 허용치 않았다. 서로전선과 더불어 부득이하게 부설된 전신 선로를 최소한으로만 운영할 것을 허락했을 뿐이었다.

이런 사정이 변한 것은 청일전쟁 즈음이었다. 일본은 1894년 청일전쟁을 준비하며 조선에 군사조약을 강요했고, 전신선을 강점(强占)했다. 종전 이후 일본은 전신선 반환을 거부했고, 조선 정부는 이에 맞서 끈질기게 교섭하면서 매우 강력하게 반환을 요구해야했다. 그만큼 일본이 조선 전신권을 점유하려 집요한 공작을 전개했기 때문이었다. 청일전쟁 당시 일본이 조선과 맺은 '조일동맹'은 종전 후에는 효력이 소멸하는 것이므로, 일본은 조선 정부에 강력한 영향력을 지속적으로 행사하고 획득했던 사업권을 장악하기 위한 조약으로 대체하기를 원했다. 이런 의도로 마련된 것이 '일한조약(가칭)'이었고 전신 사업권에 대한 내용은 제6조에 명시되었다.[6] 이 조항의 핵심 내용은 일본이 군용 전신선을 영구적으로 관리할 권한을 유지한다는 것이었다. 일본이 이 조약을 제시한 것은 1895년 2월의 일이었다. 일본은 이 조약 체결을 거부하는 조선 정부에 5백만 엔 차관 공여를 빌미로 하는 회유도 서슴지 않았다. 하지만 이 조약은 국권을 내놓으라는 요구와 다름없었으므로 일본에 의해 집권한 박영효(朴泳孝, 1861~1939), 김홍집(金弘集)과 같은 친일 관료들마저도 이를 용인하지 못했다. 특히 일본이 철도와 전신을 독점하겠다는 조항을 도저히 수용할 수 없었다. 당시 조약을 담당했던 일본공사, 이노우에 가오루(井上馨)는 당시 조선 정부의 분위기를 일본 정부에 보고했다.

조선 정부 내에 국권과 국리를 주장하는 자가 많아서 철도, 전신 조약에 대한 저의 제안에 일치를 보지 못하고 있습니다. 그들과 이 조약을 체결하려면 강박 수단을 사용하지 않을 수 없습니다.[7]

강박의 수위도 "어지간한 위압"이 아니면 "철도 전신 조약은 희망하는 대로 결말을 맺기가 지극히 곤란"할 것이라고 보고했다.[8] 이에 대한 대책이 일본 정부 안에서 협의되고 있을 즈음인 1895년 4월 말, 조선에서 일본의 세력 판도에 큰 영향을 미친 삼국간섭이 선언되었다. 이를 계기로 조선 정부는 군사협정으로 강점당했던 통신 및 교통과 관련된 각종 사업권의 환수를 강력히 주장하기 시작했다.[9] 특히 전신망 환수는 정부가 총력을 다해 추진했다. 조선 정부는 아관파천(俄館播遷) 후 불과 1개월 만에 서로전선과 북로전선을 반환하라고 일본에게 강력히 요구했다.[10] 이에 따라 조선 정부는 서로전선을 돌려받았지만, 일본은 서로전선에서 가장 중요한 구간인 한성-개성 사이를 반환하지 않음으로써 서로전선을 여전히 통제하려 했고 조선 정부는 강력하게 항의했다.[11] 반환을 촉구하던 조선 정부는 전신선을 돌려받는 즉시 전신 업무에 착수할 수 있도록 훼손되고 절단된 서로전선을 수리하기 시작했다.[12] 이런 조처로 조선 정부는 4개월 후 개성-한성 구간과 북로전선을 돌려받자마자 서로전선의 사업을 정상적으로 재개할 수 있었고, 중국을 통과하는 국제 전신선과 연결해 국제 정보 교류도 가능해졌다.[13] 또 이듬해인 1897년 5월 계약이 만료된 일본인 고문관과 재계약을 거부함으로써 조선 정부의 전신 사업은 일본의 감시에서 완전히 벗어날 수 있었다.[14]

전신망을 조선 정부에 돌려줘야 했고 더 나아가 아관파천이라는 예상치 못한 정치적 국면에 봉착한 일본은 이 난관을 벗어나기 위해 러시아와 협상을 벌여 조선에서의 기득권을 인정받으려 했다. 그 결과 러시아와 '서울각서'를 약정하고 이를 토대로 양국 외상이 조인한 '로마노프-야마가타

의정서'를 1896년 6월 체결했다.[15] 이 '의정서' 가운데 제3조가 조선에서 일본의 전신 사업 권한을 러시아가 인정하는 것이었다. 러시아는 "일본 정부가 한국과의 통신을 용이하도록 하기 위해 현재 그 수중에 있는 전신선을 계속 관리"하는 일본의 전신 기득권을 용인했으며 그 대가로 일본으로부터 "서울에서 그들의 국경까지의 전신선 가설권"을 보장받았다.[16] 이 협상은 조선 정부를 배제한 채 철저히 비밀리에 진행되었다. 그리고 이 협상 결과를 바탕으로 일본은 대한제국 정부로부터 군용 경부전신선로를 철거하라는 지속적이고 강력한 요구를 거부하고 오히려 군용 전신선 보호를 목적으로 하는 헌병을 주둔시켜 항일의병들을 처형하는 불법을 서슴지 않았다.[17]

일본의 군용 전신선 불법 운영 저지에는 실패했지만, 조선 정부는 일본에 강점당했던 전신망을 돌려받을 수 있었다. 이를 위해 조선 정부가 특별히 노력했던 것은 1895년 전통적 역원과 봉수 제도를 혁파했기 때문이었다. 중앙정부가 지방을 관리하고 통치할 수 있는 수단이 없어져버려 국가 통신망 구축이 무엇보다 시급했던 것이다. 비록 우편제도를 신속하게 구축해 이를 대체할 것이라고 했지만, 제도는 미비했고 우편으로는 급한 업무들을 처리할 수 없다는 판단도 전신망의 환수와 수리에 집중하게 한 배경이 되었다. 특히 국경이나 해안에서 일어날 수도 있는 외침이나 전국 각지에서 벌어질 수 있는 민란에 대처하기 위해서라도 빠르게 정보를 전달할 체계가 필요했다.

2. 전신망 운영의 정상화 및 확장

대한제국 정부는 행정 중심지들과 개항장을 잇는 전신망 가설 및 전보사 신설 공사를 신속하게 진행하기 위해 재정 및 인력 투자를 아끼지 않았다.[18] 그 결과 전국적으로 전신 사업을 재개한 지 한 해가 지나지 않은 1897년, 기간 선로인 남로전선의 일부와 북로전선 그리고 서로전선이 완전히 복구되었다. 이 망을 연결하며 전보 업무를 수행하는 전보사도 복구되거나 신설되었다. 한성, 인천, 개성, 평양, 의주, 원산과 같은 기존 전보사들은 1896년에 이미 운영을 재개했을 뿐만 아니라 지금의 진남포인 삼화(三和), 무안과 같은 개항장의 전보사도 1897년 신설 직후 곧 업무를 개시했다. 그리고 창원, 성진, 경흥, 지금의 목포인 옥구와 같은 개항장들에도 전보사가 속속 개설되어 1900년에 이르면 전신 업무를 보는 전보사는 20여 개에 이르렀다.[19]

한성-원산의 북로전선은 1900년 말 종성까지 확장되었다. 이 확장으로 함흥, 북청, 성진이 연결되었는데 이들 지역은 주요 개항장일 뿐만 아니라 함경도 행정의 핵심 지역이기도 하며 러시아와의 연결이 가능한 한반도 최북단 지역이기도 했다. 이처럼 간선과 지선이 확보되어 1903년에 이르면 전신망은 조선을 종횡으로 연결하며 주요 행정, 항구도시를 이어 명실공히 국가행정 통신망으로 자리를 잡을 수 있게 되었다. 전신선로 지선 확장 사업은 1900년 통신원(通信院) 창설 이후 가속되었다. 전주와 대구, 부산-창원-진주, 평양-삼화와 같은 중요 행정 지역과 개항장을 연결하는 전신선들이 가설되었고, 또 전신 업무의 효율을 높이기 위해 남로전선 노선상의 중요 지역을 순환하며 연결하는 전신선이 신설되기도 했다.[20] 나아가 대한제국 정부는 전신 선로 공사를 진행하면서 이를 관리하고 운영할 전보사를 신설하고 기존 전보사의 등급을 조정하는 등 전보사 조직을 정비했다. 그 결과 1903년에 이르면 1등 전보사는 평양, 인천 등 15개, 2등 전보사는 개성, 공주, 금성 등 17개, 서울의 3개 지사, 그리고 이를 총괄하는 총사(總司)가 설립되었다. 서울에 설치된 3개의 지사까지 합쳐 모두 36개의 전보사가 동쪽으로 1,020리, 서쪽으로는 1,520리, 남쪽으로는 2,200리, 그리고 북쪽으로는 1,605리로 모두 6,355리의 전신 선로를 관리 운영했다.

통신원의 1904년도 사업 계획에 의하면 18개의 전보사를 더 신설할 예정이었다. 통신원은 종성, 황윤, 천안, 노성, 성주, 밀양, 직산, 아산, 전의, 연산, 진산, 금산(錦山), 영동, 금산(金山), 칠곡, 청도 등지로 전신망을 확장하고 전보사를 신설하기로 했는데, 이들 대부분은 호남으로의 전신 기간선을 확장함으로써 연결되는 지역이었다. 통신원은 이를 통해 곡창지대인 이 지역에 행정 통신망을 확보함으로써 이 지역에 대한 통제력을 강화하기를 원하는 정부 계획을 뒷받침하려 한 것으로 보인다.

대한제국 정부의 전신 사업 규모는 1904년 전신 선로 총길이는 6,400리, 전보사는 40개에 못 미치는 정도였다. 이 규모는 사업 시행 이래 20년이라는 시간이 지났음을 감안하면 발전이 매우 더딘 편이었다. 육로전신 가설 길이는 다른 나라, 특히 전신 기술 생산국과는 비교조차 할 수 없을 정도였다. 또 전보사 수만 하더라도 1899년에 독일과 미국은 20,000개가 넘었고, 우리나라보다 면적이 조금 큰 영국에도 10,000개 정도가 운영되었으며, 전신 기술을 수입한 일본조차 760개가 설치되어 전신 사업의 현업을 담당했음을 감안하면 비교할 수 없는 수준이었다.[21] 그러나 그 20년의 전신 사업 과정을 자세히 살펴보면 다른 이야기를 할 수 있다. 20년 가운데 오로지 6~7년만을 대한제국 정부가 전신 사업의 전권을 주도하고 독자적으로 운영했는데 이 기간조차도 일본의 끊임없는 방해가 존재했다. 이런 일본의 공작으로 대한제국 정부는 전신 기술 생산국에서 보이는 전보사의 사적 증설과 활용을 허용하지 못했고 외국과 자유롭게 전신 선로 연접

〈그림 14〉 제물포의 풍경. 전신선은 조선 전국의 풍광을 바꾸어놓았으며, 일상을 변화시키기도 했다. (출처: 『호주 사진가의 눈을 통해 본 한국 1904』, 조지 로스 사진, 이경희, 김은령 역, 교보문고: 호한재단, 2004)

도 이룰 수 없었다. 그럼에도 불구하고 대한제국 정부가 군사 및 행정 정보 통신망을 대체하기 위해 전신 선로를 확장하고 전보사를 증설하며 전신 사업을 지속적으로 확대함으로써 이루어낸 이 결과는 다른 서양 제국의 전신 사업의 발전에 버금가는 성과라고 평가할 수 있다.

3. 통신원 창설과 관리 규칙의 재정비와 경영

1900년 전신 선로 재구축 작업과 전보사 신설 작업이 순조롭게 진행되자 이를 관리해야 할 독립 부서의 창설이 요구되었다. 1894년 조선 정부 부서의 통폐합 정리 작업의 일환으로 전우총국(電郵總局)이 공무아문(工務衙門) 산하 부서로 귀속되었는데, 부서가 축소된 상태에서 전신 관리와 운영이 제대로 이루어지지 못했다. 심지어 1895년 공무아문이 농상아문(農商衙門)과 통폐합되면서 전신 관리 부서는 더 위축되었고, 전신선 관리는커녕 보수 작업마저 할 수 없게 될 수준으로 인력이 감소되었다. 하지만 전신 선로를 환수 받고, 전신 선로의 재구축 작업을 큰 무리 없이 진행하자 1899년 말 전신국은 지방 전보사 20여 개, 산하 관원 50~60명의 큰 부서로 성장하기에 이르렀다. 농상공부 소속 국(局) 산하의 일개 부서가 감당할 수 없는 수준으로 업무가 늘어났던 것이다. 이런 성장세를 반영해 1900년 3월, 통신망을 총괄하는 전신은 농상공부로부터 독립해 '원(院)'급의 독립 부서인 통신원이 창설되기에 이르렀다. 물론 통신원이 체신만을 전담하는 것이 아니라 선박 관련 업무까지 총괄하기는 했지만, 1894년 일본의 간섭으로 일개 부서로 전락했던 이래 1893년의 전우총국의 위상을 회복한 셈이었다.[22]

황제 직속 부서로 개편되면서 통신원은 단순히 정부 내 위상만 격상된

〈그림 15〉 새로운 통신 제도를 총괄하며 근대 통신망 구축에 성공했던 통신원. (출처: 『개항 이후 서울의 근대화와 그 시련(1876~1910)』, 서울특별시사편찬위원회 편저, 2002)

것이 아니었다. 통신원 총판(總辦)의 직위와 권한 역시 커졌다. 통신원 총판의 직급은 칙임관(勅任官) 1등으로 승격했고, 칙임관 3등 이하의 회판(會辦)을 신설해 총판을 보좌하게 했으며 농상공부협판(農商工部協辦)의 겸직 가능성을 열어두었던 조항도 완전히 삭제함으로써 독립성을 보장했다.[23] 통신원의 조직과 직제가 확장되고, 독립성이 확보된 일은 기능 및 업무가 재구성되었음을 의미했다. 이를 통해 내부 조직과 관할 지방 전보사의 정비 작업이 가능해져 조선의 전신 체계는 또 다른 도약을 기약할 수 있게 되었다.

대한제국 정부는 적지 않은 자금을 전신 사업에 투자했다. 전신 사업을 총괄했던 통신원의 사업비는 1901년부터 1904년에 이르는 동안 전체 대한제국 정부의 예산 가운데 4.4%, 4.9%, 4.3%, 4.5%를 차지했다. 이는 규모 면에서 보면 군부, 내부, 탁지부(度支部), 황실에 이은 다섯 번째 순위였고, 심지어 학부와 외부의 예산을 합한 정도의 규모이기도 했다.[24] 이처럼 큰 규모로 통신원 예산을 편성한 것은 전신망 구축을 통해 근대 행정 통신망을 갖추려는 고종의 의지에 의해서였다. 그렇다고 통신원 사금 사정이 좋았던 것은 아니었다. 당시는 정부 관원들의 월급조차 지급하지 못할 정도로 재정 상황이 나빴던 만큼 황실 재원을 모두 전신 사업에만 투자할 수는 없었던 탓에 만족할 만큼의 재정 지원이 이루어지지는 않았다.[25] 황실에서 점유했던 홍삼이나 인삼 전매 수입은 전신 가설 필요 자금에 미치지 못했고, 전매 수입 규모가 급격히 팽창한 1901년이 지나서조차 자금 사정이 나아지지는 않았다.[26] 따라서 통신원은 자체적으로 비용을 마련해야 했고, 이때 동원된 방법이 매관매직이었다. 통신원의 신규 채용 주사(主事)가 두드러지게 늘어났다. 매관매직으로 자금을 마련해 전신망을 확보하려 한 것은 국가의 행정 통신망의 구축이라는 국가 통치 차원의 필요, 대한제국이 내건 식산흥업을 위한 실질적 지원과 더불어 고종이 1880년대부터 가지고 있던 근대 전신망 구축에 대한 의지 때문이었다. 이런 고종의 관심과 열의에 힘입어 전신 사업은 우체 사업과 더불어 대한제국의 근대 문물 도입 사업 가운데 가장 규모가 크고 또 관리와 운영이 잘 되는 사업으로 자리를 잡을 수 있었다.

전보사 수입은 대한제국의 전신 사업 지원 정책에 힘입어 매달 증가했다.[27] 그 가운데 통신원 창설 이듬해인 1901년, 지방 전보사에 따라서는 연말에 수익이 연초보다 두세 배 가까이 늘어나기도 했다. 지방 전보사마다 수입 증감이 다르지만 1901년 대개의 지방 전보사 수입은 매월 전월 대비 5% 수준의 성장을 기록해 12월에 이르면 1월 대비 60% 정도 증가세를 보였다. 이러한 성장세는 전신 사업을 재개한 이래 꾸준했으며 심지어 1904년 러일전쟁의 발발로 전보국이 무단 점령당하고 일본 군부대로 전신 업무가 이관되는 과정 속에서도 지속되었다. 전시와 같은 비상시에 더욱 더 유용한 소통 수단임을 보여준 것이었다. 1902년 들어서 대한제국 통신 사업의 외형은 더 성장했다. 1902년 조선의 전신망은 6천 여 리에 달했고, 이를 운영하는 전보사는 30개에 이르렀으며 고용된 인원은 전전부(電傳夫)와 공두(工頭)를 포함해 480명에 이르렀다. 또 대한제국의 전신망을 통해 1902년에만 모두 약 20만 통의 국내 전보와 약 1천 통의 외국 전보가 송수신됐으며, 전신 중계료를 합해 모두 12만 원의 수익을 거두었다. 이해의 전신망 관리와 전보 사업 운영을 위한 경상지출이 12만6천 원이었으므로 손실 규모는 약 6천 원 정도에 불과했다.[28] 이처럼 전신 사업을 재개한 이래 외형이 성장한 만큼 전신 사업 실적도 점점 좋아져 해가 지날수록 손실 규모가 작아졌다. 이런 성장으로 신규 사업비를 위한 비용을 정부 예산에서가 아니라 통신 사업 자체 내에서 확보해야 한다는 필요성이 대두되었다. 이를 위한 방안 가운데 하나는 전신 요금의 인상이었다. 조선의 전신 요금은 20년 동안 한문만 약 100% 인상되었을 뿐 국문이나 구문(歐文) 전신 요금은 거의 인상 없이 유지되었다.[29] 이처럼 전신 요금을 인상하지 못한 데에는 낮은 요금으로 전신 이용자를 흡수하려는 일본의 경부(京釜) 군용 전신선이 존재했기 때문이었다. 그럼에도 불구하고 통신원은 1903년에 이르러 요금 인상을 단행했다. 전신 요금 인상의 효과는 곧 나타났다. 1903년 전신 요금을 인상한 바로 그해에 전신 사업에서 수입 총액이 지출 총액을 넘음으로써 전신 사업 사상 처음으로 순익을 기록했던 것이다.

대한제국 전신 사업의 수입 증가는 매우 중요한 사건이었다. 1903년의 통신원 예산을 보면 지출이 총 139,882원이었고 전보 수입이 171,580원에 이르러 전보 사업으로 인한 순익이 30,000원이나 창출되었기 때문이다.[30] 물론 이 순익 규모가 그동안 전신망 가설과 전보사 신설을 위해 쓴 투자액을 전부 환수하는 수준에는 미치지 못했지만, 대한제국 정부로서는 전신 사업을 본격적으로 재개한 지 불과 7년 만에 순익을 창출했으므로 매우 고무적인 일이 아닐 수 없었다. 대한제국의 전신 사업은 이제 단순히 행정 통신망으로서의 역할뿐만 아니라 경제적 이익을 제공하는 근대 이기로서 대한제국 정부가 목적한 바를 성취하기 시작했다고 평가할 수 있게 되었다.

4. 전신 전문 인력 집단의 형성

통신원은 설립 직후 전신망을 운영할 인력 양성과 우수한 인력을 확보하기 위해 한성전보총사(漢城電報總司) 소속의 전보학당을 재정비하기로 결정했다. 전보학당의 운영에 필요한 거의 모든 교수진과 재정을 총사에서 지원하는 총사의 부속 기관이기는 했지만, 학당과 관련된 모든 권한은 통신원이 장악하고 교육의 수준을 관리하기로 한 것이다. 전보학당의 초대 교장이라고 할 수 있는 한종익(韓種翊) 한성총사 기사는 1899년부터 이 학교를 맡아 운영하면서 '전무학도 규칙(이하 규칙으로 줄임)'의 구체적 내용을 설정했을 것으로 보이지만 막상 전보학당 교장으로서의 권한은 크지 않았다.[31] 그의 모든 권한은 최종 결정을 통신원 총판의 재가를 얻어야만 하는 제한된 것이었다.

〈그림 16〉 한성전보총국. 통신원은 한성전보총국 산하에 전보학당을 재정비해 전신 전문 인력을 양성했다. 그 결과 1905년 즈음 100명이 넘는 전신 기사 집단이 형성되었다. (출처: 『개항 이후 서울의 근대화와 그 시련(1876~1910)』, 서울특별시사편찬위원회 편저, 2002)

전보학당이 총사와 통신원으로부터 이중의 통제를 받게 된 점은 통신원의 기본적인 인력 양성 구도에 기인했다. 지방 전보사가 늘어날 수밖에 없는 상황에서 모든 전보사의 직원을 중앙에서 파견할 수 없다는 것을 통신원도 알고 있었다. 하지만 지방 전보사의 기술 수준에서 학도를 훈련시키는 것으로는 전신 기술의 향상을 도모할 수 없다는 판단 아래 먼저 한성 전보학당을 정비한 것이었으므로 굳이 총사로부터 학당을 분리시킬 이유가 없었고 이는 전보학당에 대한 이중의 통제로 나타나게 된 것이다.

통신원이 '규칙'을 새롭게 제정해 반포한 것은 지방 전보사의 전보 학도 선발과 양성을 제한해 일정 기간 전신 기술자 배출을 중앙으로 일원화함으로써 학도들의 기술 수준을 높이겠다는 의도에서 비롯된 일이었다. 이를 위해 통신원은 먼저 학도의 선발 방식을 정비했다. '규칙'이 반포되기 이전, 지방 전보사 사장의 천거와 통신원의 승인을 통해 전무 학도로 선발되면 해당 전보사에서 전신 기술을 훈련받을 수 있었다. 하지만 이렇게 선발된 학도들은 몇 가지 문제를 안고 있었다. 먼저 지방 전보사 사장이나 직원의 천거라는 선발 기준이 매우 모호했음을 들 수 있다.[32] 두 번째로 지적할 수 있는 것은 추천된 학생을 통신원이 승인하는 과정도 엄격하지 않았다는 점이다. 지방 전보사에서 행해졌던 학생 선발을 통신원은 대부분 승인했는데, 이는 지방 전보사에서 인력을 확보하는 방법이기도 했고, 중앙정부가 부족 인원을 제대로 충원해주지 못했던 탓이기도 했다. 중앙정부는 지방 전보사 사장의 천거를 반대할 명분이 없었던 것이다. 또 당시 통신원은 지방 전보사 학도에 대한 능력을 평가하는 분명한 승인 기준을 가지고 있지 않았으므로 학도 수만으로 통제할 수밖에 없었다. 이처럼 통신원은 '규칙' 반포 이전 전국의 지방 전보사가 실시한 학도 훈련을 완벽하게 통제하지 못했다. 그러나 '규칙' 반포로 지방 통제를 가능하게 했고, 지방 학도 선발 자체를 규제할 수 있게 되었으며, 전보학당은 독점적 위치를 확보할 수 있게 되었다. 이처럼 통신원이 '규칙' 반포를 계기로 지방의 학도 선발과 양성을 통제하고 중앙으로 일원화하려 한 것은 중앙과 지방 전보사의 교수 인력 상황의 차이 때문이었다. 통신원은 '규칙' 반포 직후부터 "각 지사에는 선생이 없으므로 (학도들을) 가르칠 수 없다."고 지적하며 지방 전보사에서의 학도 선발과 훈련을 강력하게 제지하기 시작했다.[33] 그리고 통신원은 한성총사 전보학당의 학도 선발 기준을 명확히 재정비했다. 기준의 근거는 '규칙'이었다. '규칙'에는 선발 학도의 연령과 선발 방식이 명시되어 있었다. 전보학당에 입학하려는 15~30세의 신체 건강한 사람들은 세 번의 시험을 통과해야 했고 시험 합격자들은 자신의 신원과 행동, 학업 과정을 보장하고 책임져줄 사람을 보증인으로 내세워야만 입학이 허가되었다.

전무 학도들이 공부한 내용은 근대 서양 과학이 대부분이었다. 전리학, 즉 전기학, 화학, 수학 등으로 이루어진 전신 기술 학도들의 교과목들은 기존 동양의 정성적이고 종합적이며 유기적인 지식 체계와는 달리 정량적이고 분석적이며, 모든 자연의 변화가 물질과 그것의 운동에 의한다는 기계적 자연관을 토대로 한 것이었다. 전신 학도들은 이전에는 별로 접할 기회가 없었던 매우 다른 구조의 서양 지식을 학당에서 습득해야 했다. 그리고 섬세하고 정밀한 근대 기계의 구조와 조립 방법도 익혀야 했다. 이 작업이 쉬운 일은 아니었지만 전무 학도는 전보학당에서 그 훈련 과정을 마쳤고, 관원 시험을 치렀다. 이렇게 구성된 전신 기술 관원들은 당시로서는 보기 드물게 서양 과학을 습득한 전문 집단으로 부상할 수 있었다. 또 정부는 조선의 전신 기술자가 만든 전신 수신기를 파리박람회에 출품할 정도로 새로운 근대 통신망의 한 축을 담당했던 전신 사업을 자랑스러워했다.[34]

5. 전신에 의한 일상의 변화

전신망의 확산과 전보사의 증설은 군사망과 행정 통신망의 확보라는 대한제국 정부의 목표를 실현하는 과정이기도 했지만 이는 부수적인 효과도 파생시켰다. 즉 민간인이 근대 통신수단인 전신을 좀 더 편리하게 이용할 수 있도록 하는 데에 기여했던 것이다.[35] 전신망이 수리되고 전보사가 늘어나자 민간인들은 전보사가 '관청'의 권위를 가진 곳이라기보다는 쉽게 접근할 수 있는 '이웃집'과 같은 곳으로 받아들여 전보사에 드나들기 시작했다. 전보사를 처음 개설할 때 호기심 많은 사람들은 이곳을 드나들면서 잡일을 돕기도 하고 심부름을 하면서 전보사 직원들과 친해졌고, 이런 친분으로 민간인들은 전보사 학도로 선발되는 인연을 만들기도 했지만 대부분 전보사를 신기하고 재미있는 곳으로 여기며 수시로 드나들었다.[36] 민간인들의 전보사 접근은 정보 누출이라는 부정적인 결과를 야기하기도 했지만 백성들이 전신을 더 많이 이용할 수 있게 하는 긍정적인 결과도 낳았다.[37]

그럼에도 불구하고 전신 사업의 지속적 전개와 발전을 위해서는 통신문의 비밀을 보장해야 한다는 인식이 형성되어야 할 필요가 있었다. 전신문은 이전의 서간과는 다르게 내용의 비밀이 지켜져야 한다는 점을 특징으로 했다. 전통 시대의 사신(私信)이야 사대부에 의해 유통되던 것으로 한문으로 쓰여 어느 정도 비밀이 보장될 수 있었고, 장돌뱅이나 보부상에게 맡겨진 백성들의 사신은 전달 자체가 중요한 목적이었던 만큼 내용 유출은 크게 문제되지 않았다. 하지만 근대 통신 기기가 옮기는 전신은 달랐다. 백성들의 전신 체계 적응 과정에서 파생된 정보 누출은 전신 사업 추진에서 가장 경계해야 할 일 가운데 하나였다. 특히 전신망은 정부의 명령 및 보고 통로였고, 전신 내용은 대외비 성격의 군사 및 행정 정보였으므로 통신원은 '전보사항범죄인처단례'만으로는 정보 누출을 막을 수 없었다. 비밀 유지를 위한 대책을 마련해야 했다. 통신원이 마련한 대책 가운데 먼저 들 수 있는 예는 민간인의 보방(전신 기기를 설치하고 전신 업무를 보던 사무실) 출입 금지 조치였다. 민간인이 보방에 들어가기 위해서는 반드시 전보사 사장 혹은 주사의 허가를 받아야 했고, 이를 어기고 무단으로 들어올 경우에는 '난입(亂入)'으로 규정해 벌을 받게 했다. 또 자신에게 온 것이 아닌 전보를 함부로 뜯거나 더럽혀 훼손시킨 사람도 태형이나 벌금형에 처한다고 규정했다. 정보 누설과 관련한 처벌은 민간인에게만 국한되지 않았다. 전보사 직원이 전보에 담긴 내용을 누설하면 민간인보다 무겁게 처벌받았다.[38] 민간인이건 직원이건 간에 정보 누출은 전신과 관련한 형벌 가운데 가장 중형이었으나, 민간인들이 자유롭게 전보사를 출입해야 전신 수입이 증가하고 또 전보사에 일단 들어오면 보방으로 진입하는 일이 어렵지 않았던 당시 전보사 건물 구조상 전신의 비밀을 보장하기란 쉽지 않았다. 또 전보사 사장이 직권으로 그들을 내쫓거나 난입으로 판단해 군사를 요청하기도 난감했다. 따라서 이런 상황을 감안해 통신원은 보방에 들어오는 사람을 막지 못한 책임을 전보사의 임직원들 모두에게 묻기로 하고, 이들을 중벌에 처할 것을 전제로 한 신칙을 각 전보사에 내렸다.[39] 이제 민간의 정보도 비밀이 보장되어야 한다는 생각이 형성되었고, 개인 사생활 보장이라는 전통 사회에서는 경험하지 못했던 개념이 자리를 잡기 시작했다.

민간에서도 전보를 이용하는 일이 늘었다. 비록 전신료가 싸지는 않았지만 소식을 전하기 위해 길을 떠나는 것보다 덜 번거로웠고, 사람을 보내는 것보다 훨씬 저렴했다. 심지어 빠르기까지 했다. 이제는 민간에서도 급한 소식을 전할 수 있었고, 심지어 늦게 전해졌다고 불만을 토로할 수도 있었다.

> 대구군 책실 윤성현 씨가 병이 나서 위급하게 되어 그의 아들 양지아문 학원 윤태범 씨에게 이달 14일 오후 10시에 전보하였는데 전보사에서는 16일 오전 10시에 전보하였다. 윤태범 씨가 즉시 출발했으나 도중에 부고를 듣고 임종하지 못하였다. 그래서 해당사 관리의 직무 태만에 분노하였다고 한다.[40]

소식 전달이 불과 하루가 늦어졌다고 불만을 제기하며 시정을 요구하는 일이 가능해진 것은 전통 사회에서는 볼 수 없는 일이었다. 이 전보사에서 업무를 담당하는 사람들은 국가시험을 거친 관원이었고, 전보사 역시 정부의 업무를 담당하는 정부 기관이었다. 그럼에도 전보사가 돈을 받고 대민 봉사를 제공하는 곳으로 알려지자 그들의 실수를 지적하고 비판하는 일이 시작되었다. 이처럼 민간이 이용하면서 정부 기구가 민간 봉사를 중요한 업무로 삼을 수 있다는 인식이 형성될 수 있었다.

물론 이 전보라는 근대적 통신수단이 민간에 정착되기 위해서는 적지 않은 시행착오를 필요로 했다. 연 날리는 계절이 오면 전신줄에 연줄이 얽히는 일을 막아야 했고, 전신줄을 끊어 훔쳐가는 일도 막아야 했다.[41] 심지어 전깃줄로 소식을 주고받는다는 소문을 들은 사람들이 전신선을 끊어 귀에 대어보려는 일이 생기기도 해 안전 교육을 실시해야 했다.[42] 이런 일들을 막기 위한 계몽과 지도도 전보사 직원들의 몫이었다. 또 전보사를 휴식처로 삼는 병졸들의 행패도 무마해야 했다.[43] 전보를 보냈는데에도 믿지 못하겠다고 돈을 다시 내놓으라 우기는 사람과의 실랑이도 담당해야 했다.[44] 전보사 직원들이 감당해야 하는 일이 적지 않았지만 이런 시행착오들을 통해 조선의 백성들은 전신을 학습했고, 근대 기술에 익숙해져갔다.

민간에서의 전신 기술의 효과는 백성들이 근대 기술을 경험했다는 것에서 그치지 않았다. 전신망이 확장되고 운영이 안정됨에 따라 대한제국의 신문사들은 전신을 매우 유용한 도구로 인식했다. 이미 1분에 400타 이상의 전신문을 보낼 수 있는 자동송신기가 1850년대 말 발명된 이후 서구 사회에서는 장문의 전신문을 주고받는 일이 어렵지 않게 되었으며, 그 영향은 신문사에도 미쳐 신문사가 '신속'을 중요한 과제로 삼게 되었고 조선도 늦었지만 이런 흐름에 합류하기 시작했던 것이다.[45] 국내 신문사들 역시 해외 소식을 전달받기 위해 외국의 통신사들과 기사 수신 계약을 맺었다. 가장 먼저 계약을 맺은 신문사는 창간일이 가장 빨랐던 〈독립신문〉이었다. 〈독립신문〉은 1897년 3월 6일 '외국통신'란에 "영국 전보국과 약정을 맺고 세계 정치에 상관되는 일을 매일 신문에서 볼 수 있게 할 것"이라면서 국제 정황을 신문을 통해 전해 들을 수 있음을 고지했다. 이후 국제 통신사와 계약을 맺어 국제 소식을 게재하는 일은 국내 신문의 중요한 일이 되었다. 1898년 8월 창간한 〈제국신문〉은 1899년 5월 런던 소재 통신사로부터 뉴스를 받기로 했는데, 이 일에 대해 〈제국신문〉사는 해외 통신사와의 계약으로 세계 각지의 소식을 직접 전송받아 신속하게 접할 수 있게 되어 국제사회의 움직임을 잘 알 수 있고 또 이로운 일은 먼저 취하고 해로운 일을 방지할 수 있을 것이라고 예상했다. 〈제국신문〉과 같은 해 창간한 〈황성신문〉 역시 한 해 늦기는 했지만 1900년에 로이터통신과 전신 수신 계약을 맺었다.[46] 〈황성신문〉은 그동안 "외국 사항에 전보를 직접 하지 못해 보도에 차질이 생겼던" 일을 해소하기 위해 로이터통신과 계약을 체결함으로써 해외 소식을 매일 신문에 게재할 수 있게 되었음을 알렸다. 당시 신문사들이 국제 통신사로부터 전신으로 소식을 받아보기 위해 지불하기로 한 금액은 한 달에 100원 정도였다. 이 금액은 당시 신문사 재정 사정을 감안하면 적지 않은 경비였으나 각 신문사들은 해외 통신사와의 계약 체결로 신문 요금을 인상하지는 않을 것이라고 밝혔다. 하지만 이 계약은 신문사들의 경영을 압박하는 요소가 되었고, 〈황성신문〉의 경우 "물가가 거의 배로 올라 그에 부득이 신문 가격을 개정"하지 않을 수 없다고 하면서 한 달 구독료를 2전 올릴 것을 고지하기도 했다.[47]

〈황성신문〉과 〈제국신문〉이 해외 통신사와 계약함으로써 외국 소식을 보도하는 속도가 매우 빨라졌을 뿐만 아니라 내용도 풍부해졌다. 1900년 1월 이전 〈황성신문〉이 다룬 외신보도는 미국과 필리핀의 조약 내용, 세계 철도의 가설 상황과 같이 굳이 빨리 다룰 필요가 없는 기사가 주를 이루었다.[48] 외신에서 다룬 국가들도 일본, 러시아, 청 등 인근 국가들이었다. 또 다룬 기사들은 사건 발생으로부터 보름 이상 지연된 것들로 보통 일본 신문 기사를 옮겨 싣는 수준에 머물러 있었다.[49] 또 '외신보도란' 자체가 없는 날도 드물지 않았다. 하지만 영국의 로이터통신과 계약을 체결한 후부터는 신문사 편집진이 외국 통신을 직접 접할 수 있게 되어 기사를 선택할 수 있는 범위가 넓어졌으며 이는 곧 신문 편집에 반영되었다. 전신망이 안정적으로 운영되자 외신 기사들을 받던 대한제국은 세계에 직접 소식을 전하는 뉴스 발신국의 하나로 편입되기도 했다. 1903년 12월에는 미국의 연합통신사에서 한국에 통신원을 두기로 결정해 통신원이 일본을 거쳐 도착할 것이라는 소식이 실렸다.[50] 조선에는 이제 외국 통신사의 통신원이 주재해 직접 사건을 취재해 전송하는 지역이 되었는데 이런 일은 안정적으로 전신망이 운영될 때에만 가능한 일이었다.

김학우(金鶴羽, 1862~1894)

김학우는 1880년대 조선 전신 가설과 전신 운영에 중요한 역할을 수행했다. 특히 그는 국문 전신 부호를 만들어 100여 년 지속된 우리나라 전신 이용의 역사에 큰 업적을 남겼다.

김학우는 1862년 함경도 경흥에서 태어났다. 본관은 김해이며 자는 자고(子皐), 토반 출신이었다. 어린 나이에 아버지를 잃고 어머니 손에 자랐던 그는 삼촌인 김인승(金麟昇)의 영향을 크게 받았다. 김인승은 전직 경흥부 관리로 고전과 시문에 능한 학자였다. 그는 크게 가뭄이 들었던 1871~72년경, 러시아령 니콜라스에 있던 300여 호의 조선인 마을로 이주했다. 이곳은 블라디보스토크에서 50리 정도 떨어진 곳이었다. 이때 김학우 역시 함께 옮긴 것으로 보이는데 그때 그의 나이는 8~9세 정도였을 것으로 추정된다. 김인승은 이곳에 학교를 세워 동포 자제를 가르치기 시작했다.

김인승은 1875년 5월 일본을 방문, 외무성의 '어고직원(御雇職員)'이 되었고, 1876년 조선과의 수호조약 체결을 담당했던 일본 특명전권 판리대신을 수행해 조선에 돌아오기도 했다. 하지만 이 조약 체결 후 일본인이 조선인을 무시하는 태도를 보이자 두 통의 진정서를 남기고 같은 해 4~5월경 니콜라스로 되돌아갔다. 김학우는 김인승이 귀환한 지 얼마 되지 않은 9월, 15살의 나이로 일본에 갔다. 이 일본행은 김인승이 주선한 것으로 보이는데, 김학우는 일본으로 가기 전 만주 길림성에 머무르기도 했다. 이때 중국어를 배웠을 것으로 추측된다. 김학우는 일본 사설 기관에서 무급 어학 교사로 일했다. 1876년 9월부터 1878년 4월까지 18개월 동안 그가 어떤 언어를 가르쳤는지 알려지지는 않았지만, 이때 일본어를 습득했다. 그는 중국어뿐만 아니라 일본어도 능숙하게 구사하는 수준이어서 조선 정부의 관원으로 일본과 청국을 오가며 임무를 수행할 수 있었다.

김학우는 블라디보스토크로 돌아온 지 얼마 지나지 않아 장박(張博, 1849~1921)을 만났다. 함경도 경흥 출신인 장박은 블라디보스토크 여행길에 김학우를 만나 큰 인상을 받았다고 했는데, 그가 1880년에 다시 블라디보스토크에 갔을 때 김학우를 찾았고, 그의 도움으로 자신이 정부로부터 부여받은 임무를 무사히 완수할 수 있었다고 정부에 보고했다. 그의 임무가 단지 국경 문제라는 것밖에는 알려져 있지 않지만, 업무 결과를 보고하는 과정에서 김학우의 존재가 고종에게 알려지게 된 것이다.

정부의 일을 했다고 해서 장박이 정부의 관원인 것은 아니었다. 장박이 중앙정부의 관원으로 등용된 것은 그 후의 일이었다. 그를 포함해 김학우 등 서북, 혹은 연해주 거주 조선인이 관원이 되기 위해서는 정부 관원 채용에 대한 제도 개혁이 선행되어야 했다. 이 작업은 1882년 임오군란 진압 후 고종의 인재등용에 관한 교서에 의해 이루어졌다. 즉 서북, 송도, 서얼, 의역, 서리, 군오(軍伍) 등도 능력이 있다면 현직에 등용하겠다는 고종의 의지가 표명된 교서가 반포된 것이다. 유능하지만 함경도민이라는 이유로 관원이 되지 못했던 장박이나 러시아로 이주한 김학우 같은 사람들을 염두에 둔 조치였다. 이 교서에 따라 이들은 곧 한양으로 올라왔다. 하지만 곧 등용되지는 못했다. 조정의 반대가 적지 않았던 탓이다. 그만큼 중앙정부로의 진출은 쉽지 않았다. 이듬해인 1883년 9월에야 비로소 장박이 박문국 주사로 임명될 수 있었고, 김학우는 좀 더 늦은 1884년 3월에야 기기국 위원으로 임명될 수 있었다.

김학우가 일하게 된 기기국은 무기 공장을 관장하는 정부 부서였다. 하지만 그가 담당한 업무는 따로 있었다. 전신 기술 도입 업무였다. 그는 관원이 된 직후 고종에게 제물포와 한성을 잇는 전신선을 가설할 것을 건의했다. 이 건의는 전신을 포함한 근대 통신 체계를 도입하고자 했던 고종에게 받아들여졌고 고종은 그를 일본 전신국에 파견해 필요한 기술을 습득하게 했다. 이때 그는 국문 모스 부호를 완성해 조선의 전신 가설에 대비하는 한편 전보학당을 세워 본격적으로 전신 기술자를 양성할 계획을 세우기도 했다. 그러나 그의 인천-한성 전신선 가설 계획과 전보학당 설립 계획은 갑신정변으로 무산되었다.

김학우는 국문 모스 부호를 전신선을 가설하고 운영하는 상황을 염두에 두고 만들었음에도 조선에 처음 가설된 서로전선의 사업 주도권을 청국 전보총국의 조선지부인 화전국(華電局)이 장악함으로써 이 국문 모스 부호는 사용되지 못했다. 국문 모스 부호는 1888년 남로전선에서 사용되었는데, 이는 조선 정부가 제한적으로나마 남로전선을 주도적으로 운영할 수 있게 되었음을 뜻했다.

김학우가 만든 국문 모스 부호는 한글의 원리를 그대로 이용한 것이었다. 국문 음절이 자음과 모음으로 구성되고, 한 음절 이상으로 단어가 이루어지는 점을 그대로 적용했다. 국문의 자음과 모음에 점과 선, 즉 길이 1 : 3 비율의 전기 신호를 배치했는데 각각에 해당하는 모스 부호는 〈표〉와 같다. 한 음절의 모스 부호는 각 음절을 이루는 초성, 중성, 종성의 소리에 신호를 순서대로 배치했다. 초, 중, 종성의 자음 혹은 모음 사이에 점 1개의 간격을 두어 초·

중·종성이 섞이지 않게 했다. 또 단어를 이루는 음절과 음절 사이는 점 7개의 간격을 두어 음절을 구분할 수 있게 했다. 예를 들어 “경성”, 즉 “ㄱㅕㅇㅅㅓㅇ”에 해당하는 모스 부호는 “·-··(·) ···(·) -·-(·······)---·(·)-(·)--·-”가 된다. 그리고 쉼표, 마침표를 포함한 구두점은 영문의 모스 부호를 따르는 것으로 정했다.

자음	ㄱ ·—··	ㄴ ··—·	ㄷ —···	ㄹ ···—
	ㅁ ——	ㅂ ·——	ㅅ ——·	ㅇ —·—
	ㅈ ·——·	ㅊ —·—·	ㅋ —··—	ㅌ ——··
	ㅍ ———	ㅎ ·———		
모음	ㅏ ·	ㅑ ··	ㅓ —	ㅕ ···
	ㅗ ·—	ㅛ —·	ㅜ ····	ㅠ ·—·
	ㅡ —··	ㅣ ··—	ㅔ —·——	ㅐ ——·—

〈표〉 국문 모스 부호(출처: “國文字母號碼打法”, 〈電報章程〉 23쪽을 재정리)

1884년 10월 일어난 갑신정변으로 1885년 1월 말 귀국한 김학우는 독자적 전신 가설 계획이 무산되었음에도 7명의 학생에게 전신 기술을 가르치는 등 조선 정부의 전신 사업 자주권 확보를 위한 노력에 참여했다. 그리고 7월에는 청과의 의주합동에 의한 서로전선의 가설 공사의 현장을 감독하기 위해 청국 기술자들과 함께 서로전선을 좇아 이동하며 현장 기술을 확보하기도 했다.

하지만 조선의 전신 사업에 처음부터 개입하며 기술을 습득했던 김학우는 1887년 조선 최초로 조선의 기술진에 의해 설계되고 가설된 남로전선 공사에는 참여하지 못했다. 그것은 1886년 발생한 제2차 한로밀약사건 때문이었다. 이 2차 한로밀약사건은 조선의 관리들이 러시아 세력을 끌어들이려고 음모를 꾸며 청의 간섭을 배제하려 했다는 것이고, 그들 가운데 김학우가 포함되어 있었다. 이미 김학우는 조선의 전신권에 대한 청과 일의 간섭에 반대하는 발언을 해 원세개의 주목을 받고 있던 상황에서 벌어졌으므로 러시아에서 자란 그가 이 사건에서 자유로울 수 없었다. 그 까닭에 남로전선 가설 공사에 참여하지 못했을 뿐만 아니라 심지어 연해주로 도망갈 것을 심각하게 고려했던 것으로 알려졌다.

비록 김학우가 남로전선 가설 과정이나 이 남로전선의 가설 공정과 운영, 사업을 관장하기 위한 조선전보총국 창립에는 관여하지 못했지만, 그가 만든 국문 모스 부호는 남로전선 운영에 중요한 역할을 담당했다. 조선전보총국은 1888년 김학우의 국문 전신 부호를 포함하는 「전보장정」을 반포했던 것이다. 이제 조선인은 화전국에서 사용하던 전마(電碼), 즉 한문을 3~4개의 아라비아 숫자로 바꾸고 이를 다시 모스 부호로 바꾸는 복잡한 방식에 의해서가 아니라 전신 용지에 전하고자 하는 말을 국문으로 써넣는 방식만으로 전신을 이용할 수 있게 되었다. 이 「전보장정」은 남로전선부터 국문 전신 부호가 공식적으로 사용되었음을 보여주는 중요한 문건일 뿐만 아니라 이후 1895년 조선의 모든 전신선을 조선 정부가 장악해 자주적으로 전신 사업을 전개하는 시점에서 제정된 「국내전보

규칙」의 전범(典範)이었다. 체포되었고 망명까지 고려했지만, 이 제2차 한로밀약사건 자체가 영국의 조선총영사에 의해 날조된 것으로 드러났기에 김학우는 다시 1887년 전운서(轉運署) 낭청(郎廳)으로, 이듬해인 1888년 연무공원(鍊武公院) 사무로 등용되었다. 전운서에서 그는 236톤 급 해룡호 구입을 위해 일본에 파견되었고, 해룡호의 고장을 수리하는 업무를 담당하기도 했다. 이후 불과 32살의 나이로 1894년 4월 청일전쟁 이후 설치된 군국기무처(軍國機務處)의 17명 의원 중 한 명으로 활약했으며, 김홍집 내각에서 법무아문(法務衙門) 협판(協辦)이 되기도 했다. 이때 인사 청탁을 했다는 이유로 대원군 이하응에게 모욕을 준 사건으로 대원군과 그의 손자인 이준용의 하수인에게 살해되었다. 그가 암살되기 전 남긴 업적은 단지 조선 전신의 도입과 국문 모스 부호 발명에만 있지 않았다. 그는 1885년 중국 상해로 파견되어 조선의 기기창에서 제작하는 총신을 총으로 완성하기 위한 동모기기, 즉 총의 뇌관 등의 부속품을 구입하는 등 무기 근대화의 업무를 수행했다. 그리고 1886년 전운서 주사로서도 중요한 역할을 수행했다. 1883년 설치된 전운서는 단지 외국 기선의 조선 연안 운행을 관장하는 차원에서 벗어나 적극적으로 기선을 도입해 화물을 운반하는 사업을 전개하기 위해 독일과 일본에서 선박들을 구입했는데 김학우가 이 업무를 담당했던 것이다. 이처럼 그는 암살되기 전까지 조선의 근대화 정책을 수행하는 중요한 실무자로 주어진 임무를 충실하게 수행했을 뿐만 아니라 근대 전신 도입의 역사와 함께했다

2절

일본의 통신권 침탈과 대한제국 전신 사업의 와해

대한제국이 전신 사업을 주도하면서 이전 시기에서는 상상도 할 수 없는 변화가 일어났다. 지선(支線) 설치와 전보사 신설이 대한제국 정부의 필요와 판단에 의해 가능했으므로 행정상 중요한 곳이나 개항장에는 어김없이 전보사가 신설되었다. 이렇게 전보사가 늘어나자 백성들의 전신 이용도 쉬워졌다. 이전 시대에 외세 침략의 통로였던 전신망은 정부가 의도한 대로 행정 통신망이자 소통 통로로 정비된 것이다. 전신망의 용도 변경은 관민 모두에게 유용한 도구로 전신이 인식되는 기회가 되었다. 또 전신 기술자가 전보학당을 통해 전문적으로 양성되면서 근대 과학기술 학습의 통로가 되었다. 이런 정부의 지원으로 전국적으로 전신 이용이 증가했다. 대한제국 정부의 재정에도 보탬이 되는 사업으로 전환되었다.

대한제국 정부의 전신 사업의 성공은 일본에게는 부담이었다. 러일전쟁 직후 일본은 대한제국 정부가 공들여 복구하고 확장했던 전신망을 강탈하기 위한 계획을 마련했고 이를 실행함으로써 대한제국의 전신 사업을 와해시켰다. 1904년 러일전쟁을 일으킨 일본은 "대한방침(對韓方針)과 대한 시설강령(對韓施設綱領)"을 원로회의와 각의에서 결정함으로써 한반도 지배의 기본적 틀을 완성하고 그 일환으로 조선의 통신 시설을 장악하기 위한 계획을 수립했다.[51] 그 항목에는 "[일본이 대한제국의] 교통과 통신기관의 요부(要部)를 아방(我方)에서 장악함은 정치상 군사상 및 경제상의 제점(諸點)으로 보아 대단히 긴요(緊要)한 일"로 "통신기관 중 특히 중요한 전신선을 소유하거나 또는 관리 아래 두는 것이 절대적으로 필요한 일"이라고 전신권 장악의 필요성이 명시되어 있다.[52] 비록 1904년에야 통신권 확보에 대한 정책이 설정된 것처럼 보이지만, 일본이 조선의 전신권을 확보하려는 움직임은 한반도를 장악하려고 시도했을 당시부터 있어왔다. 일본은 1880년대 초부터 전신권을 선점하기 위한 작업을 구체적으로 진행했으며, 한반도에서의 영향력 행사 여부 및 정도에 따라 강약의 변주는 있었지만 전신권을 확보하기 위해 조선 정부를 지속적으로 압박했다. 20년이 넘는 작업의 마무리가 바로 "한국 정부로 하여금 우편 통신 및 전화 사업의 관리를 제국 정부(帝國政府)에 위탁케 하고 제국 정부는 본방(本邦)의 통신 사업과 합동 경리하여 양국 공통의 일 조직으로" 만드는 1905년의 한일통신협정의 체결이었다.[53]

한일통신협정을 위한 준비 작업은 러일전쟁 직전에 본격적으로 시작되었다. 일본은 러일전쟁에서 승리하기 위해서 조선 전신 사업권의 선점 여부가 중요한 관건이 되었던 만큼 조선 전신망은 강압적 방법을 동원해서라도 반드시 획득해야 할 시설이라고 여겼다. 이에 대해서는 러시아도 같은 생각이었다. 따라서 러일전쟁이 발발하자 일본과 러시아는 동시에 조선의 전신망을 폭력적으로 접수했다. 러시아는 의주, 영변, 안주, 성진과 같이 조선 서북 지역의 전보사와 전신망을 강제로 점령했다. 하지만 대부분의 조선 통신망은 러시아보다 빨리 행동을 취했던 일본이 장악했다. 일본은 러시아에 선전포고를 하기 전에 이미 부산과 창원과 같은 지역의 전보사들을 접수했으며, 러시아 함대의 전신문을 가로채거나 지연시킴으로써 러일전쟁에서 기선을 제압했다.[54] 전쟁이 발발하자 일본은 대한제국 정부에 "일본군이 북으로 행군하므로 연로(沿路) 지방 곳곳은 전보를 쓰지 않게 하고, 전보사에 칙령을 내려 우리가 공신(公信), 사신(私信)을 보내는 데 장애 없이 통신할 수 있게 하라."고 요구했다.[55] 또 기존 전신선 이외의 필요한 경로에 전신선을 가설할 계획을 세우기도 했다. 즉 "평양, 경성 간에 공사(公私) 전신이 매우 빈번하여 현재 가설된 전화선과 전신 기계가 손상되기 쉬우니 전신기를 장차 군용, 전시용(戰時用)으로 신설할" 것을 승인하라고 강제하는 한편, 조선에 독자적으로 필요한 전신선을 가설하기 시작했던 것이다.[56] 더 나아가 일본은 전쟁과 큰 관련이 없는 지역으로까지 군용 전신선을 확장했다. 일본은 한성의 진고개에서 광화문 통신원 앞까지 새로 전신선을 가설했으며, 강진, 재령, 봉산 등지에도 전신 선로를 신설했다.[57] 또 남부 지역인 진해-창원 간 전선을 신설하였고, 한성-평양 구간처럼 신설이 어려운 긴 구간의 경우에는 기존의 전화선을 전신선으로 전용해 한성-개성-평양 간의 전화 업무를 중지시켰다.[58]

러일전쟁에서 승리한 일본은 대한제국 정부의 강력한 전신선 반환 요구를 묵살했다. 오히려 1904년 2월 러일전쟁을 개전한 지 얼마 지나지 않아 승세를 굳힌 일본은 조선 전신 사업권을 완전히 장악하기 위한 작업에 착수했다. 일본은 앞에서 살펴본 대로 대한제국의 전신 사업을 끊임없이 경계하고 방해했음에도 불구하고 대한제국이 전신 사업을 자주적으로 전개하며 성장을 거듭하고 있음을 인지하고 있었다. 대한제국의 전신 사업 성공은 전통적인 통신망을 근대적 통신 체계로 대체하는 사업이 성공했음을 의미했고, 중앙정부가 지방행정을 통제·관리하는 기반을 구축했음을 상징하는 일이기도 했다. 그러므로 조선을 식민지화하기 위해서는 일본으로서는 대한제국의 전신 사업을 중단시켜 지방과 중앙정부의 연결망을 단절시키는 일이 매우 시급했다. 일본은 러일전쟁 기간에 대한제국의 전신망 대부분을 점유하고 많은 선들을 임의로 신설하는 등의 지엽적인 권리를 확보했지만, 그 정도로는 대한제국으로 하여금 사업 전권을 포기하라고 종용하는 일이 어렵다는 것을 알고 있었으므로 더 근본적인 방안을 대한제국 정부에 제시하며 수용할 것을 강요했다. 그것이 바로 '한일통신협정'이었다. '한일통신협정'은 '한일의정서'를 강제로 체결한 1904년 2월 이후 대한제국의 실제 권리를 하나씩 강점해나가는 침략 정책의 정해진 수순의 일환으로 볼 수도 있지만, 일본이 1883년 이래 설정했던 조선 전신 사업권 장악이라는 목표를 달성한 것으로 판단할 수 있다.

이 '한일통신협정'의 기본 틀은 앞서 언급한 '대한방침 및 대한시설강령(이하 강령으로 줄임)'이었다. 1904년 5월에 제시된 이 '강령'은 대한제국의 외교권 접수와 재외 공사관 철수, 군대 해산, 재정과 교통기관 및 통신 기관 접수가 중심 내용이었고, 각각에 대한 세부적 지침인 '세목'이 첨부된 형식으로 구성되었다.[59] '세목' 가운데 5항이 "통신 기관을 장악할 것"으로 이 과제 아래 일본이 전신망을 확보해야 하는 이유를 제시하고 있다. 즉 "한국 고유의 통신 기관은 극히 불완전한 상태로, 수지 또한 현재 해마다 30만 원 내외의 손실을 내고" 있기 때문에 "이를 만약 이대로 방기한다면 공연히 재정상의 곤란을 증대할 뿐이고 일반 공중의 편리에 이바지하지 못하기" 때문이라는 것이다.[60] 하지만 일본이 언급한 '재정상의 손실'은 앞에서 살펴본 바와 같이 1903년 전신 사업의 수익 구조가 개선되어 영업이익을 내고 있음을 상기한다면 일본의 수사(修辭)에 불과하다는 것을 알 수 있다. 이는 1904년 일본공사관에서 작성한 '한국의 재정 일반'이라는 보고서에도 드러나 있었다. 이 보고서는 "[관보(官報), 우편(郵便), 전신수입(電信收入), 관유물품(官有物品) 등 잡수입 가운데] 특히 현저한 것은 전신 수입으로, 광무 6년도(1902년)에는 800원(元)이었으나, 동(同) 7년도에는 9만5

천 원이 되고 금년도에는 드디어 16만 원에 달했다."고 대한제국 전신 사업의 수입을 평가했던 것이다. 또 이런 속도로 대한제국의 전신 사업이 발전한다면 "[일본]기관과의 충돌을 면할 수 없게 되어 한 나라 안에 동종(同種) 기관이 2개 이상 독립해 존재함으로써 경제상, 사무상, 양편에 모두 불편과 불리를 가져오는" 상황에 도달할 것이므로 신속하게 대한제국의 전신 사업을 완전히 인수하는 방안을 수립해야 한다고 진단했다.[61] 이 상황 분석에 따라 일본은 대한제국의 전신 사업을 일본 통신 사업에 편입하는 것을 우선으로 삼고, 이것을 달성하지 못할 것을 우려, "전쟁 계속 중에는 중요 선로를 골라서 우리의 군용 전선을 가설할 것, 경성에서는 일한(日韓) 전화의 기계적 통련을 영구히 유지할 것"과 같은 대비책을 마련해두기도 했다.[62]

1905년 2월 러시아와의 전쟁에서 완전히 승세를 굳힌 일본은 대한제국의 통신권을 장악하기 위해 '한일통신협정(이하 '통신협정'으로 줄임)'에 조인할 것을 대한제국 정부에 강요하기 시작했다. 이 '통신협정'은 한국 통신 기관을 정비해 일본 정부가 위탁 관리한다는 것을 핵심 내용으로 했다. 그리고 개설된 통신 사업부의 토지와 건물을 포함한 모든 재산을 일본 정부에 이속시키고, 통신 사업의 확장·발전을 위해 필요한 토지와 건물을 무상으로 사용할 권리와 통신 설비에 관한 면세 특권까지 포함했다.[63] 또 일본이 제시한 '통신협정'에 의하면 대한제국 정부는 더 이상 통신 사업과 관련해 외국과 교섭할 수 없었다. 즉 '통신협정'에는 대한제국 정부가 통신과 관련해서 사업 계획을 수립하거나 결정, 또는 수행할 수 있는 자주권이 전혀 남아 있지 않았던 것이다.

'통신협정'은 대한제국의 통신권을 완전히 인도하라는 요구와 다를 것이 없었으므로 고종과 정부 관료들이 강력하게 반발했다. 이미 1904년 이른바 '황무지 개척권' 교섭 과정에서 관과 민의 격렬한 저항을 경험했던 일본은 전신 사업권 양도 협상이 그보다 더 어려우면 어려웠지 쉽지 않을 것이라고 예상하고는 있었다. 즉 일본은 "[이 통신기관 위탁 작업이] 일한 교섭 중의 어려운 일이고 또 큰 문제"라고 생각했던 것이다. 따라서 정상적인 방법으로 협정 체결이 이루어질 수 없었다. 대한제국 중앙정부와 지방 행정 사이의 소통로인 전신망을 포기하라는 '통신협정'은 말 그대로 전신 사업에 의한 수익은 차치하고 지방 행정권 전체를 포기하라는 것과 다름이 없었으므로, 고종은 아예 협의에 응하지 않았고 참정대신(參政大臣) 조병식(趙秉式, 1823~1907)은 의정부(議政府) 회의의 소집을 거부하여 안건 토론 자체를 저지했을 뿐만 아니라 사직으로 반대 의사를 명확히 밝혔다. 통신원 총판 역시 '통신협정' 체결 요구에 격렬하게 반대했다. 이런 상황에서 고종이 러시아 황제에게 밀서를 보냈다는 '밀서사건'이 일어나 고종의 입지가 매우 약화되었고, 일본은 이를 빌미로 고종에게 압력을 가했다.[64] 고종은 조병식의 사직을 받아들여 후임으로 민영환(閔泳煥, 1861~1905)을 임명하고, 의정부 회의의 개최를 요구하는 일본의 압박을 따를 수밖에 없었다. 이때가 '통신협정'이 제기된 지 두 달이 지난 4월 1일의 일이었고, 참정대신이 불참한 가운데 의정부에서는 '통신협정'을 가결했다.[65]

'통신협정' 체결 과정에서 일어난 반발과 저항은 인계 과정에서 그대로 재현되었다. 대한제국 정부 관료들은 "말을 백방으로 회피하여 인계 교섭에 응하지" 않았는데, 일본은 그 원인을 그들이 러시아와의 전쟁 전황이 바뀔 것이라는 희망을 가지고 있기 때문이라고 분석했다.[66] 그러나 대한제국 관료들의 희망과는 달리 러시아의 발틱 함대는 적절한 시간에 동해에 도착하지 못했고 끝내 러시아는 일본에 패배했으며 이런 전황에 힘입어 일본은 통신원 업무 강제 인수 작업에 착수했다. 이에 전보사를 비롯한 통신 시설의 실무 직원들이 인계 작업에 저항했다. 일본은 전보사 직원들의 저항을 약화시키고 반발을 무마하기 위해 전보사 직원의 고용을 모두

승계하고 보장할 것이라고 통고하는 회유 작업을 병행했다. 이미 러일전쟁으로 대부분의 지방 전보사를 일본의 육군에서 관장하고 있어 많은 작업이 필요 없었음에도 조선의 전보사를 포함한 통신 시설의 인수 작업은 한 달이 넘게 걸렸다.[67]

1905년 6월 27일 경성전보사를 폐쇄한 채 인수한 것을 마지막으로 일본은 대한제국의 전신 사업을 종식시켰다. 전신 사업은 새로운 서양의 근대 기술을 도입해 국가 통신망을 재건하겠다는 대한제국의 의지의 산물이며 도입과 운영에 성공한 사업이기도 했다. 1904년 일본에 의해 강제적으로 점거되기 이전 대한제국의 전신망은 중앙정부와 지방행정 간 소통의 중추였고, 일반민들의 생활 속에 자리 잡기 시작한 근대 시설물이었다. 그럼에도 오히려 이런 성공에 위기감을 느낀 일본의 강제에 의해 '한일통신협정'이 체결되었고, 그 후 대한제국의 전신 사업은 완전히 일본에 강점되었다.[68]

이처럼 한일통신협정으로 전신 사업 주도권을 완전히 장악한 일본은 조선 전신망을 한반도로 새로 이주한 일본인 거주민의 소식 전달 통로로, 그리고 한반도를 식민지로 재편하기 위한 일본 중앙정부와의 통신망으로, 또 만주 진출을 위한 전초기지로 삼았다. 이런 중요한 역할을 한반도의 전신선에 부여했음에도 불구하고 일본 정부는 이를 위해 새롭게 전신 선로를 확충하기보다는 기존 전신 선로의 효율을 높이는 기술을 채택했으며 정보 송수신 상에 나타나는 오류를 제거하는 정도의 기술만을 도입했을 뿐이었다. 이런 정책으로 일본의 전신 사업에서 조선 정부와 조선의 백성들은 소외되었으며 한반도의 전신 체계는 일본 제국의 팽창 도구로 기능하게 되었다.

제7장

근대 과학으로 진입과 전통 자연관의 해체

개항 이후 조선 정부를 중심으로 진행된 서양 과학기술 도입을 전제로 한 개혁 정책은 사회에 적지 않은 영향을 미쳤다. 그 가운데 가장 큰 영향으로 꼽을 수 있는 것은 전통적 자연을 담은 천지를 바라보는 전통적 사유 체계에 나타난 균열이었다. 전통적으로 천지는 지리학으로 구분되었다. 그리고 천문지리, 자연지리, 방제(邦制)지리로 세분되었다.[1] 이 천문지리, 자연지리는 현재 지구과학에서 다루어지는 분야이며 그런 만큼 근대 지리학의 수용과 이해는 전통적 자연관 및 세계관에 적지 않은 영향을 미칠 수밖에 없었다.

서양 근대 학문의 도입과 수용은 전통 사회에서 하늘이라고 불리던 공간을 우주와 대기권으로 분리시켰다. 말 그대로 천지개벽이 이루어진 것이다. 특히 현재 대기권과 우주로 나누는 '상공'은 전통 사회에서 하나의 하늘이었다. 따라서 상공을 다루는 천문과 측후는 한 분야였다. 또 전통 사회에서는 '상공'의 일, 즉 천문과 기후란 자연현상만이 아니라 인간 사회와 땅의 일을 반영했다. 더 나아가 상공에서의 변화는 곧 인간 사회의 변화나 미래의 상황을 암시했다. 이런 암시를 해석하며 인주(人主), 즉 임금은 생활과 정변을 경계하고, 죄인을 풀어주고, 백성의 삶을 보듬었다. 즉 전통 사회에서 천문은 인간사를 반영하는 영역이었고, 제왕에게 왕권의 정당성을 부여하는 분야로 여겨졌다. 천문의 일을 아는 천문학은 오로지 왕에 부여된 의무이자 권리인 '제왕의 학문'이었다. 그러므로 천문학은 천문의 일을 담당하는 정부 부서에서 엄격한 시험을 통해 선발된 관원에 의해 수행되었다. 또 땅은 중국을 중심으로 하는 상하의 전통 질서, 중화관을 담보하는 사유 체계였고 하늘과 조응하는 분야였다. 이에 반해 근대 과학에서 다루는 천문학과 지리학은 인간사와 무관한 객관적 세계였다. 이런 세계에서는 하늘이 땅을 반영할 수도 없었다. 땅과 하늘의 유기적 관계가 해체된 것이다.

제왕의 학문과 이에 부여된 권한 및 전통적 천문 우주 사유 방식, 그리고 국제 관계의 상하 질서를 내포하는 자연관은 서양의 근대 천문학과 지구론을 소개받으며 해체되기 시작했다. 우선 소개된 우주는 개항 이전 몇몇 학자들이 중국에서 발행된 책으로 만났던 우주와는 비교도 할 수 없을 정도로 광활했다. 태양을 중심으로 행성들과 그 위성들이 있었고, 망원경으로 소행성들도 관측할 수 있는 우주였다. 그리고 뉴턴의 만유인력은 천체의 움직임을 간단히 계산할 수 있게 했다. 또 네모났다고 여겼던 땅은 둥글었고, 넓은 바다와 많은 국가가 있으며 수도 없이 많은 생명체들이 서식하는 세계였다. 천원지방(天圓地方)으로 표현되는 세상이 사라진 것이다.

전통의 자연관이 해체된 것은 또 다른 변화를 의미했다. 별들의 움직임이 근대 천문학의 도입으로 새롭게 설명되기 시작하면서 기상 현상에도 다른 해석체계가 필요해졌던 것이다. 둥근 땅덩어리, 즉 지구(地球)가 소개됨에 따라 국가를 구성하는 땅에 대한 새로운 이해 방식이 요구되었다. 이 장에서는 이 유기적으로 연결되었던 천문, 측후, 지리 분야가 서양 학문을 수용하면서 전환되는 각각의 과정을 살펴볼 것이다.

1절

서양 근대 천문학의 도입과 전통 천문학의 해체

동양의 전통 천문학에서 우주는 기(氣)로 이루어졌고, 하늘은 둥글고 땅은 네모났다.[2] 전통 시대 사람들은 무한한 우주에 떠도는 별들이 오행설을 바탕으로 형성되고 운행한다고 설명했다. 이런 생각을 토대로 별들의 움직임을 관찰했고, 위치를 계산했다. 전통적으로 동양 천문학은 우주 별들의 상태와 움직임을 살피는 천문(天文)과 별들의 움직임을 계산하는 역법(曆法)으로 구분했고 전문가들이 담당하는 분야로 설정되었다. 조선 정부도 관상감(觀象監)이라는 전문 부서를 두어 이 분야를 전담하게 했다. 관상감은 천문·지리·역수(曆數)·점산(占算)·측후(測候)·각루(刻漏) 등의 업무를 담당했다. 이들 각 분야는 각각 전문 관원들에 의해 운영되었고, 관원들은 그들만을 위한 잡과(雜科)에서 선발되었다. 그런 만큼 각기 하는 일도 달랐다. 그 가운데 역법과 천문은 다시 종합된 후 해석되어 정책에 연결되었다.

천문 자료를 근거로 정부가 만든 역(曆)은 인간의 생활과 생업에 하늘을 밀접히 연결시켰다. 그리고 왕의 임무인 관상수시(觀象授時)로 이어졌다. 역(曆)은 "제왕이 하늘을 살펴 백성에게 시간을 내려주는 것[觀象授時]"

으로 하늘로부터 권력을 부여받았다는 전통 사회의 군주가 수행해야 하는 가장 중요한 의무 가운데 하나였다.[3] 백성들은 역에 따라 씨 뿌리고 수확하며 약초를 캐고 갈무리하며, 하루의 운세를 따지고, 이사하고, 결혼하며 의례를 지냈다. 역을 통해 왕은 백성들을 통솔했던 것이다. 물론 농업이 일분일초의 촌음을 다투는 분야는 아니었지만 그럼에도 불구하고 '때'에는 한 해의 생계가 달렸던 만큼 백성의 어버이인 임금은 관상수시를 중요하게 여겨야 했고 백성은 이를 따라야 했다. 이런 관념은 하늘이 땅과 인간이 분리되지 않고 인간사가 천문에 반영된다는 중국 동중서(董仲舒, 기원전 176년?~기원전 104년)의 주장 이래로 다듬어지고 받아들여졌다.[4] 따라서 천문학은 동양 전통에서 중요한 과학으로 자리 잡았다. 니덤(J. Needham, 1900~1995)은 중국의 천문이 "우주의 통일성과 우주의 윤리적 결속의 인식이었고, 송대 철학자들에 의해 위대한 유기체 개념으로 발전했다."고 설명하기도 했다.[5] 중국, 특히 유교는 하늘을 자연과 결부시키고 하늘과 자연의 매개자로 황제를 내세워 그에게 절대적 권한을 부여했던 것이다.

조선 역시 유교의 나라로 체제를 구축하면서 하늘의 변화를 주시했다.[6] 조선의 천문학자는 해와 달 그리고 별을 관측해 기록했고, 이 자료를 바탕으로 하늘의 이상(異常) 징후(徵候), 예를 들면 일식이나 월식, 신성, 혜성 등을 예측해야 했다. 천문 관측은 관측 자체가 중요한 것은 아니었다. 이 천문 관측 결과를 해석하는 일이 인간 사회와 결부되어 의미를 부여받았다.[7] 무엇보다 천재지변과 인간의 정치적 행위의 상호 관련성이 중시되었다. 천재지변은 하늘이 인간 세상을 다스리는 군주에게 내리는 경고였고 국가 운명과 직결되어 해석되었다.[8] 물론 삼국시대부터 하늘의 움직임을 관찰했지만, 주자학을 이념으로 건국된 조선에 이르러서는 좀 더 강력한 의미를 가지게 되었다.[9] 그래서 세종 이래 독자적으로 한양에서 일월오행성을 관측하고 움직임을 예측해, 이를 기반으로 자체적으로 역서를 발간하고자 노력했던 것이다.[10] 또 조선 정부는 천문 관련 제도를 정비했다. 일식과 월식, 5행성과 달의 위치에 따른 일상적이지 않은 변화는 천재지변으로 기록했다. 예를 들면 달이 5행성 혹은 오위(五緯)를 가리거나 5행성에 근접하는 현상과 같은 월오성능범(月五星凌犯), 월엄범오위(月掩犯五緯), 오위엄범(五緯奄犯)[11], 오위합취(五緯合聚) 등과 같은 천문 현상을 각종 의기를 활용해 관측하고,[12] 이런 현상을 발견하면 즉시 왕에게 고하도록 했던 것이다.[13] 그리고 별이 낮에 보이는 현상인 성주현(星晝見)이나 혜성의 출현과 같이 범상치 않은 현상도 마찬가지였다. 그밖에도 28수를 중심으로 한 수많은 별 움직임에 관해 기록했다. 이는 군주의 안녕, 병난, 반역, 외침과 같이 국가 안위와 직결되는 사건의 경고와 연결되었다. 특히 군주를 뜻하는 태양이 가려지는 일식에는 민감했다. 조선시대 천문학을 전담하는 관원들은 밤마다 하늘의 변화를 살펴 동이 트면 왕에게 보고했고, 또 한 달에 한 번 천문단자로 묶어 특이 사항을 보고했다. 이들의 활동은 하늘의 이상 현상을 왕이 이미 알고 있음을 대외적으로 알리는 데에 중요한 토

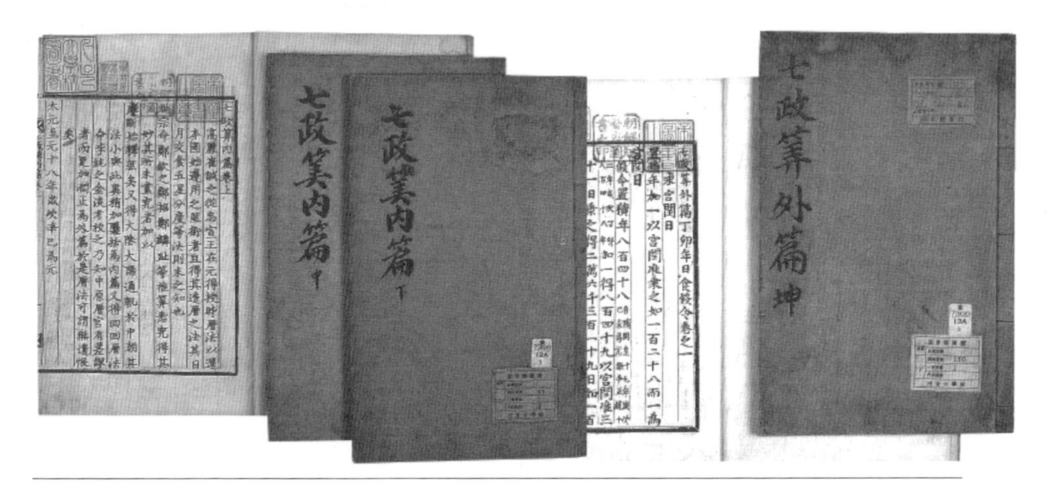

〈그림 17〉『칠정산내편(七政算內篇)』(왼쪽)과 『칠정산외편(七政算外篇)』(오른쪽). 세종대 독자적으로 한양에서 일월오행성을 관측하고 움직임을 예측해, 이를 기반으로 자체적으로 역서를 발간하기 위해 펴낸 것이다. (출처: 규장각한국학연구원)

대였다. 조선시대 내내 관상감이 폐지되지 않고 운영되었다는 것은 줄곧 왕이 하늘로부터 권력을 부여받았다는 통치의 기본이 지켜지고 있음을 의미했다.

전통 천문학은 17~18세기 변화를 겪기도 했다. 조선은 병자호란(丙子胡亂) 이후 청과 군신 관계를 맺게 되었고, 종주국으로서 청은 명이 그랬듯 번국(藩國)에 대한 시혜의 일환으로 역서를 조선에 내렸다. 이 역서는 '황제가 하늘을 살펴 사해(四海)에 내려주는 시간'이라는 의미를 가졌고, 병자호란에 패했던 조선으로서는 청 황제가 내린 시간, 역(曆)을 받아들여야 했다. 하지만 한양의 위도에 맞추어 역서를 독립적으로 발행했던 전통을 가졌던 조선은 청에서 보낸 역서에 만족할 수 없었다. 무엇보다 역서가 달랐다. 조선의 관상감에서 발행한 역서와 청에서 발행한 역서는 큰달, 작은 달이 달랐고, 윤달에서 차이가 났다. 태양 운행의 계산에서 차이를 보였던 것이다. 그런데 조선이 청이 내린 역서, 시헌력(時憲曆)을 무시하지 못하고 오히려 위기를 느꼈던 것은 청이 보내준 역서가 천체의 운행과 시간의 흐름을 더 잘 보여주었던 탓이었다. 이는 오랑캐가 하늘을 더 잘 알고 있다는 말과 다르지 않았다. 조선은 이 차이를 해소하기 위해 청의 역 계산법을 익히기 위해 노력했고, 이는 정부 차원의 주요 탐구 과제가 되었다. 청의 역법이었던 시헌력은 명의 역법 개정의 성과를 이어받은 것이었다. 시헌력은 명말, 중국을 찾은 서양 예수회 선교사가 중국의 천문학에 서양의 천문학을 접목해 만든 것이다.[14] 기본적으로는 고대 그리스 아리스토텔레스(Aristoteles, 기원전 384~기원전 322)의 자연관과, 프톨레마이오스(Ptolemaeus, 85?~165?)의 계산법을 기반으로 했다. 예수회 선교사들은 명청 교체기에 문화적 입장에서 유교를 인정하며 보강하겠다는 자세로 선교를 수행하겠다는 전략을 바탕으로[15] 사업을 전개하는 과정에서 천체 운행을 중국 유학자들보다 더 정확하게 계산해내는 방법을 개발했다. 선교사들의 역법이 청에 수용되었고 천문 역산을 총괄하는 흠천감(欽天監)은 선교사들의 무대가 되었다.

조선 정부는 서양 선교사에 의한 시헌력을 오랑캐의 것이라고 거부할 수만은 없었다. 조선은 전통적 역법에 의한 천체 위치 계산이 어그러졌다는 점을 큰 문제로 받아들였고, 이를 해소하기 위해 시헌력 계산법을 익히려 노력했다.[16] 그렇지만 조선 정부의 뛰어난 역가와 산술가들이 시헌력의 계산법을 완벽히 이해하고 오행성의 위치를 완전히 계산해내는 일은 쉽지 않았다. 이를 위해서는 적지 않은 시간과 노력이 필요했다. 시헌력은 하루를 96각으로 나눈 체계이지만 조선 역법의 기반이었던 대통력(大統曆)은 100각 체계였다. 또 대통력은 절기 간격이 15일로 일정했지만 시헌력은 14~16일로 일정하지 않았다.[17] 그리고 시헌력을 따르면 한 달에 절기가 세 번 배당되기도 했다. 이런 차이를 이해하고 시헌력의 계산법을 익히기 위해서는 청으로의 유학이 시급했지만 청국은 공식적으로 개인이 역법 지식을 배우는 것을 엄금했고, 더욱이 조선 사신들이 흠천감 서양 선교사들과 접촉하지 못하도록 봉쇄해 여의치 않았다. 그 결과 조선에서 시헌력의 계산법을 익히는 작업은 매우 더디게 진행되었다. 청을 종주국으로 인정한다는 의미로 청의 역서를 받는, 즉 정삭(正朔)을 받은 이래(1639) 조선에서 시헌력을 반포하기까지(1652) 10여 년의 세월이 필요했다. 그렇다고 해서 전통적으로 계산하던 천체 운행을 모두 조선에서 완벽하게 시헌력 산법으로 대체하는 수준에 이른 것도 아니었다.[18] 오직 크고 작은 달, 윤달, 절기의 배치처럼 해와 달의 움직임과 관련한 대강의 것만을 계산할 수 있었고, 세밀하고 자세한 해와 달, 5행성의 운행 계산 방법을 완전히 익히기까지는 더 오랜 시간이 필요했다. 심지어 그사이 청조에서 역법 계산을 수차례 개정해버리기까지 했다. 따라서 조선에서 시헌력 체계를 제대로 운영하기 위해서는 60년의 세월이 더 필요했다. 조선 정부는 1708년에야 마침

大清乾隆五十年歲次乙巳時憲書

都城順天府節氣時刻

〈그림 18〉『대청건륭오십년시헌서(大淸乾隆五十年時憲書)』. (출처: 『세계의 지식을 품다』, 서울대학교 규장각한국학연구원, 2015)

내 시헌력 계산 방식에 의해 칠정의 운행을 예보하는 칠정력(七政曆)을 발행할 수 있었다.[19]

역법 개력과 관련한 조선 정부 노력의 주목적은 시헌력 계산 방법의 수용이었다. 그들에게 시헌력이 지니는 우주관과 그것의 함의는 그리 중요하지 않았다. 우주관과 관련한 논의는 오히려 청에서 들여온 각종 서적들을 살피던 실학자들을 중심으로 수행되었다.[20] 하지만 그들의 관심도 근본적인 전통 지식 체계를 바꿀 정도로 지속되지 않았고, 논의도 전면적으로 진행되지 않았다. 그들의 관심은 새로운 지식에 대한 지적 호기심에 지나지 않았으며 논의도 담론 수준이었다. 천문관과 우주관에 많은 언명을 남긴 것으로 유명한 홍대용(洪大容, 1731~1783)조차도 실제로 그가 구축하려는 새로운 기철학(氣哲學)을 위해 예수교 선교사들이 전한 지전설이나 지구설과 같은 우주 구조를 재해석하는 정도였다.[21] 물론 우주에 관한 그의 언급에서 이전에는 없던 생각의 흔적을 찾을 수 없는 것은 아니다. 그는 "지구의 둘레가 9만 리밖에 되지 않음에도 엄청나게 빠르게 돌아야 하루에 한 바퀴 돌게 되는데, 별들은 그 거리가 몇 천만억 리가 될지도 몰라 하루에 한 차례씩 회전한다면 그 둘레의 빠르기는 번개나 탄환과는 비교도 할 수 없을 정도"라고 주장하기도 했다. 그는 이를 근거로 공자(孔子)가 주장한 이래 믿어온 하늘이 지구를 중심으로 회전한다는 천운(天運)설은 무리라고 판단했다. 이 논의 정도가 당시 학자들 사이에서 가장 많은 진전을 보였다고 할 수 있는 수준이었다. 이들의 관심은 서양 천문학 자체에 있었다기보다는 17, 18세기에 알려진 외래 문명을 전반적으로 해석하고 전통의 융합, 혹은 접목하는 데에 기울어져 있었다. 이처럼 시헌력 도입을 위한 정부의 노력으로 서양 천문학에 관한 관심이 실학자들을 중심으로 유행처럼 번지기는 했지만 개인적 차원에서 그쳐 조선 사회 전반적 변화를 일으키기는 쉽지 않았다.[22] 그리고 그들이 접했던 우주는 예수교 선교사들이 중국에 전한 것으로, 여전히 지구가 우주 중심이고 해와 달의 움직임을 수백 개의 이심(異心)원과 주전(周轉)원을 통해 계산해야 하는 복잡한 하늘이었다.

개항 이후에도 조선에서는 여전히 하늘의 이상 현상에서 경고를 찾는 등 조선 전통의 천문학이 주류를 형성했다. 1882년의 혜성의 도래를 심상치 않은 하늘의 경고로 여겨, 이를 계기로 나라의 문제를 해결하기 위해 인재 등용과 재정의 확보, 법량의 강고한 시행 등 시폐(時弊)를 제시한 상소들이 올라왔다.

> 혜성이 새벽에 나타나고 태백성(太白星)이 포시(晡時)에 나타나는 것은 하늘이 경계해주는 것으로 전하께서 덕을 닦아야 하는 날인 것입니다. 재앙을 돌려 상서를 이루도록 하는 것은 전이시키는 기틀에 달려 있으니, 힘쓰고 힘쓰소서.[23]

그럼에도 근대 천문학의 전래는 재이와 관련한 전통적 해석에 변화를 일으켰다. 개항 이후 소개된 서양의 천문학은 시헌력 때와는 매우 달랐다. 새로 소개된 천문학은 과학혁명의 산물로, 태양을 한 초점으로 지구와 다른 행성들이 부등속 타원 운동을 하는 간단하고 단순한 구조의 천문학이 소개되었다. 완전히 다른 천문학이 소개된 것이다. 새로운 천문학과 관련한 서적을 중국에서 정부가 주도적으로 수집했고, 이를 〈한성순보〉를 통해 조선 전역에 알렸다. 개인적 차원에서 서적을 구입했던 17, 18세기 유학자들과는 달리 19세기 말 유학자들은 뉴턴(Isaac Newton, 1643~1727) 이후의 천문학을 정부의 지원으로 대거 접할 수 있게 되었다.

근대 천문학 확산 작업의 중심에는 신진 개화 관료들이 존재했다. 물론 그들이 만유인력을 완벽하게 이해했을 것으로는 보이지 않는다. 우주를 태양 중심으로 상정하고 더 나아가 이를 서술하는 수학적 표현에도 익숙하지 않았으며, '두 떨어진 물체에 작용하는 힘'이라는 만유인력의 함의를 이해하기도 쉽지 않았을 터였다. 하지만 그들은 〈한성순보〉와 〈한성주보〉를 통해 그들이 학습했고 알고 있거나 혹은 서양 문명의 토대를 이룬다고 이해한 하늘에 관한 내용을 전하는 일에 열심이었다. 〈한성순보〉와 〈한성주보〉는 많은 천문학 관련 기사를 담아냈다. 〈한성순보〉, 〈한성주보〉에 실린 천문학 관련 기사가 모두 51건(〈한성순보〉 28건, 〈한성주보〉 23건. 그 가운데 기상학 관련 기사 13건)이었다. 게재 건수도 건수려니와 국문, 국학문으로도 번역되어 실렸다는 점은 매우 주목할 만하다.

〈한성순보〉에서 하늘을 다룬 기사들은 『지구도설(地球圖解)』, 『담천(談天)』, 『격치계몽(格致啓蒙)』 제3권 「천문(天文)」 등과 같이 중국에서 발행된 한역 과학서를 전재한 것이었다. 『담천』에 실려 있는 태양계 행성들의 크기와 특징, 지구로부터의 거리를 다룬 행성론, 미국 워싱턴에 설치된 천문 망원경의 성능, 크기와 조작법을 소개한 "측천원경(測天遠鏡, 우주망원경)"과 같은 글이 소개되었고, 측천원경을 이용해 이 책의 저자인 허셸(Frederick William Herschel, 1738~1822)이 제6행성을 발견했음을 밝히기도 했다. 또 태양 같은 항성의 등급과 행성과의 차이, 움직임을 다룬 "항성동론(恒星動論)" 등과 같은 『담천』의 글 내용이 1884년 5월과 6월 사이의 〈한성순보〉에 그대로 전재되었다.[24] 〈한성주보〉는 결호가 많아 전체 상황을 완벽하게 파악하기는 어렵지만, 여기에도 적지 않은 천문학 관련 기사가 실렸음을 짐작할 수 있다.

이렇게 새로운 하늘이 〈한성순보〉를 통해 행성론(行星論)을 시작으로 전국에 소개되었다. 땅을 중심으로 태양과 5행성이 돌던 전통적 구조에 변화가 오기 시작했다. 하늘의 별은 항성과 행성으로 나뉘었고, 태양을 중심으로 하는 행성들은 모두 자기 궤도가 있었으며, 지구도 그 행성 가운데 하나였다. 소개된 행성은 "태양에서 제일 가까이 있는 것은 수성(水星)이고 그다음이 금성(金星)이며 다음은 지구이고, 화성(火星), 목성(木星), 토성(土星), 단성(段星)" 등이었다. 소행성들도 소개되었다. 외행성인 화성 다음으로 위사타(威士打, Vesta), 소성(小星), 리사(厘士, Ceres) 소성, 랍사(拉士, Pallas) 소성, 주나(珠那, Juno) 소성 등이었다. 이처럼 우주의 아주 작은 부분인 태양계도 매우 많은 별들로 번잡했다. 그리고 태양계 각 행성의 크기와 공전궤도 반지름의 비율도 소개했다. 이 소개에 의하면 지구는 태양계에서 화성과 수성보다는 컸지만 다른 행성들에 비하면 매우 작았고 태양에 가까이 있었다.[25] 행성이 태양 주변을 공전함으로써 나타나는 겉보기 운동도 소개되었다. 예를 들면 "금성과 같은 별은 이따금 이른 새벽에 태양보다 먼저 나타나서 신성(晨星)이 되고 몇 달이 지나서는 태양보다 늦게 지면서 나타나 혼성(昏星)이 되는데, 명칭은 두 개를 지녔지만 사실은 한 개의 별"이라는 설명이다.[26] 이 현상은 전통 천문학으로는 설명하기 어려웠다. 천문학은 〈한성주보〉에서 좀 더 폭넓고 자세하게 다루어졌다. 〈한성주보〉에는 당시 수집한 한역 서양 과학서들 가운데 영국인 나사고(羅斯古)가 쓴 『격치계몽』의 3권(券之三) 「천문」이 그대로 전재되었다.[27] 또 한글로 번역한 천문 기사도 실렸다. 22호의 '텬문학'과 23호의 '유성이 운전하는 거시라'가 그것이다.[28] 이 기사들에서는 하늘의 별을 항성, 유성(행성), 혜성, 위성 등으로 분류했고, 크기와 태양과의 거리, 운동 등을 설명하는 한편 유성의 크기를 비교하기도 했다. 지구가 자전하고 공전하는 데에도 이 회전을 사람이 알지 못하는 것은 "배타고 배가는 줄 모름과 같"은 이치라고 설명했다.[29] 근대 천문학의 매우 초보적인 내용을 담기는 했지만 이 기사들은 한글로만 쓰인 최초의 천문학 기사라는 점에서 큰 의의가 있다.

〈한성순보〉에 소개되어 전국에 알려진 근대 하늘 세계는 헐버트(Homer B. Hulbert, 1863~1949)의 『사민필지』에도 소개되었다. 헐버트는 한글로 『사민필지』를 써 전통의 우주와는 다른 하늘을 보여주었다. 그는 『사민필지』의 제1장을 '지구'로 두고 태양계를 설명했다. 그가 소개한 우주는 매우 넓었고 많은 별무리가 있었다. 그의 표현을 따르자면 "태허 창명한 즈음에 무수한 별 떨기가 있는데 떨기마다 각각 큰 별 하나씩 있어 작은 별들을 거느"린 거대한 공간이었다.[30] 이 『사민필지』가 육영공원(育英公院)에서 교과서로 사용되었음은 매우 큰 의미를 가지고 있다. 이는 새로운 하늘이 교육 제도 내의 교육 과정 일부로 흡수되었음을 의미하는 것이다. 더 나아가 1895년 학부에서 근대 교육체계를 구성할 때에도 이 『사민필지』를 채택했음을 감안하면 이제 새로운 근대 하늘, 태양을 중심으로 지구가 공전하며 다른 행성들도 공전하는 하늘이 조선에서 공식적인 우주관으로 채택되었다고 할 수 있다. 1890년대 교과서로 사용된 우주를 담은 책으로는 오횡묵(吳宖默)이 1887년에 쓴 『여재촬요(輿載撮要)』도 있다. 이 책은 지리서였던 만큼 근대 천문학 관련 내용은 적지만 지구환일도(地球圜日圖)·지구환일성세서도(地球圜日成歲序圖) 및 지구전도(地球全圖) 등을 처음에 배치함으로써 새로운 하늘을 소개해 이해할 수 있게 했다.[31] 이 책들 이외에도 정영택(鄭永澤)이 번역한 『천문학』(1908)과 미국인 선교사 베어드(William M. Baird, 1862~1931)가 번역한 『텬문략해』(1908) 등이 중등학교용 천문학 교과서로 사용되었고 학교에서 근대 천문학이 공식적으로 교수됨으로써 새로운 하늘의 세상이 도래하게 된 것이다.

천문학 대상으로서의 하늘은 전혀 다른 세상이었다. 해와 별, 오행성의 변화는 각각의 자리에서의 기계적인 움직임에 불과했다. 그리고 근대 천문학의 관심은 일식과 월식이 왜 생겼는지가 아니었다. 물론 그 현상이 언제 생기는가를 예측하는 일도 포함했지만 그보다는 망원경을 이용한 새로운 우주의 발견, 천체 현상을 뉴턴의 역학을 적용해 해명하는 일이 중심 과제였다.[32] 근대 서양 천문학의 도입은 전통 사회의 천체를 둘로 나누었다. 근대 천문학이 공식적으로 조선의 지적 사회에 자리를 잡음으로써 천문학의 대상으로서 하늘과, 기상의 대상으로서 하늘로 나뉜 것이다. 둘로 나뉜 또 한 분야인 기상학은 해류와 물의 순환으로 설명되기 시작했다.[33]

서양 근대 천문학에는 천체 운동의 중심으로서 땅은 더 이상 없었다. 인간이 사는 지구는 태양을 중심으로 도는 하나의 행성이 되었고, 전체 우주에서 아주 미미한 존재가 되었다. 하지만 이런 우주에서의 지구 지위는 조선 사회에서 크게 문제가 되지는 않았다. 오히려 별들의 운동이 규칙적이고 체계적이라는 점이 문제가 되었다. 하늘은 왕에게 하늘의 뜻을 전하는 통로였기 때문이다. 하늘이 규칙적인 운동을 하면 하늘이 상을 펼쳐 뜻을 전한다는 것이 불가능했다. 군주의 의무인 '관상수시'를 위한 천문 활동은 더 이상 자리를 차지하기 어려워졌다.

2절

근대 시간 체계로의 진입에 따른 전통적 시각 체계의 굴절

관상(觀象)의 인식 변화는 곧 시각 체계의 전환을 의미했다. 역(曆)이 천체의 움직임을 바탕으로 한 작업이므로 곧 수시(授時)의 제도의 변화가 불가피함을 내포했던 것이다. 이와 더불어 개항 이후 천문 분야에서의 변화와 국제 관계의 형성은 시간에 대한 관념을 변화시키기 시작했다. 전통 사회에서의 정성적이며 왕의 권위를 반영한 시간이 변화되기 시작했다. 전통 사회에서 하늘의 움직임은 왕의 권력과 연계되었을 뿐만 아니라 시간의 흐름은 권력이 확장되는 매개였다. 시간 흐름의 근거인 하늘의 운행은 달력으로 표현되었고 달력은 백성들의 시간을 주재하고 관리하며 백성들의 일상을 통제했기 때문이었다. 춘분이 시작하는 정확한 시각을 알아내는 일과 같은 태양 움직임뿐만 아니라 달의 위상 변화도 달력에 기록했다. 이 달력 제작은 백성들의 생업과 관련이 있었다. 백성들의 생업을 왕이 지켜주고 제대로 운영할 수 있도록 돌본다는 것은 왕이 어버이인 유교의 나라에서는 매우 중요한 통치행위였다.[34] 비록 이 행위가 상징적일지는 모르지만 이를 통해 백성들은 왕으로부터 보호받고 위로받는다는 위안감을 느낄 수 있었다. 가장 두려운 하늘의 움직임을 왕이 백성들에게 알려주는 행위야말로 백성들이 마음 놓고 생업에 종사할 수 있게 하는 토대였다. 그뿐만 아니라 왕은 하늘에서 벌어지는 비정상적이고 상서롭지 못한 일들에 대해서도 끊임없이 대처하고 있음을 보여주었다. 일식이 오면 구식례(救蝕禮)를 지냈고, 가뭄이 들면 기우제를 지냈으며 홍수가 나면 기청제(祈請祭)를 올렸다. 중앙정부와 왕실에서 지낸 이런 의례들로 자연과 싸우며 힘겹게 생업을 지탱하는 백성들은 위로받았던 것이다. 전통 시대 관상수시에 의해 만들어지는 전통 시대 역(曆)에 따르면 태양이 천체를 한 바퀴 운행하고 제자리로 돌아올 때를 1년으로 삼고, 또 한 달은 달이 땅을 한 바퀴 도는 데에 걸리는 시간이었으며, 하루는 해가 뜨고 지는 시간의 흐름이었다. 네 개의 계절이 차례로 가는 1년은 12개월로 이루어지며, 하루는 12시각으로 나뉘었다. 이 12각 체제는 1년을 12월로 나눈 것과 같았다. 인경(人定)과 파루(罷漏)로 알리는 밤 시간은 24절기마다 다른 독특한 부정시법(不定時法)을 이용했다.[35] 24절기를 기준으로 다른 밤낮의 길이를 시각에 투영했던 것이다. 따라서 하짓날 밤 1경은 동짓날 밤 1경보다 짧다. 밤이 길건 짧건 하룻밤을 5등분해서 1경으로 했기 때문이다. 이를 반영해 밤의 시간을 측정하는 기구인 물시계는 긴 겨울밤의 시간과 짧은 여름밤의 시간을 나타내려 계절에 따라서 각기 다른 경, 점의 눈금을 새겨 넣은 잣대를 바꿔가며 사용했다.

계절과 밤과 낮의 구별 없이 균일하게 배분하는 정시법보다 이 부정시법이 불편해 보이지만 태양이 떠 있을 때에만 노동할 수 있었던 전통 시대에는 해가 뜨고 지는 것을 알려주어 하루 노동의 시작과 마무리를 할 수 있게 해주고 생업에 적합한 시각 체제였다. 주산업이었던 농사와 관련 없어 보이는 성안의 사람들에게도 밤의 길이에 따른 부정시법이 적용되었다. 파루(33번)와 인정(28번)은 성문을 여닫는 시각을 알리는 북소리로 이에 따라 하루 일과가 시작되고 마무리되었다. 성문이 닫히면 성안에서는 통행금지가 시작되었다. 인정이 울린 후 성안에서 돌아다닐 수 있는 남성들은 왕명으로 허락받은 관원, 눈먼 사람, 약제사에게 처방을 받는 사람 정도에 불과했다. 계절에 따른 해 길이가 성안 사람들의 생활시간을 관리하는 기준이 된 것이다.

을미개혁(乙未改革)은 이런 시각 체계에 변화를 주었다. 24시각 체제가 반영된 태양력의 시행을 고지했다. 이는 전통 시대 중앙정부가 만드는 역서 제작의 폐기를 의미했다. 정부가 만들어 백성에게 내리는 역서에는 대개 윤년 여부, 30일 혹은 29일을 의미하는 큰달과 작은달 표기, 60갑자로 순환하는 일진, 그날의 기운을 지배하는 오행의 요소, 28개 별자리 중 그날의 운세를 지배하는 별자리, 12가지로 순환하는 운세의 요소, 이사, 집수리, 여행, 결혼 등과 관련한 각종 길흉 정보, 24절기 등등 다양한 정보가 담겼다. 황제, 혹은 왕들은 이런 정보들을 담아 백성들에게 역서를 내려주었다. 백성들은 이에 따라 생업에 임했고 생활했다. 왕이 내린 역서를 받는다는 것은 백성이 지배자 왕에 의한 생활 통제를 수용했음을 의미했다. 이렇듯 정치적 함의를 가지는 역서가 권위를 갖게 되는 까닭은 하늘 움직임을 그대로 역서가 반영했다는 믿음 때문이었다. 하지만 1895년 을미개혁의 일환으로 태양태음력 대신 서양에서 사용하는 태양력을 1896년부터 채택하기로 결정함으로써 중앙정부는 역서가 가졌던 전통적 의미를 포기했음을 선언했다.[36]

태양의 움직임만을 반영한 태양력은 30일의 작은달과 31일의 큰달을 두며, 뜬금없이 2월을 28일이거나 29일로 두어 윤일을 조정함으로써 1년 365일의 나머지 시간을 처리했다. 또 7일을 묶어 한 단위로 하는 요일제였고, 무엇보다 7일, 일주일마다 하루를 쉬었다. 1896년부터 이 태양력을 공식 달력으로 사용하기로 한 것이다. 조선 말기에 도입된 태양력은 전통의 태양태음력 속에 살던 사람들의 삶에도 영향을 미쳤다. 물론 이 낯선 시각 체계가 이전에도 조선에서 운영되기는 했다. 이미 개항 이전 기독교나 서학을 수용했던 사람들도 안식일을 알고 있었다.[37] 하지만 이는 금지된 종교를 통한 내밀한 수용에 불과했다. 공공연하게 일주일 체계가 운영된 것은 개항장이었다. 특히 1883년 11월 26일 영국과 맺은 '영약부속통상장정(英約附屬通商章程)'이나 1886년 6월 4일 프랑스와의 '법약부속통상장정(法約附屬通商章程)'에는 해관(海關) 신고 시한이 정해져 있고, 이때 '일요일'과 휴일은 계산에서 제외한다는 조항이 포함되었기 때문이었다.[38] 태양력을 명시한 조약도 있었다. 1888년 8월에 조선과 일본 사이에 맺은 '판리통련만국전보약정서(辦理通聯萬國電報約定書)'에서 조선은 '두 나라 사이에서 넘겨주는 세계 각국의 전보 및 그 이용 문서에 기재하는 날짜는 모두 양력을 사용한다.'고 했던 것이다.[39] 이처럼 조선이 국제 관계에서 태양력을 공식적으로 사용함에 따라 전통 시간관념에 낯선 일요일은 특히 개항장에서 문제가 되었다. 일요일에 하역 작업이 이루어졌다면 일요일을 시점으로 관세를 부과해야 하는가, 일요일이어서 하역을 하지 못했다면 선박 정박 비용은 며칠로 계상되어야 하는가 등등 낯선 문제들이 그것들이었다. 이에 대해서 별도의 합의가 필요했고, 이런 날짜 계산에 익숙하지 않았던 조선 정부로서는 세심하게 서류를 작성할 필요가 있었다. 개항장이나 국제 조약에서뿐만 아니라 조선 정부는 일상 공식 업무에 서양의 시간 체제를 수용하기 시작했다. 특히 〈한성순보〉를 통해 '일요일'뿐만 아니라 태양력 시간 체제를 전국에 알렸다.[40] 〈한성주보〉는 한 발 더 나아갔다. 1886년 초에 복간된 〈한성주보〉는 태양력의 일자를 전통 날짜와 함께 표기하기도 했다. '서력(西曆)'이 조선개국, 중국연호와 함께 같은 지면을 차지했고, 기사 중에 '양력 정월 28일' 등과 같이 서양의 시각 체제가 적지 않게 눈에 띄었다. 특히 〈한성주보〉 표지에 태양력이 조선개국 및 청나라연호와 더불어 나란히 등재된 것은 또 다른 의미를 가졌다. 달라진 국제 관계 질서, 즉 중국과 서양 제국이 조선에서 차지하는 위상이 같아짐을 상징하는 것이다. 또 발행 주기 단위를 1주일로 삼은 것은 10일 단위의 순, 혹은 5일을 한 묶음으로 여겼던 전통적 시간 체계와도 달랐다. 기사에서는 증기선 운항 시간, 서양 병원이나 은행의 운영 시간 등을 고지하기 위해 태양력으로 환산한 시각표도 사용했다. 태양력 체계는 이를 적극 이용했던 〈한성주보〉를 통해 전국 방방곳곳에 알려지게 되었다. 이런 태양력의 낯선 시각 체계는 전국적으로 그리고 공식적으로 1895년에 처음 운영되었다.

새로운 시각 체계인 일주일 체계만 들어온 것이 아니었다. 서양 시각 체제의 근대적 특징 가운데 하나인 '규칙적'인 시간표 체계도 도입되었다. 이 시간표는 전통의 부정시법이 적용된 것이 아니었다. 밤과 낮을 가르는 기준으로 일몰이나 일출을 삼지 않고 일률적으로 하루를 24시각으로 나누어 같은 길이의 시간을 배정했다. 이런 시각 기준이 적용된 대표적인 예로 1886년 설립된 육영공원의 설학(設學) 절목을 들 수 있다. 18개의 절목 가운데 3개 절목이 시간 규칙과 관련이 있었다.[41] 기상 시간, 아침 식사, 점심, 저녁 시간과 더불어 취침 시간, 상오와 하오로 나뉜 6시간의 학습 시간이 이 24시각제에 맞추어 정해졌고, 공휴일을 포함한 요일도 정해졌다. 앞에서 언급한 육영공원의 일과표뿐만 아니라 비슷한 시기 선교사들이 설립한 학교 교칙에도 이런 시각표들이 정해졌다. '등교 시간은 오전 8시 15분으로 11시 30분까지, 점심은 11시 45분, 저녁 식사는 6시'와 같은 시각표가 등장했던 것이다. 이런 시각표는 자연의 흐름을 반영한 계절 시간인 부정시법에 익숙했던 일상에 큰 변화를 가져왔고, 이에 익숙하지 않은 사람들은 '시간 규칙'을 학습하기 위해 노력해야 했다. 시간 규칙을 학습하지 못하면, 곧 무능하고 나태한 자로 낙인찍혀 선교사를 포함한 외국인들에게 비난받기 일쑤였다. 그들은 이 시각 규칙을 '개화'의 상징으로 삼았고 이를 학습하고 체화할 것을 요구했던 것이다.

이런 시각 체계가 국가의 표준으로 설정된 것이 1895년 을미개혁이었고, 공식적으로 시행된 것은 1896년부터였다. 그 후부터는 이런 태양력과 일요일제 그리고 서양 시간표제가 전국적으로 확산되었다. 특히 1895년 반포된 소학교령, 한성사범학교 규칙에 반영되면서 시간 규칙은 어려서부터 학습되어야 하는 생활 절목으로 자리 잡았다. 근대 교육을 담당했던 학교들이 서양의 시간 체제 수용의 중요한 통로 역할을 했고, 교육 내용에도 이 시간 체계가 포함되었다. 학교에서만 이런 시간 체제가 적용된 것은 아니다. 1894년 4월 1일자로 반포된 "내각기록부 각령"으로 관청 집무 시간에도 반영되었다. 곡우~소서 전일, 소서~백로 전일, 백로~곡우 전일로 삼아 출퇴근 시간을 달리한 것은 이전의 일몰 시간을 적용해 관리들의 출퇴근 시간으로 삼았던 것과 비교해 큰 변화는 아니었지만, 일요일을 전일 휴가로, 토요일을 반일 휴가로 삼는 일상적 휴일을 설정했음은 주목할 만한 변화였다.[42] 이는 공식적으로 일요일을 포함하는 7요일제가 국가기관에서 시행되었음을 의미했다.

태양력이 가지는 가장 큰 특징은 시간의 흐름이 직선적이며 기계적이라는 점이다. 태양력의 시간에는 하늘의 움직임, 음양오행, 납일, 세시풍속과 이에 따른 의례와 같이 날짜와 시각에 투영되었던 음양오행이나 사주, 팔자, 64괘에 의한 정성적 해석이 끼어들 여지가 없었다.[43] 물론 점복과 택일도 없었다. 그렇다고 개항 후 첫 20년 동안 서양 시간이 균질적으로 표준화되어 들어온 것은 아니었다. 더 나아가 국제사회가 모두 합의한 통일된 시각 체계가 있던 것도 아니었다. 따라서 조선에 들어온 시각들은 입국한 외국인만큼이나 다양해, 마치 시간의 국제박람회장과 같았다.[44]

시각 체계가 다양했음에도 조선의 시각 중심인 태양태음력, 즉 선농의 시각 체계가 흔들리지 않은 상황에서는 큰 혼란은 없었다. 하지만 1895년 시각의 중심이 흔들리기 시작하면서 이 다양한 시각 체계가 뒤섞이자 문제가 드러나기 시작했다. 정부가 을미개혁(乙未改革)의 일환으로 1895년 11월 17일(음)을 1896년 1월 1일로 하고 태양력을 중심 시각 체계로 삼았던 것이다. 태양태음력을 태양력으로 대체하는 것에 대해, 정부는 표면적으로 서양과의 교류에 늘어남에 따라 과세 부가를 둘러싼 논쟁이 많아졌고, 전신처럼 국경을 넘나드는 통신 체계가 완성되어 국가 간에 시각을 맞추어야 할 일이 잦아졌기 때문에 국제 교류에 혼동을 줄이기 위해서라는 이유들을 제시했지만, 실제 태양력의 채용은 청일전쟁에서 승리한 일본이 태양력이 합리적이고 태양태음력은 미신적이라고 강하게 주장하며 조선 정부를 압박한 결과였다. 1895년 11월 17일을 1896년 1월 1일로 하는 태양력이 반포되면서, 1년 12개월, 365일 혹은 366일이 기계적으로 정해지는 태양력은 7일을 1주일로 하고 30일 혹은 31일을 한 달로 묶었다. 1주일을 이루는 각각의 날을 이름 붙이는 방법은 일본의 것을 그대로 들여와 '일, 월, 화, 수, 목, 금, 토'로 정했다. 휴일제가 채택되었고, 7개의 국가 경축일(건원절, 만수성절, 곤원절, 천추경절, 개국기원절, 계천기원절, 즉위예식일, 묘사경고일)도 제정되었다. 하지만 이 국경일들이 태양태음력에 따른 것이었기에 해마다 날짜 계산을 다시 해야 했다. 이 날들이 태양력을 기준으로 모두 변경된 것은 고종이 강제 퇴위당한 1908년의 일로 국권의 대부분이 붕괴되었음을 상징했다.

을미개혁에 의한 태양력 반포는 1896년 2월 단행된 아관파천(俄館播遷)으로 철회되었다. 친일 내각이 붕괴되고 대한국 국제가 반포되면서 국가적 행사나 전통 명절 등은 전통의 역을 따르는 것으로 환원되었다. 그렇다고 완전하게 태양태음력으로 되돌아가지는 않았다. 태양력과 전통의 태양태음력을 함께 달력에 써넣은 명시력(明時曆)을 반포했던 것이다. 이 명시력은 절후, 생일, 택일 등을 태양태음력 체계로 이용했다. 태양력과 태양태음력을 병용함으로써 전통적 시각 체제를 포기하지 않겠다는 의지를 천명했다. 그럼에도 여전히 태양력을 병기한 것은 이미 외국과의 빈번한 교류, 전신, 철도와 같은 근대적 서구 문물의 운영으로 규율적인 시각표 체제를 포기할 수 없어서였다. 사회의 변화로 전통의 역만을 고집할 수 없었던 것이다. 더불어 대한제국은 대한표준시라는 고유 시간을 사용한다고 공포했다.[45]이를 통해 전통적 계절에 따른 밤의 시간을 나누었던 방식인 부정시법이 해체되었고, 종을 울렸던 시보 방식은 정오를 알리는 오포로 대체되었다.

물론 이런 시각 체제의 변화에 반발이 없었던 것은 아니었다. 특히 당시 학부대신(學部大臣)이었던 신기선(申箕善)이 태양력 사용을 강력하게 반대했다. 그는 머리 깎고 양복 입는 일과 같은 을미개혁에 의한 많은 변화를 "금수가 되고 야만이 되는 길"이라고 단언하며 특히 외국 태양력을 쓰고 청국 황제가 주신 정삭을 폐하는 것은 도리가 아니라고 주장했다. 신기선이 학부대신을 사직하면서 쓴 상소를 옮긴 〈독립신문〉은 반론을 펼치기도 했다. 〈독립신문〉은 신기선의 정삭 폐지 반발과 관련해 "청국 황제를 그렇게 섬기고 싶으면 청국에 가서 청국 신하가 되는 것이 마땅"하다고 비꼬기도 했다.[46] 이처럼 논란이 없지 않았음에도 명시력은 시행되었다. 이 시각 체제는 정부가 추진했던 각급 학교 설립과 운영의 기준이 되었다. 개학, 방학, 휴일들이 모두 이 명시력을 따랐다. 그리고 선교사를 중심으로 한 집단이나, 〈독립신문〉과 〈황성신문〉과 같은 언론기관은 태양력을 중심으로 사용하며 공식화했다. 심지어 선교사 집단과 〈독립신문〉은 한글로 된 태양력을 만들어 팔기도 했다.[47] 명시력이 공식적인 달력으로서 자리 잡기 시작했던 것이다.

1908년에 정미7조약(丁未七條約)에 의한 고종 퇴위는 명시력 발행 중단의 배경이 되었다. 태음태양력을 중심으로 한 명시력 발행이 중단되었다.

대신, 1909년 태양력을 중심으로 한 '대한융희(大韓隆熙) 3년력'이 발간되었고, 1910년 '대한융희 4년력'이 발행되었다. 이는 당시 조선 정부를 장악했던 통감부(統監府)에 의해서였다. 더 나아가 1910년 경술국치(庚戌國恥)로 시간에 관한 주권이 모두 박탈되었다. 외교권 박탈 및 무장해제 등을 통해 국권이 상실될 때, 조선총독부(朝鮮總督府)는 역서 발행 또한 중지시켰던 것이다. 대신 조선에 대한 통제권 및 통치권 장악을 과시하듯 총독부는 '조선민력(朝鮮民曆)'을 발행했다. 총독부는 이를 통해 일본이 역서를 '대신' 발행하는 것으로 역 발행 주체를 전환함으로써 역을 발행하는 자, 즉 수시(授時)를 통해 백성의 생업과 생활을 통제하는 지위와 이에 따른 지적 권위까지 확보했다. 이 조선민력은 1945년 해방될 때까지 매년 발행되었다. 실제 명시력이 민생을 크게 변화시키지는 않았다. 단지 생활을 규제하는 근대화 문물과 기기를 이용하면서 근대의 규율에 익숙해지게 압박하는 정도였다. 이런 압박, 혹은 학습은 매우 공적인 공간에서, 예를 들면 새로운 교육 제도에의 참여나 전차나 기차, 전신의 이용 및 서양식 병원의 활용 과정에서 이루어졌다.

하지만 조선에서 백성들에게 태양태음력은 여전히 생업을 이끄는 지표였다. 오히려 태양력에 의한 정시법은 농업 중심 사회에서 생업과 큰 관련이 없는 시각 체제였다. 시간을 양적인 지표로만 받아들이지 않았던 전통적 믿음도 태양태음력을 쉽게 포기할 수 없게 했다. 특히 점복과 택일 같은 것들이 태양태음력에 의거해 이루어졌는데 이는 매일과 매시간에 부여된 간지에 의해 시각이 고유한 특성과 힘을 가진다는 믿음에 근거했다. 무엇보다 시간이 천문 현상과 연결되어 있고, 천문은 땅과 인간의 상호 연결 속에서 작동한다는 믿음, 그리고 그 기록이 바로 역법이라는 전통적 믿음은, 숫자의 나열에 불과하고 인간 사회에서 하늘을 분리한 태양력을 쉽게 받아들이지 못하게 했다.

그럼에도 불구하고 진화와 계몽이 강조되던 당시 분위기에서 전통의 시간은 점차 폐지의 대상, 미신과 비과학, 무지몽매와 인습, 완고함의 전형으로 전락해갔다. 사용이 불편하고 택일, 점복, 납일, 금기와 같이 근대 과학으로 입증되지 않은 것들은 모두 미신이나 비과학과 결부되었다고 공격받았고, 이를 이유로 태양태음력을 폐기해야 한다는 주장이 대두되었다. 그들은 대부분 서양식 교육을 받고 사회진화론적 시각을 갖고 있던 지식인들과 더불어 일본 통감부(이후 총독부)였다. 그들에 의해서 태양태음력은 '음력'으로 퇴락되었고 음력의 시각 체계는 퇴행이며 극복해야 할 과거의 유산으로 전락했다. 총독부는 서양 근대의 상징인 양력을 받아들이지 못하고 여전히 '음력'을 필요로 하던 조선 백성을 민도가 낮다고 비하하고, 조선 사회를 미신이 팽배한 후진사회로 선전했다. 그러면서 근대화를 성공적으로 이룬 일본이 조선을 문명화해주고 민도를 높여주어 궁극적으로 일본에 동화시켜준다는 명분을 표방하면서 음력을 작게 명기한 달력을 제작해 배포하기도 했던 것이다.

3절

근대 기상학의 도입

1. 전통 천문 속의 측후

전통 사회에서 천문은 측후를 겸했다.[48] 측후는 전통 사회에서 매우 중요했다. 그것은 전통 사회의 기반 산업은 농업이었고, 농업은 자연조건에 따라 크게 좌우되기 때문이었다. 특히 비, 바람, 구름이 손꼽히는 자연 요건이었다. 특히 벼농사에서 강우는 매우 중요하다. 벼가 싹을 내고 자리 잡는 늦은 봄에는 비가 되도록 많이 내릴수록 좋았다. 하지만 가을비는 수확을 불가능하게 했다. 풍년이 되려면 가을에는 일조량이 풍부해야 했다. 또 생산량을 증대하고 벼농사에 필요한 노동력을 줄이기 위해서는 모내기를 해야 했다. 하지만 이 모내기는 조선의 기후 조건에서는 쉽지 않았다.[49] 삼남 지방의 평야 지대를 제외하고 모내기를 위한 관개수로가 대부분 확보되지 않았기에 정부가 이앙법을 제한했음에도 모내기를 하는 지역은 늘어났다. 이에 따라 비가 오지 않으면 한 해 농사를 망치는 경우도 많아졌다.[50] 가뭄이 오래 지속되면 백성들은 하늘을 원망하지만, 이 원망은 곧 군주를 향한 것과 같았다. 비가 오지 않는 것은 전통 자연관에 의하면 "양이 음을 멸하는 것"이었고, '하늘이 가뭄으로 군주의 부덕을 경고하는 것'이라고 해석되었다.[51] 그러므로 군주는 스스로 잘못을 경계하고, 도덕적인 수양을 쌓아야 했으며, 반찬의 가짓수를 줄이거나 정전(政戰)을 피하고 죄수를 방면하면서 하늘이 노여움을 풀기를 기도해야 했다.[52]

가뭄 못지않게 홍수도 주목된 현상이었다. "음이 양을 이기는" 현상인 홍수는 생업을 망가뜨리지는 않았지만, 생활의 터전을 순식간에 부수었다. 특히 도읍지에서는 생활의 터전인 집이 침수되거나 재화가 못 쓰게 되거나 인명이 상하는 일도 왕왕 발생했으므로 경계해야 했다. 청계천의 수위를 측정하기 위해 수표가 한성에 세워진 것도 그 때문이었다.[53] 또 바람의 방향 역시 중요하게 살펴야 했다. 바람의 방향과 세기는 강우의 기준이었다. 바람은 비와 비교해 중요도가 떨어졌지만, 여름의 동풍이 가뭄의 원인이 되고, 해안 바람이 없으면 배를 띄울 수 없어 생업과 세곡 운반에 영향을 미쳤다. 그뿐만 아니었다. 바람이 불어 벼를 상하게 하자 임금은 "형벌(刑罰)이 마땅함을 잃었는가? 간사(姦邪)함이 위(位)에 있는가? 상벌(賞罰)이 밝지 못한가? 사납고 교활한 자들이 백성을 해치는가? 내 몹시 민망스럽다."며 재이를 자신의 탓으로 자책하기도 했다.[54] 따라서 이런 비, 바람, 홍수, 가뭄과 같은 날씨와 관련된 측후 활동은 중앙의 관상감(觀象監)에서뿐만 아니라 지방의 관아에서도 늘 수행해야 했다. 지방 관측 기록은 중앙정부로 보고되었고, 비가 많이 오든 적게 오든 이 상황을 군주는 하늘의 경고로 받아들여 양과 음의 기운을 맞추기 위한 기청제나 기우제를 지냈다.

날씨의 이변이 생업과 관련되어 해석된 것만은 아니었다. 정치가 제대로 수행되지 않음으로 인해 백성들의 원망이 하늘을 움직여 경고한 것이라고 여겨지기도 했다. 인군(仁君)의 중요성이 부각된 신유학이 통치 이념으로 받아들여지면서 조선시대에 이 생각은 훨씬 더 강화되었다. 천문학에 많은 업적을 남긴 세종뿐만 아니라 성종 역시 천변재이에 많은 관심을 가졌고, 정치와의 연관을 숙고했다. 그는 수차례 과거 시제(試題)로 천변재이와 관련해 문제를 내기도 했다. 그 가운데 하나는 "근년 이래로 비바람이 절기를 어기고 가뭄과 황충(蝗蟲)의 재앙이 있으니 이는 어찌 나의 실덕과 정치를 잘못한 감응으로 그러한 것이 아니겠는가."[55]고 질문했고, 또 한번은 "홍범에 이르기를 '임금의 잘잘못은 해(歲)로써 징험하고 경사(卿士)의 잘잘못을 달로써 징험하고 서민의 상황은 별로써 살핀다.'고 했고, (홍범이) 또 말하기를 '비 오고 햇볕 나고 덥고 춥고 바람 부는 것은 정사의 엄숙하고 정연하고 지혜롭고 도모하고 착한 것의 응답이다.'고 했는데, 이것이 각각의 일의 응답인가?"라고 문제를 제시하기도 했다.[56]

조선 초기에 구체화되고 실현된 재이로써 기상을 인식하던 태도는 연산군 시대만을 제외하고 조선시대 내내 계승되었다. 정치가 자연의 변화를 초래한다는 생각이 유교적 인군 관념과 부합했던 것이다. 따라서 벼락이 떨어진다거나 흙비가 내리거나 가물거나 홍수가 나면 왕은 사면령을 내리거나 관료를 교체하거나 국가의 토목공사를 중지하거나 하늘에 제사를 모시는 등의 방식으로 대처해야 했다. 이런 왕의 움직임은 왕이 백성들의 원망을 외면하지 않고 있음을 보이는 인군의 표상이었다. 따라서 하늘은 늘 관찰되어야 했고, 범상치 않은 하늘의 현상, 특히 해와 달에 관련된 현상들은 왕에게 보고되어야 했다.[57] 이를 위해 상중하 직급의 천문관원들 3명이 번갈아 하루를 5개의 구간으로 나누어 3일을 한 묶음으로 입직을 섰다.[58] 그들은 하늘에서 보이는 여러 현상을 관찰하고 발생 시각, 절차 등을 각 현상별 보고서 작성방법에 따라 기록해 보고했다.[59] 그들은 또 전국의 상황을 취합·정리하는 업무도 수행해야 했다. 이 기록들은 매년 정월과 7월 상순 두 번 춘추관(春秋館)에도 보고해야 했는데 이때에는 측후 기록과 더불어 강우량의 월별, 연도별 합계와 시각별 강우량, 연도별 강우 일수 등 강우 상황이 총괄 보고되어야 했다.

천문 측후를 담당했던 사람들은 매우 전문적인 교육과 훈련을 받았고, 시험을 통해 정부 관원으로 선발되었다. 그리고 날씨와 관련된 현상들이 왕을 비롯한 권력 집단과 깊은 연관을 갖고 있다고 해석된 만큼 아무런 기준 없이 임의로, 혹은 주먹구구로 살필 수는 없었다. 그들은 각 현상을 분류하는 기준을 가지고 있었고 이를 세련되게 법도로 정비했으며, 측정 도구도 정비했다. 측우기(測雨器)는 대표적인 예이다. 측우기는 세종대에 세자와 장영실(蔣英實)에 의해 고안되어 강우량을 정확하게 측정하도록 한 기구였다.[60] 물론 측우기가 만들어지기 전에도 강우를 살피는 방법이 없었던 것은 아니었다. 각 도의 감사는 비가 온 양을 중앙정부에 보고해야 했는데 이때 감사의 강우 측정은 고작 비가 올 때 막대를 땅에 꽂아 측정하는 것에 지나지 않았다.[61] 이런 측정 방법은 심각한 문제를 가지고 있었다. 매우 임의적이고 부정확했을 뿐만 아니라 부적절하기까지 했다. 비가 온 땅에 막대를 꽂는 방법은 땅의 상태에 따라 매우 다르기 때문이다. 진 땅은 비가 많이 와도 막대가 잘 꽂히지 않고, 반대로 모래땅은 비가 조금만 와도 막대가 푹 땅으로 들어갔다. 그리고 비가 오기 시작할 때 쟀는지, 오는 중 측정했는지, 비가 그친 후에 쟀는지에 따라서도 달라졌다. 이처럼 비가 얼마나 왔는지를 정확하게 측정하기 위한 제도가 정비되지 않았기에 감사의 보고는 신뢰성이 떨어졌다. 측우기 개발은 이런 상황을 획기적으로 바꾸었다. 이 측우기를 통해 조선의 중앙정부는 서울뿐만 아니라 전국의 강우 상황을 정확히 알게 되었다. 강우 측정 기록 방식도 정해졌다.[63] 비가 내리기 시작한 시간과 그친 시각을 적고, 측우기 수심을 자, 치, 푼 단위로 기록했다. 또, 비 오는 강도에 따라 미우(微雨)부터 폭우까지 8단계로 구분했다. 보고 방식도 정해져 있었다. 강우단자로 불린 강우보고서는 매회 4통을 작성했고, 1800년부터는 매월 월계를 합쳐야 했다. 또 측우단자는 하루에 아침부터 일몰까지, 일몰부터 오경까지 두 번 보고했다.[63] 지방에서도 강우 상황을 측우기로 측정해서 중앙에 보고했다.

"일풍일우(一風一雨)"에 왕이 관심을 둔 탓에 바람도 관측 대상으로 주목받았다. 우리나라에는 11월과 3월 사이에는 차갑고 건조한 북서 계절풍이 불고 4월과 9월 사이에는 따뜻하고 습기 많은 남동 계절풍이 분다. 이 바람이 강수량과 기온 변화에 영향을 미쳤고, 주산업이었던 농업에도 큰 영향을 미쳤다. 바다를 거쳐 불어오는 바람은 따뜻해 쉽게 구름을 만들고 비를 내렸다. 하지만 산을 넘어 불어오는 바람은 차고 건조했다. 바다에서 부는 바람은 들판을 풍요롭게 하지만 산에서 부는 바람은 들판을 메마르게 했다.

바람의 영향을 파악했기에 우리 선조들은 바람 움직임에 민감했고, 이를 알기 위해 노력했다. 관상감에서는 풍기(風旗)로 바람 방향을 감풍(坎風=북풍), 건풍(乾風=북서풍), 태풍(兌風=서풍)과 같이 주역 8괘 방위를 따서 나누어 매일 여섯 차례 풍운기를 기록했다. 그리고 바람의 세기 역시 여덟 가지로 분류했고, 센 바람의 경우 대풍, 폭풍으로 구분했다. 바람에 대해서도 항상 경계하며 관측을 게을리하지 않았던 것이다.

2. 근대 기상학의 도입과 재이설의 해체

개항 전후 수집된 한역 서양 과학기술서나 외국인이 가지고 들어온 기상학과 관련한 정보에는 천변재이로 구분되어 살폈던 해, 달, 별과 관련한 전통적 이상 '현상'들이 존재하지 않았다. 또 비, 바람, 무지개, 해무리, 달무리와 같은 움직임들도 다르게 설명했다. 심지어 비, 바람을 포함한 자연현상이 형성되는 곳은 별이 있는 공간의 일이 아니라는 설명도 덧붙여져 있었다. 비, 바람, 벼락 등을 하늘의 경고, 백성의 원망, 제대로 수행되지 않은 정치, 군자의 부덕 등등으로 해석하며 경계하던 전통적 사고방식은 새로운 서양의 과학이 도입되면서 도전을 받기 시작했다. 서양의 근대 천문학은 하늘을 우주와 대기권으로 나누었다. 비바람과 관련한 하늘의 일의 설명과 예측을 담당하는 서양의 분야는 기상으로, 당시에는 전통적 용어인 측후라 불렀다.

서양에서 들어온 날씨 관련 해석은 지구의 자전과 더불어 물의 순환과 연관되어 있었다. 물론 전통 시대에도 바람이나 비, 구름의 발생 과정에 관한 설명이 없었던 것은 아니었다. 예를 들어 바람은 "땅의 하품, 혹은 트림으로 여겨지며, 태평한 때 5일에 한 번, 바람이 불어도 나뭇가지가 울지 않고 1년에 72번" 부는 것으로 설명되었다.[64] 그리고 구름은 산천의 기(氣)였다. 땅기운이 위로 올라 구름이 되고 하늘 기운이 내려오면 비가 되었다. 또 눈은 비가 내려오다 차가워져 응집된 것으로 오곡의 정수라고 해석했다. 이슬은 음의 액체로 서리가 되는 시초였다. 그밖에도 서리, 싸라기눈, 우박, 무지개와 같은 기상 현상을 음양오행과 천지인합일의 관념을 토대로 이해했던 것이다.

하지만 1880년대 이후부터 기상 현상이 다르게 설명되기 시작했다. 백성이 삶을 영위하는 일이 바람의 많고 적음, 춥고 더움의 차이 등과 같은 기후가 요체(要諦)임을 인정하는 것은 전통 시대와 다를 바가 없었고[65] 특히 구름, 비처럼 강우와 관련해서는 비슷한 설명이 제시되기도 했다. 예를 들면, 헐버트의 『사민필지』에 의하면 "구름은 물과 땅에서 나오는 습기가 사람의 숨보다 더 가벼워 눈에 보이지 않지만 높이 올리기 만들어지며, 비는 구름이 떠다니다가 매우 추운 데를 만나 물이 되는데, 큰 산속은 더

추워 구름이 큰 산을 지나면 물이 되고, 물은 기운보다 무거워 내리는 것"이었다.[66] 바람의 설명은 사뭇 다르다. 그에 의하면 바람은 "아무 땅이라도 더우면 그 땅에 김이 떠오르고, 떠오르면 또 다른 데 기운이 모이는데 이 몰리는 기운"이었다. 바람을 기압 차로 설명했던 것이다. 그리고 "안개는 땅에서 나는 습기가 미처 높이 오르지 못하여서 엉긴 것"이고 "이슬은 땅에서 나는 습기가 맺혀 높이 오르지 못하여서 엉긴 것"이라거나 우박은 구름이 비 된 후에 언 것이어서 여름에도 간혹 우박이 내리는 것은 바다의 찬바람과 마주치기 때문이라는 식으로 해석했다. 그렇다고 헐버트와 같은 서양인이 모든 기상 현상을 당대 서구의 전문적 과학 이론을 토대로 설명한 것은 아니었다. "눈은 구름이 되기 전에 언 것"이라든가 서리는 이슬이 언 것이라는 설명이 대표적인데, 이는 그가 기상 현상을 완벽하게 이해한 것은 아니라는 점을 보여준다.[67] 또 설명하기 어려운 현상도 있었다. "무어라 형용하야 말하기 어려운" 번개가 그 예였다. 그는 단지 "움직임이 매우 빨라 1분 동안에 땅을 여덟 번 돌아가"는 것이라고 성질만을 언급했을 뿐이었다. 또 그는 정전기(靜電氣)의 하나인 번개와, 동력원으로서의 전기의 차이를 구분하지 못하고 "외국 격물하는 선비들이 이것으로 온갖 연장을 부리니 마치 화륜파와 전기선"과 같다고 설명하고 말았다.[68] 지진 설명 역시 마찬가지였다. 그는 "지동(지진) 땅속에 물도 잇고 불도 잇어 물과 불이 만일 서로 가까우면 김이 되나니 김이 매우 힘이 있어 어디든지 뚫고 나갈지라 이 뚫고 나갈 때에 흔들리는 것"이라고 설명했고, 매번 "화산으로 나"간다고 덧붙였던 것이다.[69]

자연현상과 관련한 헐버트의 설명 방식은 〈한성주보〉와 달랐다. 〈한성주보〉에서도 비, 이슬, 안개 등의 형성 과정을 설명했으며 바람을 본격적으로 해석했다. 〈한성주보〉의 기사는 이런 기후 변화를 지구의 움직임과 관련지어 설명하는 방식을 택함으로써 기후 변화를 지구적 차원에서 설명하는 방식을 택한 것으로, 이는 헐버트의 설명 방식과 달랐다. 〈한성주보〉의 기상 현상 설명은 기상학 서적인 『측후총담(測候叢談)』을 그대로 옮겨 온 것으로 꽤 오랜 기간 연재되었다. 저본이 된 책은 중국에서 활동했던 선교사 금계리(金楷理, Carl Kreyer)가 구역(口譯)하고 중국 수학자로 유명한 화형방(華衡芳)이 받아 써 1877년 출판된 책이었다.[70] 1882년 군계학조단(軍械學造團)의 일원이었던 상운(尙澐)이 이 책을 가져왔고, 그 가운데 권2가 〈한성주보〉에 전재되었다.[71] 〈한성주보〉에는 '논풍(論風)'이라는 제목으로 실렸는데, 바람이 생기는 원인과 바람 방향에 대한 설명이었다. 바람의 종류를 해풍과 육풍으로 분류했고, 열대 지역에서 발생하는 폭풍을 설명하기도 했는데 이는 '구풍(颶風)'이라는 제목을 설정해 제시했다. 대기 흐름을 해수의 운동에 비교해 설명한 '논공기지랑(論空氣之浪)' 등과 같이 바람의 발생과 움직임, 바람의 운동 및 순환 원리 등을 다루기도 했다. 또 기상 현상에 영향을 미치는 해류의 흐름도 설명했으며, 한편 구름과 이슬의 발생 원리를 포함한 물의 순환도 포함되었다.[72] 〈한성주보〉의 기사들에 의하면 기상 이변은 전통적 재이론(災異論)에서처럼 더 이상 군주의 통치에 대한 하늘의 경고가 아니라 순전히 '자연현상'이었다.[73] 전통적 재이 해석을 서슴없이 비판하기도 했다. 그 비판의 핵심은 전통적 해석이 모든 자연현상을 인간을 중심에 두고 내린 것에 불과하다는 점이었다. "개미떼가 인간이 경사의식(慶事儀式) 때문에 등(燈)에 오색실을 꾸며놓은 것을 쳐다보고 개미 저희들을 위해서 설치해놓은 것이라고 자랑스럽게 생각하는 것"에 지나지 않다고 지적했다. 덧붙여 전통적으로 인사(人事)에 대한 하늘의 경고인 지진은 "땅속의 불에 의한 것으로 예측할 수 있"는 것이므로 이전과 같이 재이론적으로 해석하는 것은 옳지 않다고 단언했다.[74]

서양 기상학의 소개로 하늘은 명백하게 둘로 나뉘기 시작했다. 〈한성주보〉는 하늘을 두 층위로 구분했다. "천기의 한 층이 지구를 둘러싸고, 점점 높이 올라갈수록 점점 희박해져서 약 2백 리나 혹은 150리의 두께"인 지상이 생겨났다. 그리고 어떤 지구의 흡인력이 존재하지 않는 하늘이 먼 곳에 존재하게 되었다. 이곳은 "지상에서는 하늘로 올라가는 공기도 점점 희박하여져서 여기까지 이르면 거의 (공기가) 떨어져버리는" 곳이었다. 이 공간에서는 "모든 별들이 운행하는 1회전이 자리하고" 있었다. 예부터 오늘날에 이르도록 큰 차이가 결국 없었던 것은 별이 자리하고 있는 곳은 공허하여 어떤 공기로 인해서 저지당함이 없기 때문이었다. 공기가 이르는 한계는 "형질이 있는 물체는 서로서로를 잡아당기는 힘이 있어, 공기가 아주 희박한 데는 지구의 흡인력도 역시 그 정도"로 있어 자연스럽게 형성된 대기층까지였다. 이처럼 서양 기상학은 우주와 지상의 경계를 공기와 중력의 관계로 해석해 하늘을 재구성했다. 지상에서 "(기후가) 무겁고 두터우면 구름이 반드시 높게 뜨므로 비가 오지 않으며 기후가 가볍고 엷으면 구름이 낮게 뜨므로 비가 오는 것"이라는 식으로 강우를 설명했다. 이런 설명으로 '인간사를 반영한 하늘의 뜻'이라는 전통적 해석은 기상 현상의 해석에서는 더 이상 존재하지 못하게 되어버렸다.

유길준(兪吉濬, 1856~1914)도 기상 현상들을 설명했다. 유길준에 의해서 비로소 외국인의 정확치 않은 설명이나 외국 서적을 그대로 베낀 데에서 오는 요령부득의 해석이 아니라 이해 가능하게 기상 현상들의 설명이 제시되었다. 그는 "무릇 지구를 포위하고 있는 것은 공기"라고 하면서 공기층을 "165리, 혹은 1,650리라 하여 적확한 거리를 세우기 어렵다."고 전제하면서 기압이 형성되는 원리의 설명을 제공했다. 그에 의하면 기압은 "공기는 무게가 있어서 지면에 가까운 것이 공중에 있는 것보다 조밀하고 중탁하니 아래로 내려온 것은 위에 있는 것의 압박하는 힘을 받기 때문"에 이루어졌다. 또 "공기가 따뜻하면 희박해지고 희박하면 가벼워지고 가벼우면 상승하게 된다. 위로 올라간 따뜻한 공기가 높은 하늘의 한기와 서로 만나게 되면 비를 뿌리고 우박과 눈은 비가 얼어서 되는 것"이라고 강우와 관련된 기상 현상을 정의했다. 또 그는 바람이 부는 원리도 "공기가 희박하여 상승하는 곳으로 근처의 따뜻하지 않은 공기가 그 자리로 들어오게 되는데, 이 유입되는 것이 바람 부는 원인"이라고 이해했다.[75] 이처럼 유길준은 헐버트보다 이해하기 쉽고 수월하게 바람을 설명했던 것이다. 지진의 해석도 헐버트와 달랐다. 지구 중심은 열에 녹아 액체가 된 토석으로 되어 있고, 그 열기가 지구의 굳은 외면을 뚫고 나와 화산이나 지진을 일으킨다고 했다. 그는 조선에서는 좀처럼 볼 수 없는 현상인 화산이나 매우 공포스러운 지진에 대해서는 좀 더 공들여 설명했다. 그에 의하면 화산은 산꼭대기 구멍을 통해 연기와 불꽃, 불 찌꺼기와 용암이 분출하는 것이었다. 바다 가운데서도 화산은 터지는데 이때의 용암은 섬을 이루기도 하고 그 불찌꺼기가 파도에 씻겨 소멸하기도 한다고 했다. 그리고 지진은 "지구 내부에서 녹아버린 물질이 출렁거리는 기력을 발하여 외부의 굳은 부분을 몹시 흔들며 지나" 생기는 현상이었다. 지구 상 어디를 막론하고 지진이 없는 곳은 없어서 "해저로부터 산꼭대기에 이르지만, 해변에 있는 화산의 줄기를 따라 많아 지진은 화산 폭발을 이루게 하는 경우가 많다"고 지적했다. 헐버트가 화산과 지진을 섞어 소개한 것에 비해 유길준은 화산과 지진의 상관성을 보여주며 각각을 명쾌하게 소개했다.

물론 유길준의 설명으로 조선에서 날씨와 관련된 많은 재이적 설명이나 서술이 완전히 사라진 것은 아니었다. 1899년에도 비가 오지 않으면 여전히 중앙정부는 기우대를 설치하고 백성들이 가뭄으로 고통받는데도 행해지는 전직 고위 관료들의 사치 행각을 비판했다.[76] 민간에서는 전깃줄을 탓하기도 했다. 그럼에도 날씨를 자연의 물리적 상황의 변화에 의해 야기되는 현상으로 받아들이는 분위기가 만들어지기 시작했음은 부인할 수 없다.

3. 기상 관측대 설립과 기상 정보의 수집

〈한성순보〉와 〈한성주보〉에 게재된 기상 관련 기사들은 근대 기상 관측의 시작과 관련이 있다. 1884년 최초로 간단한 근대 관측 설비를 갖춘 기상 관측대가 개설된 것이다. 조선 정부에 총세무사 겸 통상교섭사무 협판(協辦)으로 청에서 파견된 독일인 묄렌도르프(Moellendorff)가 1884년 인천세관과 원산세관 구내에 기상 관측 기기를 설치, 관측을 했다.[77] 해로(海路) 운송은 항구 연안의 날씨 정보가 필수였기 때문이다. 개항장은 국제사회로의 진출, 혹은 국내시장으로 외국의 진입이 이루어지는 곳이었고, 달라진 국내외 환경으로 날씨가 중요한 조건이 된 곳이기도 했다. 인천, 부산, 원산 지역과 같은 개항장에는 선박의 입항을 위한 풍우와 강우, 안개와 같은 기상 조건을 반드시 확인해야 했다. 개항장에서 날씨를 관측하기 위해 동원되는 기기들은 전통의 측우기나 풍기가 아니었다. 새로운 방식으로 날씨 측량을 위해 온도계와 습도계, 기압계, 새로운 기준의 기구들이 필요했다. 국제 관계 속에서 이루어지는 날씨 측량이기에 국제적으로 통용되는 도구들이어야 했고, 새로운 근대 기상학의 이론을 토대로 한 관측기구들이었다. 이미 온도계(한서침)와 기압계(풍우침)는 최한기(崔漢綺, 1803~1877)의 책이나 〈한성순보〉에서 설명했다. 이 설명에 의하면 현재 기압계를 칭하는 풍우침은 "(풍우침 안의) 수은의 오르고 내리는 것으로 풍청뇌우(風晴雷雨), 즉 바람 불고 맑고 천둥치고 비가 오는 기후를 하나도 빠트리지 않고 알 수" 있게 하는 도구였다.[78] 여름에 수은이 조금 내려가면 반드시 비바람이 불 것을 알렸는데, 수은주가 크게 내려가면 큰바람이나 큰비가 있음을 예측할 수도 있었다. 수은주가 더 내려가면 큰 태풍이 올 것이고 내려가는 속도가 아주 빠르면 주로 심한 비가 올 때가 많을 뿐만 아니라 때로는 큰 번개를 동반하기도 할 것이라고 설명했다. 이와 같이 바람과 비가 올 것을 예보하기 때문에 "농부가 풍우침을 잘 아는 사람이면 농사를 그르치거나 싹을 썩히는 일이 없었다고 하며, 또 항해하는 뱃사람도 이 풍우침을 잘 아는 사람이면 따라서 돛대가 잘 꺾이거나 배를 침몰시키는 참사가 없다고 한다."고 했다. 또 온도계를 의미하는 한서침은 풍우침과 더불어 기상 현상을 예측하는 데 중요했다. "열을 만나면 바로 녹아 상승하고 찬 것을 만나면 바로 응고해 밑으로 떨어지는" 수은의 성질을 이용해 만든 한서침으로 풍우침의 수은 팽창 정도도 알 수 있다고 설명했다. 춥고 더움으로 생기는 차이의 온도와 관련된 수를 더하거나 빼주어야 정확한 기압을 측정할 수 있기에 풍우침은 항상 한서침과 함께 측정해야 했다. 1887년 부산세관의 관측소에서는 기온, 날씨, 강수량 등을 새로운 기상 측정 기구를 이용해 측정하고 기록했다.[79]

조선 개항장들의 날씨 상황은 조선과 무역하는 나라들의 초미의 관심이었다. 이와 관련된 정보를 확보하기 위해서는 먼저 대한제국 전신망의 정상적 운영도 필요했다. 특히 대한제국이 전신망을 정상적으로 운영하던 1897년 프랑스가 상해에 있는 프랑스 소속 서가회(徐家滙) 천문대를 중심으로 날씨 정보를 전신으로 보내줄 것을 요청해 왔다. 그들은 인천, 원산, 부산의 각 항구에 관측소를 설립하고, 매일 오전 9시와 오후 3시 2회에 걸쳐 풍우표, 즉 기압의 높고 낮음, 바람의 세기와 방향과 일기의 변천을 전보로 통고할 것을 요구한 것이었다. 그러면 서가회 천문대에서도 여름의 태풍과 겨울의 큰바람과 관련한 정보를 조선의 각 항구에 통보하겠다는 조건이었다. 이런 날씨 정보의 교환이 선박의 항해에 중요하며 만국의 선박에 큰 이익이 된다는 주장도 덧붙였다. 이처럼 개항으로 인한 날씨 정보의 취합이 국제적으로 중요해졌고, 이는 일본도 마찬가지였다. 일본은 일찍부터 인천, 목포, 원산 등지와 일본 동경과의 날씨 정보의 전신 교환을 요구했고, 이 작업이 구체적으로 추진되기도 했지만 성사되지는 않았다.

일본은 조선 정부에 날씨 정보를 요구하면서 한편으로는 작업과는 별도로 부산에서 1887년부터 강우량을, 1888년부터 기온을 측정해왔다.[80] 또 1891년부터는 부산을 비롯해 진남포, 마산 등지의 영사관에서 기온과 기압을 기록하기도 했다.

하지만 이 관측은 일본 선박 출입이 허용된 남해와 서해의 개항장에 국한된 것이었다. 일본의 본격적인 조선의 날씨 정보 관측 및 취합은 러일전쟁 중에 시작되었다. 이때 일본은 자체적으로 측후 시설을 설치하고 부산, 팔구포(목포 앞바다 섬의 포구), 인천, 용암포, 원산, 성진(1905년 신설) 6개소에 중앙기상대 부속 임시관측소를 설치하고 본격적으로 관측 작업을 수행했다.[81] 러일전쟁 당시 해전의 성패는 전쟁의 승패를 가늠할 정도로 중요했고 해군은 바다 기상 정보로 위력을 강화시킬 수 있었다. 이때에는 기압, 온도, 습도 등의 관측 정보가 중요했다. 특히 러시아와의 전쟁에 승리하기 위해 한반도 연안의 기상 관측 자료의 확보는 필수적이었다.[82] 이미 일본은 기상 관측 자료를 통해 기상을 예측하고 기상 경보를 발표할 수준의 기상 전문가들을 확보했다고 판단했기에 러시아보다 더 한반도 연안 상황의 관측 자료를 필요로 했다. 이렇듯 일본은 한반도 해안의 날씨 관측을 통해 전쟁 승리의 발판을 마련했지만 러시아는 연안 기상과 관련한 아무런 정보를 확보하지 못했다. 이런 상황에서 해전(海戰)에서의 일본 승리는 예견된 일이기도 했다.

4. 국권 침탈 전후 일제의 조선 기상 관측 장악

러일전쟁은 대한제국 정부의 측후 관련 정부 부서를 재편했다. 조선 500

년 내내 천문, 측후 등의 일을 관장했던 관상감이 갑오경장 이래 여러 변화를 겪었지만 특히 러일전쟁 이후 겪은 변화는 매우 급격한 것이었다. 1894년 관상국으로, 1895년 관상소로 조직 개편이 단행되기도 하고 그 과정에서 관원 수도 증가했다.[83] 1894년 관상국 개칭 직후, 참의(參議) 1인, 주사(主事) 6인이 배치되었다가 1895년 관상소로 개칭된 후에는 소장 1인, 기사 1인, 주임기수 2인, 서기 2인으로 바뀌었으며, 1897년에는 기사 2인이 증원되었다가 1905년에는 소장 1인, 기사 4인, 기수 2인, 서기 2인으로 바뀌었다. 이런 관제와 직제 개편은 정부 기구의 근대적 개편의 일환이었다. 하지만 러일전쟁 이후, 특히 통감부 설치 전후 관상소는 더 큰 변화를 겪어야 했다. 일본이 러일전쟁 후 본격적 식민을 위한 관측 활동을 전개하자 부서의 위상이 급격히 하락했기 때문이다. 또 종전 후에는 일본이 러일전쟁을 수행하기 위해 설치한 측후소들을 "산업, 토목, 위생, 교통의 사업의 기반으로 사용"하게 한다는 명분으로 대한제국 정부로 이첩하기는 했지만, 관측 사업과 관리를 통감부 관측소에 의탁·관리케 한 조치에 불과했다.[84] 통감부에 의해 행해진 이런 조직의 재구성 및 부서의 이첩이 가지는 의미는 없었다.[85] 단지 측후소 관원들의 임금만 대한제국 정부에서 지불하게 한 것에 지나지 않았다.

그나마 강점 이후 관측소를 모두 정비해 통신 기구 산하로 예속시켰다. 이처럼 기구들이 재정비되는 동안 측후소들은 기존의 측후소에 더해 경성, 평양, 대구, 강릉, 웅기, 중강진 등에 더 설치되었다. 그럼에도 실질적인 관측 자료는 여전히 확보하기 어려웠다. 이를 보강하기 위해 등대, 육군 소속 병원, 농장 등에 간이 관측소를 두어 날씨 정보를 수집하는 정책을 마련하기도 했다.[86] 이는 '식민'을 위한 자연 상황에 관한 정보 수집의 일환으로 진행된 조치에 불과했다. 여기에서 관측된 정보들을 대만과 관동주 그리고 홍콩과 마닐라 등의 관측소와 교환해 천기도(天氣圖)를 작성하게 하

는 한편,[87] 천기 예보, 폭풍 경보 등의 체계 구축을 위한 토대로 활용되었다.[88]

일본이 설치한 측후소들은 규칙적인 측후 활동을 시행했다. 보통 오전 2시, 6시, 10시, 오후 2시, 6시, 10시 여섯 번의 정시 측후가 시행되었고 정오에는 매일 천기예찰(天氣豫察)의 자료를 사용하는 기상전보소요사항을 관측했다.[89] 이때 사용된 설비들로 우량계, 자기(自記)풍우계, 증발계, 지피한난계(地皮寒暖計) 그리고 지중한난계와 백엽상자 등을 들 수 있다.[90] 가장 기초적인 기상 관측 설비였던 것이다. 병탄 이후 조선총독부관측소는 대한제국관측소에서 수행하던 업무와 관측 자료를 넘겨받았다. 또 측후소를 꾸준히 증설하기도 했다. 특히 중일전쟁과 태평양전쟁을 계기로 측후소를 다수 신설하였다. 1939년에는 조선총독부관측소가 조선총독부기상대로 승격되고 측후소 24곳, 항공기상출장소 19곳, 우량관측소 590곳이 설립되었다.[91] 이러한 측후소 증설은 한반도의 기상 상태를 신속히 파악하고 일기 예보의 정확도를 높이기 위해, 조선의 날씨에 맞는 품종과 농사법을 보급해 조선의 농업 생산을 향상시키고 일본으로의 농작물 수송량을 늘리기 위해, 그리고 전쟁을 수행하는 데 필요한 정확한 기상 자료를 신속하게 수집하기 위해 취해진 조처였다.

'근대'의 미명으로 관상감을 점유했을 뿐만 아니라 조선 측후의 전통과 역사를 철저히 이용하기도 했다. 조선 측후 기록이 일본인 기상학자들에 의해 학문적으로 선점된 것이다. 조선에 파견된 일본 기상학자들 중 일부는 전통 사회에서 구축한 기상 관측 및 관측 자료들을 연구했다. 마에다 지요기치와 가게이 센지는 조선의 측후 관측 자료를 바탕으로 『기상강화회보(氣象講話會報)』에 '조선의 기후'라는 공동 연구를 통해 '한수기풍'이라는 표를 작성, 고려 태조 17년(934년)부터 원종 15년(1274년)까지 기근, 수해, 풍년, 한발 등 『고려사(高麗史)』에 기록된 자료를 정리해 발표하기도 했다.[92] 특히 와다 유지(和田雄治)는 '풍운기', '천변측후단자' 및 '천변등록'과 같은 중요한 측후 자료를 '발견'해 조선의 측우 제도를 연구 주제로 박사 학위논문을 작성했을 뿐만 아니라 국제 학회에서 발표함으로써 세계적 기상학자로 부상했다.[93] 이들 일본인 기상학자들의 연구는 조선 기상 관측의 우수성이 전 세계에 알려지는 계기가 되었다는 일부 긍정적인 역할에도 불구하고, 일제 기상학자들은 조선의 우수한 기상 관측 자료가 '폐지(廢紙)가 될 뻔한' 상황을 강조해 이 기록들에 식민지 근대성을 부가하면서 그들의 공을 과시했다.[94]

개항하면서 유입된 많은 한역 서양 과학기술서들은 천변재이에 대한 전통적 해석을 해체하기 시작했다. 천변재이의 전통적 설명은 가차 없이 허황되고 믿을 수 없는 것으로 폄하되었다. 전통 시대에는 공기의 무게와 인력이 '측정'의 개념으로 설정된 세계가 아니었기에 정밀하게 기압을 재는 도구는 없었다. 또 풍량과 강우의 측정은 국제사회의 기준들과는 달랐다. 이와 같은 전통 사회에 대한 이해 없이 한반도의 기상 상황은 근대 과학기술을 앞세운 도구들로 정량화되었고, 그들의 편의와 목적에 맞게 측정되었다. 이제 날씨는 조선 백성의 원망을 담은 것이 아니라 일본의 식민 강점 지배를 위한 도구가 되었다. 또 일본의 예보 능력이 조선의 백성을 위해 발휘된 것도 아니었다. 일본의 측후 작업은 예보보다는 현재의 상황을 알리는 데에 강조점을 두었다. 조선 백성들은 가물고 홍수 났을 때 근신(勤愼)하며 그들을 위로해주는 임금의 기우제나 기청제에 대한 소문이나 사치스러운 관료들을 질책했다는 소식을 더 이상 들을 수 없게 되었다. 그나마 왕이 그들의 팍팍한 삶을 위로한다는 상징성마저 제거해버린 것이다.

4절

천원지방의 해체와 지구론에 의한 새로운 땅의 등장

1. 전통 조선 지리의 해체

전통적으로 땅을 인식하는 지리는 천문지리, 자연지리, 방제(邦制)지리로 구분했다. 개항 이후 서양 학문이 수용되면서 특히 방제지리의 양이 급격하게 늘어났다. 동양 고유의 천문지리관인 천원지방(天圓地方)에서 무한한 우주와 둥근 땅으로의 전환은 전통적 중화관을 해체했다. 중국은 둥근 지구에서 더 이상 중심일 수 없었던 것이다. 그뿐만 아니라 국제사회를 거대하게 확장시켰다. 6대주 5대양으로 구성된 지구를 이해하는 데에 새로운 시각이 필요했다.

지구 상의 수많은 나라에 관한 정보들은 기본적으로 땅과 하늘에 대한 새로운 인식과 이해를 필요로 했다. 물론 광활한 땅에 관한 생각이 조선에 아예 없던 것은 아니었다. 조선 개국 직후 중화관에 젖지 않은 꽤 넓은 시야의 지도도 존재했다. 대표적인 예는 '혼일강리역대국도지도(混一疆理歷代國都之圖)'이다. 조선 초에 제작한 이 지도는 중국이 네모난 땅의 중심에 자리를 차지하기는 했지만 조선 역시 적지 않은 크기로 그려져 다른 '천하도'들과는 달랐다. 혼일강리역대국도지도는 중동아시아를 넘어 아프리카와 유럽까지도 담고 있었다. 이 지도에는 "천하는 지극히 넓다. 안으로는 중국으로부터 밖으로는 사해에 이르기까지 몇 천만 리인지 모른다."며 세계의 크기를 추정하는 글을 싣기도 했다.[95] 하지만 이런 세계 인식은 국가의 통치 이념이 확립되고 중국과의 외교 질서가 정비되자 더 이상 지속되지 않았다. 혼일강리역대국도지도 이후 지도들이 나오지 않은 것은 아니지만, 이들 지도에 나타난 세상은 좁고 작아졌으며 더 이상 아프리카와 유럽

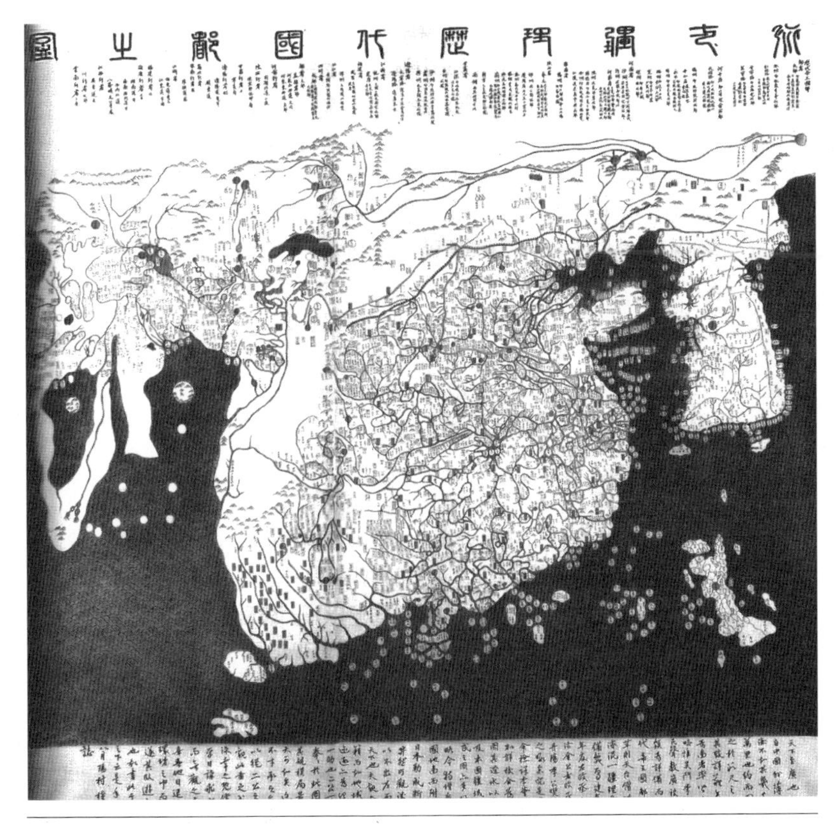

〈그림 19〉「혼일강리역대국도지도」. 조선 건국 초, 중화적 세계관이 자리 잡히기 전 그려진 지도에는 조선이 제법 크게 그려져 있다. (출처: 규장각한국학연구원)

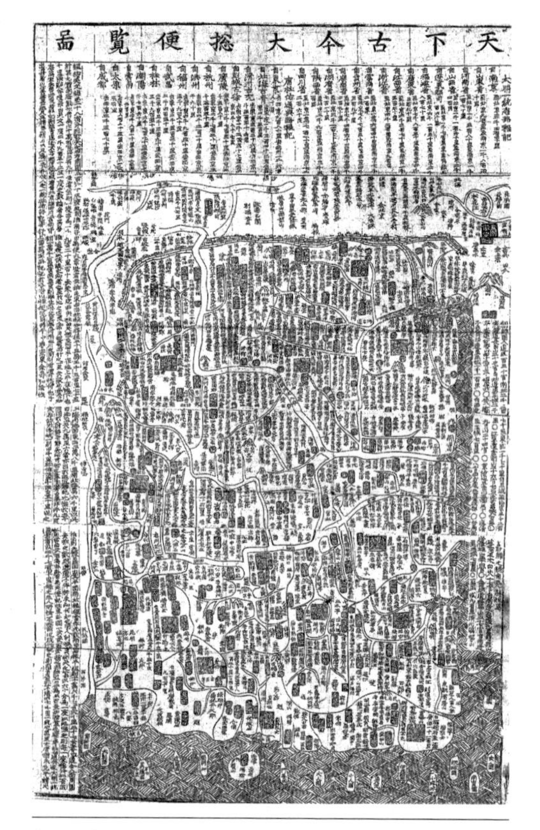

〈그림 20〉「천하고금대총편람도」. (출처: 서울역사박물관)

은 찾을 수 없게 되었다. 반면에 중국은 더 커져 세상의 중심을 차지했고 그 주위에 작고 조그만 땅들이 배치되었으며 문화와 야만으로 구분되어졌다. 동쪽 작은 땅을 차지한 것이 조선이었다. 대신 조선의 땅은 훨씬 정밀하고 자세하게 그려지기 시작했다.

전통적 세계 인식에 변화의 조짐이 나타나기 시작한 것은 조선후기였다. 청나라와 교류하면서 청나라의 문물에 관심을 가진 학자들 몇몇은 청나라에 도입된 서양 지식들과 전승된 지적 전통을 습합하기 시작했다. 그 결과 가운데 하나가 땅에 대한 사유의 변화였다. 예를 들어 이익(李瀷)은 '땅이 둥글다'고 하면서 둥글다면 중국이 중심이 아닐 수 있다는 생각을 표방했다. 김석문(金錫文, 1658~1735)은 『오위역지(五緯曆指)』와 같은, 서양 선교사들이 청나라에서 출간한 책들을 통해 땅이 둥글다는 사실을 접했음을 밝혔다.[96] 이런 분위기 속에서 조선의 유학자들은 지구설을 받아들이기도 했다. 특히 지구설을 수용한 홍대용은 둘레가 9만 리인 땅덩어리가 하루에 한 바퀴씩 돈다고 그 크기를 제시했으며, 더 나아가 둥근 땅에서 중심과 변방, 즉 화이(華夷)를 구분하는 것은 무의미하다고 주장하며 전통적 중화관에 문제를 제기하기도 했다. 이는 그의 선배인 이익도 인식하고 있었다.[97] 유명한 학자들이 거론했던 지구구체설(地球球體說)은 영조의 명에 따라 1770년 편찬된 『동국문헌비고(東國文獻備考)』에도 실렸다.[98] 물론 둥근 땅의 생각을 조선의 학자들 모두가 받아들인 것은 아니었다. 19

세기 중반, 식견이 탁월한 이규경(李圭景, 1788~?)조차 '땅이 둥글다'라는 생각을 가장 놀라운 것으로 여길 정도로 둥근 지구를 받아들이기란 쉽지 않았다. 대부분의 유학자들은 천원지방과 그에 내포된 지리적 중화관을 포기하지 않았다. 그들은 이를 폐기함으로써 야기되는 외교 질서 문제뿐만 아니라 이와 관련되어 형성되어 있는 유교적 사회질서의 해체를 우려했던 것이다.

개항 후 이런 조심스럽고 회의적인 태도는 사라졌다. 신진 개화 세력은 둥근 땅덩어리 관념을 전면적으로 수용하고, 이를 널리 확산시키기 위해 〈한성순보〉를 이용했다. 창간호부터 둥근 땅과 광대한 세계에 관한 기사를 게재했던 것이다.[99] 이 창간호에는 "둥근 땅을 그린 그림을 해석한다."는 제목의 기사를 두고, 지구전도를 동반구와 서반구로 나누어 펼쳐 실었다. 이 기사는 두 면에 펼쳐진 커다란 세계지도와 더불어 "지구의 모양은 귤과 같은 원이어서 동서남북의 주위가 360도가 되니 이를 근거로 1도는 약 242리 2분이고 둘레는 8만7천192리라"는 설명으로 시작했다. 같은 창간호에 이어진 다음은 "둥근 땅에 대한 글"이었다. 이 기사는 "하늘은 둥글고 땅은 모졌다고 하는데 이는 다만 천지의 도를 말한 것이지 천지의 모양을 말한 것이 아니"라고 선언했다.[100] 복간된 〈한성주보〉에서도 '땅이 둥글다'는 것을 알리기 위해 열심이었다. 〈한성주보〉는 "지리초보"를 제목으로 월식 때 달에 비치는 땅의 모양과 배가 수평선에서 떠오르는 모습 등을 근거로 땅이 둥글다는 사실을 설명했다.[101] 이 기사는 국문으로 쓰였던 만큼 많은 한문을 모르는 백성들도 읽을 수 있었다. 이제 '지구'를 회의의 시각으로 보든, 수용하든, 부정하든 간에 신진 개화 세력은 천원지방의, 중국이 세상의 중심인 세계와는 전혀 다른 새로운 세상으로 진입하고 있음을 선언한 셈이었다.

漢城旬報

統理衙門博文局

第一號

朝鮮開國四百九十二年 癸未十月初一日

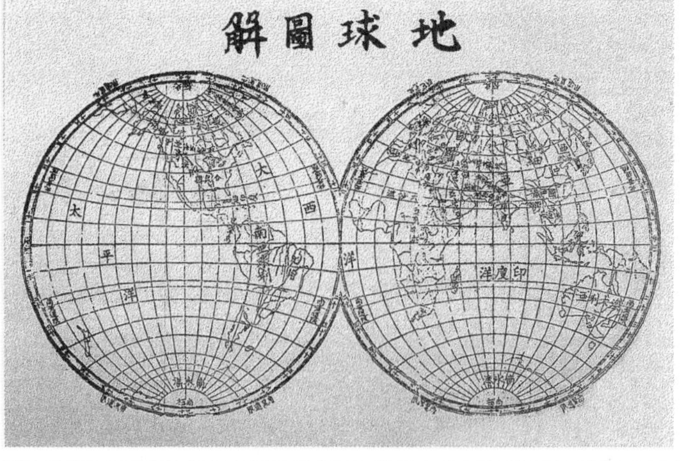

〈그림 21〉 〈한성순보〉 창간호(왼쪽)에 소개된 '지구도해'(오른쪽). 둥그렇고 넓은 지구를 소개하여, 개항으로 새로운 세계로 진입했음을 알렸다. (출처: 『개항 이후 서울의 근대화와 그 시련(1876~1910)』, 서울특별시사편찬위원회 편저, 2002)

땅덩어리만 둥그렇게 변한 것은 아니었다. 〈한성순보〉 창간호에 소개된 "지구도해"에서 지구는 둘레가 총 8만7천1백92리이고 직경은 2만7천6백2리라고 밝혔다. 매우 커진 것이다. 특히 기사에 함께 실린 지도에는 넓은 땅과 그보다 더 큰 바다들이 있었다. 그리고 위치를 알기 위한 남극, 북극, 적도, 경도, 위도 등과 같은 기준선들과 중요 지점들이 표시되어 있었다. 새로운 세계지도에 의하면 북반구에 있는 조선의 한양은 북위선 37도39분, 동경선 1백27도였다. 즉 남쪽으로 적도와의 거리가 37도39분이고, 서쪽으로 그리니치와의 거리는 1백27도 지점에 위치했다. 지구라는 넓고 커다란 땅 위에는 다양한 인종들이 많은 나라들을 만들어 살고 있었다.[102] 이 나라들과 인종들의 특징, 장단점들이 백인들의 기독교적 시각으로 서술된 글들이 〈한성순보〉, 〈한성주보〉에 소개되었다. 더 나아가 〈한성순보〉는 각 대륙의 크기, 지리적 특징, 대륙에 있는 나라, 인종, 종교 등은 물론이고, 대륙에 분포된 국가들의 역사, 기후, 지형과 같은 자연지리 정보와 정치 형태, 산업, 총인구, 언어, 산업 등의 방제지리 등을 포괄하는 세계지지(地志)를 실었다. 이런 관심은 〈한성주보〉에도 관철되어 나타났다.[103] 1886년 5월 24일 복간된 〈한성주보〉의 첫 호에서 "뉵주총논"에는 각 대륙의 크기, 인구수, 다양한 인종이 설명되어 있고, 2호에서 "뉵주총론 부록"에는 제목으로 동반구와 서반구로 나눈 "지구전도"를 실었는데, 이 "지구전도"는 〈한성순보〉의 것과 비교해보면 간략했다. 3호에는 아시아지략, 4호, 5호에는 유럽지략이, 6호에는 아프리카지략이 실렸다. 15세기 이래 잊어버렸던 지역이 다시 등장한 것이다. 〈한성주보〉가 많이 분실되어 전체 지리 기사 규모를 정확하게 알 수는 없지만 1호의 "육주총론", 2호의 "육주총론부록"인 지구전도와 아시아지략 등 각 대륙의 지략과 이탈리아 등 각국 지략을 모두 10편 실었음을 보면 적지 않은 국가들이 대륙과 더불어 기사로 다루어졌음을 알 수 있다. 내용은 유사하지만, 〈한성순보〉와 가장 큰 차이점은 바로 국문 기사 8편이 실렸다는 점이다. 이는 더 많은 독자들에게 넓어진 세계를 알리려 한 의도였다. 이 기사에는 각 대륙의 자연 생물과 관련한 내용은 없지만 대륙에 속한 국가, 인구 등을 중심으로 인구, 수도, 정치 형태, 간략한 역사 등이 주요하게 다루어졌다. 이 연재 국문(혹은 국한문) 기사 '지리초보'를 누가 썼는지는 알려지지 않았지만, 소학교 설치에 따라 이를 실었음을 밝혀, 교과서를 나누어 신문에 실었거나 이 기사들을 엮어 소학교 교과서로 간행할 것을 염두에 두었음을 알 수 있다.[104] 더불어 이 기사의 필자는 "태서의 서책들을 참고한 것이므로 감히 내 뜻을 함부로 섞지 않"았다고 덧붙였다. 이는 박문국(博文局) 내에서 한역 과학서의 국한문 번역 작업을 진행했음을 의미했다. 이 '지리초보'는 방제지리의 범위를 넘어 '지리학', '천문지리학', '지구형상', '경위도선'과 같이 천문지리의 내용을 담았고, '자전', '공전'을 설명해 자연지리를 포함했다.[105] 마지막에 보이는 기사는 9월 13일 '지리초보 제7장'을 제목으로 하는 지구 기후대를 설명한 국한문 혼용의 기사로, 역시 자연지리로 구분되는 분

야였다.[106]

〈한성순보〉와 〈한성주보〉에 실린 기사들은 대개 중국에서 수집해온 한역 서양 과학서들을 저본으로 했다.[107] 이 서적들, 특히 지리와 관련된 서적들의 가장 큰 특징은 책들 내용이 거의 유사하다는 점이며, 특히 기독교적 창조설이 강하게 투영되어 있다는 점이다.[108] 특히 천체나 천문 현상을 교리에 입각해 강조하거나 "천지만물은 태극이 만든 것이 아니라 상제가 만들었다."는 식으로 창조주를 부각하기도 했다. 이런 해석, 혹은 설명 방식은 이 책들의 번역을 대부분 선교사들이 주도했음에 기인하기도 하지만, 19세기 말까지 서양 내에서도 여전히 기독교적 수사가 자연현상의 설명에 활용되었기 때문이기도 했다. 이런 태도는 〈독립신문〉으로까지 이어가고 있다. 지구에 서식하는 수많은 동물들을 분류하고 소개하면서 이런 동물들이 창조주의 설계에 의해 이루어졌다고 주장되었기 때문이다. 〈독립신문〉의 주필인 제이슨 서(徐載弼, 1864~1951)는 "하나님이 각색 즘승을 만드실 때에 즘승마다 제 몸을 보호할 병장기를 주셨"다고 하면서, 이를 미루어 "하나님이 지혜와 경륜이 얻지 크고 높지 아니 하냐."고 찬양했던 것이다.[109] 이처럼 백인들의 시각에서 재해석되고 기독교적 의미까지 표방했음에도 세계지지는 서양 문명의 세계로 안내하는 통로로 여겨졌다. 이 세계를 인식하는 것은 개화된 세상에 사는 사람들로서의 자격과 소양을 갖추는 동시에 개화로 도약하는 일로 받아들여졌다. 이렇게 새롭게 소개된 지리는 새로운 학교에서 교육되기 시작했다.

새로운 지리관을 담은 책으로 헐버트의 『사민필지』를 들 수 있다. 『사민필지』의 제1장은 천문지리를 다룬 '지구(地球)'였다. 지구를 둘러싼 우주와 태양, 행성과 일식, 월식의 발생 원리 등을 포함한 천문학을 다루는 한편 지구의 전반적인 크기, 육대주 오대양 등의 내용을 다루었을 뿐만 아니라 자연환경과 관련한 기상학의 기초를 포함해 소개했다. 제2장부터는 각 대륙의 나라에 관한 내용으로 구성되었다. 각 장의 마지막에 '묻는 말'을 두어 서술한 내용의 핵심들을 다시 되짚을 수 있도록 했다.[110] 이 책은 특히 교과서로 활용되어 파급력이 컸다.

헐버트가 자연지리를 중심으로 넓은 세상을 소개하면서 사유의 지평을 확장하는 데에 중심을 두었다면, 유길준은 지리를 외국과의 교류의 필수 조건으로 설정해 유럽 대륙의 사정을 소개하는 데에 더 많은 분량을 할애했다.[111] 그렇다고 그가 자연지리를 완전히 배제한 것은 아니었다. 그는 『서유견문(西遊見聞)』의 첫 장을 "지구 세계의 개론"으로 삼아 6대주의 구역, 나라의 구별, 세계의 산과 같은 내용을 담았고, 제2편에서 전 세계에 펼쳐 있는 바다, 강, 호수, 인종, 산물을 포함한 인문학적 고찰을 다루며 그가 알고 있는 세상을 소개했다. 더 나아가 지구가 일개 행성이고 지역마다 기후가 다 다르고, 서로 다른 기후대에 분포된 대륙과 바다뿐만 아니라 국가들을 열거해 세계의 광대함을 알렸다. 이들 국가의 정체와 사회문화적 특성을 설명하는 데에 집중했다. 또한 『서유견문』은 각 국가의 산물 등도 함께 정리해 상품들의 교류를 통해 국제사회 일원인 조선이 구축할 수 있는 위치를 가늠하게 했다. 국제사회와 조선과의 관계를 설정할 여지를 제공했던 것이다.

유길준의 『서유견문』이 출판될 즈음 오횡묵은 지리지 『여재촬요』를 발간했다. 그는 유길준과는 달리 친일파라는 정치·외교적 색채가 없었던 만큼 많은 사람들이 그의 책을 부담 없이 읽을 수 있었다. 이 『여재촬요』는 그가 박문국 주사로 〈한성순보〉와 〈한성주보〉 발행에 참여했기에 집필이 가능했다. 이 책은 신문의 내용이 적지 않게 발췌·정리되었기 때문이다. 하지만 이 책에 나타난 그의 관심은 유길준이나 서양 선교사들과는 달리 조선에 쏠려 있었다. 그는 지방 관리식을 익힘하며 모은 자료들도 이 책에 포함했다. 비록 그가 지구-세계-조선으로 좁혀지는 구성을 좇아 그 끝이 조선 각 지방에 닿아 있었다. 조선 각 지방의 위치 및 지형상의 특징과 구체적 산물을 정리하는 데에 이르러 있었다. 마치 전통 지지의 형식을 취하면서도 그는 이 방법을 이용해 새로운 세상에 조선을 포함시켰고, 새로운 세계 속의 일원이 되게 했다. 이런 내용의 구성으로 세계 속의 조선의 위치와 역할에 대한 고려와 고민을 시작하는 계기가 마련되었다. 『여재촬요』는 대한제국기 교과서로 이용되는 등 큰 영향을 미쳤다.[112]

이런 지리서들에는 다양한 인종이 등장했다. 하지만 세계지리를 통해 새롭게 만난 인종에 대한 평가 기준이 백인들에 의한 것이었음에 주목할 필요가 있다. 문명의 기준 역시 마찬가지였다. 또한 서양 제국의 종교였던 기독교가 이 기준에 매우 깊숙하게 개입되어 있었다. 백인 기독교도들이 보기에 야만과 미개의 원인은 흑인종이나 홍인종의 천성적 게으름 때문이었다. 그들은 또 야만의 상태가 부족한 학문 때문이라는 점을 거듭 강조했다. 학문의 부족으로 개화에 이르지 못하고, 자연의 이해에 서툴러 실용에서 뒤지고, 기술의 정교함을 이루지 못했으며, 상업에서 신의를 얻지 못해 미개를 벗어나지 못하고, 멸종에 이르렀다고 지적했다. 이런 인종적 편견이 1880년대 이래로 여러 매체를 통해 조선에서도 재생산되었다. 조선은 개항으로 새로운 세상을 만나 새로운 문명인을 만나기도 했지만, 절대 뒤따라서는 안 되는 야만인과도 조우하지 않을 수 없었던 것이다. 이런 서술에 의하면 이들 유색 인종은 바로 타산지석이자 반면교사였다. 이런 주장은 망국의 잘못과 오류를 범하지 않으려면 열심히 서양 학문을 연마해 서양 문명으로 이행해야 한다는 결론을 함축했다.

2. 국토 의식 함양을 위한 지문학으로의 전환

전 세계의 인종을 다루면서 반면교사와 전형적 모델을 구성했던 근대 서양의 지리관은 1904년 대한제국이 위급한 상황에 직면하자 사회진화론과 결합하면서 변형을 일으켰다. 지문학(地文學)이라 불리는 새롭게 구성된 분야를 도입, 재구성시켰던 것이다. 이 분야는 일본에서 형성된 것으로 지리학이나 지질학과 구별되며, 지구성학(오늘날의 천문학 및 지구물리학), 땅[陸], 공기[기상학], 해양[해양학] 및 생물학 등을 포함했다.[113] 애국계몽운동기 이와 관련한 분야의 책들은 대개 국한문 혼용으로 서술되었고 중등 이상 학생들의 교과서용으로 서술되어 광범위한 영향력을 행사했다.

조선의 지문학은 국토 인식을 강화시키고 애국심을 고양시키는 역할을 담당했다. 특히 자연지리는 자연에 대한 합리적, 객관적 인식의 기틀을 마련해주었을 뿐만 아니라 자연 인식의 주체로 개인과 국가를 독립시키고 국민 의식을 함양키는 데 기여했다.[114] 지문학에 의한 지리는 "사람들로 하여금 귀먹고 눈멀게 하고 우마의 교통수단을 굳게 막고 잡아"매는 전통적 시각에서 탈피하게 할 뿐만 아니라 국제 관계의 새로운 설정을 가능하게 하는 진보의 분야로 자리매김된 것이다.[115] 그리고 "지구와 지구의 표면 상태를 명료히 하고 토지와 인류의 관계를 설명하는" 학과로, 국토 의식 함양과 더불어 국토 이용 및 산물과 관련한 정보를 제공해 경제 발전에도 도움이 되는 분야로도 수용되었다.[116] 새롭게 조직된 근대 학제의 소학교의 지리 교과에도 이런 생각의 단초가 마련되어 있었다. "지형, 기후와 저명한 도회와 인민의 생업 등의 개략"과 "지구의 형상과 수륙의 분별" 등을 두어 지구적 시야를 확보하게 했다. 구체적으로는 지하자원과 농림수산 자원에 대한 기초 정보, 관련 산업의 입지, 산물의 유통 등에 대한 지식으로 생업의 진작과, 재화의 교환 등 경제 발전에도 이바지하도록 짜여졌다.[117] 이런 구성과 내용이 애국계몽운동기에 만들어진 교과서에 그대로 차용되었다. 그뿐만 아니라 세계지리는 외국의 발전상과 우리의 후진성을 알려주어 개화의 절박함을 일러주는 상징으로도 작동했다. 즉 우리의 지향과 반면교사를 제시해준 것이다. 세계 각지에 사는 백인종을 제외한 많은 유색 인종이 생존 경쟁에서 실패한 것은 그들의 게으름과 나태, 서구 문명을 배우지 않으려는 아집 때문으로 해석되면서 지리를 접함으로써 무지몽매로부터 벗어나 지력(知力)을 넓히고 사고의 범위를 확장하여 처세(處世)상의 실익을 도모하라고 독려했다. 이런 시도는 애국계몽운동기에 지속되었다.

더 나아가 전통적 질서가 해체된 새로운 지문학에는 또 한 가지의 목적이 부가되었다. 이미 1895년 학부가 발행한 교과서에서도 "애국하는 정신을 기름을 요지"로 한다고 명시한 데에서도 볼 수 있듯이 지리는 애국심을 고양하는 분야로 자리 잡은 것이다.[118] 애국의 대상을 인지하고 이해하며 헌신의 대상으로 삼는 작업의 일환이 조선의 지리를 아는 일이었다. 또 이를 통해 아타(我他)를 구분하는 기준이 작동될 수 있음을 보여주었다. 또 여기에 더해 1895년 학부령에 "지리와 역사는 연결된 분야"로 제시했는데 이 생각은 애국계몽운동기를 거치면서 한층 더 강화되었다.[119] 특히 현채(玄采, 1886~1925)는 『문답대한신지지』에서 실제 조선 지리를 각 도의 위치 및 지리, 연혁, 산세, 하류, 도서와 해만, 산물, 옛 전쟁지, 명승지, 사찰을 다루며 애국심을 고취했다. 이 교과서의 내용들은 백과사전식으로 나열되어 있지만, 조선의 지리적 특징, 현상과 더불어 명승지와 옛 전쟁터를 담음으로써 그곳에서 벌어진 역사적 사건을 상기시키고 애국심을 고취시키려 했다.[120] 이런 의도는 대부분 아주 간단한 문답 형식으로 구성되어 제시되었다. 예를 들면 '섬의 개칭 및 유래, 역사'에 초자도의 개칭된 이유를 묻는 글은 당시 지문학에 내포된 의도를 잘 보여주는 예이다.

문: 초자도가 어디에 있으며 어떤 이유로 후풍도라 개칭되었는가?

답: 제주도 북방 바다 속에 있으니 고려 원종 시에 김방경이 몽고 장군과 더불어 삼별초 반민을 멸하고자 이 섬에 이르니 바람과 파도가 높아 진퇴가 불가하니 방경이 하늘을 우러러 탄식하여 안위가 일거에 있다하니 풍랑이 그치거늘 진공하여 대파하니 탐라인이 그 공을 생각하여 후풍도라 개칭했다.[121]

지리와 관련한 나열식 구성이지만, 이런 일화를 덧붙여 간단하고 명확하게 국토 지리와 지형, 자연 조건을 설명했을 뿐만 아니라 동시에 애국심, 국토의식, 안정 추구 의식과 더불어 외침에 대한 저항 의식도 고취시킬 수 있는 장치를 둔 것이다. 이 땅의 주인으로 사는 일을 생각하게 함과 동시에 주권을 수호하기 위해 노력한다는 학습 효과를 거둘 수 있을 것이라는 기대 속에 구성된 내용이었다.

이런 지리책의 체제와 내용은 대한제국기 교과서의 특징만은 아니었다. 대부분의 다른 나라에서 학교 제도 내에서 수행되는 지리 교과는 국토와 국가를 상징하는 인물 등의 요소를 포함했다.[122] 그러므로 국토와 전통, 역사 교육으로 애국심을 고취시키는 일은 민족주의가 형성되는 근대 초기에는 어느 나라에서나 수행되던 방식이라 할 수 있다. 지리는 민족주의의 한 요소인 영토의 이해를 도모해 새로운 정치 체제가 만드는 새로운 역사 해석의 기회를 제공하는 분야로 재구성되었다. 하지만 애국계몽운동기의 지리는 제국주의의 침략을 이겨내기 위해 강한 국혼을 기르자는 국학의 일환으로 설정되어 민속지지학적 성격이 강화되었다. 장지연(張志淵)이 제시하는 민족지지학적 사고의 영향을 받은 지리학과 지리 교육이 출현했으며, 도덕성 교육과 경제 발전 등 제2 목표, 외재적 가치를 중시한 지리 교과서도 등장했다.[123] 이처럼 지리는 국토 의식과 더불어 국가관과 강하게 연대하며 구축되었다. 을사늑약(乙巳勒約)을 전후로 한 애국계몽운동은 땅에 관한 학문인 지리학을 국토의 발견과 새로운 문명으로의 도약대로서 역할을 부여했다. "국가주의", "계몽"을 근대 지리 교육의 2대 목표로 설정하고, 계몽주의는 국가주의 달성을 위한 도구로 이해된 것이다. 그 결과 통감부의 교과 검열 과정에서 대부분 통과하지 못했고, 불량 선인을 양성하는 기반으로 낙인찍히기도 했다.[124]

전통 자연관은 근대 천문학과 기상학 그리고 지리학이 도입됨으로써 해체되었고, 근대 과학의 분과로 재조직되었다. 이 과정을 거치면서 천지인이 합일이며, 유기적으로 연결된 전체라는 생각도 해체되었다. 더 이상 천문과 기상에는 재이가 존재하지 않게 되었고, 중화관에 의한 국제 질서, 상하 관계도 존재하지 않았다. 더 이상 자연은 인간 사회의 규범을 제시하지 않는 객관적 세계로 존재하게 되었고, 이와 같은 자연관은 개항 이래 을사늑약 이전에 정부의 개혁 작업과 여러 매체를 통해 전파되었다.

제8장

새로운 교육 체계의 도입과 근대 과학 교육

개항 이후 조선 정부는 서양 과학기술을 이용해 여러 개혁 사업을 전개하고 국가 제도를 바꿨다. 이와 더불어 관련 조직을 만들고 필요한 법을 제정했으며 실무를 담당할 인력도 양성했다. 정부 주도의 교육 개혁 역시 수행되었다. 학교를 세우고 교과서를 바꾸고 교사를 양성해 임용하고, 학생들을 모집했다. 이와 같은 교육 제도의 개혁은 가장 효과적으로, 그리고 지속적이고 광범위하게 서양의 새로운 자연관과 세계관을 전달하고 전환하는 데에 기여할 수 있었다.

물론 서양 근대 과학기술을 발견하자마자 이를 수용하기 위한 교육 개혁이 이루어진 것은 아니었다. 조선은 500년 역사의 전통적 유교 국가였고, 유교의 전통이 두터웠던 만큼, 이와 전혀 다른 서양 근대 과학을 받아들이기 위해서는 중국과 일본이 그러했듯 절충과 타협, 또는 포기가 필요했다. 특히 서양 학문을 담은 서양 학제를 도입하는 것은 전통 유교식 교육 제도를 해체하는 과정과 병행되어야 하는 일이기도 했다. 이 장에서는 그 과정을 살펴보려 한다.

1절

서양 학제 도입과 적용

1. 서양 학교의 소개

조선 정부가 〈한성순보〉, 〈한성주보〉를 통해 서양의 과학 지식을 대량으로 소개했음은 앞에서도 살펴보았다. 이들 신문에 소개된 서양 학문 관련 기사들은 매우 포괄적이었다. 서양 학문의 분류, 분류에 따른 수학·화학·격치 등의 특징, 수학과 전기학 등 과학 내용의 흐름, 과학사의 중요 인물들이 중심을 이루었다.[1] 이 신문들은 단순히 근대 서양 과학기술만을 소개한 것이 아니라 이를 수용하고 이해하며 계승시키는 방법을 제시하기도 했다. 특히 〈한성주보〉의 "논학정(論學政)"은 서양 학문 체계의 도입과 교육의 전환을 주장하는 개화론자들의 논점이 잘 정리된 논설이었다. 이 기사는 먼저 조선 건국 이래 구축되어 운영된 교육 제도의 운영을 검토하면서 폐해가 노정되어 개혁이 필요하다고 역설했다. 기사에 의하면 "옛날 왕궁 경도(京都)부터 여항(閭巷)에 이르기까지 소학교가 설치되어 8세가 되면 이곳에서 어버이를 사랑하고 어른을 공경하고 그리고 격물치지(格物致知)의 요점을 교육"받았고, 또 15세가 되면 대학에서 역사와 관련한 교육을 받았으며 이런 교육으로 "인륜(人倫)이 밝아지고 교화(敎化)가 시행되어 선비들은 모두 큰일을 할 수 있는 즐거움을 가졌고 백성들은 모두 인수(人壽)의 복을 누렸다."고 강조했다.[2] 하지만 "말세에 이르러 학정이 해이해지고 학교가 폐기되어 선비들은 격물치지의 방법에 어두워"지기에 이르렀다고 진단했다. 바로 이 지점에서 신진 개화 관료들은 학제 개혁에 관한 주장이 시작되었다. 그들이 보기에 사물의 본질을 탐구하기에는 전통 학문은 적절치 않아 보였다. 수백 년이 지나면서 조선의 학교 내에서는 더 이상 '격치'를 찾아볼 수 없지만, 서양에서는 이를 발전시켜 지금의 모습으로 만들었다고 평가했다. 격치 탐구를 가능하게 하는 학문은 서양의 것이었다. 서양 학문은 사물의 본질을 궁구할 수 있을 뿐만 아니라 현안의 문제를 해결할 수 있는 능력과 요건을 갖추었다고 판단했다. 즉 "우리나라는 성명(性命)과 의리의 학문에 그 법이 완비되었다고 이를 만하지만 건곡(乾穀), 갑병(甲兵)의 기술과 농, 공, 상고(商賈)의 설을 두루 갖추지 못하고" 있으므로 이를 서양 학문으로 대체함으로써 부국강병을 도모할 수 있다고 강조했다.[3] 그들은 이 서양 학문을 받아들이는 일이 전통 관념에도 크게 위배되지 않을 뿐만 아니라 오히려 학문 본연의 모습을 되찾는 것이라고 주장했다. 유아들로부터 성인에 이르는 다양한 조선의 교육 제도를 활용해 서양의 과학과 기술의 지식을 가르치고, 선비들은 격물치지를 궁구해야 한다는 논지였다.

개화론자들이 지니는 서양 학문에 대한 인상은 매우 실용적이었다. 단지 기(器)의 학문으로 서양 학문을 인식했기에 이에 대한 전통적 관념, 즉 선비의 학문이 아니라는 생각을 유연하게 전환시키려 했다. 서양 학문의 교육 제도를 이를 위한 중요 근거로 삼았다. 그들은 서양에서는 '왕자로부터 평민'에 이르기까지 7~8세가 되면 '모두' 마을에 있는 10개 등급으로 이루어진 향숙에 입학한다고 제시했다. 왕족이나 평민이 같은 학교에 입학해 서양 학문을 시작한다는 것이다. 그리고 이 학교를 졸업하면 군학원(郡學院), 실학원(實學院)으로 진학하며, 이 학교 졸업 후에는 사학원, 대학원에서 더 고급의 학문을 교육받는데, 이들 서양 학교들은 인재를 각자의 재질(才質)에 따라 교육시켜 목표한 바를 성취하게 하는 실사구시(實事求是)를 목표로 한다고 소개했다.[4] 이 기사는 중국의 개화론자인 왕작당(王芍棠)이 쓴 것으로, 그는 서양의 학교에 중국의 학생들을 유학 보낼 수 있지만, "성정심술(性情心術)이 오염되기 쉬워 근본을 잃고 오로지 저들의 것만을 배워 모두 오랑캐가 될 것이 두렵다."고 지적하기도 했다. 서학에 기본적으로 내포된 기독교를 배제하기 위해 "서양의 책을 가져와 중국의 각 성(省)에 하나의 학과를 설치해 서양의 과학기술과 같은 학문들을 공부"하도록 하는 방안을 제시하기도 했다.[5]

1880년대 조선의 적지 않은 유학자들은 왕작당과 같은 중국 학자의 의견에 공감하며 동조했다. '기'에 묻어 있는 종교적 색채를 경계했던 것이다. 〈한성순보〉, 〈한성주보〉의 발행을 담당하는 사람들뿐만 아니라 지석영(池錫永)처럼 서양 학문의 도입을 촉구하는 사람은 지방마다 '하나의 원(院)'을 설치해 서양 한역 과학기술서뿐만 아니라 서양 각국에서 사용하는 수차와 농기, 직조기, 화륜기, 병기들을 사들이고 학식과 명망이 뛰어난 유학자 1명씩을 각 마을에서 선출해 공부할 수 있도록 하라고 요구하기도 했다. 서양으로의 직접 유학(留學)을 요구하지 않고 서적과 기기의 수입을 통해 서학을 학습함으로써 유학의 폐해를 피할 수 있다고 판단한 것이다.[6]

유길준(兪吉濬)은 이런 폐해에는 관심이 없었다. 그는 서양 학제를 도입해 서양 학문을 체계적이고 본격적으로 교육할 것을 주장했다. 그는 중국의 유학자보다 서양의 학교에 대해 예리하고 날카롭게 분석했고, 수용할 수 있는 방안을 제시했다. 그는 국가의 근본은 교육하는 길에 달려 있고 세계의 부강하기로 유명한 나라는 모두 이 한 가지에 힘쓴다고 강조하며, 정부에서 선생을 학교에 배치해 공부하고자 하는 이들이 거리낌 없이 취학(就學)할 수 있게 해야 한다고 의견을 피력했다.[7] 그는 서양의 학교는 대개 4등급으로 나뉜다고 하면서 '시작하는 학교', '문법학교', '고등학교', '대학교'로 학제를 소개했다.[8] 먼저 '시작하는 학교'에서 글자 쓰는 법, 발음하는 법, 수학의 기초, 짐승과 초목의 이름, 모양, 용도 등과 함께 자기 나라 산물, 각 지방의 경도와 위도, 어린이들의 행실들을 가르친다고 했다. 그 위 등급의 학교인 '문법학교'는 모국어 사용법, 문장 구성 격식을 가르친다고 설명했다. 그는 이 학교에서는 교과의 중심이 문법이지만, 학생들은 수학의 대강과 약간 어려운 문제 풀이, 지구의 형상과 이치, 주야와 사계절의 연유, 강, 바다, 산악, 비, 이슬, 서리, 눈과 바람, 우박, 천둥, 번개며 일식과 월식, 지질에 관한 대강의 이치 등을 배운다고 설명했다. 더불어 이 학교의 학생들은 세계 여러 국가의 인종과 산물, 정치 제도와 역사도 배웠다. 고등학교에는 문법학교를 마친 학생들이 진학했다. 이곳의 학생들은 변화하는 수의 이론과 이치를 따지는 공용(功用)의 교과서와 더불어 사기, 고시(古詩)의 평론을 포함한 문학, 군대식 훈련, 측량학의 기초 등을 학습했다. 이 학교를 마쳐야 대학교로 진학할 수 있었다.[9] 대학교에서 배우는 과목은 학생들이 원하는 바에 따라 다르지만 화학, 이학, 수학, 농학, 의학, 금석학, 식물학, 동물학, 법률학과 기계학과 여러 나라의 어학 등의 교과들을 학습하고 이수해 졸업해야 학문을 이룰 수 있다고 설명했다. 그가 보기에 대학을 졸업한 학생들은 실제 업무에 종사해, 생업을 구하며, 생활의 이용과 후생을 담당했다.[10] 대학을 졸업해야 비로소 이용후생의 학문을 이루었다고 간주한 것이다. 서양 각급의 학교들의 수업 연한은 각각 4년이었다. 이 기간 안에 주어진 과목을 공부하고 학업을 마쳐야 졸업할 수 있었고, 졸업을 해야 상급학교로 진학할 수 있었다. 해당 나이에 이른 모든 학생들에게 학교가 열려 있지만, 의무 교육은 아니었다. 하지만 정부에서 국민의 세금으로 학교에 필요한 경비, 교사의 월급을 포함해 도서 구입비, 학교 건축비를 모두 제공하는 공교육 체계를 갖추었다고 지적했다. 이런 교육을 받은 나라 국민들은 "인간의 물정에 환히 통하게 되며 행실이 단정해지고 지각이 풍족해져 타인의 업신여김을 받지 않게" 된다고 판단했다. 이처럼 그에게 학교에서의 학습은 부강만을 위한 길이 아니라 사회에 필요한 윤리와 도덕과도 연결되어 있었다.[11]

갑신정변(甲申政變)의 주역으로 한때 조선에서의 활동할 수 없었던 박영효(朴泳孝)는 1888년 고종에게 국정 개혁을 주장하는 상소를 올려 학교 제도를 구축할 것을 요구했다. 그는 이미 전통적 유교의 가르침과 배움을 의미하는 교화(敎化)는 쇠퇴하고 풍속은 무너져 더 이상 격물치지의 본뜻을 알지 못하는 처지에 이르렀음을 전제하고, 실용을 우선 하는 배움을 펼칠 수 있도록 학교를 세울 것을 주장했다. 그는 서양 학제를 변형한 제도를 제안했다. 6세 이상의 남녀로 모두 소·중학교에 들어가 공부하게 하고, 장년교(壯年交)를 설립해 소장(小壯) 관인을 가르치라는 것이었다. 이 장년교에서 정치, 재정, 내외 법률, 역사, 지리 및 산수, 이화학대의(理化學大義) 등의 서적을 번역해 학습시킬 것을 제안했다. 그는 학교의 설립뿐만 아니라 외국인을 고용해서 백성을 가르쳐 법률, 정치, 재정, 의술, 궁리 및 여러 가지 재예(才藝)를 가르치고, 인쇄소를 많이 만들어 책을 간행하며, 박물관을 설립해 백성들의 견식을 넓힐 장소를 제공하고, 신문사를 설립해 여러 문명을 접할 수 있게 할 것을 주장하기도 했다.[12] 그는 학교 못지않게 사회교육의 중요성을 강조했던 것이다.

2. 새 학교와 신학문 수용의 모색

개화론자들이 서양 근대 학문을 공부하기 위한 학교를 도입할 것을 주장하는 사이 이미 조선 정부는 근대 교육 제도의 도입과 수립 방안을 모색하고 있었다. 민간에서 설립한 원산학사(元山學舍)와 정부가 설립한 육영공원(育英公院)은 대표적 예였다. 이 중 먼저 세워진 것은 원산학사로, 기존 학교 제도 안에 서양 학문을 이식시키는 방식이었다. 이 학사는 개항을 했던 원산 사람들이 서양 학문을 공부할 학사를 세우도록 허락해달라는 청원에 의해 설립한 학교로, 운영비를 원산에서 스스로 부담한다는 조건이었다. 조선 정부의 허락을 받은 이 학교는 문예반 50명, 무예반 100명의 학생들을 뽑았고, 무예반에서 전쟁과 군사 지휘와 관련된 병서를 가르쳤다. 문예반에서 가르치던 과목은 이전 전통 서당과 크게 다르지 않은 유교 경전 중심이었던 것으로 보인다. 하지만 학생들은 산수를 배운 것으로 보이며, 학사에 『영환지략(瀛環志略)』, 『해국도지(海國圖志)』를 포함한 격치와 관련한 한역 서학서나 농학서와 양잠 및 광산 기술과 관련한 책이 비치되어 학생들이 읽을 기회를 가졌던 것으로 보인다.[13] 이런 책이 소장되어 학생들이 읽을 수 있었다는 점이 기존의 서당과 달랐고 이 점만으로도 원산학사는 서양 학문의 도입 통로로서 역할을 담당했다고 평가할 수는 있지만, 효과적 방식은 아니었다. 서양 근대 과학기술은 각 분야로 진입하는 안내자가 필요한 체계를 구축하고 있었고, 서적만이 아니라 실습과 실험이라는, 전통 학습법에서는 찾을 수 없는 훈련 및 학습 방법이 필요했기 때문이다. 반면 조선 정부에 의해 설립된 육영공원은 각 분야로의 안내자를 구비하고 전면적으로 서양 학문 교육을 내세웠다. 서양의 중등학교에 해당하는 문법학교 수준의 이 학교는 교사로 길모어(G. W Gilmore), 벙커(D. A. Bunker), 헐버트(H. B. Hulbert) 등 미국의 뉴욕 유니언신학교 졸업생 세 명을 초빙했다. 이 육영공원은 1882년 미국과 통상조약을 체결한 후 보빙사(報聘使) 전권대사로 미국에 다녀온 민영익(閔泳翊)이 주도해서 만들었고, 이 학교의 교과목은 '격치만물(格致萬物)'이라는 과목에서 의학, 천문, 농리(農理), 기기, 금수(禽獸)와 같이 근대 자연과학이 채택되었으며, 수학, 세계지리 및 역사, 정치학, 경제학 등이 교수되었다.[14] 영어로 진행된 강의를 이해하기 쉽지 않았지만, 세 명의 교사 가운데 헐버트는 조선어를 빨리 익혀 학생들에게 더 많은 자연과학 내용을 가르치려 노력했고, 조선에 온 지 6개월이 되지 않아 조선어로 학생들을 가르치기에 큰 부담이 없는 수준에 이르러 원활한 수업이 가능했다. 그는 학생들을 더 잘 가르치기 위해 열성적으로 식물학과 생리학, 화학과 같은 자연과학 분야를 스스로 공부했다고 고백했다.[15] 그 결과의 하나가 1890년 국문으로 펴낸 『사민필지』로, 이 책은 태양계와 지구, 지구의 오대양 육대주를 설명하고, 세계 속의 조선을 보여준 자연지리 및 인문지리책이었다. 물론 이 내용들이 모두 조선에 처음 소개된 것은 아니다. 하지만 조선에 온 미국인이 입국 불과 4년 만에 펴낸 국문

〈그림 22〉 육영공원에서 행해진 수학 교육. (출처: 『개항 이후 서울의 근대화와 그 시련(1876~1910)』, 서울특별시사편찬위원회 편저, 2002)

서라는 점에서 의의를 찾을 수 있다.

육영공원에서 교수들만 학업에 열심이었던 것은 아니었다. 학생들도 매우 열심히 서양 학문을 익혔다. 이 학교 학생은 모두 28명으로 그 가운데에는 정부 관리 12명도 포함되었다. 학생들은 대개 20, 30대의 청년으로 미국식 학교 규칙으로 구성된 「절목(節目)」을 적용받았다. 이에 의하면 달마다, 계절마다, 해마다 시험을 치러야 했고, 또 3년마다 시행되는 시험도 보아야 했다. 벙커의 회고에 따르면 육영공원 학생들, 특히 양반의 자제들과 이미 관원으로 선출되어 출근하는 학도들이 매우 불성실한 것으로 알려졌지만, 최근 발견된 헐버트의 편지들에서는 다른 증언을 들을 수 있다. 학생들이 매우 열심히, 성실하게 학업에 임했다는 것이다. 학교는 관원인 좌원(左院)과 아직 등과를 못 한 양반 자제들인 우원(右院)으로 구분되었다. 좌원은 매일 아침 7시 등원하여 오후 5시 하원했고, 기숙사 생활을 했던 우원은 아침 6기 기상, 7시 아침 식사 후 12시 점심, 6시 저녁 식사, 밤 10시 취침의 일과를 보내며, 오전 오후 각각 3시간씩 강의를 들었다. 학생들의 시험 성적이 완벽에 가까워 교사들이 매우 고무된 사실도 발견할 수 있다. 더 나아가 1889년에는 교사들의 주장으로 오히려 학생들을 증원하기로 결정하기도 했다.[16] 하지만 관원이었던 좌원 학생들이 보수적 관료들의 간섭을 받았고, 이 보수적 관료들은 청의 간섭에 의해 동요되었다. 따라서 관원 학생들이 열성적 태도를 유지하기란 쉽지 않았다.[17] 반면 우원의 학생들은 여전히 열심히 공부했고, 이런 태도에 교사 길모어는 극찬을 아끼지 않았다. 친청(親淸) 혹은 보수 성향의 고위층의 방해도 없지 않았지만, 육영공원이 문을 닫게 된 가장 결정적인 이유는 재정 문제였다. 교사들의 월급이 자주 연체되곤 했다. 이처럼 친청(親淸) 보수적 고위 관리의 방해, 좌원의 불성실한 수업 참여와 더불어 결정적으로 교사 봉급이 연체됨으로써 육영공원은 파행적으로 운영되었고, 결국 폐교의 수순을 밟게 되었다.

벙커의 계약 만기로 1895년 육영공원은 관립 영어학교로 전환되었다.

1890년대 중반까지 이 학교들만 설립된 것은 아니었다. 조선에 파견된 서양 선교사들이 학교를 설립하고 운영하면서 새로운 근대 학문을 가르치기도 했다. 배재학당(培材學堂), 이화학당(梨花學堂), 경신학교(儆新學校. 처음에는 언더우드학교였음)가 대표적이다. 하지만 이 학교 개설 초기에는 과학 관련 교과가 교육되지 않았다. 그것은 학교 규모나 시설이 매우 보잘것없었던 탓이기도 했고, 선교사들이 학교를 세운 이유가 선교를 위한 것이어서 성경 공부나 중국에서 출판된 기독교 서적 독서를 중심으로 교과가 구성되었기 때문이기도 했다. 하지만 학생들이 고학년으로 올라가면서 물리와 화학, 생리, 이과 등 과학과 관련한 과목을 접하기도 했다.[18] 이 선교사들의 학교는 예배와 성경 공부, 그리고 엄격한 우상 숭배 반대와 같은 기독교 선교가 중심이자 목적이었기에 당시 조선 사회에서 이런 학교들이 사회에 수용되기 쉽지 않아 입학하는 사람들이 별로 없었다. 초기 선교사 학교의 재학생 수는 초라하기 이를 데 없어 1885년 선교사 아펜젤러(Henry Appenzeller, 1858~1902)가 세운 배재학당은 2명의 학생만이 수업에 참여했고,[19] 1886년 언더우드(Horace Underwood, 1859~1916)가 고아원 형식으로 세운 언더우드학당에서도 고작 25명으로 수업을 시작할 수밖에 없었다. 이화학당 같은 경우는 훨씬 더 참담했다. 스크랜턴 부인(Mary F. Scranton, 1832~1909)이 학교를 세워 열었던 1885년에는 학생이 없었다. 한 해가 지나서야 겨우 단 한 명의 학생으로 학교를 운영할 수 있을 정도였다. 선교사들의 학교가 안정적으로 수업을 진행하기 위해서는 시간이 요구되었던 것이다.

〈그림 23〉 이화학당. (출처: 『1901년 체코인 브라즈의 서울 방문: 체코 여행가들의 서울 이야기』, 서울역사박물관 조사과, 주한체코공화국대사관 공편, 2011)

3. 소학교 관제의 반포와 서양식 근대 과학 교육

1) 전통 교육의 폐기와 근대 학제의 구축

1880년대 수행된 조선 정부의 서양 학제 도입을 위한 모색은 규모만을 본다면 크게 성공한 것은 아니었다. 하지만 서양에서도 학교 제도를 개혁하는 일이 쉽지 않았음을 감안한다면 부정적으로만 평가할 일은 아니었다. 특히 과학이 학교 제도 내에서 수용되고 교수된 역사는 오래되지 않았던 것이다. 오히려 주변부였던 일본이 짧은 기간 내에 전격적으로 과학을 교과목으로 수용했고, 고등 과정에서 이학부를 구성한 것이 특이한 일이라 할 수 있다. 개항되기 전까지 일본 역시 전통적 학문 풍토가 지배적이었다. 조선 및 중국과 일본이 다른 점으로, 네덜란드와의 교류가 허용된 나가사키를 중심으로 난학(蘭學)이 형성되어 존재했음을 들 수 있다. 이 난학은 의학을 중심으로 이미 상당한 수준에 이르렀고, 그런 만큼 서양 학문을 이해하는 능력이 조선보다 훨씬 앞섰다고 평가할 수 있다. 특히 일본은 18세기 후반 서양으로부터 수입되는 기술서의 금지령을 완화시켰고, 이후부터는 서양 과학서적 번역 사업의 토대가 마련되었다.[20] 이때 서양의 물리는 궁리(窮理)로, 화학은 사밀(舍密)로 번역되었고, 이 분야는 난학을 공부하기 위한 전제로 학습되었다.[21] 이처럼 다른 사회문화적 맥락을 지닌 범주의 용어를 번역해 사용하는 일은 그에 대한 이해와 사색이 우선되지 않은 상태에서는 쉽지 않은 일이었다. 이를 염두에 둔다면 일본 난학의 수준이 낮지 않았음을 알 수 있다.

이런 지적 상황을 배경으로 일본은 개항을 맞았고, 이후 서양 과학을 학습하기 위한 제도를 빠르게 구축했다. 1862년 네덜란드로의 해군 장교의 공식 기술 유학을 시작으로 1872년 서양식 학제를 반포해 소학교나 중등학교 교과 과정을 마련했다. 후쿠자와 유키지(福澤諭吉, 1835~1901)의 『초등물리』가 소학교 교과서로 채택되었다. 소학교의 경우, '양생법', '이학대의', '궁리학대의(1872년 '물리계제(物理階梯)'로 바뀜)', '물리', '박물학대의', '화학대의', '천구학', '측량학', '중학', '동물학', '지질광산학', '식물학', '지질학', '광산학', '성학대의' 등의 과학 교과가 설정되었다.[22] 중학교의 과학 과목은, 1872년 반포된 『중학교칙략(中學校則略)』에 의하면 '궁리학', '화학', '생리학', '박물학', '동물학', '식물학', '금석학(광산학)', '중학대의(重學大義)', '지질학', '측량대의(測量大義)'로 정해졌다. 이는 소학교의 내용을 심화한 것이었다. 물론 이 모든 과목이 교수되지는 않았다. 이듬해인 1873년 문부성 직할 사범학교에서 마련한 소학교칙을 보면 과학 과목 대신 독물(讀物), 문답이 학습되었고, 단지 문답을 지리, 역사, 과학으로 분리함으로써 과학이 개입할 여지를 마련한 정도였다. 하지만 1880년대 이후로는 빠르게 과학이 학교 제도에 스며들었다. 1882년에는 과학 과목은 박물, 물리, 화학, 생리로 분류되었고, 1886년 과학 과목이 이과로 통합되었다. 중학 과정에서는 여전히 박물, 물리, 화학이 분과로 독립되어 있었고, 이듬해 물리와 화학이 물리급화학(物理及化學)으로 통합되기도 했다. 여러 번의 개정을 거쳤음에도 불구하고 일본은 서양 과학의 본산이라고 할 수 있는 영국과 교과목 수로 비교해보았을 때 영국보다 더 단기간에 학교 제도 내에 과학 교육 체계를 구축했음을 알 수 있다. 이미 과학혁명과 산업혁명을 수행해낸 영국에서조차 전국적으로 학교 제도 내에 과학 과목이 체제를 구비하고 교수된 것은 19세기 말의 일이었기 때문이다.[23] 이런 상황과 비교해보면 일본은 매우 급속하게 서양 과학 교과가 학교에서 교수된 것이라 할 수 있다.

일본은 고등 과학 교육의 제도 구축에도 성공했다. 1873년 공부성 산하에 설립했던 공부료(工部僚)를 1877년 공부대학으로 흡수해 공과대학으로 운영했다. 1885년 478명의 학생이 등록하고 322명이 졸업한 이 대학에는 서양인 교수 및 전문가 49명이 활동했다. 이 공학대학은 심지어 영국 공학 프로그램의 모델이 되기도 했다. 그리고 1872년 도쿄대학 설립과 함께 조직된 이학부에서는 화학, 물리, 천문학과 같은 기초과학과 더불어 공학이 교수되었다. 이런 이학부는 심지어 서양에서조차 유례가 없었을 정도로 혁신적인 교육 체계였다. 과학혁명을 완성시키고 과학의 전문화와 세분화가 진행되었으며 전문적 과학자들이 성장하고 활약한 서양에서조차 학교 제도는 중세 대학의 고전적 학제가 유지되었다. 반면 일본에서는 교육에서 전통을 폐기하고 혁명적이고 혁신적인 제도를 구축함으로써 서양의 학문을 도입해 이해하고 수용할 태세를 갖추었다. 일본은 서양인 과학자와 교사들을 8천 명 가까이 초빙해 이 새로운 학교 제도를 운영했다. 서양 학자 및 교사들은 빠른 속도로 일본인으로 대체되었다. 도쿄대학을 예로 들면, 1877년 이학부의 15교수좌 가운데 12명이 서양인이었지만 10년도 안 된 1886년에는 13교수좌 가운데 불과 2좌만을 외국인이 차지하는 정도로 줄어든 것이다. 그만큼 일본의 학교 체제는 성공적으로 작동해 요구되는 전문인들을 양성했던 것이다. 이런 학제의 개혁으로 1890년대에 이르면 일본에서는 국제적인 수준의 연구가 진행될 수 있었다. 전염병연구소, 오노다 양회실험실, 도쿄전등 마쓰다램프실험실 등의 연구가 그 예이다.[24] 과학자들의 학술 단체들이 1870년대에 구성·조직되기 시작해 학회지를 발간하고 학자들의 토론과 교류 활동을 주도했다. 이런 학회 구성은 심지어 미국보다도 빨랐다. 일본의 신속하고 전격적인 서양 근대 과학의 흡수와 제도화는 일본이 서양을 경쟁 상대로 인식했고, 후발 주자로서 자신의 위치를 자각한 데에 기인했다.[25]

일본은 그들의 경쟁자들이 수백 년 동안 시행착오를 겪으며 구축한 시스템 가운데 가장 효과적인 부분만을 취사선택해 신속하게 도입하고 재구축하는 등 후발 주자로서의 이점을 적극적으로 활용했다. 일본은 해군 장교의 네덜란드 유학 이래 불과 40년도 되지 않아 근대 과학 체계를 성공적으로 학교 제도 내에 구성하면서 전통 학문을 대체했던 것이다. 메이지유신(明治維新)으로 새로운 사회에 대한 전망을 서양의 근대적 문물에서 찾았던 일본은 서양 기술을 도입하는 가장 빠른 방안 가운데 하나로 교육 체계의 혁신을 택했고, 새 제도 구축에 매진했으며, 그 결과 동아시아의 다른 나라들과는 전혀 다른 궤적을 이룰 수 있었다. 학제 개혁과 관련한 일본의 예는 조선에 적지 않은 충격을 주었다.

1894~95년 이래 조선에서도 학교 제도 개혁과 관련한 움직임이 활발해졌다. 교육은 조선 건국 이래 정부의 중요한 목적 가운데 하나였다. 군왕이 만백성의 스승임을 자임했던 국가였던 만큼 교육의 힘을 무시하거나 간과하지 않았던 조선은 정부 주도의 학제 개혁에 착수했다. 근대적 교육 제도 구축에서 가장 중요한 조치는 과거제와 신분제 폐지였다. 과거제 폐지는 서당과 사숙이 중심인 유교 교육과의 결별을 의미했고, 신분제의 폐지는 학습자의 저변 확대를 내포했다. 정부 부처의 개혁도 이를 뒷받침해 교육은 예부(禮部)가 아니라 학무아문(學務衙門)이 주관하는 독립 분야가 되었다.[26] 그리고 홍범14조(洪範十四條)에서 학술과 기예를 익히기 위해 외국으로 유학생을 파견할 것을 밝히고, 200명 규모의 유학단을 일본에 파견했다. 또 고종은 교육 개혁을 지원하기 위해 1895년, '교육입국조서'를 내려 교육이 '국가 보전의 근본'이며, '새로운 과학적 지식과 학문과 실용을 추구하는 것'이라고 천명했다.[27] 정부에서의 교육 제도 개혁 움직임에 민간도 조응했다. 〈독립신문〉은 "인민을 공부시키는 것은 정부의 가장 소중한 책무여서 다른 일을 못하더라도 교육은 반드시 해야 할 일"이라고 강조하면서 나라가 외국의 모욕에서 벗어나고 인민이 외국과 같이 될 것이라고 정부의 정책을 지지했던 것이다.[28]

이런 분위기를 배경으로 교육 제도를 전환하기 위한 구체적인 작업이 전개되었다. 학부는 1895년 9월 고시를 통해 교육이 개화의 근본임을 밝히는 한편 한성사범학교 관제를 공포했다.[29] 또 소학교령, 중학교 관제 등과 같은 법령을 내려 학교 제도의 법적 근거를 확보했다. 특히 한성사범학교와 관련한 조치로 전통 교육에서 탈피해 새로운 교육으로 진입하는 교두보를 마련할 수 있었다. 1895년 제정된 한성사범학교 관제에 따르면 한성사범학교는 속성과와 본과로 구분되며 속성과는 6개월을, 본과는 2년의 교육을 받도록 했다. 본과는 2년 동안 국문과 한문의 강독, 작문, 습자와 더불어 본국 및 세계역사와 지리를 공부해야 했다. 또 자연지리에 해당하는 지문을 학습해야 했다. 그뿐만 아니라 수학은 산술 및 대수의 초보를 익혀야 했고, 물리, 화학, 박물을 공부하는 과정이었다. 박물은 동물과 식물의 생리와 위생을 포함했다. 6개월의 속성과에서는 물리와 화학, 박물을 이과대의(理科大義)로 통합해 공부했고 수학은 산술 정도만 익혔다.[30] 비록 약식이었지만 이 사범학교를 졸업하고 소학교 교사로 임용되기 위해서는 서양 과학을 반드시 공부해야 했고 이에 관한 시험을 치러야 했다. 이 학교에 다녔던 이상설(李相卨, 1870~1917)은 "화학계몽초"나 "식물계몽"를 주제로 관련 서적을 정리하며 공부했다. 이는 학교 학생들의 학습 과정을 보여주는 예라 할 수 있다.[31]

한성사범학교 개교 후 학부는 소학교령을 공포했다.[32] 이에 의하면 여덟 살부터 열다섯 살까지 다니는 소학교는 3년의 심상과(尋常科), 2, 3개년의 고등과(高等科)로 구분되었다. 가장 기초적인 공부를 해야 하는 심상과는 수신, 독서, 작문, 습자, 산술, 체조를 반드시 공부해야 했고, 한국지리, 한국역사, 도화, 외국어 등의 과목을 선택할 수 있었다. 심상과를 마친 학생들이 다니는 고등과에서는 수신, 습자, 산술, 한국지리, 한국역사, 외국역사, 도화(圖畵), 체조와 더불어 '이과'를 배우도록 설계되었다.

소학교령이 만들어진 이래 1896년 전국에 38개의 공립 소학교가 생겼고 10년 후인 1906년에는 공립 소학교가 한성 10개, 지방 93개로 늘었다.[33] 1904년 나라가 점점 더 어려워지면서, 사립 소학교도 급속히 늘어나 1910년에는 그 수가 2천4백 개가 넘었을 정도로 증가했다. 물론 이 학교들이 모두 운영이 원활하게 운영되지는 않았다. 대부분 교원이 턱없이 부족했고, 근대 교육의 내용을 숙지하지 못한 유학자들이 부교원으로 활동하기도 했다. 하지만 이들 학교에서 '과학'이 이과(理科) 혹은 굳이 이름이 붙지 않은 여러 방식으로 반영된 새로운 교과서를 중심으로 학생들에게 교수되었음은 간과할 수 없는 사실이다.

2) 과학 관련 교과와 새로운 교과서의 출현

소학교령을 반포한 후 학부는 수신, 독서와 작문을 위한 소학, 역사, 지리 등을 중심 내용으로 하는 교과서를 펴냈다. 소학교의 교육에서는 여전히 유교의 전통 규범이 중요했다. 그럼에도 불구하고 자연과 관련해서 공부할 수 있는 여지가 마련되었고, 저학년 학생들은 『국민소학독본』에서 자연과 사물을 지칭하는 단어를 익히는 것으로 학업을 시작했다. 이는 유길준이 소개한 서양의 '시작하는 학교'의 학습과 다를 바 없었다. 유길준의 분류에 의한 문법학교에 해당하는 중학교 관제가 1899년에 반포되었다.[34] 중학교는 실업에 종사하려는 백성들에게 정덕(貞德)과 이용후생하는 교육을 교수하는 것을 목적으로 했다. 4년의 심상과와 3년의 고등과로 구분했다. 심상과에서는 윤리, 독서, 작문, 역사, 경제, 지지와 더불어 산술, 박물, 물리, 화학 등을 배워야 했다. 고등과에서는 이들 과목과 더불어 공업, 농업, 상업, 의학, 측량과 같은 과목이 추가되었다. 중학교 입학 자격은 소학교 고등과를 졸업한 만 17세 이상 25세 미만의 건강한 학생으로 한정했지만 외국어학교 졸업생이나 글과 산술이 매우 뛰어난 학생들을 특별히 입학시키기도 했다.[35] 이 관제에 의한 학교는 한성중학교(漢城中學校)로 1900년에 설립되었다. 학부는 1900년을 전후해 세워진 관립 학교들에서 사용될 교과서들을 제작했다.

이미 1895년 가을에 학부에서 교과서인 『국민소학독본』을 제작하기는 했지만 내용이나 구성이 탄탄한 것도, 학생의 학습 능력을 고려한 체계성을 확보한 것도 아니었다. 그럼에도 불구하고 이 교과서에는 과학과 자연에 관련된 내용들이 포함되어 있었다. 예를 들면 제7과의 주제는 식물의 변화였다. 식물을 "토지와 기후를 좇아 변화하는" 것으로 정의하고 식품으로 사용할 식물의 변화는 "사람이 마땅히 아는 것으로 농부의 경작과 재배에 따라 변종이 적지 않게 생긴다."는 설명을 제공했다.[36] 여러 잎사귀의 유변형(有變形)을 나열하면서 잎사귀와 꽃의 변화 양상도 연구를 통해 알 수 있다고 주장했다. 그밖에 자연에 대한 주제는 낙타, 시계, 바람, 벌꿀, 악어, 서양의 고래잡이 기술, 사람들의 호흡과 환기, 이를 이용한 공기의 구성, 동물 전반에 대한 특징, 물질을 이루는 가장 근본적인 물질인 원소 등과 같은 내용이 다루어졌다. 또 철, 동과 같은 금속 원소나 두 개 이상의 원소로 이루어진 화합물들이 교과서의 내용으로 포함되었다. 산술 교과서는 대부분 일본 것을 번역, 수정해 사용했다.

이 『국민소학독본』은 전체적인 전망을 기반으로 한 조직적 체계를 갖추었다기보다는 '소학교 교칙대강'에 맞추어 한두 가지씩 읽을거리를 제공한 것에 지나지 않았다. 하지만 소학교 학생들은 입학하면서부터 전통적 자연관과는 전혀 다른 태도로 자연을 접하게 되었다. 관찰 대상으로서의 자연을 익힐 수 있어 이를 분석적으로 이해하는 근대 과학에 관한 소양을 쌓을 수 있었던 것이다. 이처럼 소학교에 입학한 아동들은 삼강오륜에 기초한 사회의 위계질서나 윤리, 도덕보다는 주변의 사물과 자연을 중심으로 학습하게 되었다. 따라서 유교적 덕목 구비와 소양을 학습 목표로 설정했던 사람들은 이에 불만을 표명했고, 이를 반영해 같은 해인 1895년 겨울에 펴낸 『소학독본』은 전통 학문의 내용으로 회귀하기도 했다.[37] 내용은 '입지(立志)로부터 근성(勤誠), 근실(勤實)과 같이 공부를 하는 데에 필요한 여러 마음가짐'으로 구성되었는데, 이 모든 것이 공자(孔子)나 맹자(孟子)를 포함한 옛 동양 성인의 말과 해석, 율곡(栗谷) 이이(李珥, 1536~1584), 우암(尤菴) 송시열(宋時烈, 1607~1689)을 포함한 조선 유학자들의 이해와 가르침으로 채워졌다. 이 책은 명백히 옛 학문을 새로운 학교제도에 편입시키려는 의도로 간행되었다. 이런 내용 구성은 학부대신(學部大臣)이었던 신기선이 시도한 "정학(正學)이 황폐화되고 이단(異端)이 판을 치는" 사태를 막기 위한 방책이었다.[38]

하지만 이런 유교 전통과의 습합, 혹은 회귀는 곧 폐기되었다. 1896년 2월 학부에서 새로 펴낸 교과서 『신정(新訂) 심상소학 1』은 한글의 자음과 모음으로부터 시작했다. 일본인 2명과 더불어 만든 이 책은 심상학과의 1학년이 사용한 것으로 보이며, 자연과 관련한 주제의 글들도 적지 않게 실렸다. 제3과에 개미, 제4과 동서남북, 제6과에 때[時], 제7과 말, 소와 같이 자연과 현상을 설명하는 내용을 게재해, 자연을 관찰의 대상으로 객관화하는 태도를 형성할 수 있게 했다. 소학교 학생들은 제8과 농상공, 제25과 청결과 같은 주제를 접함으로써 근대 세계가 지향하는 바의 일단과 만날 수 있었다. 이솝 우화를 빌려 윤리적 측면을 제시한 글들도 있었다. 이 책으로 공부한 학생들은 자신을 둘러싼 자연환경을 관찰할 수 있었다. 『심상소학 2』에는 자연과 관련된 내용이 더 많아졌다. 총 32과 가운데 누에, 여우, 목리(나무의 나이), 기름(콩, 면화, 청어와 고래, 별지, 석유), 소금, 솣, 두견, 눈[雪], 달팽이, 제비, 소용돌이, 시계 보는 법1, 2와 같이 13개과에 걸쳐 자연물 및 자연현상 관련 설명이 제시되었다. 『심상소학 3』은 34개과 가운데 채 10개가 안 되는 단원만이 자연 관련 주제로 기획되었지만, 내용은 좀 더 깊어졌다. 공전과 자전의 지구 운동, 지구 운동에 따른 사계절의 변화, 1년의 월과 날 등 천문학을 다룬 "지구의 회전이라", "사절(四節)이라" 등이 실렸다. 또 근대적 지도 작성법에 관한 "회(繪)와 도(圖)", 지형에 관한 "산과 하(河)라", 벌의 생육과 이용의 "밀봉이라", 위생과 관련한 "양생이라"와 더불어 "선(船)", "무기", "군사"와 같은 군사 관련 소절도 포함되었다.[39]

『심상소학』은 학년별 체계를 확보했다. 그 체계를 '시간'을 주제로 살펴보면, 소학교 1학년 학생들이 교과서에서 '1일은 24시각, 1시간은 60분, 1분은 60초'라는 설명을 들었다면 3학년으로 올라가서는 좀 더 광범위한 시간 체계를 공부했다. 즉 '1년은 365일이고 12달'이라는 설명을 들었으며 더불어 시간의 흐름이 지구의 자전과 공전에 의한 것임을 이해할 기회를 만났던 것이다. 또 공전에 따라 생기는 4계절의 변화도 알 수 있었다. 이처럼 학년이 올라갈수록 자연과 관련한 내용은 확장되고 깊어지는 개념으로 구성되며 아동의 학습 능력과 이전 교과들과의 연계를 통해 체계성을 확보했다. 특히 시각 관련 설명들은 기본적으로 서양식 달력인 태양력이 중심이었고, 이는 국가 정책의 변화를 반영한 것이기도 했다. 을미개혁(乙未改革)으로 1896년부터 시행하게 된 태양력의 시간 체계를 익혀야 했기 때문이다. 학생들은 태양력이 윤년을 설정하는 방법을 포함해 '일주일'이라는 생소한 시간 단위를 학교에서 학습하며 서양 학문뿐만 아니라 서양 시간 체계의 생활에 익숙해지기 시작한 것이다.

또 산술 교과의 '교수상 요지'를 보면, 심상과의 경우 이 과정을 마치면 1만 이하 수의 4칙 연산을 익혀 간단한 도량형과 화폐 및 시각 제도와, 필산과 주산의 법을 익힐 수 있었다. 고등과에서는 심상과의 학습 내용을 토대로 좀 더 높은 단계의 산술을 훈련하는 것으로 짜여졌다. 물론 필산과 주산을 병용해 4칙 연산과 더불어 도량형, 화폐, 시각의 제도 연습도 포함되었다. 초급 단계인 심상과에서는 과학 과목이 따로 설정되어 있지 않았고 고등과에 올라가야 비로소 공부할 수 있었다. 주로 동식물의 현상이나 물리, 화학의 현상 그리고 기계의 구조 작용들을 이해하고, 신체의 생리와 위생을 공부했다. 표본이나 모형, 도화 등으로 공부하거나 간단한 실험을 통해 눈으로 확인해 명료하게 이해할 수 있게 하는 것이 이 단계의 학습 목표라고 교칙에 명시되어 있다.[40]

『신정심상소학』과 『국민소학독본』에서 만나는 내용은 전통 유교 서적의 내용과는 전혀 다른 세계였지만 이 두 교과서는 내용과 구성에서 차이가 났다. 그 차이는 단지 체계의 문제만은 아니었다. 발행 세력에 의한 것으로 보인다. 『국민소학독본』을 발행했던 주도 세력은 박정양(朴定陽), 이완용(李完用, 1858~1926), 이상재(李商在, 1850~1927) 등 이른바 정동파(貞洞派)로 분류되는 친미 개화파였다. 이 교과서에 미국과 관련한 내용은 대부분 박정양의 『미속습유(美俗拾遺)』와 유사하다.[41] 『신정심상소학』은 을미사변(乙未事變)을 계기로 일본이 간섭을 강화하던 시기에 발행된 것으로 발행 주도권의 변화가 반영되어 있다. 이런 차이에도 불구하고 이들 교과서의 내용은 전통 교육 기관인 서당에서는 접할 수 없는 것들이라는 공통점이 있다. 근대 과학에서 바라보는 자연 관련 주제들이 포함되어 있었다. 무엇보다 큰 특징은 새로운 교육 체계를 기반으로 하여 내용들이 구성되었다는 점이다. 따라서 학생들은 새로운 교과들을 통해 근대 과학의 세계로 진입하는 단서를 제공받을 수 있었고, 학년이 올라갈수록 심화되는 내용을 학습할 수 있었다. 이 두 종류의 교과서는 1910년 경술국치 이전까지 지속적으로 사용되었다. 학부는 이런 교과서 이외에도 『여재촬요』, 『지구약설』, 『근이산술』 상 하, 『간이사칙연산』, 『사민필지』와 같은 책을 발행해 판매하기도 했다. 자연지리와 인문지리를 포함한 지지서와 더불어 산수 책들을 따로 편찬해 학생들뿐만 아니라 대한제국 사회가 근대 사회와 서양의 근대 과학 세계를 이해할 수 있게 했다.

생물학

조선에서 적지 않게 다루어진 분야는 생물학이라고 할 수 있다. 인간을 둘러싼 환경을 구성하는 많은 요소들 가운데 식물과 동물을 객관적으로 이해하려는 분야로, 이를 통해 근대 과학의 요체에 접근할 수 있다고 여겨졌다. 조선에서 이 분야가 수용되고 학습되며, 비록 식민 강점기이기는 하지만 심지어 연구되기까지 될 수 있었던 것은 다른 분야에 비해 접근이 수월하기 때문이었다. 즉 세계관이나 자연관을 바꾸지 않는 전통적 인식 체계로도 접근이 가능했으며 분류 기준과 같은 큰 틀만 이해해도 어렵지 않게 습득할 수 있었던 것이다.

조선에 생물학이 본격적으로 소개된 것은 서재필(徐載弼, 미국명 Philip Jason)을 통해서였다. 물론 〈한성순보〉 등을 통해 생물학의 일단이 소개되기는 했지만 대부분 넓은 지구에 서식하는 다양하고 신기한 생명체에 대한 박물학적 정보에 지나지 않았다. 또 1880년대 큰 영향을 미쳤던 『박물신편』에서도 생물과 관련한 글이 소개되었지만 이 또한 마찬가지로 박물학적 호기심에 지나지 않았다. 서재필은 〈독립신문〉에 16개의 적지 않은 양의 기사를 연재하면서 당시 서양 학문으로서의 생물학을 알렸다. 비록 동물학에 편중되기는 했지만, 생물을 분류하고 그 특징들을 정리하면서 지구상의 수

많은 생물 분류의 기준을 제시했다. 생물학 관련 기사에 따르면 생물학은 크게 금수, 초목, 금석으로 구분되었다. 금수의 경우는 먼저 형태별로 분류하고, 그에 속하는 동물들을 설명했다. 그는 짐승을 크게 뼈 있고 붉은 피 동물, 즉 등뼈 있는 동물(척추동물), 등뼈 없는 동물(무척추동물)로 분류했다. 그 하위 분류로 육식동물과 초식동물, 새와 기어 다니는 짐승, 양서류, 물고기, 갑각류와 벌레 등으로 나누어 형태상 특징을 설명했다.

특히 젖 먹는 동물 가운데 사람을, 직립보행을 하고 엄지손가락을 가진 손이 매우 섬세하며 털은 머리와 얼굴 정도에 있으며 다른 짐승에 비해 훨씬 우월한 생명체로 인식했다. 인간은 백인, 흑인, 황인, 적인 등등으로 나누었다. 그 가운데 백인만이 문명개화를 이루었고, 적인은 동양인보다 덜 개화되었고, 흑인은 동양인보다 미련하고 매우 천하다고 서술했다(《독립신문》, 1896년 6월 24일). 특히 그는 미국의 토종을 설명하면서 "동양 사람과 비스름하나 더 크고 개화된 것이 동양 인종만도 못한지라…… 백인종의 학문과 개화를 배우지 않는 고로 몇 천만 명 있던 인종이 이백 년 아래로 다 죽어 없어지고 오늘 다만 몇 천 명이 남아 산이나 수풀 속에 들어"갔다고 보았다. 그는 백인은 학문을 배우고 개화를 이루었음에 반해, 흑인, 적색인들은 문명 진보를 이루지 못하는 차차 멸종되었음을 경고했다. 그는 백인에 의한 유색인들의 토벌과 축출에는 관심이 없었다.

16편에 지속된 서재필의 생물학 논설 가운데에는 조선에 처음 소개되는 동물들이 적지 않았다. 캥거루와 같은 유대류, 날지 못하고 몸집이 큰 새인 오스투리치(타조), 변색하는 카멜레온, 라인아세

로스(코뿔소), 히포포타머스(하마) 등이 언급되었고, 특징이 소개되었다. 〈독립신문〉의 미생물에 대한 논설은 그가 세균설을 수용하고 있음을 보여준다(〈독립신문〉, 1896년 7월 22일). 그는 병이 모두 박테리아라고 부르는 미생물에 의해 생긴다고 했다. 임질, 담병, 역질, 괴질, 염병과 같은 병들이 미생물들 때문에 생겼다고 지적했다. 그는 '전염'의 기제도 제시했다. 즉 미생물이 병든 사람에게서 떨어져 나와 다른 사람에게 들어가 병이 옮는다고 했다. 이 병이 다른 사람에게 옮겨가는 통로는 숨, 먹는 음식과 물, 피부라고 설명했다. 인간의 신체를 설명할 때 몸의 각 기관을 기계로 설명하는 방식은 근대 서양 의학의 면모였다(〈독립신문〉, 1896년 7월 17일). 그는 사람에 대한 논설에서 "사람의 몸에 있는 이목구비와 사지와 대소창자와 골과 부아와 간과 염통과 통팥과 기의 각색 신체에 당한 기계를 공부하면 낱낱이 다 까닭이 있고 이치가 있"다고 하면서 각 기관들을 설명했다. 이런 설명들에는 "여러 기계들이 관계된 직무와 의리가 있어 서로 도와주고……" 등과 같은 언급을 통해 인체와 기계의 비유를 지속했다(〈독립신문〉, 1896년 8월 3일). 〈독립신문〉에서 다루어진 생물학은 동물학에 지나지 않았다. 초목을 더 다룰 것이라고 했지만 논설에서 식물과 관련된 논의는 찾을 수 없다.

서재필이 생물학의 지식을 전한 사람이라면, 생물학을 학습하고 소화한 사람도 존재했다. 예를 들면 한성사범학교의 교원으로 활약했던 이상설(李相卨)이다. 그는 중국에서 번역된 『서학약술(西學略述)』 가운데 하나인 『식물학계몽』을 정리하며 공부했다. 이 정리에 의하면 그는 식물의 탄소동화작용과 질소합성을 이해하려 했음을 알 수 있다. 그는 광합성이 잎사귀의 초록 물질인 엽록소에 의해 탄소가 만들어진다는 것임을 알고 있었지만 식물의 질소합성이 질소를 품은 암모니아류의 강한 염들이 물에 녹아 뿌리에서 물과 더불어 식물 안으로 들어가는 것으로 이해했다. 그는 또 『화학계몽』을 공부하며 정리했는데, 그는 수많은 화학 물질들을 중국식 명명법으로 부르는 것에는 익숙지 않았다. 이런 미숙함이 생물학의 공부에서도 나타났다. 그럼에도 불구하고 한성사범학교의 교원이 되고자 한 그가 식물학에 관심을 가졌다는 점은 주목할 만하다.

학부에서 1895년 이후 출간된 교과서에도 생물학 내용이 포함되었다. 처음 발행된 『국민소학독본』은 이전 서당에서 학습하던 것과는 전혀 다른 차원의 내용을 담았다. 모두 41과 가운데 과학과 관련된 것은 10과이고, 그 가운데 6권이 생물학 내용이었다. 식물변화, 벌집을 의미하는 봉방, 호흡 1, 2, 그리고 악어, 동물 천성을 제목으로 생물의 세계를 소개했다. 1896년 발행된 『심상소학 2』에는 누에, 여우, 목리(木理, 나이테를 이름), 기름(동물성 기름과 식물성 기름, 광물성 기름을 소개), 두견과 달팽이 등을 소개했다. 『심상소학 3』에서는 생물과 관련한 종류는 줄었지만 밀봉과 양생(養生)을 주제로 분량을 늘려 다루었다. 1906년에 발행된 『초등소학 6』에서는 물고기를 다루었고, 『초등소학 7』에서는 신체의 건강, 비료, 고래를 다루었다. 이처럼 생물학 분야는 기본적인 내용들이 소학교 과정에서 지속적으로 거론되고 교육되었다. 또 소아용 교과서는 읽기와 쓰기를 위한 독본에 자연에 관한 내용이 포함되었다. 『신정심상소학』의 경우 글자 익히기를 하고 난 다음 따라 읽기·쓰기에 쉽게 기술한 내용 가운데 "박쥐는 낮에 눈이 어두어 보지 못하오."류의 동물의 특징을 간단하게 설명한 글들이 제시되었다. 그리고 학년이 올라가면 동물들의 특징들은 좀 더 심화되어 실렸다. 교과서에 동물에 관한 내용만 실린 것은 아니었다. 식물학 역시 교과 과정에 포함되었다.

고등소학교에 진학하면 좀 더 깊이 있는 내용을 학습할 수 있었다. 『심상소학』에서 동물 이름이나 몇몇 동물의 형태상의 특징들보다 좀 더 많은 내용이 소개되었다. 1908년 발간된 현채의 『최신고등소학이과서』 1권에서는 매화, 채(菜), 호랑나비, 완두, 보리, 벼, 누에, 꿀벌, 거미, 뽕나무, 목면, 마(麻), 말, 소, 고양이 등과 실생활과 밀접하게 연결된 동식물들이 소개되고 특징이 설명되었다. 식물의 경우, 꽃을 이루는 암술, 수술, 꽃받침, 씨방을 설명하거나 따로 독립적인 몇 개 과에서 식물의 부분을 설명하거나 바람과 벌레와 꽃의 상관관계를 설명했다. 이런 생장과 번식, 분류에 관한 내용은 2권에서도 지속되었다. 2권에서는 종자와 싹, 종자의 발아, 식물의 생장, 동식물의 같은 점과 차이점과 같이 생물 개체를 아우르는 일반적 설명을 제시했다. 1권에 제시된 "식물은 잎, 줄기, 뿌리로 나누고 꽃이 피고 열매를 맺는다. 꽃은 암술과 수술……" 수준의 설명에서 식물의 성장을 종자, 배아로부터 시작해 체계와 구조를 갖춘 설명으로 발전했다. 생물 분야에서 침엽수, 활엽수, 또는 겉씨식물과 속씨식물 등등의 분류 방식과 각각의 특징을 일상에서 자주 볼 수 있는 흔한 식물들을 예로 들어 설명했다. 동물의 설명에서도 박쥐, 조충(絛忠, 기생충), 조개, 해삼 등뿐만 아니라 세균 등을 소개하며 특징을 제시했다. 이들 동물의 분류를 맹금류를 설명하는 과(課)에서 조류를 나누는 방법과 더불어 제시했다. 척추동물과 무척추동물로 나누고 수많은 무척추동물을 구분하는 형태상 기준을 들었다. 이런 일반적 설명들이 수많은 동식물과 함께 제시된 것은 교과서가 제공해야 하는 수월한 이해를 돕는 설명에 대한 방침과 교과서의 기본적 방향이 설정되지 않은 데에 기인했다. 역자(譯者) 현채는 이들 내용의 체계를 고민하지 않고 1년에 40주, 매 1주 1과를 교수한다는 전제하에 '동서이과교과' 여러 책과 번역본, 원본 여러 책 등 모두 12여 종 가운데 전재하거나 골라 싣거나 하는 방식으로 이 교과서를 꾸몄다. 비록 교과서 구성이 짜임새가 없기는 하지만 근대 학교에 다니는 학생들은 자연의 생물들은 "스스로 그러한 데에서 스스로 생겨난 것"이 아니라 분류적 특징을 가지고 관찰할 수 있으며 분석 가능한 대상으로 수용할 수 있게 되었다.

교과서보다 좀 더 체계적이고 포괄적인 생물학의 소개는 일본 유학생들의 학회지들에서 제시되었다. 『기호흥학회월보(畿湖興學會月報)』는 모두 18회에 걸쳐 식물과 동물, 그리고 동물을 척추와 무척추를 나누어 실었고, 『서북학회월보(西北學會月報)』는 식물학에 관해서만 4회에 걸쳐 연재했다. 김봉진(『기호흥학회월보』 제2호, 1008년 9월 25일)은 '동물학'의 기사 처음에 "凡 生物을 攻究ᄒᆞ는 學을 生物學이라 稱"한다고 하면서 이를 동물학과 식물학의 두 개 학문으로 나누어 소개했다. 그러면서 '동물학을 동물 형태와 생리 등을 연구하는 학(學)'으로 정의하고 형태학, 발생학, 생리학으로 나누어 설명했다. 더불어 형태학을 기반으로 동물들을 분류했다. 식물학 역시 식물의 분류가 가장 주된 내용을 이루었다. 하지만 동화작용은 뿌리에서 빨아들인 액체가 잎사귀에 도달해 햇빛을 받아 동시 변화하는 것으로 탄산흡수작용은 공기 중 탄산와사(炭酸瓦肆)를 흡수해 동화작용을 운영한 뒤 산소를 배출'하는 것이라는 정도의 간단한 설명만을 제시했을 뿐이었다(원영의, '植物學', 『기호흥학회월보』 제5호, 1908년 12월 25일).

생물학을 중요하게 여기는 분야는 의학이었다. 의학을 교육받기 위해서는 약학, 해부학, 생리학 등을 기본적으로 공부해야 했다. 의학 교육을 위한 생물 관련 교과서들이 김필순(金弼淳, 1878~1919)의 번역과 어비신(Avison, O. R., 魚丕信, 1860~1956)의 교열로 편찬되기도 해 조선 정부가 개항 이래 근대 서양 의학을 수용하기 위해 노력한 만큼 1900년대에는 조선인 스스로가 번역을 해내는 수준에 도달할 수 있었다.

2절

전문기술학교의 등장과 변질

대한제국기 중요한 교육 개혁 가운데 하나는 전문 기술 인력 양성 학교의 설립이다. 이 곳 출신자들은 광무개혁(光武改革)의 실무 담당자로서만이 아니라 새로운 서양 과학기술을 배우며 자연에 대한 전통적 사유와는 다른 체계를 접한 신지식인으로 거듭날 수 있었다.

실제 광무개혁은 1880년대 조선 정부가 구상했던 부국강병을 위한 정책들을 실현하는 차원에서 수행되었다. 고종은 1899년 황실 직속의 궁내부(宮內府)를 설치했고, 궁내부 산하에 상리국(商理局), 전환국(典圜局), 전운국(轉運局), 광무국(鑛務局), 기기국(機器局), 평식원(平式院), 서북철도국(西北鐵道局), 철도원(鐵道院), 통신사(通信司), 광학국(礦學局) 등등 근대 과학기술 도입을 전제로 하는 부서들을 조직했다. 이들 부서에서 활동할 실무 담당자를 양성하는 일은 무엇보다 시급했다. 이를 위한 방안이 근대 기술학교의 설립이었고, 이를 법적으로 지원하기 위해 1899년 상공학교 관제가 마련되었다. 비록 상공학교가 곧 개설되지 못했지만, 이 학교 관제를 바탕으로 정부가 추진하는 식산흥업과 근대적 국정 운영 기구의 실무를 담당할 관원 양성을 위한 학교들이 속속 개설되었다. 양전(量田) 사업은 그 대표적인 예이다. 양전 사업은 1901년 가뭄이 심각해져 전체 군의 1/3 정도에서 사업을 그치고 말았지만, 이 사업을 위해 양지아문(量地衙門)은 실무를 담당할 측량 기사를 양성했다. 1899년 견습생 제도를 위한 규정을 수립해 교육과 운영의 체계를 갖추었다. 이 학교에서 새로운 기술을 익힌 측량 기사들이 배출되었다. 이들은 양전 사업뿐만 아니라 철도 및 전차 부설 공사와 같은 사업에 참여했다.[42] 또 정부는 전무학당(電務學堂)이나 우무학당(郵務學堂), 광무학교(鑛務學校), 철도학교, 의학교와 같이 사업 전개 및 관리에 필요한 인력을 충원하기 위한 학교를 설립해 운영했다. 이 학교들 설립의 법적인 근거가 농상공학교 관제였다. 정부의 정책이 실행되자 민간에서도 각종 교육 사업에 참여했다. 한성직조학교(漢城織造學校), 직조단포주식회사(織造緞布株式會社) 교습소, 철도학교, 국내철도운수회사양성학교, 낙영학교(樂英學校) 철도과와 공업제조과, 흥화학교(興化學校) 양지속성과 등이 신설되었

〈그림 24〉 전환국 공장에서 견습생으로 일하던 청년들. (출처: 『서울 2천년사』 23권, 서울특별시 시사편찬위원회, 2014)

고, 이들 학교에서는 새로운 과학을 기본으로 하는 교육이 수행되었다.[43] 이 학교들의 설립 근거 역시 1899년의 농상공학교 관제였던 것이다.

대한제국 정부가 근대 기술을 도입한 식산흥업 정책과 병행한 근대 기술 교육은 대중으로 서양의 과학기술이 전파되는 중요한 통로가 되었다. 그 결과 1903년 농상공부가 한성부 내 기술자들을 상대로 최초의 기술경연대회를 열어 우수 기능인을 선발해 시상할 수 있었고, 더 나아가 박람회 개최를 계획하기에 이르렀다. 전통 기술의 단순 개조만이 아니라 서양 기술 체제로의 전환을 도모할 수 있도록 서양 과학 및 기술 교육을 본격적으로 실시하라는 요구도 제법 커졌다. 이미 농상공학교 관제를 만들었던 정부는 이를 상공학교나 공업전습소와 같은 곳을 설립해 수용하고자 했다. 하지만 이들 교육 기관은 고등 교육을 수행하기 위한 제도였지만, 이를 운영할 여력이 없었다. 실제 운영이 일본의 개입으로 파행적으로 진행되었고, 심지어 식민 지배를 위한 정책 속에서 없어지거나 왜곡되어 급기야 하급 기술자 양성 기관으로 전락했다.

서양 의학을 가르치는 교육 기관은 과학기술 관련 학교들과는 다른 과정을 겪었다. 서양 의학을 가르치려는 시도는 제중원(濟衆院) 시절부터 있었지만 쉽게 전개되지 못했던 것은 서양 선교사들과 언어 소통이 원활하지 않았기 때문이기도 했다. 학도로 선발된 이들은 의학 교육보다 먼저 영어 공부를 하는 것이 더 급했다. 더 나아가 실제 의학 교육이 실시된 제중원에서 서양 의학 공부는 언어 문제뿐만 아니라 제대로 된 교과서, 의학을 전공한 교수진의 부재도 큰 문제였다. 1880년대 의학 교육이 시행되지 못했던 것은 교육을 위한 구체적인 준비가 부족했기 때문이기도 했다.

이런 상황은 1894년 갑오개혁을 즈음해 변하기 시작했다. 전통 의학 교육 체계에 새로운 의학 교육을 포용할 수 있는 구조가 만들어진 것이다. 하지만 의학 교육이 본격적으로 이루어진 것은 1899년의 일이었다. 지석영이 의학교 설립을 청원해 승인을 받은 것이 시작이었다. 김홍집(金弘集)의 집을 고쳐 학교 건물을 마련하는 등의 일을 위해 첫 해에 6천 원이 넘는 예산이 책정되었다. 교직원도 임명되었다. 교수진은 동서 양방에 일가견이 있던 지석영이 교장으로 임명되었고 한의 1명, 외국인 교사 1명으로 구성되었다. 이런 교수진은 이 의학교가 동서 양방의 절충을 도모했음을 보여주었다. 50여 명 규모의 의학생을 선발했는데 이들은 3년 동안 동물학, 식물학, 화학, 물리와 같은 서양 자연과학 분야의 교과와 진단, 안과 등의 의술에 필요한 교과들 16개 과목을 공부해야 했다. 학비는 전의감(典醫監)의 전통에 따라 국가가 제공했다.[44]

대한제국은 실제 매우 큰 규모의 예산인 6천 원을 투자해 의학교를 세웠지만 관립 의학교의 운영이 정상적으로 진행되기는 쉽지 않았다. 기기를 제대로 갖추지 못했을 뿐만 아니라 화학을 제외하고는 교재도 채 준비되지 못했다. 특히 교수진 구성에 문제가 있었다. 1890년대 말까지 학생을 가르칠 교관이 남순희(南舜熙)를 제외하고는 찾기 어려웠기에 교육을 제대로 진행하기도 어려웠다. 대책으로 일본인 교사를 구했으며, 1900년에는 일본에서 의학을 공부한 김익남(金益南)을 채용했다. 이때 고용된 일본인 교사 후루시로 바이케이(古城梅溪)의 실력은 그리 좋지 못했던 것으로 보인다. 그의 치밀하지 못한 해부학 수업이 학생들의 수업 거부를 낳았기 때문이다. 그는 해부학 시간에 왼쪽 정강이와 오른쪽 정강이, 그리고 두골(頭骨)의 요철을 구분하지 않고 강의를 진행하기도 했다. 이런 실수에 사람의 몸과 생명을 다루는 의학을 공부하는 학생들은 그의 세밀하지 못한 수업을 거부하며 교수를 교체하달라고 요구했다. 평소 그의 거만하고 오만 방자한 태도도 학생들이 그를 거부한 중요한 배경이었을 것으로 보인다. 그를 대신해 다른 일본인 교사가 초빙되었다.

이 시기 의학교의 운영이 원활하지 않았던 것은 정부로부터의 지원이 이루어지지 않았기 때문이기도 했다. 특히 의학교 학생은 학비 전액 무료에 모든 교재와 실습 등이 무상 제공되기로 했지만, 그것은커녕 학생들의 학습 관련 물품과 식비조차 지원되지 않았을 정도로 학교 재정이 궁핍했다. 이를 만회하기 위해 의학교 졸업생의 학교 교관 임용이 제안되기도 했다. 이런 상황은 1902년을 기점으로 개선되었고, 교사도 5명으로 증원되었으며, 3년 과정의 졸업생을 앞두고 실습 병원의 신설이 제안되기도 할 정도로 재정 상황이 개선되었다. 1903년 1월 첫 졸업생 19명이 배출되었고, 1903년 7월에는 12명이 졸업생으로 결정되었다. 졸업생 가운데에는 교관으로 활동한 사람들도 있었고, 일부는 러일전쟁에 위생대로 참가하기도 했고, 광제원(廣濟院)에서 의료를 담당하기도 했다. 이들 1, 2회 졸업생 30여 명은 국가나 사회에 필요한 보건 의료 분야에서 활동하거나 각 지방으로의 서양 의술 전파에 기여했다. 또 이 의학교가 단순히 분석적인 서양 의술만이 아니라 내과에서 총체적인 한의도 함께 교육받아 양·한방의 절충을 도모하기도 했다.

그러나 이런 시도는 곧 사라졌다. 통감부(統監府) 설치 이후 전적으로 서양 의학만이 의학교 내에서 소화되었기 때문이다. 대한제국 내에서 의학교가 여전히 운영되었던 것은 서양 의학을 훈련받은 의사들이 조선에서 활동하는 일본인을 위해 재편된 보건 의료 체계에서 활동해야 했기 때문이었다. 이런 조치로 한의학이 대부분의 조선인 의료는 한의가 담당했음에도 한의학 교육은 의학교라는 공식적 학교 제도에서 축출되었고, 한의는 의사(醫師)가 아닌 의생(醫生)으로 존재할 것을 강요받았다.[45] 이는 의학 역시 과학기술 교육과 마찬가지로 의미가 일제의 필요에 따라 취사선택되어 변용되었음을 의미했다.

이와 같은 과학기술 교육은 국가사업의 진행을 전담할 전문인을 양성한다는 전통적 기술 인력 양성과 크게 달라 보이지 않지만, 다루는 내용이 달라졌음에 주목할 필요가 있다. 이들이 다루는 내용은 근대 과학이었다. 대수, 화학, 물리, 생리 등이 교육 과정에서 다루어졌고, 이는 기계적 자연관과 분석적 세계관을 바탕으로 했다. 이런 근대 과학의 교육은 소학교령, 중학교령과 같은 학제의 개편, 전문 기술인의 양성과 더불어 대한제국기 자연에 대한 인식을 바꾸고, 자연에서 인간의 위치를 재설정하는 데에 기여했다.

3절

통감부의 교육 정책과 대한제국 교육 정책의 해체

을사늑약(乙巳勒約)을 전후해 대한제국 사회에서 느끼는 위기의식은 매우 컸다. 이 시기 대한제국 사회의 많은 지식인들은 위기를 극복할 수 있는 방법으로 근대 교육에 주목했다. 특히 1900년을 전후해 유입되기 시작한 사회진화론으로 교육의 필요성이 더 강화되었다. 대한제국에서 사회진화론이 저항 담론이자 생존 논리로 받아들여진 것은 중국과 다르지 않았지만, 중국과는 달리 서양의 학문을 전반적으로 그리고 총체적으로 사유하기에는 신학문과 관련한 경험이 충분히 축적되지 않았던 만큼 특히 서양 과학과 관련해 깊이 있는 사색이 진행되지는 않았다. 단지 서양 과학과 기술은 내재된 실용성으로 나라의 힘을 길러주며 민도를 높여주고 더 나아가 나라를 구해줄 도구로만 받아들였다. 그들에게 근대 학문은 내용의 해석, 의미의 사유, 자연 작동 방식의 이해, 자연에 관한 사색과 이론체계가 아니라 구국(救國)의 도구였다.

이와 같은 인식이 형성되자 많은 지식인들은 애국계몽운동에 참가했고, 소학교령과 같은 대한제국의 학제에 의거, 사립학교를 설립해 그 수가 증가했음은 앞에서도 언급했다. 이들 학교에서는 대부분 대한국민교육회 등을 통해 편찬된 교과서를 이용했다. 특히 1906년에 편찬된 『초등소학』은 가장 어린 학생들이 글을 익히기 위해 사용된 교과서였다. 이 책에서는 글자를 익히는 아동을 위해 그림과 함께 매우 큰 글씨로 한글을, 그리고 작은 글씨로 한문을 병용했다. 대한제국 학부에서 편찬했던 교과서와 유사하게 주변 사물, 식물, 동물의 이름이 중심 내용이었다. 그리고 여기에 가족 관계 등이 가나다순에 맞추어 제시되었다. 쓰기 읽기 책에 해당하는 이 『초등소학』을 마치면 학생들은 제2권을 공부했다. 그런 승급 과정을 거쳐 만나는 『초등소학』 권6에는 군함, 기선과 기차와 더불어 정거장(기차 이용법)을 실어 새로 개통된 기차의 이용 방법까지도 실려 학교에서 학습할 수 있게 했다.[46]

하지만 교과서 편찬에 제동이 걸렸다. 사립학교를 '불량선인'을 양산하는 근거지로 지목한 통감부가 사용 교과서와 학교에 제재를 가하기 시작했던 것이다. 1906년 보통학교령, 1908년 사립학교령, 학회령, 교과서 도서 검정규정, 1909년 출판법, 각종 학교령 개정, 실업학교령들을 잇달아 제정해 공포하고, 이를 기점으로 교과서 편찬에 통감부의 기준을 엄격하게 적용하기 시작했다. 이런 법령들을 통해 애국계몽운동을 통제하고 조선인이 교육받을 수 있는 내용에 한계를 설정하려 했다. 특히 교과서 도서 검정규정이 적지 않은 영향력을 발휘했다. 대부분의 역사서와 지리서가 검정불허 판정을 받았고, 과학 교과서 중에도 한국에서 발행된 『소물리학』과 『신찬중등무기화학』, 그리고 중국에서 발행한 『격물지학』 세 종이 '불인가(不認可)' 판정을 받았다.[47] 강점 이후에는 사정이 더 나빠졌다. 1915년까지 총독부(總督府)로부터 금지당한 과학 교과서는 불인가 도서 3종, 검정 무효 및 불허가 도서 16종으로 모두 19종이 제재를 받았다. 검인정 승인 비율이 1910년 71%에서 1915년 38%로 낮아진 것이다. 검정무효 처분을 받은

『개정중등물리학교과서』, 『초등위생학교과서』, 『중등생리위생학』, 『초등용간명 물리교과서』, 『식물학』(현채 지음), 검정무효와 검정불허가를 동시에 받은 도서는 『개정중등물리교과서』, 『신찬지문학』, 『중등생리위생학』, 『소물리학』 등이었다.

이와 같은 일제의 제재와 견제에도 불구하고 사립학교 교육은 크게 줄지 않았다. 특히 과학과 관련해서는 일본 유학생들이 그들의 학회지에 끊임없이 과학 관련 내용을 글로 실었고, 이를 저본으로 한 간행물들이 전국 사립학교의 수업에 영향을 미쳤다. 하지만 일본의 교육 제재가 점점 더 강해졌고, 경술국치(庚戌國恥)를 통해 민족에 대한 차별적 요소가 더해짐에 따라 교육을 통한 구국이라는 생각은 위축되기 시작했다.

제9장

결론

개항 이후부터 조선은 국정 개혁을 통해 전환을 모색하고 구체적 결과를 도출함으로써 국가를 보존해야 한다는 과제를 부여받았다. 이런 국가의 명운이 걸린 과제를 해결하기 위해 조선 정부가 수행했던 서양 근대 과학기술 도입을 전제로 한 정책 수립 및 수행 과정과 성과 그리고 영향을 이 책을 통해 살펴보았다.

조선 정부는 엄청난 화력을 전면에 배치한 서양 문물을 발견한 이래 그 도입을 위해 적지 않은 노력을 기울였다. 부국강병이라는 절체절명의 과제를 해결하기 위해 서구 문명의 핵심이라고 판단한 과학기술을 도입하기 위한 정책을 수립하고 수행하는 작업을 추진했던 것이다. 하지만 도입 배경, 여건, 선택 기준, 선택된 기술의 상태 등에 따라 각각의 정책에는 적지 않은 편차가 존재했다. 그 가운데 서양식 근대 무기 기술 도입은 조선 정부의 핵심이자 무엇보다 우선되는 정책이었다. 가장 먼저 유학생을 파견하고 공장을 확보했으며 적지 않은 재정을 투입했다. 하지만 결과는 무기 기술의 도입 및 전수에는 실패한 채 무기 성능의 강화에 그쳤다. 성능마저 무기 체제를 완벽하게 이전·구현하지 못해 부실한 수준에 머물렀다. 단지 전통 무기에 내재했던 살상(殺傷)의 의미를 극대화시켜 단지 위협적 무기에서 방어선을 강화하기 위한 적극적 공격의 의미만이 강조된 채, 무기 기술 이전에 대한 재고(再考)의 기회를 제공했을 뿐이었다. 이런 실패에는 서양 근대 무기 기술의 전모를 인식하지 못하고 도입을 서둘렀음과 더불어 정치적 주도권 확보의 실패와 확보된 전문 기술력을 활용하지 못한 정부의 정책적 무능도 자리를 잡고 있었다. 무엇보다 고종과 조선 정부의 정세 판단의 미숙함과 무기 체제 이해의 실패가 큰 원인이었다. 고종이 한 국가로부터 무기를 수입을 하지 않은 것은 당시의 정세 탓으로 돌릴 수도 있겠지만 복잡한 무기 체계 전환을 염두에 둔 철저한 정책 수립과 더불어 좀 더 강력한 무기 기술 전수 요구 및 시행과 확고한 인재 양성의 의지가 필요했음은 두말할 필요가 없을 것이다.

또 철도 부설 정책도 실패했다. 여기에는 무기 기술 이전과는 다른 요인들이 작용했다. 대한제국 사회에서 철도 사업을 추진해야 할 내적 필요성이 크지 않았음이 반영되었던 것이다. 근대 과학기술 도입의 우선순위에서 철도는 급하지 않은 기술로 판단되었다. 실제 조선 사회는 산업화를 이루어 상품의 수송이나 원료의 공급이 많은 것도, 공장 가동을 위해 석탄과 같은 에너지원을 이동시켜야 하는 것도 아니었다. 반면 일본을 포함한 서양 열강의 입장은 달랐다. 일본은 대륙과의 연결을 위해 조선의 철도가 절실했고, 서양 열강은 이를 확보해 일본에 되팔아 이익을 챙기거나 러시아의 확장을 견제하기 위해 필요했다. 이처럼 도입 기술을 둘러싼 필요성은 도입 과정을 좌우했다. 그렇다고 교통을 포함한 근대 국가 기반 시설의 자주적 사업 주도권 장악의 중요성을 대한제국 정부가 몰랐던 것은 아니었다. 서울에 설치한 전차는 바로 대한제국 정부가 기반 시설과 관련한 과학기술의 중요성을 인지하고 있음을 보여주는 예라 할 수 있다.

부국의 기반으로 꼽혔던 농업 개혁은 유약한 상태로 명맥만을 유지했다고 볼 수 있다. 이 농업과 관련해서는 책임자가 연달아 사망했다는, 그야말로 운이 따르지 않았기 때문이라고 할 수 있지만, 궁극적으로는 사업과 관련한 정부의 의지 문제에 좌우되었다고 볼 수 있다. 이 의지는 농업이 주산업이었다는 환경상의 이유도 작용했다. 농업은 이미 전통적 방식과 경험에 기반한 성숙한 기술력을 확보한 분야였다. 당시 도입하기로 했던 서양식 농업 기술이 전통 방식에 비해 탁월하지 않고 서양과는 주곡류에서 차이가 날 뿐만 아니라 기후 및 환경 여건이 다르며, 이를 전환하기 위해서는 근대 농학 기술 지원과 더불어 농촌 조직의 개편이 필요한 매우 큰 사업이었던 것이다. 농업의 기술 개혁은 일본에서조차 적지 않은 시간과 연구, 실험이 투자되어야 하는 작업이었다.

근대 과학기술 가운데 조선 사회에서 변용의 기회를 가지며 적응한 기술도 있었다. 전신망은 전통적 통신 수단을 완벽하게 대체했다. 외교적·정치적 간섭과 침탈이 적지 않았음에도 조선 사회의 특성에 맞게 적응될 기회를 가졌다. 이런 성공은 중앙집권 국가의 가장 중요한 행정 통신망이 갑오개혁(甲午改革)으로 혁파되었다는 상황에 기인했다. 통신망의 확보는 전국을 통제하고 관리할 중요한 수단이었던 만큼 이를 포기한다는 것은 곧 국가 경영이 불가능하다는 것과 같은 의미였다. 그런 만큼 주도권을 확보하고 이를 견지하기 위해 정부는 외교적 투쟁을 불사했다. 행정 통신망을 확보해야 하는 중앙집권 국가의 특징과 끊임없이 도발하는 일본과의 경쟁에서 이루어진 전신 사업은 전보사(電報司)의 수적 증가를 추구했던 서양과는 달리 전신 선로의 확장으로 나타났다. 전신 기술자들이 대부분 전신망 설계와 전보사를 구축할 정도의 기술력을 갖추어 서양의 전신 기술자와 대조를 이루었다.

성공했든 실패했든 간에 조선 정부가 수행한 과학기술 도입 정책은 전통적 유교의 지식 사회를 해체하고 서양의 자연관을 도입하는 데에 기여했다. 표면적으로는 신분제와 과거제의 폐지가 균열의 핵심을 이루지만, 새로운 국제사회를 학습하기 위해 도입된 근대 천문학과 지지(地誌)의 유입으로 전통의 자연이 분열되었다. 세상은 유기체적 천지인(天地人)으로 구성된 것이 아니라 하늘, 대기권, 지상으로 분리되었다. 특히 전통적 하늘은 천체와 대기권으로 나뉘었고, 각각에서 일어나는 현상들은 서양 천문학과 기상학이 설명했다. 이에 따라 하늘로부터 부여받은 유교적 인군(人君)의 권력이 해체되었다. 둥근 땅, 지구는 중화적 국제 질서 대신 이른바 만국공법의 세계로 조선을 유인했으며, 조선이 넓은 6대주 5대양에 자리 잡고 있음을 보여주었다. 이처럼 조선 전통의 자연에 관한 학문은 해체되었고 이를 토대로 하는 전통적 재이론(災異論) 역시 해소(解消)되었으며 이에 기대었던 전통 유교의 사회적·국제적 질서도 붕괴되었다. 왕에게 경고하던 전통적 자연은 사라지고, 하늘과 땅, 인간이 각각의 원리와 법칙으로 운동하는 새로운 자연이 조선에 자리를 잡게 된 것이다. 더 나아가 이런 자연관은 이제 조선은 평등하다고 주장된 수많은 나라 가운데 하나임을 보여주었다. 그 속에서 독립적 위치를 확보하기 위해서는 국가를 보존하는 일이 무엇보다 중요한 과제임을 드러냈다. 이를 위해 조선의 지리는 천문학에 대비되는 지문학(地文學)으로 변형되어 지형 및 자연적 특성과 관련한 정보를 습득하는 분야로서만이 아니라 애국심을 고양시키기 위한 분야로 변형되었다.

격변하는 상황 속에서 적지 않은 우여곡절을 겪었지만 40 년간의 중앙정부 중심의 근대 서양 과학기술 도입을 전제로 한 사업들을 다양하게 추진함으로써 조선 사회는 많은 변화를 겪었다. 특히 정부가 추진한 사업의 결과물들, 즉 근대 시설들을 민간에서 사용하면서 서울을 중심으로 전통의 균열이 시작되었고 전통 사회에서는 상상하지 못할 광경들이 펼쳐졌다. 신분 사회의 해체가 근대 시설에서 즉각적으로 효력을 보았으며, 서울 대문의 개폐와 관련한 전근대적 통금도 해지되었다. 7요일제를 기반으로 하는 기독교적 태양력과, 서양 사회의 규율적 시각 체계도 도입되었다. 군건

한 전통 사회가 변하기 시작했고, 1903~4년을 전후해서는 수많은 교육 기관이 전국에 걸쳐 설립되었고 신분제에서 자유로워진 학도들은 이 학교에서 새로운 학문을 학습했다. 근대 기술전문학교도 적지 않은 성공을 거두었고, 이를 기반으로 실무자 확보를 위한 관원 등용 방식이 달라졌다. 특히 원활하게 작동된 전신망을 운영·관리하기 위해 100여 명이 넘는 근대 과학기술을 익힌 전문 전신 기술자들도 배출되었으며 동서양 의학을 익힌 의학도도 양성되었다. 이런 변화는 전통적 자연관과 세계관이 일제강점 이전에 해체되고 근대 과학기술이 조선 사회와 조응하며 사회의 변화를 추동하고 있었음을 의미한다.

그러므로 일제가 조선에 덧씌운 부정적 평가는 재고되어야 한다. 또한 일제강점기에 비로소 근대 과학기술이 도입되었고, 일본에 의해 근대화가 이루어졌다는 주장과 이에 근거한 통념들도 폐지되어야 한다고 본다. 이런 통념은 일제 식민의 우민 정책과 애국계몽운동 세력의 패배적 관념, 근대 과학기술에 투영된 사회와 역사와 문화와 관련 없이 모든 사회에서 같은 모습으로 동일한 역할을 담당한다는 편견에 의한 것이다. 근대 과학기술만 도입했다면 근대화를 이루어 국가적·민족적 수모를 겪지 않았을 것이라는 생각은 식민 강점 이전부터 형성되었던 관념이었고, 여기에 경술국치(庚戌國恥) 전후 조선의 민족성에 대한 폄하까지 보태졌던 것이다. 조선은 고루하고 고집스럽고 우매하며 변화를 싫어하는 민족성 탓에 근대 과학기술을 받아들이는 데에 실패했고, 서구화에 성공한 일본이 조선을 계몽시키기 위해 합방했다는 논리는 더 이상 역사적 근거가 없다.

물론 조선이 부국강병에 실패했고 일본이 조선을 병탄했던 것이 역사적 사실임을 부인할 수 없다. 이 역사적 실패에 조선에 도입된 과학기술 역시 자유로울 수는 없다. 가장 많이 제기되는 주장은 "개항 이후 조선 정부가 부국강병의 핵심을 이루는 과학기술 도입에 열심이었다면 왜 일본과 같은 성공을 거두지 못했는가"이다. 그 원인으로 조선이 서양 과학기술을 도구적 관점에서 해석했고 수용했음을 지적했다. 조선은 서구 과학기술의 실체를 단지 청나라에서 형성된 '중국기원설'로 치부하고, 양무운동(洋務運動)의 이념적 토대였던 중체서용(中體西用)을 차용해 동도서기(東道西器)적 태도로 접근했던 것이다. 하지만 서양의 근대 과학기술은 과학혁명과 산업혁명의 기원이자 산물로서, 서구 사회와 끊임없이 사회적·문화적·경제적으로 상호 영향을 주고받으며 교류하고 변화했다. 서구 과학기술은 서양 문명의 산물로, 비록 도구적·한정적으로 사용된다고 하더라도 사회와 끊임없이 관계를 형성해 영향을 주고받았던 것이다. 바로 이런 특성으로 조선 사회는 조선 정부가 의도하지 않았던 표준시각 체계의 도입, 태양력, 전신망에 의한 대민 봉사 정부 기관 구성, 교육 제도를 통한 근대적 자연관의 형성과 같은 적지 않은 변화를 빚어냈다. 그럼에도 불구하고 정부와 지식 계층은 과학기술을 도구로만 인식했고 이런 변형에 무관심했다. 이런 인식은 도입 태도에도 영향을 미쳤다. 일본의 경우는 비록 1880년대 화혼양재(和魂洋才)라는 동도서기나 중체서용과 유사한 이념을 내세우기는 했지만, 메이지유신(明治維新)이라는 정치적·경제적·사회적·행정적· 문화적 대변혁을 이루었고, 변화된 사회 속에서 서양 근대 과학기술의 역할과 목적을 설정했다. 하지만 조선 정부는 일본에서의 변혁의 움직임을 무시 혹은 간과했다. 조선 정부는 통치 도구 및 제도 가운데 효율적인 몇몇 가지만 선택해 채택했던 것이다. 이런 차이는 서양 과학기술이 사회에서 차지하는 위상, 우선순위 결정, 범위 설정에 영향을 미쳤다.

또 한 가지 지적할 수 있는 것은 조선 정부의 빈약한 재정 상태였다. 서양 과학기술이 중요한 사회적 역할을 담당하는 사회는 이미 자본이 집약된 자본주의, 심지어 자본이 국가 권력과 결탁한 제국주의 사회였다. 적지 않은 서양의 과학기술은 더 많은 이윤을 확보하기 위해 연구되었다. 심지어 전기와 화학과 같은 첨단 과학은 아예 기술과 밀접한 연관을 가진 전기공학, 화학공학이라는 것을 만들어내기까지 했다. 자본주의의 발달로 서양의 공장들 가운데에는 소규모로 개인이 가내수공업적으로 운영하는 곳이 완전히 없어진 것은 아니지만, 대량 생산 체계가 확립되었고, 여기에 과학기술의 연구 결과가 적용되었다. 근대 산업화가 진행될수록 공장 설비들은 배후에 광범위한 관련 산업들을 형성하고 추동했고, 이에 따른 새로운 연결망이 끊임없이 구축되었다. 또 에너지원도 고효율로 전환되었다. 이런 산업 시스템의 구축은 투자 자본이 거대해짐을 의미했다. 이런 정도의 산업 시설망을 조직해내는 일은 비단 조선이기 때문에 어려운 일은 아니었다. 경우에 따라서 이 투자 자본금을 한 국가재정으로도 감당하기 어려워 국제적 차관 등을 통해 확보해야 했다. 일본은 산업 근대화 및 관련 과학기술 이전 등에 소요되는 자금을 봉건체제의 경제 개혁, 외국에서의 차관과 더불어 청일전쟁 청구권을 통해 확보했지만, 심지어 청의 간섭을 받아야 했던 조선이 이런 근대 산업화의 흐름에 합류하기란 쉽지 않았다. 무엇보다 산업 근대화는 이를 수용할 수 있는 사회적 기반을 필요로 하며, 대량 생산 체제를 위한 기기와 기술, 동력원뿐만 아니라 생산된 상품의 시장, 원료 공급과 상품 수송을 위한 교통망과 통신망의 확보를 그 전제 조건으로 하는 것이었다. 그리고 가장 필수적인 요건은 막대한 자본이었다. 이 점을 고려했을 때 당시 1차 산업이 주를 이루는 자급자족의 사회인 조선이 자본을 축적하고 기간 사업을 구축하고 산업화를 이루기에는 역부족이었다. 조선이 상품을 대량으로 생산하는 체제를 갖추기는 쉽지 않았다. 따라서 도입되는 과학과 기술은 사회 환경에 맞게 선택될 수밖에 없었다. 선택의 기준은 정부의 필요성이었다.

그렇다고 조선 정부의 사업 추진 방식에 문제가 없었다는 의미는 아니다. 도입과 운영 주도권과 관련해 지속성을 확보하지 못할 정도로 사업 장악력도 강하지 못했다. 이는 조선 정부 자체가 강력한 주권을 확보하지 못한 데에서 기인했다. 청나라와 일본을 비롯한 서양 제국들은 이권을 확보하려고 지속적으로 내치(內治)와 외교를 방해하고 간섭했다. 특히 1880년대 임오군란(壬午軍亂)과 갑신정변(甲申政變)은 조선 정부의 과학기술 도입과 관련한 개혁에 부정적으로 작용했다. 국제 정세에 의해 형성된 분위기는 더 열악했다. 청국은 자주적 외교와 내치를 인정하는 전통적 조공 관계를 전환해 속방화하려 했다. 일본은 이미 1880년대 초반에 형성된 정한론(征韓論)을 바탕으로 조선을 침략하거나 각종 이권과 철도와 전신과 같은 사회 기반 산업과 관련된 사업권을 강점하려 했다. 이런 대내외적 사정은 조선 정부의 국정 개혁 움직임들에 적지 않게 부정적인 영향을 미쳤다. 이런 환경 속에서 조선 정부가 기획하고 설정했던 많은 개혁 정책들이 유예되거나 지지부진하게 명맥만을 유지할 수밖에 없었다. 이런 상황에 전환점이 된 것은 청일전쟁 및 광무개혁(光武改革)이었다. 1894년 청일전쟁으로 청국은 조선에서의 주도권을 상실했다.[1] 이후 일어난 삼국간섭이나 을미사변(乙未事變) 등으로 조선의 상황이 일본의 의도대로는 조성되지 않았다. 고종은 아관파천(俄館播遷), 환궁 등을 통해 대한제국 국제를 반포하고 정국을 장악하여 광무개혁을 주도하기 시작하면서 서양 과학기술과 관련한 이전과는 다른 국면을 형성했고, 이때에야 비로소 서양의 과학기술 도입 사업 전개와 관련한 지속성을 확보하게 된 것이다.

이런 여러 한계에도 불구하고 한국에서의 근대 과학기술은 이미 일제강점기 이전에 도입되어 조선 사회와 상호 적응하고 있었다. 일제가 한국의 근대화를 위해 도입한 것은 아니었던 것이다. 개항을 통해 도입된 근대 과학기술이 모색의 기간을 지나 조선 사회에 적용되고 사회를 변화시키며 상호 영향을 미치는 새로운 근대 과학기술의 세계가 형성되기 시작한 시점은 일제강점기가 아니라 적어도 1897년으로 앞당겨져야 한다고 본다.

광무개혁 이래 정부 주도로 의욕적으로 서양 문물을 채택해 국정 전반에 반영했고, 이를 통해 많은 일들이 행해졌다. 난공불락처럼 보이던 전통의 벽에는 놀랄 만큼 빠르게 균열이 생겼고, 와해의 조짐이 여기저기에서 나타나기 시작했다. 여기에 더 큰 압력은 전문 기술 인력의 훈련뿐만이 아니라 서양의 학문을 받아들이기 위한 근대 교육 제도에 의해 형성되었다. 근대 교육 체계의 수립은 새로운 학교의 학생들에게 새로운 자연과 그에 대한 새로운 지식을 소개하는 학습의 장이었다. 이곳에서 배출된 새로운 인력은 전통 사회와는 전혀 다른 시공간과 자연관을 구성하고 새로운 사회의 지향점을 구축할 여지를 마련할 수 있게 되었기 때문이다.

하지만 이런 긍정적 변화는 일제의 병탄에 의해 제거되었다. 대한제국 정부의 추진에 의해서도 미처 이루지 못한 전통 사회로부터의 전환과 근대 과학기술의 도입은 일제의 병탄으로 또 다른 변용과 굴절을 겪어야 했다. 30년에 걸친 조선 혹은 대한제국 정부의 과학기술 도입 정책 수행을 위한 물질적·정신적 노력과 투자, 형성된 기술 인력과 구축된 훈련 및 학습 체계는 해체되거나 일제의 식민 정책의 기반으로 전환되었다. 도입된 서양 근대 과학기술을 수용하고 적응해 적지 않은 사회 변화와 전통의 해체를 이루었음에도, 이 양상마저 일제에 흡수됨으로써 이를 역사에서 찾아보기 쉽지 않게 되었다. 심지어 조선은 문명을 싫어하고 변화를 두려워하며 서양의 과학기술을 이해하지 못할 뿐만 아니라 학습하기에도 부족한 무능한 민족이라는 굴레가 덧씌워졌다.

그러므로 대한제국의 개혁 실패와 식민지로의 전락에 대한 해명은 근대 과학기술 분야에서가 아니라 다른 분야에서 이루어져야 할 것이다. 일제의 제국주의 정책과 더불어 부패, 외교 정책의 비자주성, 대민 정책 및 경제 정책의 부실, 빈곤한 재정, 새로운 사회에 대한 비전의 부재, 사회에 만연한 부패 등등에서 재고되어야 할 것이다.

1장 서론

1. 권태억, 『일제의 한국 식민지화와 문명화』, 서울대학교 출판문화원, 2014, 4쪽.
2. 개항 이전 국제 교류와 관련해서는 연갑수, "대원군과 서양—대원군은 쇄국론자였는가", 『역사비평』 50, 2000, 105-49쪽을 참조할 것.
3. 『승정원일기』 고종 19년(1882년) 8월 5일.
4. 대한제국이나 광무개혁의 성격에 대해서는 고종의 재평가와 더불어 역사학계의 쟁점 가운데 하나이다. 이에 대해서는 이태진, 『고종시대의 재평가』, 태학사, 2000; 교수신문 기획, 『고종황제 역사청문회』, 푸른역사, 2005 참조.
5. 이에 대해서는 이윤상, 『1894~1910년 재정제도와 운영의 변화』, 서울대학교 박사학위논문, 1996, 77-83쪽 참조. 황실 재정의 강화에 대한 그의 평가는 매우 부정적이다.
6. 광무개혁기 설치된 민간 기업은 적지 않다. 직조회사와 철도회사와 같이 시행되는 정부 정책에 따라 회사들이 설치되었는데, 대부분 정부 관료와 민간인이 함께 세워, 국가로부터 지원되는 각종 특혜를 차지하곤 했다. 1895년~1904년 사이에 설립된 회사 설립과 경영에 참여한 163명 가운데 13명이 4개 이상의 회사에 간여한 것으로 조사되었다. 이에 대해서는 전우용, 『19세기~20세기 초 한인회사 연구』, 서울대 박사학위논문, 1997, 1장을 참조할 것.
7. 조선의 민족성과 지적 능력, 미개함은 통감부 학부 학정 참여관 시데하라 다이라, 와다 유지 등의 언급들을 통해 확인할 수 있다. 이에 대해서는 신용하, 『일제 식민지정책과 식민지근대화론 비판』, 문학과지성사, 2006, 47-48쪽; 미야가와 타쿠야, "20세기 초 일제의 한반도 기상관측망 구축과 기상학의 형성", 『한국과학사학회지』 제32권 제2호, 2010, 173-75쪽; 조선의 열등한 민족성과 관련한 비난을 생산하고 확대재생산한 구조와 관련한 통감부의 교육 정책과 수행에 대해서는 팽영일, "1905-1910년의 모범교육과 보통학교 일본어 교육" 『한국교육사학』 32-2, 2010, 71-91쪽을 참조할 것.

8. 大野謙一,『朝鮮教育問題管見』, 조선교육회, 1936, 6-12쪽.
9. 이 글에서는 정치, 경제, 외교와 같은 분야의 연구들은 정리하지 않을 것이다.
10. 나애자,『한국근대해운업사연구(韓國近代海運業史 硏究)』, 국학자료원, 1998.
11. 정재정,『일제침략과 한국철도』, 서울대학교 출판부, 1999.
12. 노인화, "대한제국시기 한성전기회사에 관한 연구",『이대사원』 17, 1980; 김연희, "대한제국기 전기사업, 1897-1905년을 중심으로",『한국과학사학회지』 19-2, 1997;오진석,『한국근대 전력산업의 발전과 경성전기(주)』, 연세대학교 박사학위논문, 2006.
13. 김연희.『고종시대 근대 통신망 구축 사업』, 2006, 서울대 박사학위논문.
14. 원유한, "『典圜局』攷",『역사학보』37, 1968, 49-100쪽.
15. 물론 통화 화폐의 정리가 기술만의 문제는 아니어서 새로운 화폐 제조술이 당시 개혁 조치에 도움이 된 것은 아니었다.
16. 이배용,『한국근대광업침탈사연구』, 일조각, 1989.
17. 김영진, 김이교, "개화기(開化期) 한국의 구미(歐美) 농업과학기술도입에 관한 종합연구",『농업사연구』 10권 2호, 2011; 김영진, 이길섭, "개화기 농서의 편찬 배경과 편찬 동기",『농업사연구』 7권 2호, 2008; 김영진, 이길섭, "개화기(開化期) 한국농서(韓國農書)의 특징(特徵)과 신농업기술(新農業技術)",『농업사연구』 6권 2호, 2007; 김영진, 홍은미, "1880년대 한국농서에 기록된 서양농업과학",『농업사연구』 5권 1호, 2006;김도형, "권업모범장(勸業模範場)의 식민지 농업지배",『한국근현대사연구』 제3집, 1995.
18. 권태억,『한국근대면업사연구(韓國近代綿業史硏究)』, 일조각, 1989.
19. 김영희, "대한제국 시기의 잠업진흥정책과 민영잠업",『대한제국연구(V)』, 이화여자대학교 한국문화연구원, 1986.
20. 신동원,『한국 근대 보건의료사』, 한울, 1997; 박윤재,『한국 근대의학의 기원』, 혜안, 2005.
21. 김근배,『한국 근대 과학기술인력의 출현』, 문학과지성사, 2005.
22. 이면우,『한국근대교육기(1876~1910)의 지구과학교육』, 서울대학교 박사학위논문, 1997.
23. 김연희, "1880년대 수집된 한역 과학기술서의 이해: 규장각 한국학연구원 소장본을 중심으로",『한국과학사학회지』 38권 1호, 2016; 이상구, "한국 근대수학교육의 아버지 이상설(李相卨)이 쓴 19세기 근대화학 강의록『화학계몽초(化學啓蒙抄)』",『Korean Journal of mathematics』 20권 4호, 2012; 이상구, 박종윤, 김채식, 이재화, "수

학자 보재 이상설(李相卨)의 근대자연과학 수용—『백승호초(百勝胡艸)』를 중심으로—", 『E-수학교육 논문집』 27권 4호, 2013); 강순돌, "애국계몽기 지식인의 지리학 이해: 1905~1910년의 학보를 중심으로", 『대한지리학회지』 제40권 6호, 2005.

24. 김연희, "대한제국기 새로운 기술관원 집단의 형성과 해체—전신기술자를 중심으로", 『한국사연구』140, 2009; 박종석, 『개화기 한국의 과학교과서』, 한국학술정보, 2006; 박종석, 정병훈, 박승재, "1895년부터 1915년까지 과학교과서의 발행, 검정 사용에 관련된 법적 근거와 사용승인 실태", 『한국과학교육학회지』 18-3, 1998.
25. 김정기, "1880년대 기기국 기기창(機器廠)의 설치", 『한국학보』 10, 1978; 김연희, "영선사행 군계학조단의 재평가", 『한국사연구』 137, 2007.
26. 개항 이후 근대 과학기술 관련 연구들에 관한 더 자세한 사항은 김연희, "개항 이후 해방 이전 시기에 대한 한국기술사 연구 동향"『한국과학사학회지』, 31-1, 2009, 207-31쪽을 참조할 것.
27. 박충석, "박영효의 부국강병론", 와타나베 히로시, 박충석 공편, 『'문명' '개화' '평화'—한국과 일본』, 아연출판사, 2008, 22쪽, 45-58쪽, 79쪽; 강상규, 『19세기 동아시아의 패러다임 변환과 한반도』, 논형, 2008, 51-53쪽.
28. 권태억, 앞의 글, 2014, 4쪽.
29. 권태억, 위의 글, 28쪽.

30 Benjamin A. Elman, *From Philosophy to Philology: intellectual and social aspects of change in late imperical China* (Cambridge[Massachusetts] and London: Harvard University Press, 1984); H.C. Wong, "China's Opposition to Weatern Science during Late Ming and Early Ch'ing", *Isis* 54(1963), pp29-49; Pingyi Chu, "Remembering Our Grand Tradition", *The History oh Science 41*(2003), pp193-215.

31 Benjamin Elman, *On Their Own Terms, Science in China,1550-1900* (Havard University, 2005); Benjamin Elman, *A Cultural History of modern Science in China* (Havard University, 2008); Ruth Rogaski, *Hygienic Modernity* (Berkeley: University of California Press, 2004); 19세기 이전의 일본과 중국, 조선의 상황을 조망한 연구로는 김영식, 『동아시아 과학의 차이』, 사이언스북스, 2013를 들 수 있다.

32. 권태억, 앞의 글, 28쪽.
33. Scott L. Motogomery, *Science in Translation; Movements of Knowledge through Cultures and Time* (Chicago univ. press, 2000); Morris Low, *Science and the Building of a New Japan* (New York: Palgrave Macmillan 2005); James Batholomew, *The Formation of*

Science in Japan Building a Research Tradition (Yale Univ. Press, 1989); Tessaa Morris Suzuki, *The Technological Transformation of Japan: From the seventeen century to twenty first century* (Cambridge, 1984).

34. 김영식, 앞의 책, 157-58쪽.
35. 김성근, "일본의 메이지 사상계와 '과학'이라는 용어의 성립과정", 『한국과학사학회지』 25-2, 2003; 김성근, "동아시아에서 '자연(nature)'이라는 근대 어휘의 탄생과 정착", 『한국과학사학회지』 32-2, 2010; 김성근, "근세일본에서의 氣的 세계상과 원자론적 세계상의 충돌", 『동서철학연구』 61호, 2011 등을 보면 일본의 서양 과학기술 수용과 그에 따른 자연관의 재구성 과정을 살필 수 있다.
36. 김범성, 『明治·大正の日本の地震學』, 東京大學校 出版會, 2007; 오동훈, 『니시나 요시오(仁科芳雄)와 일본 현대물리학』, 서울대학교 박사학위논문, 1999.

2장 근대 과학기술 발견과 조선 정부 도입 정책

1. 만국공법의 평가에 대해서는 이광린, "한국에 있어서의 만국공법의 수용과 그 영향", 『동아연구』 1집, 1982; 김용구, "조선에 있어서 만국공법의 수용과 적용", 『국제문제연구』 23-1, 1999, 1-25쪽을 참조할 것.
2. 『승정원일기』, 영조 7년(신해, 1731) 9월 21일.
3. 이런 무기 개발에 관해서는 3장에서 더 자세하게 살펴볼 것이다.
4. 이와 관련해 김홍집이 일본에서 가져온 정관응(鄭觀應), 『이언(易言)』은 조선 정부에 군비와 관련해 적지 않은 정보를 제공했다. 이에 대해서는 정관응(鄭觀應), "론 변방", "론 수사", "론 화기", "론 연병", 『이언(易言)』, 서울대학교 중앙도서관 소장본을 참고할 것.
5. 이에 대해서는 다음 장에서 자세히 살펴볼 것이다.
6. 『승정원일기』, 고종 16년(1881) 2월 26일.
7. 『승정원일기』, 고종 19년(1882) 11월 19일(신축) "군정에 관한 세 가지 대책을 진달하는 유학 강기형의 상소.
8. 『승정원일기』, 고종 19년(1882) 11월 19일(신축).
9. 이에 대한 분석으로 임종태, "'도리'의 형이상학과 '형기'의 기술: 19세기 중반 한 주자학자의 눈에 비친 서양 과학 기술과 세계: 이항로(1792-1868)", 『한국과학사학회지』

21-1, 1999, 58-91쪽을 들 수 있다.

10. 『승정원일기』, 고종 19년(1882) 9월 26일
11. 『승정원일기』, 고종 18년(1881) 윤7월 8일
12. 최익현, 김평묵, 이항로의 척화 상소에서 쉽게 찾아볼 수 있다. 이에 대해서는 최익현, 『勉庵集』 1권, 면암학회, 화서학회 공편, 259-76쪽; 김평묵, 『중암선생문집』상, 우종사, 1975, 100-103; 이항로, 『華西集』, 민족문화추진위 편, 2003, 85-87쪽.
13. 『승정원일기』, 고종 19년(1882) 9월 26일.
14. 『승정원일기』, 고종 6년(1869) 6월 11일; 고종 8년(1871) 4월 6일; 고종 11년(1874) 5월 25일; 척사윤음은 『승정원일기』, 고종 3년(1866) 8월 2일.
15. 이런 인식의 변화는 권석봉에 의하면 신헌의 상소에 의해서 그 단초가 보였다고 한다. 이에 대해서는 권석봉, "영선상행에 대한 일고찰",『역사학보』 제17, 18집, 1962, 279쪽.
16. 『승정원일기』, 고종 19년(1882) 8월 5일.
17. 『승정원일기』만을 두고 보았을 때 교서 반포 이전부터 살펴보면 1881년 6월 8일 곽기락의 상소를 필두로 1883년 3월 11일 안시풍(安翅豊)의 상소를 마지막으로 모두 25건의 개화 관련 상소가 보인다. 특히 9월 5일의 상소가 5편에 이른 것은 고종이 척화비를 철거할 것을 명한 교서를 내린 지 얼마 되지 않았기 때문이다. 개화 상소의 내용에 대한 자세한 분석은 柳承宙, "開化期의 近代化 過程", 한국정신과학연구원 사회과학연구실, 『近代化와 政治的 求心力』, 한국정신문화연구원, 1986을 참조할 것.
18. 『일성록』, 고종 19년(1882년) 12월 22일.
19. 『고종실록』, 고종 19년(1882년) 8월 23일.
20. 경연은 덕에 의한 교화를 이상으로 하는 정치 원리를 근거로 왕에게 경사(經史)를 가르쳐 유교의 이상 정치를 실현하려는 것을 목적으로 했다. 고종 친정 이전 열린 경연에서만 보더라도 『승정원일기』, 고종 2년(1865) 5월 25일, 고종 6년(1869) 1월 28일 기사에서 보이며, 조선시대 내내 부국강병에 대한 기사에서 보이듯 양혜왕에 대한 맹자의 가르침, 송(宋)대 왕안석(王安石)의 개혁 정치 등이 중요한 사례로 거론되었다.
21. 『선조실록』, 선조 32년(1599) 3월 11일.
22. 『태종실록』, 태종 2년(1402) 4월 22일.
23. 『일성록』, 정조 15년(1791) 7월 17일.
24. 『승정원일기』, 고종 19년(1882) 9월 26일.

25. 『승정원일기』, 고종 11년(1874) 9월 20일.

26. 『승정원일기』, 고종 18년(1881) 12월 4일.

27. 『태종실록』, 태종 2년(1402) 4월 22일.

28. 『승정원일기』, 고종 21년(1884) 6월 17일.

29. 『승정원일기』, 고종 18년(1881) 11월 19일.

30. 『승정원일기』, 고종 18년(1881) 3월 23일.

31. 『승정원일기』, 고종 19년(1882) 8월 5일.

32. 유바다, "1883년 김옥균 차관교섭의 의미와 한계(1883年金玉均の借款交渉における意味と限界)", 『한국근현대사연구』 제54집, 2010, 39-75 쪽을 참조할 것.

33. 『고종실록』, 고종 17년(1880) 10월 1일.

34. 『승정원일기』, 고종 19년(1882) 9월 26일.

35. 최익현, 『勉庵集』 1권, 면암학회, 화서학회 공편, 259-60쪽(장인성, 김현철, 김종학 엮음, 『근대한국 국제정치관 자료집 제1권 개항 대한제국기』, 서울대학교 출판문화원, 2015, 29-30쪽에서 재인용).

36. "富國說 上", 〈漢城旬報〉, 1884년 5월 1일.

37. "부국설", 〈한성순보〉, 1884년 5월 25일, 6월 4일. 이 기사는 『만국공법』의 한 절을 전재한 글이다.

38. 이에 대해서는 김연희, "『한성순보』 및 『한성주보』의 과학기술 기사로 본 고종 시대 서구문물수용 노력", 『한국과학사학회』 33-1, 2011를 참조할 것.

39. 이에 대해서는 김연희, 『고종시대 근대 통신망 구축 사업』, 서울대 박사학위논문, 2006을 참조할 것.

40. 이런 외교 사절의 보고들에 대해서는 국사편찬위원회 영인, 『수신사기록』, 1958; 『조사시찰단관계자료집』, 국학자료원 영인, 2000; 김원모, "견미사절단 홍영식 복명문답기", 『사학지』 5호, 1981; 박정양, 『박정양전집』, 아세아문화사 영인, 1984 등을 참조할 것.

41. 조사시찰단 구성원의 특징에 대해서는 허동현, 『근대한일관계사연구』, 국학자료원, 2000, 52-59쪽을 참조할 것.

42. 조사시찰단의 일본 부서 배당에 대해서는 허동현, 앞의 책, 국학자료원, 2000, 48, 61-70쪽을 참조.

43. 보빙사는 견미사절단이라는 이름으로도 불렸다. 그들의 신식 문물 시찰에 대한 자세한 논의는 金源模, "韓國報聘使의 美國使行(1883) 硏究(下)", 『東方學志』50, 1986를

참조할 것.

44. 全海宗, "統理機務衙門 設置의 經緯에 대하여", 『역사학보』 17·18, 1962, 687-702쪽.
45. 전미란, "통리교섭통상사무아문에 관한 연구", 『이대사원』 24,2권 0호, 1989, 213-50쪽.
46. 〈한성순보〉 및 〈한성주보〉의 활용에 대해서는 김연희, 앞의 글, 2011을 참조할 것.
47. 이에 대한 자세한 논의는 김연희, 앞의 글, 2016을 참조할 것.
48. 이 책의 영향에 대해서는 李光麟, "「易言」과 韓國의 開化思想", 『개정판, 韓國開化史研究』, 일조각, 1993을 참조할 것.
49. 김홍집, 앞의 책(수신사일기), 169쪽에서 재인용.
50. 물론 이 국역에 조선 정부가 주도했다는 증거는 없다. 이 국역은 신헌 등이 담당했던 것으로 보이며, 이에 대한 자세한 논의는 김용구, "『易言』에 관하여", 『세계관 충돌과 한말 외교서, 1866-1882』, 문학과지성사, 2001을 참조할 것; 이 글에서 이용한 『易言』은 모두 4권 36편으로 구성된 한글 번역본이다. 이 책의 판본에 대한 소개 및 비교 그리고 해제에 대해서는 김용구, 앞의 글, 325-35쪽 참조.
51. 정관응, 앞의 책, 제1권 '논 화거(火車)', '논 전보'.
52. 정관응, 앞의 책, 제1권 '논 화거(火車)', 35쪽.
53. "嘉梧藁錄" 1책 書, 『清季中日韓關係史料』2권 문서번호 329, 부건(2).
54. 이런 조언에 당시 실권을 장악하고 있던 이유원은 매우 부정적인 입장을 취하기도 했는데, 이런 입장은 비단 그만의 것은 아니었다. 이에 대해서는 『龍湖閒錄』권4, 국사편천위원회, 1980년 영인, 433-35쪽.
55. 『승정원일기』, 고종 18년(1881) 1월 17일.
56. 이에 대해서는 김연희, "영선사행 군계학조단의 재평가", 『한국사연구』 137호, 2007, 237-67쪽을 참조할 것.
57. 『일성록』, 고종 1884년 3월 14일.
58. 『승정원일기』, 고종 20년(1883) 7월 14일; 이에 대한 자세한 논의는 원유한, "『典圜局』攷", 『역사학보』 37, 1968, 49-100쪽을 참조할 것.
59. 고려대학교 아세아문제연구소, 『구한국외교문서』(덕안) 문서번호 17997.
60. 유바다, "1883년 김옥균 차관교섭의 의미와 한계(1883年金玉均の借款交渉における意味と限界)", 『한국근현대사연구』 제54집, 2010.9, 39-75쪽을 참조할 것.
61. "內衙門布示", 〈한성순보〉, 1883년 12월 29일.
62. "統理軍國事務衙門養桑規則"(奎18094), 高宗 21年(開國 493年, 甲申(1884), 8月) 에

의하면 잠상공사가 설립되어 조하영에 의해 잠상의 사무가 진행되고 있다고 기록되어 있다.

63. 김영희, 앞의 글, 7-8쪽; 이우규 편, 이희규 역, 『잠상집요』(규 4622). 이에 대해서는 "해제", 『蠶桑輯要』(규4622) http://e-kyujanggak.snu.ac.kr/HEJ/HEJ_NODEVIEW.jsp?setid=239198&pos=0&type=HEJ&ptype=list&subtype=jg&lclass=10&cn=GK04622_00을 참조

64. 〈한성순보〉, 1883년 12월 29일; 한편 〈한성순보〉, 1883년 12월 1일의 내아문 포시(內衙門 布示)는 농상사(農桑司)를 설치하여 통호(統戶)와 농상차(農桑茶) 등을 관장하게 되면서 호법(戶法)을 밝힐 것과 제언의 수축, 한광지의 개간, 진황지의 기경(起耕), 잠상의 필요성 등을 신칙하고, 몇 가지 법을 개록하여 전달한다고 했고, 이는 1883년의 감결(甘結) 安山에 나타나 있다. 이를 미루어보면 농상사와 관련된 여러 규칙이 안산뿐만 아니라 전국의 각읍·각면에 전달되었던 것으로 생각된다. 이에 대해서는 〈한성순보〉, 1883년 12월 1일; 감결안산(甘結安山)(古 4255.5-10)을 참조할 것.

65. 농업정책과 농무목축시험장에 대해서는 앞에서 이미 자세히 살폈다.

66. 『고종실록』, 고종 23년(1886) 7월 29일.

67. 농무목축시험장에 대해서는 4장에서 자세히 살펴볼 것이다.

68. 『승정원일기』, 고종 24년(1887) 4월 5일.

69. 이배용, "개항 후 한국의 광업정책과 열강의 광산탐사", 『이대사원』 10권0호, 1972, 69-94쪽.

70 『증보문헌비고』 中, 동국문화사 영인, 1957, 641쪽. 한편 개항 이후 해운을 담당했던 조선의 부서 변천에 대해서는 나애자, 『한국근대 해운업발전에 관한 연구』, 이화여자대학교 박사학위논문, 1994, 41-45쪽을 참조할 것.

71. 김용원은 기선과 관련한 학문과 기술을 꽤 열심히 습득했던 것으로 보인다. 박영효는 그의 기술 습득에 대해 일본인들이 칭찬했음을 고종에게 전했다. 이에 대해서는 『승정원일기』, 고종 19년(1882), 11월 28일.

72. 선인(船人)들의 비리에 대해서는 『漕弊釐整事目』(奎 17206)(고종 18년)을 참조할 것.

73. 이에 대해서는 6장에서 살펴볼 것이다.

74. 이에 대해서는 10장에서 살펴볼 것이다.

75. 대한제국이나 광무개혁의 성격에 대해서는 고종의 재평가와 더불어 역사학계의 쟁점 가운데 하나이다. 이에 대해서는 이태진, 『고종시대의 재평가』, 태학사, 2000; 교수

신문 기획, 『고종황제 역사청문회』, 푸른역사, 2005 참조.

76. 이에 대해서는 이윤상, 『1894~1910년 재정제도와 운영의 변화』, 서울대학교 박사학위논문, 1996, 77-83쪽 참조.
77. 이윤상, 앞의 글, 70-83쪽을 참조.
78. 통신망 개혁에 대해서는 6장에서 살펴볼 것이다.
79. 그 가운데 광산의 운영 및 개발에 관한 사항이 밝혀져 있지만 구체적으로 서양 기술 도입 흔적은 찾을 수 없다. 그것은 서양의 광업 기술조차 광맥을 발견하고 광산을 구축하는 데에는 실효성이 없었기 때문이라고 할 수 있다. 당시 대한제국 광산업의 운영 상황에 대해서는 양상현, 『大韓帝國期 內藏院 財政管理 硏究: 人蔘·礦山·庖肆·海稅를 중심으로』, 서울대학교 박사학위논문, 1997, 87-146쪽을 참조할 것.
80. 『훈령 7호』, 1902년 8월 4일;『훈령 5호』, 1902년 8월 4일; 『훈령 5호』, 1902년 9월 6일; 이런 외국인 고빙과 기계 도입에 대해서는 오진석, 앞의 글, 2007, 59-65쪽을 참조할 것.
81. 『고종실록』, 1904년 7월 6일. 무기 제조 기술의 전환에 대해서는 4장에서 살펴볼 것이다.
82. 광무개혁기 설치된 민간 기업은 적지 않다. 직조 회사와 철도 회사와 같이 시행되는 정부 정책에 따라 회사들이 설치되었고, 이들 회사들은 대부분 정부 관료와 민간인이 함께 세워 각종 특혜를 차지하곤 했다. 1895년~1904년 사이에 설립된 회사 중 163명이 1개 이상의 회사 설립과 경영에, 13명이 4개 이상의 회사에 관여한 것으로 조사되었다. 이에 대해서는 전우용, 『19세기~20세기 초 한인회사 연구』, 서울대 박사학위논문, 1997, 1장을 참조할 것.
83. 교통망의 개혁에 대해서는 5장에서 살펴볼 것이다.
84. 위생 사업을 포함한 보건 의료 정책을 개항 이래 조선 정부는 지속적으로 전개했다. 이와 관련한 사업은 이미 신동원, 박윤재의 책들에서 세밀하게 논증되고 포괄적으로 전개·정리되었다. 이와 관련한 전개 과정은 이들의 책을 참조할 것.

3장 서양식 군비의 확충

1. 서양 르네상스 이래 무기 발달에 관한 설명은 어니스트 볼크만 지음, 석기용 옮김, 『전쟁과 과학, 그 야합의 역사』, 이마고, 2003, 134-81쪽을 참조할 것. 그는 중국이 유럽의

무기 기술력에 뒤처지게 된 것은 유교적 이념 때문이라고 해석했다.

2. 무기 개발과 상인자본과의 결합에 대한 더 자세한 내용은 윌리엄 맥닐 지음, 신미원 옮김, 『전쟁의 세계사』, 이산, 2005를 참조할 것.
3. 지바현역사교육자협의회세계사부, 김은주 옮김,『물건의 세계사』, 가람기획, 2002, 295-96쪽.
4. 홍이포는 1604년 명나라 군대가 네덜란드(紅毛夷: 붉은 머리를 한 오랑캐)와 전쟁을 치를 때 네덜란드인이 사용했던 대포에 붙인 이름이었다.
5. 『승정원일기』, 인조 9년(1631) 7월 12일. 서양 대포는 정교하기 짝이 없어 참으로 전쟁용으로 알맞다.
6. 이익, 『성호사설』 제5권, 만물문(萬物門) 화구(火具).
7. 아정(雅亭)은 이덕무(李德懋, 1741~1793)의 호이다. 정약용, 『다산시문집』 제22권 '잡평(雜評)'(『여유당전서』, 1982년 영인). 그는 이 글에서 『국조보감(國朝寶鑑)』 35권(1994년 영인) 인조 9년(1631)의 기록을 바로잡으려 했다.
8. 국방군사연구소,『韓國武器發達史』, 국방군사연구소, 1994, 558쪽.
9. 불랑기란 프랑크를 음차한 말로 포르투갈을 나타내며, 16세기 초 중국에 도입된 유럽식 대포였다.
10. 국방군사연구소,『韓國武器發達史』, 국방군사연구소, 1994, 558쪽.
11. 강신엽, 『조선의무기 1』: 훈국신조군기도설 훈국신도기계도설』, 봉명, 2004, 253쪽.
12. http://preview.britannica.co.kr/bol/topic.asp?mtt_id=86944
13. 대원군은 병력을 보충하고, 군사훈련을 실시하며, 염전세와 어장세를 군수비로 사용케 하는 등 재정 방안을 만들었고 무장들의 권한을 강화시켰다. 또한 신헌의 건의를 받아들여 강화도를 수도 방어의 제1 방어선으로 삼고 진무영을 설치해 완전한 군사병영체로 만들었다. 대원군은 진무사의 지위를 높이고 진무사가 겸했던 다른 업무를 없애 진무영의 업무에만 집중하도록 했다. 한편 경기수영의 둔전과 균역청 어염세 등 각종 세금을 이속시켜 진무영의 재정을 강화했다. 이에 대해서는 임재찬, "병인양요를 전후한 대원군의 군사정책", 『복현사림』 24권 0호, 2001; 대원군의 무기 개발 이후 군계학조단까지의 글은 김연희, "영선사행 군계학조단의 재평가", 『한국사연구』 137, 2007을 기본으로 다시 정리한 것이다.
14. 자세한 내용은 박성래, "大院君시대의 科學技術", 『한국과학사학회지』 2권-1, 1980을 참조할 것.
15. 이에 대한 자세한 논의는 裵亢燮, 『19세기 朝鮮의 軍事制度 硏究』, 국학자료원,

2002, 39-119쪽을 참조할 것.

16. 『고종실록』, 24년 1월 28일; 27년 1월 29일; 27년 2월 21일; 28년 5월 8일.

17. 고종은 무기를 일본에서도 구입할 것을 고려해 개화승 이동인을 일본에 파견하기도 했고, 조사로 파견되었던 김용원으로 하여금 무기 및 무기 제조에 필요한 금속, 화학 약품들을 구입하게 했다. 이동인에 대해서는 李光麟, "開化僧 李東仁", 『창작과비평』 5(3), 1970, 461-72쪽을 참조할 것; 김용원의 활동에 대해서는 허동현, 『近代韓日關係詞硏究』, 국학자료원, 2000, 51쪽, 56쪽을 참조.

18. 이광린, "미국 군사교관의 초빙과 연무공원(鍊武公院)", 『한국개화사연구』, 일조각, 1965, 159-202쪽.

19. 『태조실록』, 태조 4년(1395) 9월 3일.

20. 이에 관한 왕조실록 기사도 적지 않았다. 패도로 규정된 왕안석의 개혁과 관련한 기사만 태종대에 1건(태종 2년)부터 시작해 조선 내내 약 390회 정도가 거론되었으며 이와 관련한 내용은 2장에서 이미 살펴보았다.

21. 그는 일본 시찰, 무기 구입과 조사시찰단의 파견 여부 및 사전 조율 등과 같은 여러 업무를 띠고 일본에 파견된 것으로 알려져 있다. 이에 대해서는 李光麟, 앞의 글, 1970을 참조할 것.

22. 통리기무아문은 그 후 통리교섭통상사무아문과 기무처로 분화되어 외국과의 교섭 통상 및 내치 군사를 분리했다. 이 분리 과정과 배경에 대해서는 전미란, "통리교섭통상사무아문에 관한 연구", 『이대사원』, 24,2권 0호, 1989, 213-50쪽을 참조할 것.

23. 1881년 12월에 중앙의 기존 5군영 체제를 2군영 체제로 전환하면서 총융청·금위영·어영청을 통합해 장어영을 수도 방위를 담당하던 중앙군으로 두었다. 장어대장을 두었고 관원으로 도제조 1명, 제조 2명을 두었다. 편제는 전통적 방법대로 대장, 중군, 좌우별군, 초군으로 했다. 무위영은 조선 무위소와 훈련원을 통합해 설치했으며, 궁궐 수비를 담당했다. 훈련도감, 금위영, 어영청, 총융청 등 4영에서 우수한 병졸을 선발해 무위소 병사를 조직했으며, 대장 밑에 중군, 그 아래 좌, 우별군을 두었다.

24. 배항섭, 『19세기 조선의 군사제도 연구』, 119쪽. 물론 이런 군제 개편에는 고종이 친정체제를 구축하기 위해 대원군 정권의 물리적 기반이 되었던 기존의 군영을 약화시키기 위한 이유도 있었다.

25. 김정기, "청의 조선에 대한 군사정책과 종주권(1879-1894)", 『변태섭박사 화갑기념사학논총』, 1985, 890-91쪽; 한편 이런 움직임의 대표적인 예로 청은 조선이 일본뿐만 아니라 서양 각국과 통상조약을 맺기를 권하고 있었다. 이에 대해서는 권석봉, "洋務

官僚의 對朝鮮列國 立約勸導策", 앞의 책, 1997, 79-116쪽.

26. 권석봉, 위의 글, 1997, 153-57쪽.

27. 권석봉, 위의 글, 160-61쪽; 김윤식, "陰晴史", 『한국사료총서 06』, 국사편찬위원회, 1958, 1882년 2월 11일; 조선 정부는 무기를 제조할 수 있는 무기 공장을 설립할 수 있도록 기기를 구입하는 일도 영선사의 중요한 임무 가운데 하나로 부여했다. 영선사 김윤식은 이 일을 두고 "기기 학습을 성취한 후 기계를 구매하여 設廠하지 않으면 돌아가 시험할 곳이 없"음을 들어 기기 구입의 중요성을 설파했으며 天津에 머무는 동안 기기창의 규모를 설정하거나 기기 구입에 관한 정보를 모으는 일을 게을리하지 않았다. 김윤식, 위의 책, 2월 30일.

28. 김정기, 앞의 논문, 1985, 880쪽.

29. 김윤식, 앞의 책, 1882년 1월 24일.

30. 김윤식, 앞의 책, 1882년 2월 30일. 특히 동국 총판 藩駿德은 天津 기기창의 규모에 대해 공장을 세우는 데 10년이 넘게 걸렸고 매년 투입된 돈이 5000만 은자라면서 예산의 방대함을 강조했다.

31. 이에 대한 자세한 논의는 김연희, "영선사행 군계학조단의 재평가", 앞의 글을 참조할 것.

32. 김윤식, 위의 책, 1882년 10월 14일.

33. 1방은 12냥이다.

34. 李鴻章이 보낸 무기 품목에 대해서는 김정기, "조선정부의 청차관도입(1882-1894)", 1978, 422쪽.

35. 김윤식, 앞의 책, 1882년 6월 7일, "小汽鍋爐, 以運車床 刨床·鑽床, 若無此三者, 則凡百器械, 無以修改"; 한편 조선 정부도 영선사 김윤식의 보고에 따라 대규모 무기 제조창의 규모를 축소했다. 실제 무기 제조 공장의 설치비를 감당하기에 조선 정부의 재정 상태가 좋지 않았던 것이 가장 큰 이유였다. 하지만 조선 정부는 규모를 축소시켜 무기를 제조하기보다는 수리하는 방향으로 선회했다고 해도 공장 설계를 자주적으로 수행함으로써 조선 정부의 실정과 상황에 맞게 설계하고 향후에는 무기 제조가 가능한 공장으로 발전시키려 했다. 하지만 李鴻章이 조선의 기기창에 대해 생각한 바는 달랐다. 그는 조선 주재 청병의 무기 수리와 필요 부품 조달을 위한 부속 정비소 정도로 이 공장의 목적을 전환했고, 이에 필요한 기기들을 조선 정부로 하여금 구매하게 했다. 이에 대해서는 김정기, 앞의 글, 1978, 422-24쪽 참조; 김윤식이 10월 철환하면서 구입한 기기 품목에 대해서는 김윤식, 위의 책, 1882년 10월 15일.

36. 김윤식, 위의 책, 1882년 10월 15일.

37. 袁世凱는 이른바 "조선대국론" 時事至務十款 6항인 節財用에서 전환국, 제약국(화약제조서), 기기국, 윤선 등 제반 정책을 중지할 것을 명시했다. 『고종실록』, 1886년 7월 29일.

38. 송경화는 귀국하여 군부 관원 및 기사로 활동했다. 이에 관해서는 『승정원일기』, 고종 26년 기축(1889), 1월 19일(을축); 고종 39년 임인(1902) 7월 20일 등을 참조할 것.

39. 『승정원일기』, 고종 21년(1884년) 6월 7일.

40. 김정기, "1880년대 기기국 기기창(機器廠)의 설치", 『한국학보』 10, 1978. 115-17쪽.

41. 김재승, 앞의 책, 29-35쪽.

42. 김재승, 『한국근대해군창설사』, 혜안, 2000, 37쪽.

43. 김재승, 앞의 책, 128쪽.

44. 김재승, 앞의 책, 128-33쪽.

45. 김재승, 앞의 책, 151-52쪽.

46. 이에 대한 자세한 논의는 김재승, 『한국근대해군창설사』, 혜안, 2000, 153-59쪽을 참조할 것. 심지어 일본은 이 고물 배를 러일전쟁을 빌미로 화물 수송을 위해 빌려 가수리를 했다는 이유로 수선비를 대한제국에 청구하기도 했다. 이에 대해서는 〈황성신문〉, 1903년 4년 18일.

47. 『승정원일기』, 고종 40년(1903) 6월 6일(양력 7월 29일).

48. 『승정원일기』, 고종 40년(1903) 6월 6일(양력 7월 29일); 『승정원일기』, 고종 41년(1904) 6월 15일(양력 7월 27일).

49. 신순성은 1895년 조선 정부가 일본으로 파견한 제1차 관비 유학생 113명 중 한 명으로 동경상선학교에서 교육을 받았다. 1901년 귀국했다. 이에 대해서는 김재승, 앞의 책. 159쪽 주22.

50. 김재승, 앞의 책, 172쪽.

51. 『칙령 제2호』, "무관학교 관제", 1896년 1월 11일

52. 『칙령 제11호』, "무관학교 관제", 1896년 5월 14일

53. 무관학교 관제는 이후 수차례 학도, 교사, 월급 지급 규정 등과 관련해 조항별로 개정했다. 이에 대해서는 박지태 편, 『대한제국기 정책사료자료집 VI(교육)』, 선인, 1999, 45-49쪽, 64-66쪽, 76-78쪽,

54. 『육군무관학교 교육강령』(1900), 차문섭, 『조선시대군사관계연구』, 단국대학교 출판부, 1995, 317-18쪽.

55. 『병기학교과』, 차문섭, 앞의 책, 322쪽.

56. "칙령 제55호" 12조, 『고종시대사』 3집, 1895년 3월 26일.

57. 1898년 기준으로 군부 1년 예산은 125만 원 정도였고, 이를 바탕으로 본다면 총기 제조 공장 수립을 위한 군부 예산의 반에 해당했다. 이에 대해서는 이윤상, "대한제국기 황제 주도의 재정운영",『역사와 현실』26, 1997, 131-37쪽을 참조할 것.

58. 〈독립신문〉, 1898년 5월 24일.

59. 『승정원일기』, 광무 4년(1900) 3월 18일.

60. 〈황성신문〉, 1903년 9월 1일; 12월 12일.

61. 『고종실록』, 1904년 7월 6일; 서인한, 『대한제국의 군사제도』, 혜안, 2000에 의하면 대한제국기에는 군사력 강화를 위해 근대식 군사 장비를 도입하고 제조를 위해 노력했다. 하지만 1903년까지는 이 연구가 미치지 못하고 있다. 또 매우 개괄적이어서 기기창의 변천과 기계창으로의 전환, 무기 제조 기술 도입을 위한 노력들을 재구성하기 어렵다. 그럼에도 1901년 민간에서의 무기 제조(169쪽), 苑洞에 위치한 북일영에서 대포를 제조해 성능 시험을 했다는 사실의 발견(167쪽)은 매우 흥미롭다.

62. '군기창관제', 『관보』(1904년 9월 27일, 11월 8일), 물론 피복 제조소 자체가 노동집약적 분야이기도 하다.

63. 이윤상, 앞의 글, 135쪽.

64. 고려대 아세아문제연구소, 『구한국외교문서 덕안』 문서번호 2156(광무 3년 11월 1일); 문서번호 2181, 2182(광무 4년 2월 10일); 문서번호 2290(광무 4년 10월 8일).

65. 〈황성신문〉, 1902년 2월 1일; 고려대 아세아문제연구소, 『구한국외교문서 법안』 문서번호 1345(광무 5년 1월 16일).

66. 〈황성신문〉, 1902년 2월 1일; 3월 10일.

67. 『승정원일기』, 광무 4년(1900) 3월 18일.

68. 군부(조선) 편, 『武器在庫表』. (http://yoksa.aks.ac.kr/jsp/aa/InfoView.jsp?aa10no=kh2_je_a_vsu_23311_001)

4장 서양 농법의 도입과 전개

1. 조선시대 농서 출간 상황에 대해서는 김영진, 홍은미, "한국농서의 편찬 및 외관적 특징과 편찬자의 사회적 신분", 한국농업사학회 한국농촌경제연구원 편, 『동아시아 농업

의 전통과 변화』, 2003, 17-42쪽; 이선아, "19세기 개화파의 농서 간행과 보급의 의의", 『농업사연구』 제8권 2호, 2009, 57-75쪽을 참조할 것.

2. 우대형, 『한국근대농업사의 구조』, 한국연구원, 2001, 1-4쪽. 이 글에 의하면 근대 농법으로의 전환은 노농농법(老農農法)이라고도 불리는 신기술이 전래 농법을 대체했으며, 그 핵심은 개량종으로의 종자 전환에 의해 이루어졌다고 한다.
3. 『맹자』, '양혜왕(梁惠王) 상'.
4. 『경국대전』 호전 '장권(奬勸)'조.
5. 『태종실록』, 11년(1411) 6월 17일(병오).
6. 김영진, 이은웅, 『조선시대 농업과학기술사』, 서울대학교 출판부, 2002, 38쪽.
7. 『세종실록』, 26년(1444) 윤7월 25일(임인)의 기사에 따르면 "정사년에 후원(後苑)에 농사짓는 것을 시험하여 사람의 힘을 더 할 수 없이 다 하였더니 과연 가뭄을 만나도 한재(旱災)를 일으키지 않고 벼가 매우 잘되었다. 이것은 우연히 천재를 만나더라도 사람의 힘으로 구제할 수 있음이 분명한 것이다."고 기록되어 있다.
8. 『태종실록』, 태종 1년(1401), 12월 21일(을해).
9. 김영진, 이은웅, 『조선시대 농업과학기술사』, 서울대학교 출판부, 2002, 38-40쪽.
10. 특히 세종은 관개시설 확보 방안의 일환으로 수차 보급에 많은 관심을 가졌다. 이에 대해서는 『세종실록』, 세종 19년(1437) 2월 24일(갑신). 자격수차를 근교에 설치하여 이를 시험하게 하다; 호군 오치선(吳致善)에게 명하여 자격수차(自激水車)를 근교(近郊)에 설치하여 이를 시험하게 하였다.
11. 『세종실록』, 세종 19년(1437) 2월 15일.
12. 김영진, 이은웅, 앞의 책, 41쪽.
13. 『태종실록』, 태종 15년(1415) 11월 17일(경술). 제언 축조는 『조선왕조실록』 가운데 관련 기사가 모두 760여 건에 달할 정도로 조선 정부의 큰 관심사였다.
14. 김영진, 이은웅, 앞의 책, 139쪽.
15. 김영진, 이웅우, 앞의 책, 278쪽. 단지 전임의 시기를 춘분 전 50일 미만인 자만 전임시켰는데 이는 농업 지도에 차질을 빚지 않을 것이라는 판단에 의해서였다.
16. 법제연, 『대전회통연구』 호전(戶典), 1999, 20쪽.
17. 『정조실록』, 1789년 11월 30일.
18. 그중 농서는 42건, 정책건의서는 27건이었다. 이에 대해서는 김영진, 이웅우, 앞의 책, 302쪽.
19. 이 조선후기 농서들은 이전 농서들과 달리 체계성을 갖추었다는 특징이 있다. 이전

농서들에서 흔했던 중복된 내용들이 정리된 것이다. 또 땅갈이, 파종과 더불어 식량 작물, 면이나 모시 같은 특용 작물, 과실류, 엽채류, 근채류, 화훼 및 원예 등 상업 작물, 각종 가축 기르기, 양어(養魚)와 같이 실제 농사를 짓는 사람들이 필요로 할 정보들이 분류·정리되었다. 각각의 농서에 따라 항목의 증감은 있지만, 농업 현실과 유리되지 않은 농서 체계를 구축했음을 특징으로 들 수 있다. 또 한 가지 중요한 특징은 실제 재배를 염두에 두고 서술되었다는 것이다. 재배하지 못하는 작물들이 아예 없는 것은 아니었고 많은 재배법을 여전히 중국 문헌에서 인용했지만, 조선 작물의 재배 방법 역시 많이 소개했다. 후기 농서들 대부분이 백과사전식 전개 방식을 취하고 있음은 또 하나의 특징이다. 17세기의 농법들을 정리해 종합 농서라 평가받는 홍만선(洪萬選)의 『산림경제』과 더불어 유중림(柳重臨)의 『증보산림경제』, 신중후(辛仲厚)의 『후생록』 등이 그 예이다.

20. 『승정원일기』, 고종 21년(1884) 9월 21일; 고종 26년(1889년) 7월 24일;『고종실록』, 고종 26년(1889) 7월 24일.
21. 『고종실록』, 1887년 1월 1일.
22. 『고종실록』, 1887년 1월 1일.
23. 〈한성순보〉, 1884년 3월 1일.
24. 〈한성순보〉, 1883년 11월 10일. 천하의 큰 근본은 農政밖에 없다고 인식했음을 여기서 볼 수 있다.
25. 〈한성순보〉, 1883년 12월 1일.
26. 『농업 근대화의 여명—한국농업 근현대사 1권』, 농촌진흥청, 2009, 344쪽.
27. 『일성록』, 고종 21년(1884) 9월 12일.
28. 이 농상회사의 설치와 관련해서는 김용섭, "갑신, 갑오개혁기 개화파의 농업론", 『韓國近代農業史研究(II)』, 지식산업사, 2004, 82-83쪽을 참조.
29. 농업진흥청, 위의 책, 2009, 345쪽.
30. 농업진흥청, 위의 책, 2009, 346쪽.
31. 〈한성순보〉, 1883년 11월 10일.
32. 손인수, 『한국개화교육연구(韓國開化教育研究)』, 一志社, 1981, 266쪽.
33. 제프리의 고빙은 1887년 9월을 전후로 추진되었다. 이에 대해서는 『구한국외교문서—영안(1)』 244쪽(農學教師雇聘合同), 1887년 9월 1일 기사를 참조할 것.
34. 농촌진흥청, 앞의 책, 382쪽.
35. 〈독립신문〉, 1896년 9월 15일.

36. 『관보』, 1899년 6월 28일, "상공학교 관제".
37. 농촌진흥청, 앞의 책, 383쪽.
38. 농정신편에 관한 논의는 이광린, "농정신편에 대하여", 『역사학보』37-0, 1968, 33-48쪽; 구자옥, 김장규, 한상찬. 이길섭, "쓰다 센의 『농업삼사(農業三事)』가 지니는 의의", 『농업사연구』 9-2, 2010, 125-54쪽; 김영진, 이은웅 편, 『조선시대 농업과학기술사』, 서울대학교 출판부, 2002, 462-63쪽을 참조할 것.
39. 안종수, "토성변(土性辨)" 『농정신편』, 농촌진흥청 영인, 2002, 232쪽 왼쪽 면.
40. 안종수, 앞의 책, 242쪽, 왼쪽 면.
41. 안종수, 앞의 책, 251쪽, 오른쪽 면.
42. 안종수, 앞의 책, 246쪽, 왼쪽 면-247쪽 오른쪽 면.
43. 안종수, 앞의 책, 246쪽 오른쪽 면. 이 화학명은 당시 조선에서 불리던, 중국식의 이름과는 매우 달랐다. 마굴열시아는 미(鎂)로, 격로아는 담(淡)으로 불렸는데, 이는 청으로부터 들어온 화학 관련 서적이 안종수에게까지 알려지지 않은 탓도 있지만 안종수가 실제 이 물질들이 무엇인지에 대한 고려 없이 번역을 중심으로 이 책을 썼기 때문일 수도 있다.
44. 안종수, 앞의 책, 216쪽 왼쪽 면.
45. 〈독립신문〉, 1896년 7월 25일.
46. 〈독립신문〉 1896년 7월 25일.
47. 농업진흥청, 앞의 책, 355-56쪽.
48. 허동현, 『近代韓日關係史研究』, 국학연구원, 2000.
49. 김원모, "조선보빙사의 미국사행(1883)연구(하)", 337쪽.
50. 김원모, 앞의 글, 353쪽. 특히 보빙사행인 민영익은 조선에서 국제산업박람회 개최를 상정하면서 미국의 농기구와 광산 도구들을 출품할 것을 미국 산업가들에게 권하는 한편 프레이자상사를 방문, 이 박람회에 전시될 최신 농기구를 주문하기도 했다.
51. 김원모, 앞의 글, 336쪽. 김원모에 의하면 최경석이 이때 목화 종자를 도입해 목축시험장에서 재배함으로써 한국 의생활에 변혁을 가져왔다고 보았다.
52. 이광린은 망우리 일대로 제시했으나 〈한성주보〉에 의하면 남대문 밖에 두었다고 보도되었다. 이에 대해서는 李光麟, "農務牧畜試驗場의 設置에 대하여", 『한국개화사연구』, 일조각, 1981, 247쪽; 이에 대해 김영진, 김상겸, "한국 농사시험연구의 역사적 고찰", 『농업사연구』 9권 1호, 2010, 7쪽에 의하면 남대문 밖에 두어진 것은 현 용산구 청파동으로 작물 원예 연구가 수행되던 곳이었고, 망우리 밖이라 지칭되었던 곳

은 성동구 자양동 일대의 본래 왕실의 종마장으로 이곳에서는 축산 연구가 이루어졌다고 보았다.

53. 李光麟, 위의 글(農務牧畜試驗場의 設置에 대하여), 203-18쪽.
54. 『구한국외교문서』, 『美案』, 문서번호 52. 이에 대한 자세한 사항은 이광린, 위의 글(農務牧畜試驗場의 設置에 대하여), 208쪽을 참조할 것.
55. 農務牧畜試驗場管理訓練院(朝鮮) 編, 『農務牧畜試驗場所存穀藥種』(奎11507).
56. U.S.F.R, No. 247, Foulk to Bayard. sept. 4.1885(이광린, "農務牧畜試驗場의 설치에 대하여", 『한국개화사연구』, 일조각, 1993, 211쪽에서 재인용).
57. 김영진, 홍은미, "農務牧畜試驗場(1884~1906)의 기구변동과 운영", 『농업사연구』 제5권 2호, 2006, 74쪽.
58. 宮內府案, 1898년 5월 1일; 1899년 7월 11일. 그에 대한 월급 미지불과 관련해서는 1899년 7월까지 궁내부안 조회(照會)를 찾아볼 수 있다.
59. 이에 대해서는 김영진, 홍은미, 앞의 논문, 2006, 81쪽.
60. 이 질병의 전염에 대해 쇼트는 "훌륭한 시설을 하고 가축 사육에 세심한 주의를 기울였는데 못된 질병이 발생한 것은 참을 수 없이 원통한 일이다. 혹시 일본 정부가 누구에게 시켜 병독을 가져다가 깊은 밤에 목장에 던진 결과가 아닌지 모른다. 아니, 던진 게 틀림없다. 나는 비열한 일본인들의 비열한 근성을 원망한다."고 진술했다. 이에 대해서는 고바야가와(小早川九郞), 『조선농업발달사(朝鮮農業發達史)』, 190-91쪽(김영진, 홍은미, 앞의 글, 81쪽에서 재인용).
61. 안종수, 앞의 책, 274쪽. 오른쪽 면.
62. 안종수, 앞의 책, 288쪽 왼쪽 면-289쪽 전면.
63. 안종수, 앞의 책, 284쪽 오른쪽 면.
64. 이에 대해서는 도쿠나가 이데도시, "일본농법의 전통과 변혁—나라분지의 사례", 한국농업사학회, 『동아시아 농업의 전통과 변화』, 한국농업사학회, 2003, 94-98쪽.
65. 전통적으로 볍씨는 두 가지로 분류되었는데, 기준은 논에 물이 있는가였다.
66. 그는 진흙땅이며 그늘지고 계곡물이 찬 땅에는 붉은 메벼, 찰벼[赤稨], 찰변[黑稨], 검은 메벼 등과 같은 일본 품종의 출운도(出雲稻)에 해당하는 11종을 제시했다. 또 차고 냉한 땅, 서리와 눈이 일찍 내리는 곳에는 일본 품종의 소수생과 소수점 등과 유사한 올벼, 올찹쌀을, 비옥한 땅, 2모작이 가능한 높은 지대에 알맞은 벼로 일본의 백갱, 백나, 청갱, 청나 등을 포함하는 일향도의 성질을 가지는 노인조, 다대조, 녹두조, 경기조, 수원조, 백조 등을 제안했다. 새롭게 개간한 땅이나 산에 새로 일군 땅에

는 일본의 입봉도에 해당하는 아항조, 아항점 등이 알맞다고 소개했다. 이에 대해서는 안종수, 앞의 책, 327쪽 왼쪽 면-332쪽 오른쪽 면을 참조할 것.

67. 안종수, 앞의 책, 327쪽 왼쪽 면-332쪽 오른쪽 면.
68. 석태문, 박근필, "개화기 서양농학의 수도작 재배기술로의 적용—『농정신편』을 중심으로", 『농업사연구』 창간호, 2002, 68쪽.
69. 우대형, "조선 전통사회의 경제적 유산", 『역사와 현실』 68, 2008.
70. 개항 이전부터 상업 작물로 가장 많이 재배된 것은 목화였다. 목화는 고려 말 도입된 이래 16세기 들어 삼남 지역으로 빠르게 확산되었다. 호포법의 실시는 목화의 상품 가치를 더욱 더 높였다. 목화는 단순히 솜옷과 솜이불로 대표되는 방한용 의복이나 침구가 아니라 세금으로서, 혹은 화폐의 대체제로 상업 활성화에 크게 기여하는 주요 상품이 되었다. 대동법으로 쌀이 상품화된 것과 더불어 목화 역시 중요한 상품으로 가치를 인정받게 되자 논농사의 노동력을 목화 재배로 분산시킬 필요가 생겼다. 이것이 생산량은 증가시키면서 노동력을 줄여주는 방법, 바로 이앙법이 확산되는 계기 가운데 하나였던 것이다.
71. 한우근 역, 오페르트(Ernst Opert, 1880) 『조선기행』, 일조각, 1981.
72. 가등말랑(加藤末郎) ,『한국농업론』, 裳華房, 1904.
73. 이호철, "개화기의 서양능금 및 과수재배기술", 『농업사연구』 창간호, 한국농업사학회, 2002, 21-52쪽.
74. 이호철, 앞의 글, 26-27쪽.
75. 권태억, 『한국근대면업사연구』, 일조각, 1989, 72-88쪽.
76. 우대형, "일제하 한전(旱田)작물의 생산성 정체", 『대동문화연구』 66집, 2009, 393-415쪽.
77. 우대형, 앞의 책, 4쪽. 특히 주 10을 참조할 것.

5장 교통 체계의 개혁: 철도와 전차를 중심으로

1. 이글은 김연희, "고종시대 서양기술도입: 철도와 전신 분야를 중심으로", 『한국과학사학회』 25-1, 2003을 정리한 것이다.
2. 『經國大典』 권4 兵典, 驛馬條.
3. 『高宗實錄』, 15년 9월 19일. 그밖에 역참의 폐단을 지적하고 시정을 요구하는 상소 및

암행어사의 별도 보고서가 보이는 기사를 고종대만을 국한해서 보면, 고종 1년 2월 10일, 3년 7월 30일, 5년 10월 27일, 9년 1월 14일, 9년 9월 1일, 10년 10월 10일, 10년 10월 15일, 11년 6월 9일, 11년 11월 19일, 11년 11월 25일, 12년 10월 25일, 13년 3월 28일, 19년 10월 17일, 20년 9월 23일, 21년 2월 24일, 24년 5월 23일, 28년 5월 15일 등 17건에 이른다.

4. 金綺秀, 『日東記游』, 國史編纂委員會 편, 『韓國史料叢書 9: 修信使記錄』, 1971, 103쪽.
5. 같은 책, 26-27쪽. 이하 기차 관련 인용문은 이 글에 의한 것이다.
6. 김기수, 앞의 책, 132쪽. 이하 김기수와 고종의 문답은 이 글에 의한다.
7. 鄭觀應, 『易言』, 연세대학교 소장 국역본, 39-40쪽.
8. 강문형, 『工部省』, 허동현 편, 『朝士視察團關係資料集 12』, 國學資料院, 2000, 451쪽, 456-58쪽.
9. 조준영, 『문견사건』, 허동현 편, 『조사시찰단관계자료집 12』, 국학자료원, 2000, 605-606쪽; 박정양, 『日本國見聞條件』, 『조사시찰단관계자료집 12』, 190쪽; 민종묵, 『문견사건』, 『조사시찰단관계자료집 12』, 116-17쪽.
10. 조준영, 앞의 책, 606쪽.
11. 민종묵, 앞의 책, 116, 117쪽.
12. 박정양, 앞의 책, 189-90쪽.
13. 강문형, 앞의 책, 478, 481쪽.
14. 견미사절단에 대한 자세한 소개와 논의는 김원모, 『한미수교사』, 철학과현실, 1999; 한철호, 『親美開化派硏究』, 국학자료원, 1998를 참고할 것. 그리고 이 사절단의 미국에서의 활동에 대해서는 김원모, 앞의 글, 1986, 338-81쪽을 참조할 것.
15. 묄렌도르프 부부 지음, 申福龍, 金雲卿 옮김, "묄렌도르프문서", 『데니文書·묄레도르프文書』, 평민사, 1987, 59쪽.
16. 정재정, 『일제침략과 한국철도(1892~1945)』, 서울대학교 출판부, 1999, 31쪽.
17. 이에 대해서는 羅愛子, "韓國近代 海運業發展에 관한 硏究", 국학자료원, 1998, 59-65쪽을 참조할 것.
18. 로잘린 폰 묄렌도르프, 위의 책, 1987, 110쪽.
19. 러시아 대장성, "철도사업", 『韓國誌』, 1905.
20. "Despatches from United States Consuls in Seoul, 1886～1906: Conservation between the Secretary of United States and Mr. Ye Cha Yun, Chargé d'Affaires for Korea Department of State, June 8, 1893", 『一九世紀 美國務省 外交文書: 韓國關聯文書 4』,

148-58쪽(이민식, 『근대한미 관계사』, 백산자료원, 2001, 391쪽에서 재인용).

21. 박성래, "한성순보와 한성주보의 근대과학 인식", 김영식, 김근배 엮음, 『근현대 한국 사회의 과학』, 창작과비평사, 1998, 40-83쪽.
22. "泰西運輸論 續稿", 〈漢城旬報〉, 1884년 2월 1일.
23. "泰西運輸論", 〈漢城旬報〉, 1884년 1월 21일.
24. "伊國日盛", 〈漢城旬報〉, 1884년 3월 1일.
25. 니애자 , 앞의 책, 99-114쪽.
26. 『韓國鐵道史』 제2권, 한국철도청, 1977, 8쪽.
27. 정재정, 앞의 책, 37-38쪽.
28. 『한국철도사(韓國鐵道史)』 제2권, 한국철도청, 1977, 8쪽.
29. 『주한일본공사관기록 5권』, 문서번호 기밀 제26(1895년 3월 24일).
30. 한국철도청, 『한국철도사 제1권』, 한국철도청, 1977, 87-90쪽.
31. 가장 결정적인 방법은 한국에 곧 난리가 날 것이라는 소문을 낸 것이었다. 이 소문은 미국인 투자가들의 투자를 중단시켰고, 이로 인하여 모스는 자금 압박을 받게 되어 일본은행(橫濱正金銀行)에서 융자를 받았다. 그 대가는 일본은행이 공사 완료 후 경인철도를 일본에 양도하도록 교섭을 추진하게 하는 것이었다. 더 나아가 일본은 '경인철도인수조합'을 조직하고 부설권 매수공작에 전념하였다. http://railroadmuseum.co.kr/xe/ca/1798 2014년 7월 28일 접근.
32. 경인선의 철도 궤조는 미국 일리노이철강회사 제품으로, 최초의 기관차는 미국의 브룩스(Brooks)사에서 제작된 증기기관차 모글(Mogul)로 확정되었다. 또 한강철교 부설에 사용된 철강 자재 역시 미국에서 생산된 것을 이용했다.
33. 한국철도청, 앞의 책, 1977, 134-36쪽.
34. 정재정, 앞의 책, 74쪽.
35. 정재정, 앞의 책, 82쪽. 러시아가 서울-원산, 서울-목포를 잇는 철도를 부설하고자 하는 프랑스를 지원했던 것도 바로 이런 철도 부설 계획에 의한 것이었다.
36. 『고종실록』, 고종 38년(1901) 8월 8일; 『한국철도사』 제1권, 119쪽. 프랑스인을 기사로 채용한 것은 피브리유사가 경의선 부설권을 반환할 때 요구한 조건 가운데 하나이다. 또 그밖에도 경의선 부설에 필요한 자재와 기계들을 프랑스인이 중개하는 상사를 통해 구입할 것을 요구하기도 했다. 한편 대한제국 정부는 그의 요구를 수용해 90만 원 상당의 경의선 부설에 필요한 자재를 대창양행(大昌洋行) 용동(龍東)에서 구매하려 하기도 했다. 이에 대해서는 같은 책, 121쪽을 참조; 〈황성신문〉, 1900년 10월

25일.

37. 가을 재개에 대한 기사는 〈황성신문〉, 1902년 7월 22일; 일본으로부터의 철도 공사 재료 수입에 대해서는 같은 신문 1902년 7월 29일 기사를 참조할 것.
38. 오진석, “광무개혁기 근대산업육성정책의 내용과 성격”, 『역사학보』 193, 2007, 68쪽.
39. 『고종실록』, 1906년 4월 3일.
40. 이에 대한 자세한 내용은 朴萬圭, “韓末 日帝의 鐵道 敷設. 支配와 韓國人 動向”, 『韓國史論』 8권, 1982, 247-300쪽 참조.
41. 鄭在貞, “京義鐵道의 敷設과 日本의 韓國縱貫鐵道 支配政策”, 『방송대학논문집』 3집, 1984, 8쪽 표 참조.
42. 鄭在貞, “京釜 京義鐵의 敷設과 韓日 土建會社의 請負工事活動”, 『역사교육』 37·38합집, 1985, 240-42쪽의 표.
43. 『통상휘보』250, “京釜鐵道京城方面工事近況” 在京城帝國 領事館報告書 1902년 12월 16일.
44. 앞의 글, 234쪽.
45. 〈황성신문〉, 1900년 7월 7일; 1900년 12월 29일.
46. 〈황성신문〉, 1902년 9월 9일; 1902년 7월 12일.
47. 〈황성신문〉, 1902년 10월 25일.
48. 물론 관에서 설치한 학교였던 만큼 견습 비용은 무료였다. 하지만 무단 퇴학하는 사람들에게 이 견습 비용을 징수하고 각 정부 부서에서도 채용하지 못하게 할 정도로 강한 제재를 가했다. 이에 대한 자세한 설명과 해석은 김근배, 『한국근대과학기술이력의 출현』, 문학과지성사, 2005, 96-98쪽을 참조할 것.
49. 남순희에 대한 자세한 정보는 김근배, 앞의 책, 98-99쪽을 참조.
50. 일본의 토목업은 20여 년간 계속된 일본 철도 건설 사업에 힘입어 양적·질적으로 비약적인 발전을 이루었지만, 청일전쟁 전후 일본 전국 간선철도망이 대체로 완성되고 경제계가 전반적으로 침체 상황을 맞게 되자 철도 건설의 공사 수도 급격하게 감소해 심각한 불황을 겪게 되었다. 이에 대해서는 정재정, 앞의 책, 200-201쪽을 참조할 것.
51. 〈황성신문〉, 1903년 5월 13일.
52. 일본에 의한 조선인 측량 기술의 전수와 배제에 대해서는 김근배, 앞의 책, 100-45쪽을 참조.
53. 정재정, 앞의 글, 1985, 289쪽.

54. 정재정, 앞의 글, 1985, 289-90쪽.

55. 「경부철도합동」의 내용은 『한국철도사』제1권, 253-55쪽을 참조할 것

56. 『한국철도사』제2권, 8쪽.

57. 위의 책, 15-16쪽.

58. 정재정, 앞의 글, 1985, 142-45쪽.

59. 「경부철도합동」, 제3조

60. 정재정, 앞의 책, 2004, 245-304쪽.

61. 善積三郎, 『京城電氣株式會社二十年沿革史』, 京城電氣株式會社:東京, 1929, 47쪽.

62. 이런 오류는 심지어 현대의 연구서에서도 보인다. 박경룡, 앞의 책, 1995, 175쪽. 이 글에서는 1899년 전기회사의 이름이 한미전기회사로 나와 있다. 한미전기회사로 바뀐 것은 1904년의 일이다.

63. "Despatches from U.S. Ministers to Korea, 1883-1905", No.7 3. *Diplomatic, Mr. Allen to the Secretary of State.* 1898년 2월 15일.

64. 전우용, 『서울은 깊다』, 돌베개, 2008, 173쪽; 한편 거둥의 모습을 잘 묘사한 글로는 백성현, 이한우 지음, 『파란 눈에 비친 하얀 조선』, 새날, 1999, 297-98쪽에 인용된 독일 여행가의 글이 있다.

65. I. B. 비숍 지음, 신복룡 역주, 『조선과 그 이웃나라들』, 집문당, 1999, 414-16쪽.

66. Fred H. Harrington, 李光麟 譯, 『開化期의 韓美關係』, 일조각, 1983, 158쪽.

67. 박경룡, 『開化期 漢城府 硏究』, 일지사, 1995, 109-11쪽.

68. 박경룡, 앞의 책, 1995, 115쪽.

69. 용산구, 『용산구지(龍山區志)』, 1992, 444쪽. 한편 이 철로의 총 길이는 3리로 서울역 뒤편, 지금의 서계동과 청파동을 거쳐 원효로에 이르는 길을 좇아 부설되었다.

70. 이 노선은 1920년에 다시 사용되었다. 이에 대해서는 경성부, 『경성부사(京城府史)』, 1934, 683-84쪽을 참조할 것.

71. 한국전력공사, 앞의 책(『백년사』), 151쪽. (앞의 책이 없습니다)

72. 전우용, "일제하 서울 남촌 상가의 형성과 변천", 김기호, 양승우, 김한배, 윤인석, 전우용, 목수현, 은기수, 『서울남촌: 시간, 장소, 사람』, 서울학연구소, 2003, 206쪽.

73. 이 부분은 김연희, "전기 도입에 의한 전통의 균열과 새로운 문명의 학습: 1880~1905년을 중심으로", 『한국문화』 59, 2012를 정리한 것임.

74. 1899년부터 1904년 말까지 〈황성신문〉 기사를 토대로 계상했다.

75. 박경룡, 『서울의 개화백경』, 수서원, 2006, 103-104쪽.

76. 호레이스 알렌 지음, 신복룡 옮김, 『조선견문기(朝鮮見聞記)』, 박영사, 1979, 107쪽.

77. 고려대 아세아문제연구소, "電車破傷犯人嚴治要請의 건", "전차에 대한 誤解是正要求의 건", "電車死傷에 관한 誤解是正의 요구", 高麗大亞細亞問題研究所 舊韓國外交文書編纂委員會 編, 『구한국외교문서』, 제11권 美案 2, 616-21쪽.

78. Min Suh Son, "Electrifying Seoul and the Cultural of Technology in Nineteenth Century Korea",(Ph. D dissertation, UCLA), 2008, 96쪽.

79. 정성화, 로버트 네프 지음, 『서양인의 조선 살이』, 푸른역사, 2008, 293쪽; 박경룡, 『開化期 漢城府 研究』, 일지사, 1995, 174-75쪽.

80. 박경룡, 위의 책, 1995, 175쪽.

81. Min Suh Son, 앞의 글, 100-102쪽.

82. 〈제국신문〉, 1899년 5월 30일.

83. 이에 관한 자세한 내용은 김연희, 앞의 글, 2012를 참조할 것.

84. 전우용, 앞의 책, 183쪽.

85. 〈독립신문〉, 1899년 5월 27일.

86. 박경룡, 앞의 책, 2006, 129쪽.

87. 朝鮮電氣協會, 『朝鮮の電氣事業を語する』, 朝鮮電氣協會, 1937, 72쪽.

88. 에밀 부루다래 지음, 정진국 옮김, 『대한제국 최후의 숨결』, 글항아리, 2009, 64쪽.

89. 이에 대해서는 8장에서 자세히 살펴 볼 것이다.

90. 호레이스 알렌 지음, 신복룡 옮김, 앞의 책, 107쪽.

91. 백성현, 이한우 지음, 앞의 책, 172-73쪽에서 재인용.

92. 호레이스 알렌 지음, 신복룡 옮김, 앞의 책, 108쪽.

93. 정성화, 로버트 네프, 앞의 책, 294-95쪽. '캘리포니아 하우스'로 불린 이들 미국인은 큰 몸집과 거친 외모로 한국인들을 쉽게 압도했다. 공식적인 직무는 기관사였지만 사실 전기회사에서 높은 임금을 주고 고용한 경호원이었다.

94. 샤이에 롱, "코리아 혹은 조선", 샤를 바라, 샤이에 롱 지음, 성귀수 옮김, 『조선기행』, 눈빛, 2001, 254쪽.

95. H. N. 알렌 지음, 신복룡 옮김, 앞의 책, 66쪽.

96. 〈황성신문〉, 1900년 4월 9일. 밤 10시에 운행하는 막차는 청량리에서 용산까지 운행한다고 했다.

97. I. B 비숍 지음, 신복룡 역주, 앞의 책, 57쪽.

1. 이글은 김연희, 『고종시대 근대통신망 구축사업』, 서울대학교 박사학위논문, 2006을 발췌, 정리한 것이다.
2. 톰 스탠디지(Tom Standage) 지음, 조용철 옮김, 『19세기 인터넷 텔레그래프 이야기』, 한울, 2001, 24-26쪽.
3. 역원과 봉수의 문제점에 대해서는 이미 5장에서 간단하게 살펴보았다. 자세한 논의는 김연희, 앞의 글, 12-14쪽을 참조할 것.
4. 이 과정에 대한 자세한 논의는 김연희, 앞의 글, 2006, 16-26쪽을 참고할 것.
5. 청나라가 조선의 전신 사업권을 장악하게 된 배경과 과정은 김연희, 앞의 글, 2006, 42-45쪽을 참조할 것.
6. 유영익, "청일전쟁과 삼국간섭기", 291쪽.
7. 『주한일본공사관기록』 5권, 문서번호 기밀 제26(1895년 3월 24일).
8. 위의 책, 문서번호 기밀 제26(1895년 3월 24일). 井上은 당시 조선 관료들을 "사리에 어둡고 의심이 많으며 뻔뻔스러운 세 가지 성격을 지니고 있다."고 비난하면서 협상 진전의 어려움을 토로하기도 했다.
9. 『고종실록』, 건양원년(建陽元年, 1896), 11월 15일.
10. 일본의 철수는 일면 대한제국 정부의 요구를 수용하는 것처럼 보이기도 했지만 요동반도에서 일본 군대 철수의 일환이기도 했다. 이에 대해서는 李升熙, "일본에 의한 한국통신권 침탈", 『제48회 역사학대회(발표요지)』, 2005, 234-40쪽을 참조.
11. 『일안 3』, 문서번호 3893.
12. 같은 책, 문서번호 4070.
13. 같은 책, 문서번호 4089.
14. 같은 책, 문서번호 4325.
15. '서울각서'는 아관파천으로 일본이 처한 상황을 타결하기 위해 러시아와 타협을 모색한 결과로 小村 주한 일본공사와 웨베르 주한 러시아공사가 러시아와 일본이 조선에서 권리를 상호 인정하는 것을 핵심 내용으로 하고 있다. 이에 대해서는 최문형, 『열강의 각축』, 199-208 쪽 참조. 이 '각서'와 '의정서'에 의하면 조선은 러시아와 일본의 공동보호령의 상태로 전락해버린 것과 같았다. 이에 관한 자세한 내용은 최문형, 『국제관계로 본 러일전쟁과 일본의 한국병합』(이하 『한국병합』으로 줄임), 지식산업사, 2004, 79-98 쪽을 참조할 것.

16. 최문형, 『열강의 각축』, 210쪽에서 재인용.

17. 『일안 5』, 문서번호 5814.

18. 러시아 대장성 편, 한국정신문화연구원 번역, 『국역 한국지』, 1984, 632쪽.

19. 『고종실록』, 고종 33년 8월 7일.

20. "通信院所管郵電業務叢目表(광무7년 12월)", 우정100년사편찬실 편, 『우정부사료 제5집: 고문서 5권』(정보통신부 행정자료실 소장, 『우정부사료 제5집: 고문서』는 이하 『고문서』로 줄임), 1982, 1-8쪽.

21. 〈독립신문〉, 1899년 4월 22일. D. R. Headrick, *The Invisible Weapon*, 53쪽. 1891년 영국에 의해 가설된 인도만의 전신선도 61,800km에 달했고 전보사 수는 3,246개에 이르렀다.

22. 통신원의 선박 관리업무는 국제우체업무와 관련한 상선들과 관련한 것이 대부분이었다.

23. "통신원관제 개정 건", 『고종실록』, 광무 6년 10월 30일 기사. 1899년 대한국 국제가 반포되면서 官秩과 관등이 변했다. 기존의 관등 품계가 폐지되고 칙임관, 주임관, 판임관으로 구분되는 관질, 그리고 각각의 관질에 대해 1등에서 4등, 6등, 8등으로 구분되는 관등 체계로 직급이 재조정되었다.

24. 이윤상, 『재정 제도』, 131쪽.

25. 같은 책, 89쪽, 150쪽.

26. 같은 책, 161-62쪽.

27. 電氣通信事業 八十年史編纂委員會 編,『電氣通信事業 八十年史(이하 80년사로 줄임)』, 체신부, 1966, (이하 "전무학도 규칙"으로 줄임) 237-44쪽.

28. "通信院所管郵電業務叢目表(광무 7년 12월)", 우정100년사편찬실 편, 『고문서』 5권, 1-8 쪽.

29. 〈독립신문〉, 1897년 6월 27일.

30. 『80년사』, 213쪽.

31. "전무학도 규칙, 제10조, 제5조"(1900년 11월 1일 통신원령 제7호), 체신부, 『80년사』 (이하 "전무학도 규칙"으로 줄임).

32. "學徒關係報告", 『學徒處辨案』, 광무 4년 7월 23일 기사; 체신부, 『80년사』, 252쪽.

33. "學徒關係報告", 『學徒處辨案』, 광무 4년 11월 2일.

34. 〈황성신문〉, 1900년 1월 17일.

35. 이 글은 김연희, 『고종시대 근대통신망 구축사업』, 서울대학교 박사학위논문, 2006,

135-43쪽을 재정리한 것이다.

36. "學徒 所關 諸關係", 『學徒處辨案』(우정박물관 B00001-060-01), 광무 4년 7월 23일.
37. 〈독립신문〉, 1897년 9월 7일 기사.
38. '처단례, 제2조 1항, 4조, 6조 2항', 박지태 편, 앞의 책, 39쪽.
39. 〈독립신문〉, 1897년 9월 7일.
40. 〈황성신문〉, 1900년 3월 23일.
41. 우정100년사편찬실, 『고문서』 2권, 571-72쪽.
42. 〈황성신문〉, 1901년 6월 13일.
43. 우정100년사료편찬실, 『고문서』 2권, 477-82쪽.
44. 『전보처변안』, 광무 6년 8월 29일.
45. 이에 대해서는 톰 스탠디지 지음, 조용철 옮김 『19세기 인터넷』, 한울, 2001, 130-42쪽을 참조.
46. 〈황성신문〉, 1900년 1월 5일.
47. 같은 기사.
48. 〈황성신문〉, 1899년 12월 12일; 1899년 1월 9일.
49. 〈황성신문〉, 1899년 12월 12일; 1899년 1월 5일.
50. 〈황성신문〉, 1903년 12월 22일.
51. 이에 대한 자세한 논의는 권태억, "1904-1910년 일제의 한국침략 구상과 '施政改善'", 『韓國史論』 31, 2004, 213-55쪽 참조.
52. "對韓施設綱領", 『고종시대사』 6집, 1904년(甲辰 광무8년) 5月 31日.
53. 같은 문서.
54. 체신부, 『100년사』, 237쪽.
55. 〈황성신문〉, 1904년 2월 14일.
56. 〈황성신문〉, 1904년 2월 23일.
57. 〈황성신문〉, 1904년 3월 15일; 4월 21일.
58. 체신부, 『80년사』, 305쪽.
59. 이에 대해서는 권태억, "1904-1910년 일제의 한국 침략 구상과 '시정개선'", 222-44쪽을 참조할 것.
60. "일본각의에서 對韓方針 및 對韓施設綱領이 다음과 같이 결정되다", 『고종시대사』, 1904년 5월 31일 기사.

61. 外務省 編纂, 『日本外交文書 37권 제1책』, 390쪽, 명치 37년(1904) 5월 31일.

62. 체신부, 『80년사』, 314-15쪽.

63. 『舊韓末條約彙纂—입법자료 제18호』, 국회도서관, 1964, 189-91쪽(체신부, 『80년사』, 321-22쪽에서 재인용).

64. 체신부, 『80년사』, 247쪽.

65. 이 회의 자리에 민영환은 참석하지 않았고 대리로 군부대신 權重顯이 회의를 진행했다. 체신부, 『80년사』, 247쪽.

66. 체신부, 『80년사』, 326-27쪽.

67. 일본전신전화공사, 『電氣通信史資料 1』, 9쪽.

68. 外務省 編纂, 『日本外交文書 제37권 제1책』, 390쪽, 명치 37년(1904) 5월 31일.

7장 근대 과학으로 진입과 전통 자연관의 해체

1. 이 분류에 대해서는 "지리초보 권지일", 〈한성주보〉, 1886년 8월 23일을 참조할 것.

2. 이면우, 『한국 근대교육기(1876~1910)의 지구과학교육』, 서울대학교 박사학위논문, 1997, 39쪽.

3. 물론 천원지방만이 유일한 우주론은 아니었다. 이에 대해서는 이문규, 『고대 중국인이 바라본 하늘의 세계』, 문학과지성사, 2000을 참조할 것.

4. 『세종실록』, 세종 14년(1432) 11월 1일.

5. 박성래, 앞의 책(2005), 423~433쪽.

6. 니덤 지음, 콜린 로넌 축약, 『중국의 과학과 문명:수학, 하늘과 땅의 과학, 물리학』(까치, 2000), 83쪽

7. 특히 조선 건국초에 이른 움직임이 눈에 띄게 나타난다. 그 한예로 『세종실록』 세종15년(1433), 7월 26일의 기사를 들 수 있다. 물론 편차는 있어 세조나 연산군은 상서로운 현상만을 강조하거나 천변재이를 거부하기도 했다. 하지만 이런 태도는 성리학을 통치이념으로 하는 조선의 임금들의 일반적 태도는 아니었다. 이에 대해서는 박성래, 『한국과학사상사』(유스북, 2005), 498~623쪽을 참조할 것.

8. 특히 사마천(司馬遷)은 『사기(史記)』를 통해 "하늘과 인간의 관계를 규명하려 했다. 『漢書』, '사마천전', 중화서국 標點校勘本, 2735쪽(이문규, 앞의 책, 13쪽에서 재인용).

9. 『국역 증보문헌비고』, '상위고', 세종대왕기념사업회, 1971, 196쪽.

10. 『태조실록』, 7년(1398) 11월 병진일.
11. 박성래, 『한국과학 사상사』, 유스북, 2005.
12. 엄(奄)은 한 천체가 다른 천체를 가리는 현상을, 범(犯)은 한 천체가 다른 천체에 가까이 접근하여 황경이 같아지는 경우를 의미한다.
13. 『국역 증보문헌비고』, '상위고', 세종대왕기념사업회, 1971, 213쪽; 성주덕 편저, 이면우, 허윤섭, 박권수 역주, 『서운관지』, 소명출판, 2003, 15쪽.
14. 구만옥 외 집필, 『하늘 땅, 시간에 대한 전통적 사색』, 두산동아, 2007, 30-31쪽.
15. 이에 대해서는 전용훈, "조선후기 서양 천문학과 전통천문학의 갈등과 융화"(2004, 서울대학교 박사학위논문), 12~110쪽을 참조할 것.
16. 이원순, 『조선서학사연구』(일지사, 1989), 14쪽.
17. 이에 대해서는 전용훈, "조선후기 서양 천문학과 전통천문학의 갈등과 융화"(2004, 서울대학교 박사학위논문), 16쪽.
18. 전용훈, " 17~18세기 서양과학의 도입과 갈등 - 시헌력 시행과 절기배치법에 대한 논란을 중심으로 ",『동방학지』17권0호(2002),1-49쪽을 참조할 것.
19. 시헌력 계산법 습득 과정에 대해서는 김슬기, 『숙종대 관상감의 시헌력 학습—을유년 역서 사건과 그에 대한 관상감의 대응을 중심으로』, 서울대학교 석사학위논문, 2016을 참조할 것.
20. 『국역증보문헌비고』, '상위고' 제1책, 69쪽.
21. 이들 실학자들에게 소개된 서양의 중세 자연관에 관해서는 전용훈, "서양 사원소설에 대한 조선후기 지식인들의 반응", 『한국과학사학회지』 31권 2호, 2009, 413-35쪽을 참조할 것.
22. 박성래, "홍대용의 과학사상", 『한국학보』 23, 1981; 구만옥, 『조선 후기 과학사상사 연구—주자학적 우주관의 변동』, 혜안, 2004; 임종태, "무한우주의 우화", 『역사비평』 71, 2005; 문중양, "조선후기 실학자들의 과학담론, 그 연속과 단절의 역사—기론적 우주론 논의를 중심으로", 『정신문화연구』 26-4, 2003; 문중양, "18세기 조선 실학자의 자연지식의 성격—상수학적 우주론을 중심으로", 『한국과학사학회지』21-1, 1999 등을 참조할 것.
23. 박성래, "한국근세의 서구과학 수용", 『동방학지』 20권0호, 1978, 252-92쪽에는 이익, 홍대용, 정약용 등 실학자들의 서양 과학 수용 과정의 대강이 정리되어 있다.
24. 『승정원일기』, 고종 19년(1882) 8월 21일.
25. "행성론", 『한성순보』, 1884년 5월 5일. ; "測天遠鏡"; "헤셀의 원경에 대한 논";1884년

6월 4일. "恒星動論". 『한성순보』, 1884년 6월 4일.

26. "行星論", 『한성순보』, 1884년 5월 5일.
27. "恒星動論", 『한성순보』, 1884년 6월 4일.
28. "論日與恒星", "論月幷月之動", 『한성주보』, 1887년, 6월 20일 ; "三論 日月之蝕", 『한성주보』, 1887년 7월 11일 ; "論太陽所屬 天穹諸星", 『한성주보』, 1887년 7월 18일; "論月爲何體", 『한성주보』, 1887년 7월 18일 ; "論各行星", 『한성주보』, 1887년 8월 1일 ; "四續軌道行星", 『한성주보』, 1887년 8월 8일.
29. "천문학", 『한성주보』, 1886년 6월 31일; "유성이 운젼하는 거시라", 『한성주보』, 1886년 7월 5일.
30. 『한성주보』, 1886년 8월 23일; 『한성주보』, 1886년 8월 30일; 『한성주보』, 1886년 9월 6일.
31. Homer B. Hulbert, 『사민필지』, '제1장 지구'(奎 7695), 1쪽.
32. 1898년 이래 학부에서 발행한 교과서에 이런 세계가 반영되었음은 물론이다.
33. 이에 대해서는 전용훈, "전통적 역산천문학의 단절과 근대천문학의 유입", 『한국문화』 51, 2012, 51쪽. 근대 천문학 도입으로 인한 중요한 변화 가운데 하나인 시각 체계의 변화 양상에 대해서는 9장에서 다룰 것이다.
34. 기상학은 다음 장에서 다룰 예정이다.
35. 『史記』, '曆書'.
36. 부정시법에 대한 자세한 설명은 전상운, 『시간과 시계, 그리고 역사—우리 시계 이야기』, 월간시계사, 1994, 53-54쪽을 참조할 것. 앞에서 언급한 근대 우주 구조의 소개가 의미하는 바는 바로 전통의 시각 체계의 변화이기도 했다. 전통 시간 체계의 변화는 서양 근대 천문학의 소개와 직접적으로 연관되어 대체된 것은 아니지만 서양 문물의 도입은 그들의 시각 체계의 도입과 깊은 연관을 가질 수밖에 없었다. 조선의 전 영토에 해당하는 전면적 시각 체계의 전환은 아니었지만 국지적 시각 체계의 변화가 전혀 없었던 것은 아니었다. 개항장이나 전보사, 선교사 학교를 중심으로 서양의 시각 체계가 운영되기도 했던 것이다. 하지만 전 국토에서 시행되는 시각 체제의 전환은 정치적 변화와 병행했다.
37. 『고종실록』, 고종 32년(1895) 9월 9일. 한편 이 개력으로 고종 1895년 11월 17일의 다음 날은 1896년 1월 1일이 되었다. 태양태음력과 태양력의 차이에 대해서는 신동원, "양력과 음력", 『역사비평』 73, 2005, 123-26쪽을 참조할 것.
38. Dallet, 안응렬, 최석우 역주, 『한국천주교회사』 상, 분도출판사, 2000, 302쪽; 정상우,

"일주일 도입고찰을 위한 시론", 『문화과학』 44호, 2005, 328쪽.

39. '英約附屬通商章程' 第1款; '法約附屬通商章程', 第1款.

40. '辦理通聯萬國電報約定書'.

41. 〈한성순보〉는 4호인 1883년 11월 초하루 일자 신문부터 서력(1883년 11월 30일)을 신문 한쪽에 써넣었다.

42. "內務府以育英公院設學節目 条酌書入啓", 제8조, 제9조, 제16조.

43. 이창익, 『조선 후기 역서의 우주론적 복합성에 대한 연구』, 서울대학교 박사학위논문, 2005, 174쪽.

44. 정상우, "개항이후 시간관념의 변화", 『역사비평』 50호, 2000, 192쪽; 앞의 글, 2000, 185쪽.

45. 이창익, 위의 글, 172쪽.

46. 정상우, 앞의 글, 2000, 193쪽; 한편 일본 총독부는 전보와 우편의 발착신 업무와 집무의 편의를 위해 1912년 일본의 중앙표준시를 한국 시간에 적용했다.

47. 〈독립신문〉, 1896년 6월 4일.

48. 〈독립신문〉, 1898년 12월 8일.

49. 허윤섭, 『조선후기 觀象監 天文學 부문의 조직과 업무: 18세기 후반 이후를 중심으로』, 서울대석사학위논문, 2000, 33쪽.

50. 이에 대해서는 4장에서 자세히 다루었다.

51. 『세종실록』, 세종 16년(1434) 4월 26일.

52. 『태종실록』, 태종 6년(1406) 9월 1일.

53. 『세종실록』, 세종 25년(144) 5월 16일.

54. 국사편찬위원회 편, 『하늘, 시간, 땅에 대한 전통적 사색』, 58쪽.

55. 『태종실록』, 태종 5년(1405) 7월 1일.

56. 『성종실록』, 성종 5년(1474) 3월 7일.

57. 『성종실록』, 성종 7년(1476) 3월 28일.

58. 박성래, 앞의 책, 2005, 36-71쪽.

59. 허윤섭, 앞의 글, 33쪽.

60. 이면우, 허윤섭, 박권수 역주, 『서운관지』, 소명출판, 2003, 77-79쪽. 물론 측후를 잘못하거나 측후 기록을 빠트리거나 보고하지 않으면 해당 관원은 벌을 받아야 했다.

61. 『세종실록』, 23년(1441) 4월 29일.

62. 『태종실록』, 5년(1405) 4월 21일;『세종실록』, 7년(1425) 4월 13일.

63. 『세종실록』, 24년(1442) 5월 8일(정묘).

64. 1781년 서호수의 주청으로 매일 3차에 걸쳐, 즉 날이 밝은 후부터 정오까지 한 번, 정오에서 인경까지 한 번, 인경에서 다음 날 새벽까지 한 번으로 구분해 보고하기도 했다. 이는 두 해 만에 다시 두 번 보고하는 것으로 되돌아왔다. 이에 대해서는 이하상, 『측우기』, 소와당, 2012, 178쪽.

65. 김수길, 윤상철, 『천문유초』, 대유학당, 2009, 438쪽.

66. 〈한성순보〉, 1884년 8월 31일. '지구양민관계', 養民의 요체로 기후를 제시했다. 덧붙여, "양민의 요점은 풍의 다과, 한서의 차등이 무엇에 기인하여 다르며 물산의 풍흉과 인사의 근로가 어떻게 하여 가는 곳마다 진선할 수 있느냐 하는 문제를 연구하는 것이 목민의 도에 도움이 적지 않을 것"이라는 마테오 리치의 自序를 인용했다.

67. 헐버트, 『사민필지』, 6-7쪽(규 7695).

68. 위의 글, 3쪽.

69. 헐버트, 『사민필지』, 4쪽.

70. 위의 글.

71. 金楷理(美) 口譯, 華蘅芳(淸) 筆述, 『測候叢談』(奎中 2822,Vol. 1, 2).

72. "論風", 〈한성주보〉, 1887년 3월 14일; "海風陸風", "溫帶內風改方向之利1", "颶風", 〈한성주보〉, 1887년 3월 28일; "論空氣之浪", 〈한성주보〉, 1887년 4월 11일; "論海水流行", "論水氣凝降下", 〈한성주보〉, 1887년 4월 18일; "論露", "成雲之理", "論霧", "論散熱之霧及水面之霧", 〈한성주보〉, 1887년 4월 25일.

73. 김연희, "『한성순보』 및 『한성주보』의 과학기술 기사로 본 고종시대 서구문물수용 노력", 『한국과학사학회』 33-1, 2011, 20쪽.

74. "占星辨謬", 〈한성순보〉, 1884년 3월 27일; "地震別解", 〈한성주보〉, 1884년 4월 25일 등을 참조할 것; 4월 25일 이후 6월 13일까지 6주간의 〈한성주보〉가 남아 있지 않아 『측후총담』의 연재 지속 여부는 불확실하다.

75. 이 기사들은 1872년 중국에서 발간되었던 월간 잡지 『中西聞見錄(The Peking Magazine)』와 1876년 발행하기 시작한 『格致彙編』의 기사를 전재했다. 『格致彙編』은 『中西聞見錄』의 발행을 부난아가 담당하게 되면서 1876년 上海 製造局에서 재출간하기 시작한 잡지였다.

76. 유길준, 『서유견문』, '지구세계의 개론', 33쪽.

77. 〈독립신문〉, 1899년 5월 3일.

78. 이 기구들은 1885년 화재로 소실되었다. 1886년 설비를 다시 갖추고 기상 관측을 재

개했다.

79. 〈한성순보〉, 1884년 5월 5일.

80. 기상청 기후국 기상정책과, 『근대기상100년사』, 기상청, 2004, 55-56쪽, 58쪽.

81. 중앙기상대, 『한국기상일반』(명치 38년. 1905).

82. "全羅南道入木浦測候所", 『木浦測候所要覽』, 소화 5년, 1쪽.

83. 미야가와 타쿠야, 앞의 논문, 166쪽.

84. 위의 글, 62-63쪽.

85. 朝鮮總督府, 『朝鮮施政の方針及 實績』, 1915(대정 4년), 130쪽.

86. 朝鮮總督府觀測所, 『朝鮮總督府觀測所』, 대정 4년, 2쪽.

87. 朝鮮總督府觀測所 大邱測候所, 『大邱測候所一覽』, 소화 12년, 2쪽.

88. 朝鮮總督府, 『朝鮮施政の方針及 實績』, 1915(대정 4년), 130-31쪽.

89. 중앙기상대, 『한국기상일반』, 명치 38년(1905).

90. 전라북도 목포측후소, 『목포측후소 요람 목차』, 소화 5년, 5쪽

91. 전라북도 목포측후소, 앞의 글, 4쪽.

92. 이필렬, 『우리나라 기상사 정립에 관한 연구』, 기상청, 2007, 40쪽.

93. 나일성, 『서양과학의 도입과 연희전문학교』, 연세대학교 출판부, 2004, 243-45쪽.

94. 이하상, 앞의 책, 249쪽.

95. 미야가와 타쿠야, 앞의 글, 180-81쪽.

96. 권근, 『混一疆理歷代國都之圖, 跋文』, 이찬, "한국의 고세계지도(古世界地圖)—천하도(天下圖)와 혼일강리역대국도지도(混一疆理歷代國都之圖)에 대하여—", 『한국학보』 2권 1호, 1976, 59쪽에서 재인용.

97. 김석문은 선교사들의 책을 통한 지식들과 전통의 상수학을 결합시켜 삼대환부공설이란 독특한 우주론을 확립하기도 했다. 이는 커다란 세 가지 둥근 것인 태양과 지구, 달이 공중에 떠 있으며, 지구도 달처럼 회전한다는 주장이었다. 이에 대해서는 민영규, "17세기 이조학인(李朝學人)의 지동설 (地動說)—김석문의 역학24도해—", 『동방학지』 16권 0호, 1975, 1-64쪽; 小川晴久, "지전(地轉)설에서 우주무한론으로—김석문(金錫文)과 홍대용(洪大容)의 세계—", 『동방학지』 21권 0호, 1979, 55-90쪽 등을 참조할 것.

98. 이익, 『星湖僿說』'天地門', 現代實學社 영인, 1998.

99. 『증보문헌비고 상위고 1』, 세종대왕기념사업회 영인, 1980, 22-23쪽.

100. 〈한성순보〉, 1883년 10월 31일.

101. 땅이 둥글다는 근거들로 '수평선에서 솟아오르듯 나타나는 배의 모습', '원점회귀', '해 뜨는 시간의 차이', '관찰위치에 따라 다른 북극성의 위도', '월식이 발생하는 원리' 등을 제시했다. 이에 대해서는 〈한성순보〉, 1883년 10월 31일 기사를 참조할 것.
102. 〈한성주보〉, 1886년 8월 23일.
103. 〈한성순보〉, 1883년 10월 31일.
104. 〈한성주보〉, 1886년 5월 24일; 〈한성주보〉, 1886년 8월 23일.
105. "집록", "지리초보 권지일", 〈한성주보〉, 1886년 8월 23일.
106. "지리초보 권지일", 〈한성주보〉, 1886년 8월 23일; "地理初步 第五章 自轉", 〈한성주보〉, 1886년 8월 30일; "地理初步 第五章 自轉 續稿", "第六章 公轉", 〈한성주보〉, 1886년 9월 6일.
107. "地理初步 第七章", 〈한성주보〉, 1886년 9월 13일.
108. 이에 대해서는 김연희, "『한성순보』 및 『한성주보』의 과학기술 기사로 본 고종시대 서구문물수용 노력", 『한국과학사학회』 33-1, 2011을 참조할 것.
109. 김연희, 앞의 글, 2016, 91-92쪽.
110. 〈독립신문〉, 1896년(건양2년) 7월 13일; 7월 17일.
111. 헐벗, 『사민필지』, 서울대학교 중앙도서관 소장본(심악 910 H876sa).
112. 유길준, 김태준 역,『서유견문』, 앞의 책, 10쪽.
113. 서태열, "개화기 학부발간 지리서적의 출판과정과 그 내용에 대한 분석", 『社會科敎育』 52권 1호, 2013, 56쪽.
114. 이면우, 위의 글, 352쪽.
115. 남상준, "한국근대교육의 지리교육에 관한 연구", 『교육개발』, 14-4(Vol.79), 1992, 96쪽.
116. 현채, '서문', 이태국, 『문답 대한신지지』, 박문서관편집국, 1908; 강철성, "문답 대한신지지 내용분석—자연지리를 중심으로", 『한국지형학회지』 17-4, 2010, 20쪽에서 재인용.
117. 張膺震, "教授와 教科에 對ᄒᆞ야(前號續)", 『태극학보』 14[1907년 10월 24일](장보웅, "개화기의 지리교육", 『지리학』 5(1), 1970, 47쪽에서 재인용).
118. '학부령 제3호', 『관보』, 개국 504년(1895) 8월 15일.
119. 학부편집부, 『소학만국지지』, 1895(규장각 一簑古 910 H12m).
120. '학부령 제3호', 『관보』, 개국 504년(1895) 8월 15일.
121. 강철성, 앞의 글, 2010, 20쪽.

122. 이태국 편, 『문답 대한신지지』, '7장 도서와 해만(海灣)'.

123. 남상준, 앞의 글, 95쪽.

124. 남상준, 앞의 글, 95쪽.

125. 이에 대해서는 장보웅, 앞의 글, 48-49쪽을 참조할 것.

8장 새로운 교육 체계의 도입과 근대 과학 교육

1. 〈한성순보〉, "泰西文學原流考", 1884년 3월 8일.
2. "논학정 1", 〈한성주보〉, 1886년 1월 25일.
3. "논학정 2", 〈한성주보〉, 1886년 2월 15일.
4. "광학교", 〈한성주보〉, 1886년 10월 11일.
5. 위의 글.
6. 『승정원일기』, 고종 18년(1881) 8월 23일, 지석영의 상소.
7. 유길준, 김태준 역, 『서유견문』, 243쪽.
8. 유길준, 김태준 역, 위의 책, 244쪽.
9. 유길준, 김태준 역, 앞의 책. 245-46쪽.
10. 유길준, 김태준 역, 위의 책, 246쪽.
11. 유길준, 김태준 역, 위의 책, 262-61쪽.
12. 박영효, "개화에 대한 상소"(1888), 『일본외교문서』 제21권, 태동문화사, 1981, 292-311쪽.
13. 신용하, "우리나라 最初의 近代學校의 設立에 대하여", 『한국사연구』 제10집, 1974. 한편 鄭在傑은 신용하의 사료 오독을 수정하지 않고 지속하고 있다고 주장하면서, 원산학사에 관해 남은 사료는 "학생을 모집하겠으니 조선 정부가 과거의 소초시를 볼 때 원산학사도 강원도 인원으로 인정해달라."고 원산감영에서 올린 장계에 불과하다고 했다. 그는 신용하가 이 장계와 이 학교에 비치되었던 서양 한역 과학서의 존재만으로 이 학교 학생들이 이 책을 수업 시간에 공부했을 것이라고 결론 내렸다고 주장했다. 이에 대해서는 정재걸, "韓國 近代敎育의 起點에 관한 硏究", 『敎育史學硏究』 제2·3집, 1990, 103-20쪽; "원산학사에 대한 이해와 오해", 『중등우리교육』제1호, 1990, 62-69쪽을 참조할 것. 이 주장은 누가 이 분야를 담당해 가르쳤을까 하는 의문을 염두에 두면 적지 않은 설득력을 가진다.

14. 이면우, 앞의 글, 58쪽.

15. Hulbert. "Hulbert to sister", 『Echos of the Orient』(1886. 10. 2), 2000, 선인.

16. 최보영, "育英公院의 설립과 운영실태 再考察", 『한국독립운동사연구』 42, 2012, 307-19쪽 참조.

17. 길모어, 신복룡 역, 『서울풍물지』, 집문당, 1999, 176-77쪽.

18. 이면우, 앞의 글, 59쪽; 배재백년사 편찬위원회, 『배재백년사』, 1989; 이화학당의 경우, 교사였던 선교사 프레이(L.E. Frey)와 페인(J.O. Paine)이 한글로 편역한 『인체생리학』을 교재로 공부했을 것으로 보인다.

19. 이듬해 10월, 20명으로 늘어나기는 했다.

20. Scott L. Montgomery, *Science in translation: movements of knowledge through cultures and time* (The University of Chicago Press, 2000), chap.6.

21. 이런 용어, 특히 사밀은 1872년 학제 반포 이후 없어졌다.

22. 박종석, 『개화기 한국의 과학교과서』, 한국학술정보, 2006, 31쪽.

23. 박종석, 앞의 책, 2006, 25쪽. 이 글에 의하면 1890~97년 사이, 일본 소학교에 개설된 과학 교과목의 수는 173개에서 2,617개로 15배 이상 급증했다고 한다. 이런 상황에 대해 박종석은 정병훈의 분석을 빌려 1890년대부터 과학교육운동이 개인적 차원에서 학회나 관련 단체에 의해 집단적 운동으로 전환되기 시작했고, 18세기 이래 과학의 교육적 가치에 대한 논쟁이 종식되면서 직업교육, 기술교육을 위한 '가치로서 과학적 지식'이 주는 산업적 효용성뿐만 아니라 일본 교육으로서의 가치로 인정받게 되었고, 또 대학이 자연계 및 실업계 학교 졸업생들에게 개방되었으며, 마지막으로 유럽 국가들 사이의 산업 경쟁 및 군비 경쟁이 과학 교육, 특히 실험과 실습의 국가적 중요성을 부각시켰다는 시대적 배경이 이런 확산을 가능하게 했다고 분석했다.

24. 김영식, 앞의 책, 사이언스북스, 2013, 157-67쪽.

25. 김영식, 앞의 책, 8장.

26. 『관보』, 1894년 6월 28일.

27. 『고종실록』, 고종 32년(1895년) 2월 2일

28. 〈독립신문〉, 1896년 5월 12일.

29. 학부고시는 『관보』, 1895년 9월 30일을 참조; 한성사범학교 관제 반포는 『관보』, 1895년 4월 19일을 참조할 것

30. "한성사범학교규칙", 학부령 제1호(『관보』 1895년 7월 24일).

31. 이에 대해서는 박영민, 김채식, 이상구, 이재화, "수학자 이상설이 소개한 근대자연과

학: 〈식물학(植物學)〉", 『한국수학교육학회 학술발표논문집』 2011권 1호, 2011, 155-58 쪽; 이상구, 박종윤, 김채식, 이재화, "수학자 보재 이상설(李相卨)의 근대자연과학 수용—『백승호초(百勝胡艸)』를 중심으로—", 『E-수학교육 논문집』 27권 4호, 2013, 487-98쪽; 이상구, "한국 근대수학교육의 아버지 이상설(李相卨)이 쓴 19세기 근대 화학 강의록 『화학계몽초(化學啓蒙抄)』", 『Korean Journal of mathematics』 20권 4호, 2012, 541-63쪽 등을 참조할 것.

32. 『소학교령』(『칙령』 제143호, 1895. 7. 19).
33. 이계형, "한말 공립소학교의 설립과 운영(1895~1905)", 『한국근현대사연구』 11, 1999, 200쪽.
34. "중학교관제"(『칙령』제11호, 1899. 4. 4.).
35. "중학교규칙"(『학교령』 제12호, 1900년 9월 3일; 『관보』 1900년 9월 7일).
36. '제칠과 식물변화', 『국민소학독본』(『한국개화기교과서총서』 1, 아세아문화사 영인, 1977).
37. 『소학독본』 (『한국개화기교과서총서』 1, 아세아문화사 영인, 1977).
38. 『승정원일기』, 고종 33년(1896) 8월 24일(양력 9월 30일).
39. 『심상소학』1, 『심상소학』2, 『심상소학』3 (『한국개화기교과서총서』 1, 아세아문화사 영인, 1977).
40. "소학교 교칙대강"(소학교령 제3호, 1895. 8. 12.).
41. 이에 대해서는 전용호, "근대 지식 개념의 형성과 『국민소학독본』", 『우리어문연구』 25-0, 2005, 249-53쪽을 참조; 『국민소학독본』의 내용이나 등장인물이 미국과 깊은 연관이 있다면 『신정심상소학』은 일본과 밀접히 관련되어 있다. 『국민소학독본』에 워싱턴이 등장하는 반면 『신정심상소학』에는 塙保巳一의 업적이 소개되었다. 이에 대해서는 송명진, "'국가'와 '수신', 1890년대 독본의 두 가지 양상", 『한국어어문화』 39, 2009, 31-53쪽을 참조.
42. 김근배, 『한국 근대 과학기술인력의 출현』, 2005, 문학과지성사, 41쪽.
43. 김근배, 앞의 책, 42쪽.
44. 신동원, 『한국 근대 보건의료사』, 1997. 이 의학교와 관련한 글 대부분은 신동원의 글을 참고로 한 것임을 밝혀둔다. 전통 사회에서 고등 의학 교육은 전의감에서 실시했다. 정식 품계를 가진 종6품 교수 한 명과 정9품 훈도 한 명이 교육을 맡았다. 의학에 정통한 교수와 훈도는 임기를 보장받았다. 전의감의 학생들 가운데 50여 명은 서얼, 중인 출신으로, 전문 의생이 되기를 원했다. 또 30여 명은 의서습독관으로 문관

을 지향하지만 잡학 지식을 아는 문관을 육성하려는 국가 정책으로 의학을 공부한 학생들이었다. 의학생도는 의학 공부를 시작하기 이전 경전과 역사서를 공부해야 했고, 공부를 시작해서는 진맥학, 침구학을 기본으로 의학 기초이론, 내과학, 본초학, 방제학 등을 공부했다. 교재로는 『찬도맥』, 『소문』, 『동원십서』, 『동인경』, 『의학입문』, 『의학정전』, 『인제직지방』, 『대관본초』 등이 이용되었다. 쉽지 않은 이 책들을 이해해야 하는 것은 물론 『찬도맥』, 『소문』, 『동인경』은 통째로 외워야 했다. 의관이 되기 위해서는 국가가 시행하는 시험, 즉 과거를 치러야 했고, 관원이 되더라도 승진을 위해서는 또 시험을 봐야 했다. 이런 전의감 교육은 1894년 과거제가 폐지되면서 함께 해소(解消)되었다.

45. 이와 같은 일제의 대 한의학 정책에 의해 형성된 한의학의 존재 양태에 대해서는 전혜리, "1934년 조선 한의학 부흥 담론에서 타나난 한의학 정체성의 근대적 재구성", 『한국과학사학회』 33권 1호, 2011, 41-88쪽을 참고할 것.

46. 대한국민교육회 藏板 , 『최신초등소학』 권6(광무10년) (『한국개화기교과서총서』 4, 아세아문화사 영인, 1977)

47. 불인가는 정치적 교육적으로, 검정 무효는 행정적 절차의 기준에 따라, 검정 불허가는 행정적 교육적 기준에 따라 내려지는 조처로 관련법규는 각각 사립학교령 6조, 검정규정 15조, 검정규정 11조였다. 이에 대한 자세한 논의는 박종석, 정병훈, 박승재, "1895년부터 1915년까지 과학교과서의 발행, 검정 사용에 관련된 법적 근거와 사용 승인 실태", 『한국과학교육학회지』 18-3(1998), 372~381쪽을 참조할 것.

9장 결론

1. 이 전쟁으로 일본과 청국은 시모노세키조약을 맺었다. 이 조약으로 일본은 조선에 대한 정치적, 군사적, 경제적 지배권을 확립할 가능성을 가지게 되었고, 랴오둥반도의 뤼순[旅順]과 다롄[大連]뿐만 아니라 타이완까지 확보할 수 있었다. 일본의 전쟁 비용은 2억 47만 5,000엔이었지만 배상금은 2억 냥(일본 돈으로 약 3억 엔)으로, 이후 일본의 금본위제의 기금과 군비 확장의 재원이 되었다.

〈도판 일람〉

〈참고문헌〉

1. 관찬 사료 및 고문헌 원전

『세종실록』

『태조실록』

『성종실록』

『태종실록』

『고종실록』

『일성록』

『승정원일기』

『증보문헌비고』(동국문화사 영인, 1957)

『經國大典』

『관보』

『舊韓末條約彙纂—입법자료 제18호』(국회도서관, 1964)

이면우, 허윤섭, 박권수 역주, 『서운관지』(소명출판, 2003)

『회남자』 '천문훈'

『황제내경』

『西周全集』권1

『史記』, "曆書"

이익, 『성호사설』

2. 외교, 외국인 사료

러시아 대장성,『韓國誌』(1905)

『一九世紀 美國務省 外交文書: 韓國關聯文書 4』

아세아문제연구소, 『구한국외교문서』
『주한일본공사관기록 5권』, 문서번호 기밀 제26(1895년 3월 24일).
外務省 編纂, 『日本外交文書 37권 제1책』 390쪽. 명치 37년(1904) 5월 31일.
高麗大亞細亞問題硏究所 舊韓國外交文書編纂委員會 編, 『구한국외교문서』, 美案, 德案, 日案

Hulbert, 『Echos of the Orient』(2000. 선인)
Hulbert, 『사민필지』
金楷理(美) 口譯;華蘅芳(淸) 筆述, 『測候叢談』(奎中 2822,Vol. 1, 2)
傅蘭雅, 『譯書事略』(규중 5406)(1880)
鄭觀應, 『易言』(연세대학교 소장 국역본)

3. 신문 사료

〈한성순보〉
〈한성주보〉
〈황성신문〉
『대조선독립협회보』 1호(1896년 11월 30일)
『독립신문』
『대한협회회보』
『서북학회월보』
『태극학보』
『대한학회 월보』
『대한흥학보』

4. 영인본

국사편찬위원회 편, 『한국사료총서 9: 수신사기록』, 1971
김윤식, "陰晴史", 『한국사료총서 06』, 국사편찬위원회, 1958
金綺秀, 『日東記游』, 國史編纂委員會 편, 『韓國史料叢書 9: 修信使記錄』, 1971

김홍집, 『修信使日記』, 『한국사료총서 06』, 국사편찬위원회, 1958
어윤중, "從政年表", 『한국사료총서 06』, 국사편찬위원회, 1958
『한국개화기교과서총서』 4, 아세아문화사 영인, 1977
朝鮮總督府, 『朝鮮施政の方針及 實績』, 1915(대정 4년)
朝鮮總督府觀測所, 『朝鮮總督府觀測所』, 대정 4년
朝鮮總督府觀測所 大邱測候所, 『大邱測候所一覽』, 소화 12년
朝鮮總督府, 『朝鮮施政の方針及 實績』, 1915(대정 4년)
우정100년사 편찬실 편, 『우정부사료 제5집: 고문서 5권』, 1982(정보통신부 행정자료실 소장)
朴志泰 편저, 『대한제국 정책사자료집 VIII』, 선인문화사, 1999
『일본전신전화공사, 『電氣通信史資料 1』

5. 사사류

한국철도청, 『韓國鐵道史』 제1권, 2권, 1977
체신부, 『한국통신 80년사』
체신부, 『한국통신 100년사
중앙기상대, 『한국기상일반』(명치 38년. 1905)
전라북도 목포측후소, 『木浦測候所要覽』(소화 5년)

6. 단행본

강문형, 『工部省』, 허동현 편, 『朝士視察團關係資料集 12』, 國學資料院, 2000
강상규, 『19세기 동아시아의 패러다임 변환과 한반도』, 논형, 2008
강신엽, 『조선의무기1: 훈국신조군기도설 훈국신도기계도설』, 봉명, 2004
경성부, 『경성부사(京城府史)』, 1934

국사편찬위원회 편, 『하늘 땅, 시간에 대한 전통적 사색』, 두산동아, 2007
국사편찬위원회 편, 『농업과 농민, 천하대본의 길』, 두산동아, 2009

강재언, 『조선의 서학사』, 민음사, 1990
교수신문기획, 『고종황제 역사청문회』, 푸른역사, 2005
구만옥, 『조선 후기 과학사상사 연구—주자학적 우주관의 변동』, 혜안, 2004
국방군사연구소,『韓國武器發達史』, 국방군사연구소, 1994
기상청 기후국 기상정책과, 『근대기상100년사』, 기상청, 2004
길모어 지음, 신복룡 역, 『서울풍물지』, 집문당, 1999
김근배, 『한국 근대 과학기술인력의 출현』, 문학과지성사, 2005
김수길, 윤상철, 『천문유초』, 대유학당, 2009
김영식, 『과학혁명』, 민음사, 1986
김영식, 김근배 엮음, 『근현대 한국사회의 과학』, 창작과비평사, 1998
김영식, 『동아시아 과학의 차이』, 사이언스북스, 2013
김원모, 『한미수교사』, 철학과현실, 1999
나애자, 『韓國 近代 海運業史 硏究』, 국학자료원, 1998
나일성, 『서양과학의 도입과 연희전문학교』, 연세대학교 출판부, 2004
니덤 지음, 콜린 로넌 축약, 『중국의 과학과 문명: 수학, 하늘과 땅의 과학, 물리학』, 까치, 2000
러시아 대장성 편, 한국정신문화연구원 번역, 『국역 한국지』, 1984
로잘린 폰 묄렌도르프 지음, 신용복, 김운경 옮김,『묄렌도르프文書』(1930), 평민사, 1987
묄렌도르프 부부 지음, 申福龍, 金雲卿 옮김, "묄렌도르프문서", 『데니文書·묄레도르프文書』, 평민사, 1987
민승기, 『조선의 무기와 갑옷』, 가람기획, 2004
민종묵, 『문견사건』, 『조사시찰단관계자료집 12』
박경룡, 『開化期 漢城府 硏究』, 일지사, 1995
박경룡, 『서울의 개화백경』, 수서원, 2006
박성래, 『한국사에도 과학이 있는가』, 교보문고 1997
박성래, 『한국과학 사상사』, 유스북, 2005
박성순, 『조선유학과 서양과학의 만남』, 고즈윈, 2005
박윤재, 『한국 근대 의학의 기원』, 혜안, 2005
박정양, 『日本國見聞條件』, 『조사시찰단관계자료집 12』
박종석, 『개화기 한국의 과학교과서』, 한국학술정보, 2006
박지향 외, 『해방전후사의 재인식』, 책세상, 2010
박충석, "박영효의 부국강병론", 와타나베 히로시, 박충석 공편, 『'문명' '개화' '평화'—한

국과 일본』, 아연출판사, 2008
박형우, 『제중원』, 몸과마음, 2002
배재백년사 편찬위원회, 『배재백년사』, 1989
배항섭, 『19세기 조선의 군사제도 연구』(출전)
백성현, 이한우 지음, 『파란 눈에 비친 하얀 조선』, 새날, 1999
서인한, 『대한제국의 군사제도』, 혜안, 2000
신동원, 『한국 근대 보건의료사』, 한울아카데미, 1997
알프탄, "1895년 12월-1896년 1월의 한국여행", 카르네프 외 4인 지음 (출전)
야부우치 기요시 지음, 전상운 역, 『중국의 과학문명』, 민음사, 1997
에밀 부루다래 지음, 정진국 옮김, 『대한제국 최후의 숨결』, 글항아리, 2009
왕현종, 『한국 근대국가의 형성과 갑오개혁』, 역사비평사, 2002
용산구, 『용산구지(龍山區志)』, 1992
윌리엄 맥닐 지음, 신미원 옮김, 『전쟁의 세계사』, 이산, 2005
유길준 저, 김태준 역, 『서유견문 속』, 박영사, 1982
유길준, 『서유견문』, '지구세계의 개론' (출전)
유길준 저, 채훈 역주, 『서유견문』, 명문당, 2003
유봉학, 『연암일파 북학사상연구』, 일지사, 1995
유영익, 『甲午更張硏究』, 일조각, 1990
유영익, "청일전쟁과 삼국간섭기" (출전)
이만열, 『한국기독교의료사』, 아카넷, 2003
이배용, 『한국근대광업침탈사연구』, 일조각, 1989
이용범, 『중세서양과학의 조선전래』, 동국대출판부, 1988
이태진, 『고종시대의 재평가』, 태학사, 2000
이필렬.『우리나라 기상사 정립에 관한 연구』, 기상청, 2007
이하상, 『측우기』, 소와당, 2012
제이콥 로버트 무스 지음, 문무홍 옮김, 『1900, 조선에 살다』, 푸른역사, 2008
전상운, 『시간과 시계, 그리고 역사』, 월간시계사, 1994
전우용, "일제하 서울 남촌 상가의 형성과 변천", 김기호, 양승우, 김한배, 윤인석, 전우용, 목수현, 은기수, 『서울남촌: 시간, 장소, 사람』, 서울학연구소, 2003
전우용, 『서울은 깊다』, 돌베개, 2008
정재정, 『일제침략과 한국철도: 1892~1945』, 서울대학교 출판부, 1999
조준영, 『문견사건』, 허동현 편, 『조사시찰단관계자료집 12』, 국학자료원, 2000

지바현역사교육자협의회세계사부 지음, 김은주 옮김,『물건의 세계사』, 가람기획, 2002
차문섭,『조선시대군사관계연구』, 단국대학교 출판부, 1995
최문형,『국제관계로 본 러일전쟁과 일본의 한국병합』, 지식산업사, 2004
최문형,『한국을 둘러싼 열강의 각축』, 지식산업사, 2001
토마스 쿤,『과학혁명의 구조』(출전)
톰 스탠디지(Tom Standage) 지음, 조용철 옮김,『19세기 인터넷과 텔레그래프 이야기』, 한울, 2001
퍼시벌 로웰 지음, 조경철 옮김,『내 기억 속의 조선, 조선 사람들』, 예담, 1999
한철호,『親美開化派硏究』, 국학자료원, 1998
허동현,『近代韓日關係史硏究』, 국학연구원, 2000
홍이섭,『조선과학사』, 정음사, 1946
A. 이르게바예프, 김정화 옮김,『러시아 첩보장교 대한제국에 오다』, 가야미디어, 1994
I. B. 비숍 지음, 신복룡 역주,『조선과 그 이웃나라들』, 집문당, 1999
Dallet, 안응렬, 최석우 역주,『한국천주교회사』 상, 분도출판사, 2000
Fred H. Harrington, 李光麟 譯,『開化期의 韓美關係』, 일조각, 1983

Alexandre Koyre, "The Significant OF the Newtonia Syanthsis", Newtonian Studies (Univ. Chicago Press, 1865)
Benjamin A. Elman, From Philosophy to Philology: intellectual and social aspects of change in late imperical China (Cambridge(Massachusetts) and London: Harvard University Press, 1984)
Benjamin Elman, On Their Own Terms, Science in China (Havard University, 2005)
Charles Gillispie,『The Edge of Objectivity』
Michael Lackner, Iwo Amelung, and Joachim Kurtz, *New Terms for New Ideas: Western Knowledge and Lexical Change in Late Imperial China* (Leiden: Brill, 2001)
G. E. R. Lloyd, Early Greek science: Thales to Aristotle (New York: Norton press, 1970)
H. Butterfild, The Origins of Modern Science:1300~1800. revised edtitin (NY. 1957)
Paulo Rossi, "Truth and Utility in the Science of Francis Bacon", *Philosophy, Technology and the art in the early Modern Era* (New York, 1970)
Scott L. Montgomery, Science in translation: movements of knowledge through cultures and time (The University of Chicago Press, 2000)
Thomas Kuhn, The Copernican revolution: planetary astronomy in the development of

Western thought (Cambridge : Harvard University Press, 1985)

伊藤篤太郎, "博物學雜誌ノ發行ヲ祝ス", 日本科學史學會編, 『日本科學技術史大系』 15巻

裵亢燮, 『19세기 朝鮮의 軍事制度 硏究』, 국학자료원, 2002

善積三郎, 『京城電氣株式會社二十年沿革史』, 京城電氣株式會社:東京, 1929

朝鮮電氣協會, 『朝鮮の電氣事業を語する』, 朝鮮電氣協會, 1937,

7. 논문

강순돌, "애국계몽기 지식인의 지리학 이해: 1905~1910년의 학보를 중심으로", 『대한지리학회지』 제40권 제6호, 2005

구만옥, 『담헌 홍대용의 우주론과 인간, 사회관—조선후기 자연관 변화의 일단』, 연세대 석사학위논문, 1995

권석봉, "洋務官僚의 對朝鮮列國 立約勸導策", '『앞 책』(1997)

권석봉, "영선상행에 대한 일고찰"『역사학보』 제17, 18집, 1962

권태억, "1904-1910년 일제의 한국 침략 구상과 '시정개선'"

권태억, "1904-1910년 일제의 한국침략 구상과 '施政改善'", 『韓國史論』 31(2004)

김경일, "문명론과 인종주의, 아시아 연대론", 『사회와역사』제78집, 2008

김성근, "근세일본에서의 氣的 세계상과 원자론적 세계상의 충돌", 『동서철학연구』 61호, 2011

김성근, "동아시아에서 '자연(nature)'이라는 근대 어휘의 탄생과 정착", 『한국과학사학회지』, 32-2, 2010

김성근, "일본의 메이지 사상계와 '과학'이라는 용어의 성립과정", 『한국과학사학회지』 25-2, 2003

김성덕, "1873년 고종의 통치권 장악 과정에 대한 일고찰", 『대동문화연구』 72

김성혜, "고종 친정 직후 정치적 기반 형성과 그 특징", 『한국근현대사연구』 52, 2010

김세은, 『고종초기(1863~1876) 국왕권의 회복과 왕실행사』, 서울대 박사학위논문, 2003

김신재, "박규수의 개화사상의 성격", 『경주사학회』 19, 2000

김연희, "고종시대 서양 기술 도입: 철도와 전신분야를 중심으로", 『한국과학사학회지』 제25권 제1호, 2003

김연희, "대한제국기 전기사업, 1897-1905년을 중심으로", 『한국과학사학회지』 19-2, 1997
김연희, "서양 과학의 도입에 대한 지식인의 태도"(가제), 미발표원고
김연희, "영선사행 군계학조단의 재평가", 『한국사연구』 137호, 2007
김연희, "전기도입에 의한 전통의 균열과 새로운 문명의 학습: 1880~1905년을 중심으로", 『한국문화』 59, 2012
김연희, "『한성순보』 및 『한성주보』의 과학기술 기사로 본 고종시대 서구문물수용 노력", 『한국과학사학회』 33-1, 2011
김영식, "李滉의 理氣觀과 新儒學傳統上에서의 그 位置", 『퇴계학보』 81-0, 1994
김영식, "물질, 운동, 변화 등에 관한 주희의 견해", 『철학사상』 1권, 1991
김영식, "주희의 『기』 개념에 관한 몇 가지 고찰", 『민족문화연구』19-0, 1986
김영희, "대한제국 시기의 잠업진흥정책과 민영잠업", 『대한제국연구(V)』, 이화여자대학교 한국문화연구원, 1986
김용구, "조선에 있어서 만국공법의 수용과 적용", 『국제문제연구』23-1, 1999
김원모, "조선보빙사(朝鮮報聘使)의 美國使行(1883) 硏究(下)", 『東方學誌』 50, 1986
김정기, "1880년대 기기국 機器廠의 설치" 99(1978)
김정기, "조선정부의 청차관도입(1882-1894)", 『한국사론』 3, 1978
김정기, "청의 조선에 대한 군사정책과 종주권(1879-1894)", 『변태섭박사 화갑기념사학논총』, 1985
김준석, 『조선후기 국가재조론의 대두와 그 전개』, 연세대학교 박사학위논문, 1990
김채수, "근현대 일본인들의 서구의 자연관 수용양상과 그들의 자연에 대한 인식 고찰", 『일본문화연구』 9, 2003
羅愛子, 『韓國近代 海運業發展에 관한 硏究』, 이화여자대학교 박사학위논문, 1994
남상준, "한국근대교육의 지리교육에 관한 연구", 『교육개발』 14-4(Vol.79), 1992
노인화, "대한제국시기 한성전기회사에 관한 연구", 『이대사원』 17, 1980
문중양, "18세기 조선 실학자의 자연지식의 성격—상수학적 우주론을 중심으로". 『한국과학사학회지』 21-1, 1999
문중양, "조선후기 실학자들의 과학담론, 그 연속과 단절의 역사—기론적 우주론 논의를 중심으로", 『정신문화연구』 26-4, 2003
미야가와 타쿠야, "20세기 초 일제의 한반도 기상관측망 구축과 기상학의 형성", 『한국과학사학회지』 제32-2, 2010
朴萬圭, "韓末 日帝의 鐵道 敷設. 支配와 韓國人 動向", 『韓國史論』 8권, 1982

박성래, “마테오 릿치와 한국의 서양과학수용”, 『동아연구』 3, 1983
박성래, “정약용의 과학사상”, 『다산학보』1, 1978
박성래, “한국근세의 서양과학수용”, 『동방학지 20』, 1978
박성래, “한성순보와 한성주보의 근대과학 인식”, 김영식, 김근배 엮음, 『근현대 한국사회의 과학』, 창작과비평사, 1998.
박성래, “홍대용의 과학사상”, 『한국학보』23, 일지사, 1981
박성래, “개화기의 과학수용” (1980)
박성래, “大院君시대의 科學技術”, 『동방학지』, 1980
박성래, “한국의 첫 근대유학” (1980)
박성진, “한국사회에 적용된 사회진화론의 성격에 대한 재해석”, 『현대사연구』 제10호, 1998
박영민, 김채식, 이상구, 이재화, “수학자 이상설이 소개한 근대자연과학: 〈식물학(植物學)〉”, 『한국수학교육학회 학술발표논문집』 2011권 1호, 2011
박종석, 정병훈, 박승재, “1895년부터 1915년까지 과학교과서의 발행, 검정 사용에 관련된 법적 근거와 사용승인 실태”, 『한국과학교육학회지』 18-3, 1998
박찬승 “사회진화론 수용의 비교사적 검토 한말 일제시기 사회진화론의 성격과 영향”, 『역사비평』 1996년 봄호(34호), 1996
서영희, 『광무정권의 국정운영과 일제의 국권침탈에 대한 대응』, 서울대학교 박사학위논문, 1998
설한국, 이상구, “이상설: 한국 근대수학교육의 아버지”, 『한국수학사학회지』 22권 3호, 2009
송명진, “‘국가’와 ‘수신’, 1890년대 독본의 두가지 양상”, 『한국어어문화』 39, 2009
신동원, “公立醫院 濟衆院, 1885-1894”, 『韓國文化』, 제16집, 1995
신동원, “한국 우두법의 정치학—계몽된 근대인가, ‘근대’의 ‘계몽’인가”, 『한국과학사학회지』 22-2, 2000
양상현, 『大韓帝國期 內藏院 財政管理 研究: 人蔘·礦山·庖肆·海稅를 중심으로』, 서울대학교 박사학위논문, 1997
연갑수, “고종초중기 정치변동과 규장각”, 『규장각』 17, 1994
오진석, “광무개혁기 근대산업육성정책의 내용과 성격”, 『역사학보』 193, 2007
오진석, 『한국근대 전력산업의 발전과 경성전기(주)』, 연세대학교 박사학위논문, 2006
은정태, 『고종친정 이후 정치체제 개혁과 정치세력의 동향』, 서울대 석사학위논문, 1998
이광린, “미국 군사교관의 초빙과 연무공원(鍊武公院)”, 『진단학보』 28-0, 1965

이광린, "한국에 있어서의 만국공법의 수용과 그 영향", 『동아연구』 1집, 1982
이꽃메, 『한국의 우두법 도입과 실시에 관한 연구 : 1876년에서 1910년까지를 중심으로』, 서울대학교 석사학위논문, 1993
이면우, 『韓國 近代敎育期(1876-1910)의 地球科學敎育』, 서울대 박사학위논문, 1997
이배용, "개항 후 한국의 광업정책과 열강의 광산탐사", 『이대사원』 10권 0호, 1972
이상구, "한국 근대수학교육의 아버지 이상설(李相卨)이 쓴 19세기 근대화학 강의록 『화학계몽초(化學啓蒙抄)』", 『Korean Journal of mathematics』 20권 4호, 2012
이상구, 박종윤, 김채식, 이재화, "수학자 보재 이상설(李相卨)의 근대자연과학 수용—『백승호초(百勝胡艸)』를 중심으로—", 『E-수학교육 논문집』 27권4호, 2013
李升熙, "일본에 의한 한국통신권 침탈", 『제48회 역사학대회(발표요지)』, 2005
이윤상, 『1894~1910년 재정제도와 운영의 변화』, 서울대학교 박사학위논문, 1996
이창익, 『조선 후기 역서의 우주론적 복합성에 대한 연구』, 서울대 박사학위논문, 2005
임경순, "통신방식의 역사", 『물리학과 첨단기술』, 2001년 6월호
임재찬, "병인양요를 전후한 대원군의 군사정책", 『복현사림』 24권 0호, 2001
임종태, "무한우주의 우화", 『역사비평』 71, 2005
장보웅, "개화기의 지리교육", 『지리학』 5(1), 1970
장현근, "유교근대화와 계몽주의적 한민족국가 구상", 『동양정치사상사』제3권 제2호, 2003
전복희, "사회진화론의 19세기말부터 20세기초까지 한국에서의 기능", 『한국정치학회보』 제27집 제1호, 1993
전복희, "애국계몽기 계몽운동의 특성", 『동양정치사상사』Vol.2, No.1, 2003
전상운, "담헌 홍대용의 과학사상", 『이을호박사정년기념실학논총』, 1975
전용호, "근대 지식 개념의 형성과 『국민소학독본』", 『우리어문연구』 25-0, 2005
전용훈, 『조선후기 서양천문학과 전통천문학의 갈등과 융화』, 서울대 박사학위논문, 2004
전우용, 『19세기~20세기 초 한인회사 연구』, 서울대 박사학위논문, 1997
정상우, "개항이후 시간관념의 변화", 『역사비평』 50호, 2000
정상우, "일주일 도입고찰을 위한 시론", 『문화과학』 44호, 2005
정인경, "일제하 경성고등공업학교의 설립과 운영", 『한국과학사학회지』 16-1, 1994
정재걸, "원산학사에 대한 이해와 오해", 『중등우리교육』제1호, 1990
정재걸, "韓國 近代敎育의 起點에 관한 硏究", 『敎育史學硏究』 제2·3집, 1990
鄭在貞, "京義 鐵道의 敷設과 日本의 韓國縱貫鐵道 支配政策", 『방송대학논문집』 3집, 1984

鄭在貞, "京釜 京義鐵의 敷設과 韓日 土建會社의 請負工事活動", 『역사교육』 37·38합집, 1985
조형근, "식민지와 근대의 교차로에서—의사들이 할 수 없었던 일", 『문화과학』 29호, 2002
주광호, "周敦頤 『太極圖說』의 존재론적 가치론적 함의", 『한국철학논집』 20-0, 2007
주진오, 『19세기 후반 개화개혁론의 구조와 전망』, 연세대 박사학위논문, 1995
채성주, "근대적 교육관의 형성과 "경쟁" 담론", 『한국교육학연구』, 2007
최병옥, "대원군의 하야에 대하여", 『서암조병래교수화갑기념 한국사학논총』, 아세아문화사, 1992
최보영, "育英公院의 설립과 운영실태 再考察", 『한국독립운동사연구』 42, 2012
한철호, "고종 친정초(1874) 암행어사 파견과 그 활동—지방관를 중심으로", 『사학지』 31, 1998
허남준, 『조선후기 기철학 연구』, 서울대학교 박사학위논문, 1994
허남진, "홍대용의 과학사상과 이기론", 『아시아문화』 9, 한림대아시아문화연구소, 1993
허동현, " 1880년대 개화파 인사들의 사회진화론 수용양태 비교 연구—유길준과 윤치호를 중심으로—", 『사총』 Vol.55, No.0, 2002
허동현, "1881년 조사 어윤중의 일본 경제정책 인식—『재정견문』 등을 중심으로", 『한국사연구』 93, 1996
현채, 『문답 대한신지지』, 서문, 강철중, "문답 대한신지지 내용분석—자연지리를 중심으로", 『한국지형학회지』17-4, 2010
小川晴久, "氣の 哲學と實學", 『朝鮮實學と日本』, 共榮書房, 1994

찾아보기

■ 인명, 책명, 관청과 관직, 기업과 학교, 개념어 외 기타

■ 지명, 교통 및 통신 관련, 기기와 기술 외 기타

Contents in English

The History of the Formation of Modern Science in Korea

Kim, Yeon Hee
Research Professor
Seoul National University, Basic Science Institute